[제3판]

Human Relation

인간관계론

이 성 태 지음

양 성 원

인간관계는 우리들의 삶의 기본 터전이다. 우리는 공기를 떠나 생존할 수 없듯이 인간관계를 벗어나서는 살 수 없는 존재들이다. 그래서 Erich Fromm은 인간관계의 욕구를 실존적 욕구라 하였고, Harry S. Sullivan과 같은 정신의학자는 인간관계 욕구충족의 계속적인 실패는 정신질환의 원인이 된다고 하였다.

현대 기계문명사회의 병폐와 인간관계의 문제를 대변해 주는 '군중 속의 고독', '인간 소외', '비인간화' 그리고 '인간성 상실' 등으로 일컬어지는 현상들은 인간관계의 중요성은 물론 개인의 행복과 적응 그리고 건강한 사회의 재건을 위해서 참 만남의 인간관계 회복과 그 대처방안의 필요성의 절실함을 새삼 일깨워 주고 있다. 현실적으로 가능한 대처방안으로서는 우선 인간관계 이해를 위한 학습과 연습 혹은 훈련의 접근방법을 들 수 있다.

이 책은 「인간관계론」 강좌의 교재로 구상(構想)되었다. 책의 내용을 2부로 나누어 기술했다. 제Ⅰ부 1장에서는 먼저 인간관계의 본질과 중요성, 그리고 인간관계와 의사소통의 관계를 기술하였다. 제2장과 3장에서는 '인간관계는 언어적 의사소통과 비언어적 의사소통을 포함하는 대인의사소통의 과정이다'라는 가정 하에, 의사소통의 과정에서 메시지를 주고받는 당사자들에 대한 이해의 기초로서 지각(知覺)의 성질, 인간관계의 형성과 자기지각 및 타인지각에 관해 기술하였고, 제4장에서는 대인의사소통의 정의, 기능, 구성요소와 모형을 포함하는 대인의사소통과 인간관계에 관해서, 제5장에서는 언어적 의사소통과 비언어적 의사소통과 그 관련 내용들에 관해서 기술하였다. 그리고 제Ⅰ부의 마지막 장인 제6장에서는 앞서 기술한 내용들을 토대로 하여 인간관계의 근본목적과 관계성의 수준에 따른 인간관계의 발달적 유형들과 효율적 인간관계의 장애요인 및 촉진요인들을 정리하면서 인간관계 개선을 위한 접근방법에 관해서 기술하였다. 가능한 한 개인 혹은 소집단으로 시행해 볼 수 있는 연습을 첨가하였다.

제Ⅱ부에서는 Ⅰ부에서 기술한 인간관계에 관한 이해에 기초해서 하나의 이론체계에 따라 이론을 학습하고 적용연습이 보다 용이한 상응작용 분석법(Transactional Analysis: TA)의 기초 부분을 8개의 장으로 나누어 간략하게 소개하고, 또한 연습할 수 있게 연습의 내용을 첨가하였다.

인간관계의 이해나 개선과 치료는 개인의 성격이해와 그 성격특성에 따르는 상호반응의 기술이 열쇠가 된다. 따라서 인간관계의 이해와 개선 및 치료를 위해서는 성격과 의사소통의 성질에 대한 이해, 그리고 그 적용에 관한 학습과 연습이 필요하다. TA는 관련된 몇 가지의 개념들과 그 내용을 충분히 학습하면, 전문가의 도움 없이 혼자서도 비교적 쉽게 자신과 타인의 행동 및 성격의 이해와 의사소통을 분석, 적용해 볼 수 있는 지식과 방법을 제공해 줄 것이다. 물론 집단상담의 구조화된 과정에서도 활용할 수 있을 것이다. 미흡함이 많다. 앞으로 계속 수정, 보완해 가고자 한다.

이 책을 낼 수 있도록 학부에서부터 대학원 박사과정에 이르기까지 교육학과 상담을 가르치고, 특히 1971년 1차 미국 유학 후 귀국하셔서 상담의 새로운 접근들 중 하나로 TA를 처음으로 소개해 주셨으며, 인생의 든든한 후원자이셨던 思師이신 故 이형득 교수님의 영전에 깊은 감사의 마음을 바칩니다. 그리고 학문의 방법에 눈을 뜨게 해주시고, 엄격하시면서도 속 깊은 情을 느끼게 하셨던 경북대학교의 석사과정의 지도교수님이셨고, 그 후의 학위논문 세미나 등을 통해서 계속 도움을 주셨던 변창진 교수님께 심심(甚深)한 감사의 말씀을 드립니다.

원고의 마무리 작업을 도와준 계명문화대학 학생상담실 전문상담원 이성희 선생께 지면을 빌려 고마움을 전합니다. 그리고 이 책의 출판을 기꺼이 맡아 주신 출판사에 깊은 감사의 말씀을 드립니다.

2006년 2월
이 성 태

초판의 기본 틀은 그대로 유지하면서 두 번의 부분수정과 자료를 보완하는 작업들을 거쳤다. 초판의 기본 틀이란 초판을 구상할 때 인간관계 형성의 핵심요인을 의사소통의 과정이라는 가정(假定)하에 의사소통의 과정에서 긍정적 혹은 부정적으로 영향을 미칠 기본 요인들로서 (1) 자기지각과 자기이해, (2) 타인지각과 타인이해, (3) 관계성이해와 의사소통의 기술(art)의 문제들로 분석, 이들을 책 서술의 기본 틀로 삼았음을 이름이다.

첫 번째: (1) 의사소통의 세 가지 관점 중 상응작용적 관점(相應作用的 觀點/transactional view)을 나타내는 그림을 도안, 첨가하였다. (2) 제8장 연습문제 중「자아기능도 그리기」에 '자아기능체크리스트'의 채점과정과 해석방법을 첨가 · 기술하였다. (3) 자아기능도 즉,「이고그램」의 해석에 도움이 될 것으로 생각되어 '자아기능도와 성격특성 이해'를 제9장으로 포함시켰다. (4) TA의 간략한 발달사와 정신분석과의 차이점 및 여러 학파들 중에서 보다 잘 알려져 있는 TA 3학파를 간단히 소개하는 부록을 첨가했다.

자아기능도(自我機能圖/egogram)란 한 개인이 주어진 상황(사람 포함)에서 그 개인의 행동반응들에 대한 직관적 관찰을 통해 보고, 느낄 수 있는 행동 혹은 성격특성들과 그 반응행동의 강도에 따라 다섯 가지 자아의 막대기둥들의 상대적 높이로 나타낸 막대그림을 말한다. 이처럼 직관적 관찰결과로 막대그림을 그린 이고그램(자아기능도)이 Dusay가 창안한 원조 이고그램(자아기능도)이다.

자아기능 체크리스트는 일본학자 스기다 미네야스(杉田峰康) 교수 등이 Dusay의 이고그램 이론에 근거하여, 직접 관찰하지 않고 체크리스트를 사용한 자기보고(自己報告) 결과를 점수로 채점할 수 있게 체크리스트 형식으로 변형시킨 것이다. 이고그램 체크리스트 형은 집단상담 및 치료나 학급집단에서 활용하기에 보다 편리하다. 이 체크리스트 형의 이고그램은 꺽은 그림으로 나타내고 있음을 볼 수 있다.

두 번째: (1) 부분적 수정과 서술체제의 재정리, (2) 「자기개방」 부분에서 자료보완, 그리고 (3) 「인간관계의 발달과 개선」의 장(章)에서 '의사소통의 기초기법 훈련'과 '인간관계 훈련모형'을 첨가하였다. 그리고 (4) 제9장 「자아기능도와 성격특성」의 장을 선별, 축소하여 TA 성격이론의 장, 「제8장 세 가지 모습의 나」에 4절로 포함시켰다.

의사소통의 상응작용적 관점모형 도안에 아이디어와 그래픽 디자인 작업으로 바쁜 일정에도 시간을 내어 도와준 은석에게 고마움을 전한다. 이 책의 출판을 기꺼이 맡아 주신 양성원의 강철원 사장님 그리고 수고해 주신 편집부 직원 여러분께 깊은 감사의 말씀을 드린다.

2017년 1월

이 성 태

차 례

제 Ⅱ 부 TA 인간관계론과 연습

인간관계론

HUMAN RELATIONS

I

인간관계론

제 1 장 _ 인간관계의 본질과 중요성

제 2 장 _ 인간관계의 형성과 자기지각

제 3 장 _ 인상형성과 타인지각

제 4 장 _ 인간관계와 대인의사소통

제 5 장 _ 언어적 의사소통과 비언어적 의사소통

제 6 장 _ 인간관계의 발달과 개선

인 간 관 계 론

Human Relations

제 1 장

인간관계의 본질과 중요성

Ⅰ. 인간관계의 본질

혹시 여러분은 아무도 없는 조용한 곳에서 혼자 살면 좋겠다는 생각을 해 본 적이 있는가? 그러면 눈치 볼 일도, 간섭받는 일도, 다른 사람과 부딪히는 불편함이나 스트레스도 없이 자유롭게 편하게 살 수 있을 것 같다는 생각이 들 수도 있을 것이다. 그러나 막상 나의 삶의 목표나 내용과 그 과정을 가만히 따져보면 혼자 사는 것이 불가능하다는 사실을 곧 깨닫게 될 것이다.

우리는 내가 원하던 원하지 않던 간에 집에서, 길에서, 차안에서, 직장에서 그 밖의 거의 모든 삶의 상황에서 그것이 좋은 관계이든 좋지 못한 관계이든, 또는 스침의 관계이든 참 만남의 관계이든 관계의 연속이다. 혼자 있을 때도 감정이나 생각 속에 다른 사람이 남아 있고, 심지어는 꿈속에서도 다른 사람과의 만남이 지속된다. 아니 어쩌면 내가 다른 사람들을 나의 생각이나 감정 속으로 혹은 꿈속으로 끌어들여서 만남을 지속시키고 있는 것 같기도 하다.

이처럼 인간관계는 우리의 일상생활과 밀접하게 관련되어 있어 우리의 삶 그 자체로서 우리의 삶의 과정을 지배하고 있다.

사춘기의 청소년들이나 혹은 어떤 사람들은 “고독을 좋아한다”, “고독을 즐긴다”고 말하기도 한다. 아마 어느 한 순간에는 그럴 수도 있다. 가끔 우리는 자신을 돌아보기 위한 혼자만의 시간이 필요할 때도 있기 때문이다. 그러나 대부분의 경우 '혼자 있고 싶다'고 하는 생각이나 표현들은 단지 다른 사람들과 더불어 살아가야만 하는 삶의 현실 속에서 당면하는 어려운 인간관계의 문제들을 피하고 싶은 충동의 한 표현일 수 있다.

성서에, 하나님이 최초의 인간인 아담을 창조하신 후, 아담('사람'이라는 뜻)이 '혼자 사는 것이 좋지 않다' 하시고 하와를 창조하셔서 돕는 배필로 함께 살게 했다는 기록이 있다(창세기 2: 18). "인간은 그 존재의 시작부터 다른 사람과 서로 돕는 조력자의 관계로 함께 살도록 되어 있다는 사실을 말해 주는 것"으로 해석해 볼 수 있다. 우리가 인간 생명의 탄생과 삶의 실제를 살펴보아도, 모든 인간은 아버지와 어머니의 만남의 관계 속에서 임신되고, 관계 속에서 태어나고, 관계 속에서 자라고, 관계 속에서 살아가는 존재임을 확인할 수 있다. 이것은 인간이 스스로, 혹은 혼자가 아니라 관계 속에서만 존재가 가능하고, 나아가서는 함께 잘 어울려 사는 것이 행복의 기본 조건임을 시사하고 있는 것이다.

한편, Erich Fromm(1963)은 그의 저서 『사랑의 기술(art)』에서 인간이 인간관계 속에서 살 수밖에 없는 실존적 이유를 "인간관계 욕구"의 발생적(發生的) 측면에서 다음과 같이 설명한다.

태내에서 엄마와 자연적 일체감의 상태에 있던 아기는 분만(分娩)으로 엄마와 분리, 격리되면서 그 본래의 일체감이 파괴되고, 격리감과 고독감과 심각한 불안을 체험하게 된다. 그 격리, 고독감과 불안으로부터 해방되고자 하는 행동의 동기로서 인간 내면에 자연적으로 재결합하고자 하는 강한 욕구가 생성된다. 이 강한 재결합의 욕구가 "인간관계 욕구"라는 것이다. 그래서 인간은 출생에서부터 평생 동안 격리감과 고독감과 불안으로부터 해방되기 위해서 재결합을 목표로 하는 '인간관계 욕구'의 충족을 끊임없이 추구하게 된다. 갓난아기는 엄마와의 관계에서, 가족관계에서 인간관계의 욕구를 충족시키면서 자란다. 성장하면서 더 많고, 다양한 사람들을 만나게 되면서 그 관계는 동네 이웃의 연장자들과 또래들, 학교, 직장동료 관계, 이성관계 등으로 확장되면서 많은 유형의 사회집단들을 만들고, 유지 · 발전시키면서 인간관계 욕구를 충족하고자 한다.

Fromm은 이와 같은 재결합들 가운데서 가장 친밀한 일체감의 경험으로 인간관계의 욕구를 충족시켜 주는 것이 결혼(結婚)이라고 한다. 결혼은 죄의식이나 수치감이 없는 친밀한 육체적 연합을 포함하는 가장 완전한 의미의 하나 됨을 의미한다는 측면에서 그렇다고 할 수 있다.

이러한 관찰들에서 우리는, 물고기가 물을 떠나 살 수 없고, 생명체가 공기 없이 살 수 없는 것처럼 인간은 인간관계를 떠나서는 살 수 없는 실존적 존재임을 재확인할 수 있다.

인간관계는 바로 우리의 삶의 터전이고 존재와 생활 그 자체다. 그래서 내가 맞게 되는 일상의 만족이나 불만의 어떤 문제도, 직접 혹은 간접으로, 항상 어느 누군가와 관련되어 있다. 그 관계의 대상은 단수일 수도 있고, 복수 또는 보다 큰 집단일 수도 있다. 이러한 맥락적 관점에서 보면 정신분석학자 Sullivan이 "인간관계 욕구충족의 계속적인 실패는 정신질환의 원인이 된다."고 하는 주장의 타당성을 인정할 수 있다.

나아가서 인간관계의 문제를 극복하고 좋은 인간관계를 맺고 유지하는 것이 개인의 적응과 정신건강 그리고 안녕과 행복의 가장 핵심적인 조건이 된다고 말할 수 있다. 이 시점에서 우리는 "산다는 것은, 다른 사람에게로 뻗쳐 다가가는 것이다."라고 한 Johnson(1993)의 말을 한 번 되새겨 봄직하다.

이처럼 인간관계 속에서 벗어날 수 없는 인간의 실존적 삶의 양식과 우리가 당면하는 인간관계 문제는, 관계상황을 피한다고 해결되는 것이 아니고 오히려 직면해서 어떻게 대처해 나가느냐에 그 해결책이 있음을 말해 주고 있다. 직면하여 대처해 가는 한 방법으로 인간관계에 관한 이해와 기술(art)의 학습과 훈련을 들 수 있다.

II. 인간관계의 중요성

여기서는 인간관계가 우리의 삶 속에서 갖는 필요성 및 중요성을 여섯 가지 정도로 나누어 음미해 본다.

1. 인간관계는 인간을 인간답게 한다.

우리를 인간답게 하는 것은 다른 사람과의 상호작용이다. 인간으로 태어났으면서도 인간과 상호작용이 전혀 없었던 아베이롱의 야생아의 이야기나 인도의 늑대 어린이 카말라의 이야기는 이를 극적으로 대변해주고 있다.

1795년 프랑스 남부의 아베이롱의 삼림 속에서 열 한두 살 정도로 보이는 한 소년을 발견했다. 당시의 모습은 사람보다는 짐승에 더 가까웠다. 두 발로 설 수 없었고, 기어 다녀서 손바닥은 딱딱하게 굳어 있었다. 후각, 청각, 시각은 동물적인 예민성을 가지고 있었다. 짐승들처럼 어둔 밤에도 쉽게 다닐 수 있는 시력을 보였으며, 음식물을 먹기 전에 먼저 냄새를 맡고 입에 가져가고, 나무열매와 풀뿌리, 새 등을 날로 먹고, 옷을 입지 않은 나체로 다녀도 수치심을 느끼지 않았다. 웃거나 눈물을 흘리는 것과 같은 정서적 표현도 볼 수 없었고, 가끔 짐승들처럼 접촉은 즐기는 것 같았다. 사람의 목소리와 같은 발성은 없고, 가끔 짐승들처럼 으르렁거리고, 비위를 건드리는 사람에게는 달려들어 물어뜯으려고 했다. 지능도 매우 낮았다.

이 야생아는 파리에서 Itard라는 의사에 의하여 5년 간 양육되었다. 그는 교육과 훈련을 통해서 이 야생아를 인간의 문화환경에 적응시키고자 했다. 5년 동안 훈련결과로 동년배와 같은 수준으로의 적응은 실패했으나 옷을 입거나 가구를 사용하는 방법 등 약간의 일상 생활습관들을 학습할 수 있었다고 한다.

다른 한 경우로는 1920년 인도의 한 늑대 굴에서 약 2세가량 되어 보이는 한 여아와 8세쯤 되어 보이는 여아를 발견하여 이들을 어느 목사 부부가 양육한 사례를 들 수 있다. 나이가 적은 여아는 1년을 넘기지 못하고 죽었고, 8세 정도 되는 여아는 그 후 9년을 살았다. 이 두 아이가 발견되었을 당시에는 행동이 늑대와 비슷했다. 기어 다니고, 짐승의 고기를 즐겨 뜯고, 늑대 모양으로 소리를 지르는데 늑대소리도 사람의 말도 아니었다. 빛을 싫어하고 어두운 곳을 찾아다니고 옷을 입히면 찢어버렸다.

1년 반 정도 훈련을 받고서는 두 발로 걸어 다닐 수 있게 되었고, 두 손으로 그릇을 잡을 수 있게 되었으며, 소리 대신 말도 하게 되었고, 익은 음식에 익숙해졌으며, 어둠 대신에 밝은 곳을 좋아하게 되었고, 인정(人情)도 느낄 수 있게 되었다. 인간 본래의 모습을 되찾고 있었다.

이러한 사례들은 인간관계라는 사회적 상호작용을 통해서 교육이 이루어지고 인간이 인간다워진다는 사실을 입증하고 있다.

우리는 인간관계 속에서 서로 인간으로 대하고, 관심을 가지고, 서로의 욕구에 반응하는 법을 배운다. 사회화(社會化/socialization)가 된다. **인간다움을 나타내는 특성들** 가운데는 **친절, 자비, 배려, 관심, 연민, 협동, 사랑 그리고 보호하기** 등이 포함되어 있다. 이러한 특성들이 인간관계 속에서 상호작용의 결과로 길러진다.

그런데 현대 산업화와 첨단 기계문명 사회의 역기능의 결과로 **비인간화**되어 가는 인간관계 속에서는 이러한 인간다움의 특성들이 박탈되고, 인간의 가치에 대한 무관심이 반영된 비인간적인 방식으로 취급됨으로써 인간은 **기계화**(機械化)되고, **수단화**되는 경향이 점점 더 심화되어 가고 있는 것 같다. 여기서 비인간화(非人間化)란 다른 사람의 고통에 무관심해지고, 불친절해지고, 고귀하고 존엄한 존재로서 인간관계가 파괴되어 가면서 점점 짐승처럼 되어 가며, 인간이 고성능의 컴퓨터와 같은 숨 쉬는 기계처럼 되어 간다는 것을 의미한다.

결론적으로 중요한 것은 우리 각자가 다른 사람을 대하고 관계맺는 방식과 그 관계의 질(質)이 우리가 어떤 종류의 사람이 되는가를 결정하게 된다는 것이다.

2. 인간관계는 인간을 가치 있는 존재가 되게 한다.

상응작용 분석(想應作用 分析 : TA)학자 Harris(1969)는 그의 저서 『I'm Ok－You're Ok』에서 인간 존재의 가치형성에 대한 논증을 다음과 같이 전개한다.

> "나는 한 인간이다. 너도 한 인간이다. 너 없이 나는 인간(人間)일 수 없다. 왜냐하면 너를 통해서만 언어(言語)가 있을 수 있고, 언어를 통해서만 사상(思想)이 있을 수 있으며, 사상을 통해서만 인간다워질 수 있기 때문이다. 따라서 너는 나를 중요한 존재가 되게 했다. 그러므로 나는 중요하며, 따라서 너도 중요하다. 만약 내가 너의 가치를 낮게 평가하면 나 자신의 가치도 낮아진다"(p.257).

이러한 진술은 이상적인 인간관계 발전의 한 목표를 제시하고 있음과 동시에 바람직한 인간관계를 통해서 '나'와 '너'가 함께 가치 있는 존재가 됨을 논증해주고 있다. 즉, '나도 중요하고 너도 중요하다'는 인간관(人間觀)은, 모든 인간은 어떠한 모습을 보이고 있든지 서로에게 가치 있는 소중한 존재들이며, 인간이 수단이나 도구화(道具化)가 될 수 없음을 암시하고 있다.

또한 이 진술은, 일상의 대화과정에서 습관적으로 흔히 "인간은 가치 있는 존재다."라고 무의식적으로 말하게 되는 학습된 개인의 상습적 표현 이상의 것으로서 그 사상이나 생각이 현실적인 삶의 인간관계 과정에서 실제행동으로 실천될 때 명실 공히 너도 나도 함께 진정으로 가치 있는 존재가 됨의 원리를 논증해주고 있는 것이다.

자신과 다른 사람을 중요하고, 가치 있는 존재로 여기고 받아들인다는 것은 다른 사람이 완전하고 흠이 없어서가 아니다. 너, 나, 인간 모두는 본래가 완전하고 훌륭하고 좋은 면들만 가지고 있는 것도 아니다. 다른 사람의 눈에나 혹은 자신의 관점에서 장점으로 보이는 부분도 있고, 단점으로 보이는 부분도 있을 수 있으며, 잘 할 때도 있고 못할 때도 있다. 강한 면이 있는가 하면 약한 면도 있다. 성공할 때도 있고 실패할 때도 있으며, 실수할 때도 있다. 마음에 드는 부분도 있고 들지 않는 부분도 있을 수 있다. 그럼에도 불구하고, 우리는 서로를 소중하고 가치 있는 존재로 여길 때 서로를 수용할 수 있으며, 서로를 수용할 수 있을 때 서로 사랑할 수 있고, 너와 내가 함께 가치 있는, 인간다운 존재가 될 수 있다.

그러므로 좋은 인간관계를 형성하고 유지, 발전시키는 필수조건은 자신도 수용하고 상대방도 수용하는 삶의 자세라 할 수 있다.

그런데 여기서 수용(acceptance)은 '무조건 좋아만 하는 것'을 의미하지 않는다. 수용이라는 개념에 포함되어 있는 '받아들인다'는 것은 '네 마음대로 해라'는 허용(permission)도, '그렇게 해도 괜찮다'는 승인(approval)도 아니다. 오히려 용서(forgiveness)에 가깝다. 자기를 용서하고 남을 용서하는 것이다. 그러므로 수용이 허용이나 승인과 다르다는 점에 유의해야 한다.

진정한 수용(受容)은 사랑에 기초하고 있다. 역으로 누구를 사랑한다면 그 사람을 있는 모습 그대로 받아들이고 있는 사람이라 할 수 있다. 그래서 누군가에 의해 자신의 있는 모습 그대로 자기가 수용되고 있다고 느낄 때, 그는 자신의 실수나 실패나 못난 점을 용서받고, 용납되어 소중한 존재로 여김을 받고 있으며, 사랑받고 있음을 느끼게 된다. 그래서 자신을 가치 있는 존재로 여기게 되고, 자존심(自尊心/pride)을 너머선 자기존중감(自己尊重感), 즉 자존감(self-esteem)을 갖게 된다.

이처럼 서로를 용서하고 수용하는 인간관계 속에서만 인간은 다른 동물과 구별되는 가치 있는 삶의 질을 갖춘 인간다움을 갖게 되는 것이다. 그러므로 참 인간다움의 회복을 위해서 우리는 궁극적으로는 서로 용서하고, 수용할 수 있는 능력을 어떻게 갖게 되고, 회복할 수 있을 것인가를 고민해야 한다.

3. 인간관계 속에서 개인의 정체감 및 여러 영역의 발달이 이루어진다.

정체성 혹은 자아정체감(自我正體感/ego identity)이란 '나는 누구인가?'라는 물음에 대한 자기정의(self-definition)라고 할 수 있다. 그 물음들에는 현재 자신의 위치, 역할, 능력 및 책임, 그리고 자신의 삶의 가치와 목표에 대한 분명한 인식 등이 포함된다. 자아정체감이 결정적으로 형성되는 것은 사춘기에서부터 청년기 동안이지만 여기에는 인생 초기부터 경험하는 수많은 인간관계의 경험들을 통해서 축적되어온 자신감(自信感)을 포함하고 있다.

10대 초기에 아동들은 사춘기에 들어서면서 이성(異性)에 대한 본격적인 관심은 물론 제2성징(性徵)들의 발현과 더불어 일어나는 급격한 신체적 변화들을 맞게 된다. 또한 지적 능력의 발달과 함께 기성인들과 사회에 대한 비판의식이 발달하고, 자신에 대한 호기심과 흥미에 변화를 맞게 된다. 이제까지 가지고 있던 아동기의 자기관(自己觀)은 사춘기를 맞으면서 경험하게 되는 자신의 변화된 신체 및 외모나 이성관(異性觀)과 더 이상 맞지 않아 부적절감을 느낀다. 주변의 성인들이나 또래, 그리고 사회가 새로운 기대의 눈으로 자신을 바라보고 있을 것으로 느끼고 생각한다. 실제로 성인들이나 또래들의 그러한 시선을 경험하기도 한다. 이러한 변화와 사회적 요구들은 청소년들로 하여금 혼란스럽게 하고 자기의 정체성(正體性) 혹은 정체감(正體感)에 대한 위기를 경험하게 하며, 자신을 되돌아보게 하고 자신의 모습을 확인해 보도록 자극한다. 따라서 이러한 자아정체감에 대한 위기의식을 해결하고 자아정체감을 확립하는 것이 청소년기의 중요한 발달과업(發達課業/developmental task)이다.

그래서 청소년들은 자기에 관해서 다른 사람들이 가지는 이미지에 대해서 이전보다 훨씬 더 민감하게 적극적으로 관심을 갖게 된다. 다른 사람에 의해 피드백(feed back)되는 자기에 대한 이미지와 자신이 가지고 있는 자기 이미지가 부합되는지 어떤지를 확인해보는 데 민감해진다. 나는 다른 사람들에게 어떻게 보이는가? 나는 누구인가? 무엇을 어떻게 해야 할 것인가? 등 자신의 위치와 역할에 대한 해답을 찾고자 하는 정체감 확립을 고심하는 과정에서 선택의 갈림길에 서게 되는 정체감 위기(identity crisis)를 맞게 된다.

이러한 청소년기의 정체감 확립이라는 선택의 위기를 극복해야 하는 발달과업의 성취를 위해서 청소년들은 다양한 역할이나 자신의 희망들을 다양한 인간관계 속에서 시행착오의 과정을 거치면서 실험해보게 된다. 이 위기극복이 쉽지 않다. 그래서 아동기(兒童期)와 성인기(成人期) 사이에서 맞게 되는 이 실험과정에서 청소년들은 심리적 집행유예기를 갖기도 한다. 심리적 집행유예(psychological moratorium)란 대학 입학 연령기 즈음의 정체감 확립과정에서 자신의 진로에 관해서 해야 할 어떤 선택적 결단과 실행에 확신이 없어서 결단과 실행을 유보하는 것을 말한다. 이때 정체감 위기를 잘 극복하지 못하면 역할혼란(役割混亂/role confusion)의 성격특성이 형성된다. 여기서 위기갈등이 잘 해결되면 자아정체감이 확립되고, 아울러서 사회 심리적 덕목(德目)으로서 성실성(誠實性/fidelity)이 발달한다. 청소년기의 건강한 정체감의 발달 여부는 성인기의 성공적인 결혼생활과 직장생활의 적응, 그리고 노년기의 정신건강과 밀접하게 관련되어 있다(Erikson, 1963).

이 밖에도 성장과정에서 맞게 되는 자녀와 부모 및 가족, 또래와 이웃, 교사와 학생 간, 그리고 다양한 사회집단들의 인간관계에서 상호작용들은 자아정체감의 발달 외에도 인지, 정서, 사회 및 성격 그리고 신체발달에 중요한 매개역할을 한다.

4. 좋은 인간관계는 성공적인 직장생활과 기업의 생산성 및 조직의 효율성을 높이는 중요한 요인이 된다.

훌륭한 기술과 재능이 생산성을 높이는 중요한 요인이 되기도 하지만 다른 동료들과 함께 효과적으로 일할 수 없으면 그 직장에서 살아남을 수가 없다. 고용주들이 신입사원 지원자들을 면접할 때 마음에 두는 중요한 기준의 하나는 이 사람이 다른 사람들과 함께 잘 아울려서 일할 수 있을 것인가 하는 것이다. 기술적 능력뿐만 아니라 대인관계 유능성도 함께 갖추고 있어야 한다. 그러니까 높은 기술적 유능성만으로는 성공적인 직업을 보장하기에는 충분하지 못하다는 것이다. '미국 노동력에 있어서 기본적 기술'이라는 연구보고서(1982)에 의하면, 노동조합과 교육기관 등이 포함되어 있는 여러 직장에서 해고된 사람들의 90%가 업무태도와 대인관계 문제 및 부적절한 행동, 그리고 부적합한 의상의 문제 때문이었다고 한다. 하이테크 직업에서까지 다른 하이테크 인사들과 더불어 효과적으로 일할 수 있는 능력이 필수다. 다 학문적 접근이 필요한 문제의 해결을 위해서 다른 전문직에서 온 사람들과 함께 일하고, 의사소통할 수 있는 능력이 반드시 필요하기 때문이다.

최근 한 조사연구(Johnson, 1992)에서 직원채용 시에 사용하고 있는 주요 평가기준 다섯 가지를 다음과 같이 소개하고 있다.

① 언어적 의사소통 기술
② 책임성
③ 대인기술
④ 자발성
⑤ 의사결정 기술

특히 리더 혹은 지도자들에게는 구성원들의 목표성취를 동기화하고, 협상하고, 중재하고, 결정사항들을 실행하고, 직책상으로 주어진 권위를 행사하고, 신뢰를 발달시킬 수 있는 대인기술이 필요하다. 이러한 특성들을 지닌 구성원들로 형성된 기업은 생산성과 조직의 효율성을 최대화할 수 있을 것이다.

이러한 연유에서 오늘날 인간관계의 교육과 훈련에 관한 관심이 점점 높아지고 있으며, 많은 인간관계 훈련 프로그램들이 개발되어 기업체와 학교와 상담 및 심리치료 기관들에서 실시되고 있다.

역사적으로 보면, 1927~1932년까지 5년 간 수행된 '호오손(Hawthorne) 공장 실험연구'가 생산성에 미치는 인간관계의 중요성에 관한 실험연구의 효시로 알려져 있고, 조직체의 효율성을 높이기 위한 소집단 인간관계훈련 집단의 효시로서는 1946년 미국의 코네티컷 주에서 Lewin 교수와 그의 동료들에 의해 시작된 최초의 '인간관계훈련집단(감수성훈련집단 혹은 T집단)'을 들 수 있다. 감수성훈련집단은 후에 C. R. Rogers의 '참 만남집단(Ecounter group)'으로 발전되었다.

특별히 산업체는 조직, 기술, 인간이라고 하는 세 가지 요소로 구성되어 있다. 생산활동의 주체가 인간이므로 효율적인 인간관계의 발달이 구성원 개인의 욕구충족은 물론 나아가서 생산성을 증대시키는 데 있어서 무엇보다도 중요한 요소가 된다는 것은 두말할 나위가 없다.

5. 인간관계는 신체 및 정신건강과 매우 밀접하게 관련되어 있다.

부모 혹은 양육자와 아기 간의 신체적 접촉의 결핍 또는 무관심에 연유한 애정결핍은 정신건강뿐만 아니라 신체건강과 성장에도 중요한 장애로 작용한다는 보고와 사례들이 있다.

미국 의학회(AMA)에서 제작한 「제2의 기회(the second chance)」라는 교육용 영화는 의사들에 의해 다른 의학적 결함이나 문제는 없지만 '모성애 결핍 증후군'으로 진단된 생후 22개월 된 한 아기에 관한 이야기를 담고 있다. 아버지가 이 어린 딸을 병원에 맡길 당시의 성장발달 상태는 체중이 6.7kg, 신장 71cm로 각각 생후 5개월 또는 10개월 되는 아기들의 평균체중과 신장에 불과했다. 길 수도, 말할 수도 없었다. 다른 사람이 다가가면 울기만 하는 정서반응을 보였다.

그 후 2개월 동안 병원에서는 엄마를 대신하는 자원봉사자가 애정을 담아 보살폈고, 그 아기를 접하는 병원의 직원들도 가능한 한 손을 잡아주고, 안아주기도 하는 등의 신체적 접촉과 함께 같이 놀아주고, 많은 관심을 가지도록 했다. 그 결과, 2개월 후에는 체중이 2.7kg, 신장은 2.5cm 가량 더 컸고, 길 수 있게 되고, 잡아주면 걸을 수도 있게 되었다. 낯선 사람을 보아도 무서워하지 않고 대면할 수 있게 되었다(James & Jongeward, 1971).

정서적 왜소증(emotional dwarfish)의 원인에 대한 연구에서도 인간관계 속에서 애정경험이 신체발달에 중요하게 관련되어 있음을 보고하고 있다. 엄마나 주위에서 돌보는 사람들의 안정되고 따뜻한 보살핌은 대뇌의 시상하부와 뇌하수체를 차례로 자극하게 되어 성장 호르몬의 분비를 왕성하게 함으로써 신체발육을 촉진시킨다는 것이다. 그러나 안아주거나 쓰다듬어 주는 등의 신체접촉 등을 포함하는 애정이 담긴 보살핌이 장기적으로 결여될 때 성장호르몬의 분비저조로 신체적 성장이 제대로 이루어지지 않아 왜소한 체구를 지니게 되는 경우가 있다고 한다(서봉연, 이순형, 1983).

한편 Bowlby는 시설아동에 대한 연구를 통해서 신체적 접촉이나 따뜻한 인간관계가 결핍된 환경에서 자라는 아이들은 질병에 대한 면역이 약할 뿐만 아니라 언어발달, 학업성적, 대인관계에 부적응을 보이는 경우가 많고, 자란 후에도 사회적으로 잘 적응하지 못해서 반사회적 성격 혹은 비행을 나타내는 경우가 흔하다고 보고했다.

오늘날까지도 독방감옥이 가장 무서운 형벌 가운데 하나로 인정되고 있다. 고독과 정서적 격리는 심리적인 질병을 조성한다. 인간관계에서 발생하는 문제, 즉 다른 사람으로부터 사랑을 받지 못하고 버려지고, 소외된 감정, 격리감, 고독감과 무관심은 그 무엇보다도 가장 큰 스트레스를 경험하게 한다.

정신건강은 다른 사람들과 협력적이며, 상호의존적인 관계를 수립할 수 있고 유지하는 능력이라고 할 수 있다. 수용적인 인간관계의 수립이 어려운 사람은 상당한 불안과 우울, 좌절, 소외감을 갖는 경우가 많다. 이들은 두려움, 부적절감, 무력감과 고독감을 느끼기 쉽다.

긍정적이고, 효율적인 인간관계는 심리적 고민의 감소, 스트레스에 효과적인 대처와 회복, 자기신뢰와 자율성, 일관되고 균형 잡힌 자아정체감, 보다 큰 심리적 안정감, 보다 높은 자존감, 나아가서 일반적인 행복감의 증대 등과 관련되어 있다.

요약하면, 긍정적이고 효율적인 인간관계는 정신건강과 적응에 밀접하게 관련되어 있다는 것이다.

6. 자율적 인간관계의 형성능력은 자아실현과 인간의 삶의 질과 밀접하게 관련되어 있다.

우리 인간의 내면에는 헤아릴 수 없고, 예측할 수도 없는, 그래서 무한하다고 할 수 있는 잠재능력들과 그 잠재능력들을 실현하고자 하는 강한 자아실현(self realization)의 욕구가 있다. 그 내적 자원들을 발굴, 실현을 통해 갖게 되는 성취감과 기쁨을 경험하게 되는 삶의 질을 높이는 일들은 직접적이든 간접적이든 다른 사람들과의 친밀한 인간관계 속에서만 가능하다.

Berne(1964)과 James(1971)에 의하면, 친밀한 인간관계를 맺을 수 있고, 잘 적응하는 사람의 특성은 :

"지금-여기에 사는 자신과 타인 및 환경에 대한 ① **수용**과 **각성**(awareness); 가능한 선택지들의 계속적 탐색과 독립적 의사결정과 그 결과에 대한 책임성, 자유로운 감정표현, 묵은 감정에 얽매이지 않고 충동이나 강박관념들로부터 해방된 ② **자발성**(spontaneity); 그리고 이러한 특성들의 통합으로 이루어지는 ③ **친밀성**(intimacy)으로 나타나는 자율성(autonomy)이다."

자율적으로 인간관계를 맺을 수 있는 사람, 즉 잘 적응하는 사람은 성장과정에서 다른 사람들의 사랑, 지지, 수용을 자기의 것으로 내면화해 왔기 때문에 그들은 그때 그때의 상황에 적절한 방식으로 대처할 수 있다. 또한 자율적인 사람은 과거로부터 연유되는 죄책감이나 후회, 그리고 원한으로 인해 괴로움을 당하는 것으로부터 보다 자유로울 수 있어서 과거를 수용하고 미래를 바라보면서 지금-여기, 현재에서 삶의 목표에 집중할 수 있고, 충실할 수 있기 때문에 자신의 잠재능력을 보다 효과적으로 개발하고, 발휘할 수 있다.

요약하면, 친밀한 인간관계를 맺으면서 잘 적응하는 사람은 자율적(自律的)이며, 자율적인 사람은 현실에 집중해서 시간을 충실하게 사용할 수 있고, 자신의 잠재능력을 보다 효과적으로 개발하고 발휘할 수 있어서 자아를 실현할 가능성이 높다.

이러한 자율적인 인간관계 욕구와 자아실현 욕구의 충족은 우리로 하여금 행복을 느끼게 하고, 삶을 의미 있게 함으로써 우리의 삶의 질을 높여준다.

전국을 대상으로 표집 조사한 미국의 한 연구에 의하면, "당신의 삶을 의미 있게 하는 것이 무엇인가?"라는 물음에 대하여 대부분의 응답자들은 "부모, 친구, 형제자매, 배우자, 연인, 자녀 그리고 이 밖의 다른 사람들로부터 필요한 존재로 인정받고, 사랑받고 있다는 느낌이 들 때"라고 응답했다. "무엇이 당신을 행복하게 하느냐?"라는 물음에 대해서는 "친밀관계"라고 응답한 사람이 대부분이었다. 행복의 조건으로서 행복한 결혼생활, 원만한 가족관계, 친밀한 친구관계의 항목들이, 일이나 물리적 환경(예컨대, 주택)이나 재정적 안정보다 더 중요한 것으로 나타났다. 이것은 바로 앞서 "행복하게 하는 것이 친밀한 관계"라고 응답한 것과 일치하는 것으로 볼 수 있다.

개인적인 인간관계의 경험은 자신의 행복이나 불행에만 국한되는 것이 아니고, 생산의 질과 다른 사람, 즉 우리의 이웃의 삶의 질에 영향을 미치는 보다 더 큰 의미로 확장된다. 직장에서 좋은 인간관계는 자신의 행복한 직장생활뿐만 아니고 직장 동료들의 행복과 생산품의 질에 영향을 미치고 나아가서 생산품을 구매하는 사람들의 삶의 질에도 영향을 미치게 되는 것이다.

Ⅲ. 인간관계와 의사소통 및 문제발생 영역

인간관계(人間關係/human relations)란 둘 이상의 사람들 간에 일어나는 상호작용을 말한다. 이를 사회적 상호작용(社會的 相互作用)이라 부르기도 한다. 사회적 상호작용은 관련되어 있는 당사자 간에 서로가 상대방의 모습이나 행동을 지각하고, 해석하고, 그것에 대한 반응을 결정하고, 결정한 반응행동을 실행하는 것으로 진행되는 하나의 연쇄적 순환과정이다. 이 순환과정의 핵심과정은 언어적 혹은 비언어적 의사소통의 과정이다. 즉, 인간관계의 과정은 일련의 의사소통의 과정이라 할 수 있다.

그래서 인간관계의 연구나 인간관계의 개선을 위한 훈련 프로그램의 내용이 의사소통의 과정이나 기법에 초점을 맞추어지는 경우가 많다.

여기서는 먼저, 인간관계의 기본과정을 보다 잘 이해하기 위해서 관계의 형성과 발전에 있어서 핵심적인 매개 역할을 하는 (1) 의사소통에 대한 관점(觀點)들의 역사적 변천에 관해서 고찰하고, 이에 기초해서 (2) 대인의사소통을 정의해 보고, 나아가서 (3) 인간관계에서 문제를 일으킬 수 있는 의사소통 과정상의 문제발생 요인들을 살펴본다.

1. 대인의사소통의 관점과 그 변천

의사소통을 연구하는 학자들은 역사적으로 의사소통 연구관점들이 초기의 ① 송신자의 일방적인 작용으로 보는 관점으로부터 ② 상호작용 관점으로, 그리고 ③ 상응작용 관점으로 변화해 온 것으로 분석하고 있다(Sereno & Bodaken, 1975; Stewart, 1977; Myers & Myers, 1980). 이 세 가지 관점들을 좀 더 자세히 살펴보자.

1) 일방작용적 관점

대인의사소통을 연구하는 초기의 학자들은 의사소통을 마치 과녁에 화살을 쏘는 것같이 말하는 사람, 즉 송신자의 일방적인 작용(one way action)으로 보았다. 그래서 표적이론(bull's theory)이라 불리기도 한다.

이 관점에서 뜻하는 의사소통이란 어떤 정보를 가지고 있는 사람이 그 정보를 다른 사람에게 전달하거나 상대를 설득하는 과정이다. 그러므로 이러한 접근의 의사소통과정에서는 "말만 잘 하면 천 냥 빚도 갚는다"는 속담이 시사하는 바와 같이 송신자는 기본적으로 수신자인 상대를 설득하거나 상대방의 행동을 변화시키기 위해서 "내가 무슨 말을 어떻게 말해야 할 것인가"에 주된 관심을 모으게 될 것으로 보았다. 그래서 의사소통의 탐구에 있어서도 상대방에게 전달할 메시지를 만들고, 조직하고, 그것을 전달하는 송신자, 즉 '나'에게 연구의 초점을 맞추었다.

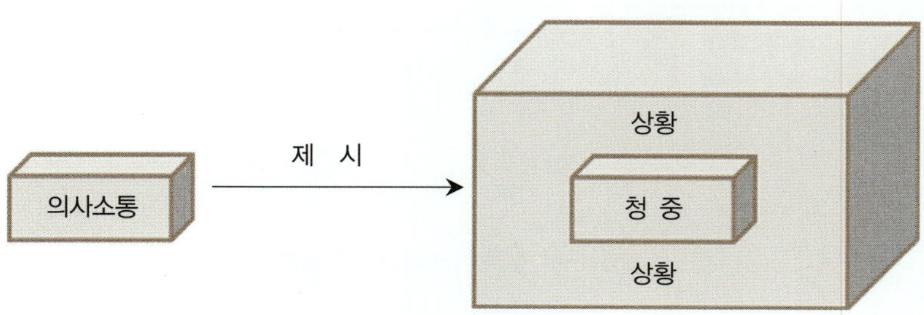

[그림 1-1] 일방작용적 관점 모형

이처럼 의사소통을 송신자의 일방적인 작용으로 보는 관점은, 의사소통의 과정에서 항상 존재하는 피드백을 무시하기 쉽다. 즉, 일방적 의사소통의 관점은 의사소통이 일어나고 있는 상황에서 일어날 수 있는 어떤 변화에 의해서도 송신자가 전혀 영향을 받지 않는 것으로 가정하고 있는 셈이다. 그래서 이 관점은 의사소통을 일방적인 혹은 직선적인 활동으로 다룸으로써 의사소통을 지나치게 단순화한다는 비판을 받게 된다.

2) 상호작용적 관점

의사소통을 상호작용(interaction)으로 보는 관점은 보다 진일보한 관점으로서 의사소통의 원인과 결과의 연속적인 작용과 반작용의 과정으로 간주한다. 한 사람이 말하고, 상대방은 고개를 끄덕인다. 다시 전자가 말하고 상대방이 반응한다. 마치 탁구공을 치고받는 것처럼 한 사람이 다른 사람에게 정보를 보내면 그것으로 인하여 다음에는 상대방으로부터 어떤 것을 되돌려 받는다. 이처럼 의사소통을 주고받는 상호반응이 이어지는 과정으로 보는 것이다. 의사소통을 이와 같이 상호작용으로 보는 관점을 핑퐁이론(ping-pong theory)이라 부르기도 한다.

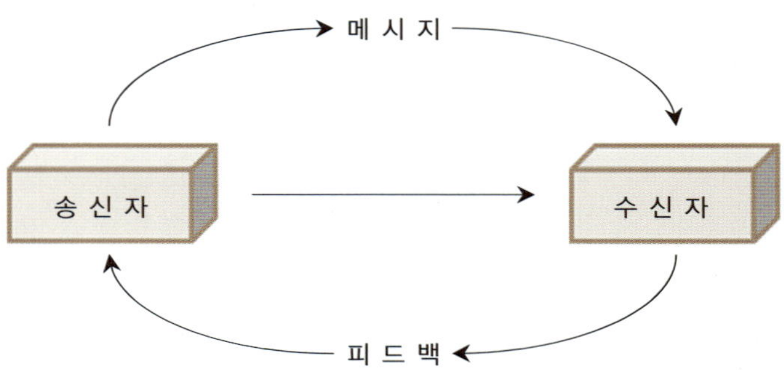

[그림 1-2] **상호작용적 관점 모형**

이러한 상호작용적 관점은 의사소통을 송신자의 일방적인 작용으로 보는 관점과는 달리 의사소통과정에서 참여자들이 교대로 상대방의 영향을 되돌려 받게 된다는 피드백의 개념을 도입함으로써 의사소통의 과정이 쌍방적임을 강조하고 있다. 송신자뿐만 아니라 수신자도 아울러 탐구대상으로 포함시키고 있다. 즉, 이러한 관점에서 대인의사소통 연구의 초점은 사람들이 어떻게 말하고 또 그들이 어떻게 반응하는가에 관한 것이 되었다. 따라서 이 관점은 일방적인 작용으로 보는 관점에 비해서 의사소통의 복합성을 보다 많이 설명해줄 수 있는 조건을 갖추게 된 것으로 보인다.

그럼에도 불구하고, 상호작용의 관점은 의사소통의 과정을 단순하게 말하고 응답하는 형식의 직선적인 인과(linear cause and effect)의 과정으로 취급하고 있어서 의사소통에 관여하고 있는 송신자나 수신자 양자 모두 동시에 송신하고 수신할 수 있다는 가능성을 고려하지 못하고 있다. 그러므로 이 관점은 의사소통의 복합성을 충분히 설명해주지 못하고 있다는 비판을 받을 만한 소지를 여전히 지니고 있는 것이다(Myers & Myers, 1980).

3) 상응작용적 관점

어떤 학자들은 다음과 같은 의문들을 제기한다(Sereno & Bodaken, 1975). 한 개인이 의사소통의 과정에서 송신자의 입장에 있다고 해서 송신자 역할만 하고, 또한 수신자의 입장에 있다고 해서 수신자 역할만 하는 것인가? 송신자는 자기의 이야기를 듣고 있는 수신자의 언어적 혹은 비언어적 메시지들을 수신하면서 동시에 그것을 고려하면서 송신하고 있지 않는가? 반면에, 수신자도 송신자의 이야기를 듣고 있을 때 들리는 언어적 메시지와 보이는 비언어적 메시지를 함께 해석하여 그것을 토대로 하여 수신자 나름으로 의미를 만들어 그것을 언어적 또는 비언어적 메시지로 상대방에게 전달하고 있지 않는가? 그렇다고 보면, 의사소통의 과정에 참여하고 있는 각 개인은 동시에 서로 영향을 주고받으면서 동시에 송신자로 또한 수신자로의 기능을 하고 있는 것이다. 그래서 Bamlund(1970)는 의사소통을 "어떤 것에 대한 반작용(reaction)이나 어떤 것과의 상호작용(interaction)으로 보지 않고, 인간이 자신의 목적을 실현하기 위하여 의미를 발명하고 만들어내는 과정, 즉 상응작용(transaction/相應作用)"으로 정의한다(p.88). 따라서 그는 대인의사소통을 ① 의미의 진화과정, ② 역동적, ③ 지속적, ④ 순환적, ⑤ 비반복적, ⑥ 취소할 수 없는, ⑦ 복합적인 과정으로 이해해야 한다고 주장한다.

Cronkhite(1976)도 대인의사소통을 ① 상호의존성, ② 상호교환성, ③ 독특한 복합적 인과관계성, 그리고 ④ 의미생성의 과정을 포함하는 하나의 체계(system)로 보면서 의사소통을 구성하고 있는 참여자, 메시지, 그리고 상황이라는 세 가지 구성요소 중 어느 하나라도 변화하면 다른 의미를 지니는 의사소통을 만들어내는 특성을 가진 상응작용의 과정이라고 주장한다.

Sereno와 Bodaken(1975)은 이러한 상응작용적 의사소통의 특성들을 다음과 같이 설명한다.

① 의사소통은 개인 내적 혹은 개인 외적 모든 구성요소들이 상호 관련되어 있고, 상호의존적인 하나의 체계(system)이다.
② 의사소통은 상호의존적인 하나의 체계 속에서 개인 내적 자극들과 개인 외적 자극들을 융합하고, 세상을 학습하게 하는 수단이고, 능동적이며, 그리고 주관적인 지각(perception)을 한 요소로 지니고 있다.
③ 의사소통은 한 체계 내에서 개인 내적 자극들과 개인 외적 자극들의 융합으로 생성되는 의미들을 공유하는 의미 창출(creating)의 요소를 포함하고 있다.
④ 의사소통은 지속적이고 항상 변화하는 과정(process)이다.

이상의 상응작용적 의사소통의 관점들을 기초로 해서 상응작용적 의사소통의 모형을 [그림 1-3]과 같이 그려볼 수 있을 것이다.

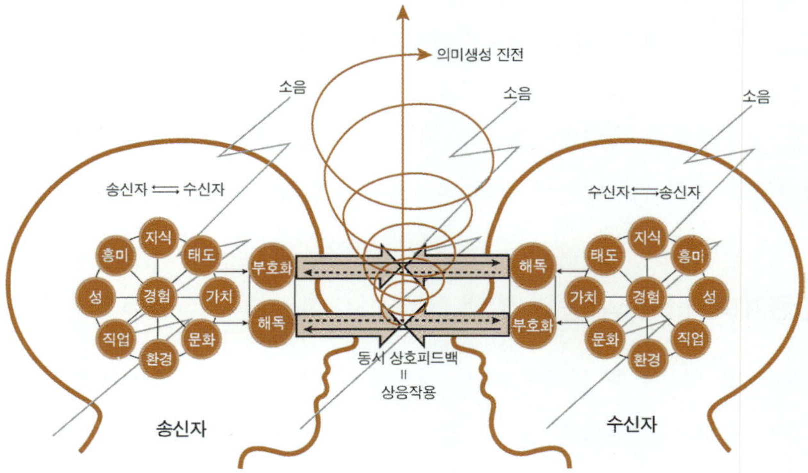

[그림 1-3] 상응작용적 관점 모형

* 이 [그림 1-3]은 Stewart(1977)의 대인의사소통 관점 3가지 소개에는 없는 그림이다. 필자가 여러 학자들의 상응작용적 관점의 기술들을 종합한 것을 Verderber와 Verderber(1989)의 대인의사소통 모형을 참고하여 구성한 그림이다.

최근 많은 의사소통 이론가들은 이와 같은 상응작용의 개념으로 대인의사소통의 복합성을 보다 잘 설명할 수 있을 것으로 믿고 있다.

2. 대인의사소통의 정의

지금까지 고찰해 온 바를 정리해보면, 상응작용으로서 대인의사소통은 송신자와 수신자 간에 단순하게 주고받는 직선적 인과작용을 넘어서 송신자와 수신자 각각의 개인 내적 및 외적 요소들을 지닌 양자(兩者)가 동시에 수신자와 송신자로 서로 영향을 주고받으면서 복합적으로 서로 반응하는 즉, 상응작용(相應作用/transaction)하는 과정에서 의미를 생성, 진화해가는 일련의 나선적(螺線的/spiral), 체계적(體系的/systematic) 과정이라 할 수 있다. 이를 요약해서, 다음과 같이 정의해 본다.

"대인의사소통이란 송신자와 수신자가 상응작용(相應作用/transaction) 과정에서 의미를 생성, 진화해가는 일련의 나선적, 체계적 대화의 과정이다."

이러한 상응작용적 대인의사소통의 체계(system)는 의사소통의 구성요소들 가운데 어느 하나라도 변화하면 다른 성질의 의사소통이 형성될 수 있다는 것이 그 특징이다.

3. 인간관계(의사소통)의 문제 발생 영역

인간관계 및 의사소통 문제의 개선 작업에서 다루어야 할 요인들을 다음과 같이 크게 3가지 영역으로 분석해 볼 수 있다.

1) 타인지각 및 타인이해

내가 상대방의 행동을 어떻게 지각하고 이해하느냐가 의사소통의 성질을 좌우하는 중요한 요인이 된다. 즉, 상대방의 행동에 대한 왜곡된 지각(오해)이나 무지(無知)가 인간관계 문제의 원인이 될 수 있다.

2) 자기지각 및 자기이해

타인의 행동을 정확하게 이해하기 위해서는 먼저 자신을 바로 이해할 수 있어야 한다. 왜냐하면 사물에 대한 이해는 개인 자신의 지각에 기초해서 이루어지고, 그 지각은 지각하는 사람의 당시의 신체적 상태나 과거의 경험 및 성격에 근거하는 개인의 주관적 경험의 의미로 받아들여지는 경우가 흔하기 때문이다. 특히, 자신의 과거의 경험들이나 혹은 결함 때문에 갖게 되는 열등감이나 방어기제 등이 타인의 행동을 있는 그대로 지각하고 이해하는 데 방해요소로 작용하는 경우가 많다. 자신에 대한 각성 혹은 이해의 정도가 의사소통의 성질을 결정하는 중요한 요인이 된다.

3) 관계성의 이해 및 의사소통 기술

의사소통의 기술(技術)이 대인 상호작용 과정에서 문제의 중요한 원인으로 작용한다는 것은 이미 알고 있는 사실이지만 그것은 기계적 기술이 아니고 예술적 기술(art)이어야 한다. 대인의사소통의 기술은 여러 관련요소들의 관계 속에서 조화를 이루어 가는 예술적 기술이다. 어떤 사람이 자신과 상대방을 잘 이해할 수 있는 지식을 가지고 있다고 해서 그 사람이 원만한 인간관계를 맺을 수 있는 것은 아니다. 인간관계의 기술은, 부속품 하나하나를 정해진 위치나 규격에 맞추기만 하면 제대로 돌아가게 되는 기계 조립의 기술, 즉 기계적 기술과는 다르다. 좋은 인간관계의 형성을 위해서는 타인과 자신을 바르게 이해하는 데 필요한 행동과학적 지식이나 소양 외에도 이 지식들을 '그러한 관계상황'에서 '그런 식'으로 타이밍에 맞게 적절하게 운용할 줄 아는 예술적 기술을 필요로 한다.

이러한 의사소통의 예술적 기술획득을 위해서는 학습 및 훈련, 집중과 열정, 그리고 인내가 필요하다. 효율적인 의사소통을 촉진하거나 혹은 장애나 문제로 작용할 요인영역들을 다음과 같이 정리해 볼 수 있을 것이다:

① 자기지각과 자기이해
② 타인지각과 타인이해
③ 관계성 및 의사소통의 이해와 기술

다음 장(章)에서부터 이들에 관해서 보다 자세히 기술한다.

인 간 관 계 론

Human Relations

제 2 장

인간관계의 형성과 자기지각

우리가 우연히, 그것도 생전 처음으로 1분도 채 되지 않는 아주 짧은 시간 동안 만난 사람에 대해서도 선명한 첫인상을 형성하기도 한다. 이런 경우를 포함해서 이런 저런 모양으로 형성되는 첫인상은 상대방에 대한 호감 여부와 그 후 관계의 지속 여부에, 그리고 나아가서는 보다 친밀한 관계로 발전 여부에 중요한 요인으로 작용한다. 흔히 첫인상이 매우 중요하다고 말하는 연유가 바로 여기에 있는 것 같다. 이러한 대인지각(對人知覺)에 의한 첫인상의 형성단계가 바로 인간관계 형성의 출발점이 될 수 있다.

그러므로 인간관계의 형성과 발달에 있어서 문제의 이해와 관계개선의 모색을 위해서 지각과 대인지각의 성질에 관한 학습이 필요하다.

이 장에서는 지각의 과정과 인간관계 그리고 자기지각 및 자아개념과 인간관계에 관해서 살펴보기로 한다.

Ⅰ. 지각의 과정과 인간관계

1. 지각과 지각의 과정

지각(知覺/perception)이란 우리가 눈, 귀, 코, 입 그리고 피부를 포함하는 다섯 가지 감각기관을 통해서 외부로부터 자극(감각정보)들을 수용하면서 그 자극들에 의미를 부여하는 과정이다. 이러한 지각과정(知覺過程)에는 ① 자극을 선택하고, ② 조직하고, ③ 해석하는 과정들을 포함하고 있으며, 이 세 가지 과정들은 거의 동시에 일어난다.

1) 자극의 선택

우리는 환경으로부터 수많은 자극들을 접하지만 그 모든 자극들을 수용, 지각하는 것은 아니다. 그 중에서 몇 가지 자극들에만 주의를 집중해서 선택적으로 지각한다. 이처럼 선택적으로 지각하게 되는 것은 지각과정에서 그 개인의 감각기관이 가지고 있는 생물학적 한계와 지각하는 사람의 흥미나 욕구, 정서, 가치관, 과거의 경험 등 많은 요인들이 특정 자극에 선택적으로 주의를 기울이게 작용하기 때문이다.

여기서 감각기관의 생물학적 한계(生物學的 限界)란, 예컨대 시력이나 청력의 경우, 정상적이고 건강한 시력과 청각을 가졌다 해도 모든 자극들을 모두 볼 수 없고 모두 들을 수 없다는 사실을 말한다. 즉, 자극을 받아들이는 감각기관들의 자극 수용의 한계성을 말한다. 정상적이고 건강한 시력을 가진 사람도 대략 380과 760나노미터(nanometer: 10억분의 1미터) 사이의 파장을 지닌 전자기 방사선의 시각자극만 볼 수 있고, 이 파장의 범위를 벗어나 있는 낮은 쪽에 속하는 자외선, X선, 감마선, 그리고 높은 쪽에 속하는 적외선, 레이더, 방송주파수대, AC회로의 방사선 등은 볼 수 없다. 또한 청력의 경우에도 정상적이고 최고의 청력을 가진 사람도 물체가 1초 동안에 30~20,000번 진동수 사이에 속하는 청각 자극의 소리만 들을 수 있다(김현택, 조선영, 박순권 역, 1998).

2) 자극의 조직

선택된 자극들은 감각기관으로부터 뇌에 전달되는 과정에서 조직된다. 여기서 자극의 조직(刺戟組織)이란 감각기관들을 통해서 수용되는 자극들을 모아서(grouping) 어떤 형태나 의미를 지어서(patterning) 지각하는 것을 말한다. 형태주의 심리학자(gestalt psychologist)들은 이처럼 자극들이 조직되는 과정에서 나타나는 경향성들을 몇 가지 법칙들로 기술하고 있다. 비록 이 법칙들이 도형으로 제시된 자극들에 대한 지각유형화 경향성에서 도출된 것이지만 인간관계 상황에서도 적용될 수 있는 원리들을 제공하고 있다. 대인지각의 과정에서 발생할 수 있는 오류(誤謬)를 파악, 이해하고 개선하는 데 도움을 준다.

첫째, **단순화의 법칙**(rule of simplicity)이다. 사람들은 비교적 복잡한 자극들을 만나게 되면, 그 자극들을 자신에게 편하거나 익숙한 형태로 단순화해서 지각하는 경향이 있다. [그림 2-1]의 (a)의 경우, 8개의 변을 가진 하나의 그림으로 지각하기보다는 일부가 겹쳐진 두 개의 사각형으로 지각할 가능성이 높다. (b)의 경우는 삼각 지붕으로 덮여 있는 교각(橋脚) 혹은 두 개의 지주에 얹혀 있는 삼각 조형물로 단순화해서 지각하기 쉽다.

(a)

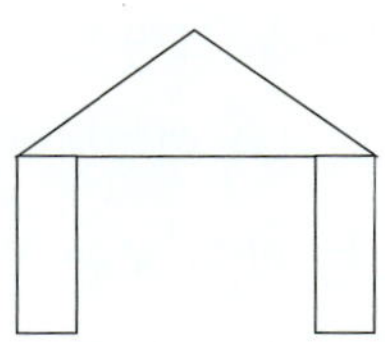

(b)

[그림 2-1] 단순화 법칙

우리는 일상생활이나 인간관계에서도 복잡하게 보이는 문제를 우선 편하게 축소, 단순화해서 생각하는 경향이 있다. 이로 인해서 오해하게 되거나 문제가 발생하는 경우가 있다. 반면에, 막연히 복잡하게 여겼던 문제상황도 잘 정리해 보면 복잡하지 않고 단순한 문제인 것으로 드러날 때도 있다.

둘째, **형태화의 법칙**(rule of pattern)이다. 우리는 여러 자극들 중에서 유사한 자극들을 모아서 하나의 형태로 지각하기도 하고, 또한 접하게 되는 자극들을 어느 부위에 시각의 초점을 맞추고, 그림(figure)과 배경(background)으로 조직해서 의미 있는 형태로 지각하는 경향이 있다.

[그림 2-2]의 경우는 유사한 자극들을 모아서 하나의 형태로 지각하는 경우이다. 그래서 이를 유사성의 법칙이라 부르기도 한다.

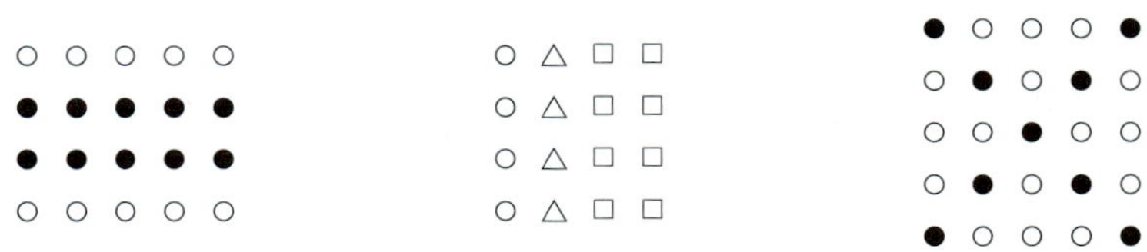

[그림 2-2] **형태화의 법칙(1) : 유사성의 법칙**

[그림 2-3]의 (a)와 (b)는 회색 혹은 검은 부분과 흰 부분 중 어느 부분을 '배경'으로 보고, 어느 부분을 '그림'으로 부각시켜 보느냐에 따라 다른 모양으로 지각된다. (a)의 경우는 그 의미가 역전된다. 천사가 악마로 혹은 악마가 천사로 정반대로 지각되기도 한다. (b)는 마주 보는 얼굴, 또는 잔 모양으로 지각된다. 그림(c)의 경우는 어디에 초점을 맞추어 지각하느냐에 따라 그 의미가 역전된다. '미모의 아가씨'로, 혹은 '이빨 없는 할머니'로 보이기도 한다.

(a)
'천사'와 '악마'

(b)
'잔'과 '마주하고 있는 얼굴'

(C)
'미모의 아가씨'와
'이빨 없는 할머니'

[그림 2-3] **형태화의 법칙(2) : 그림과 배경의 법칙**

셋째, **근접성의 법칙**(rule of proximity)이다. 사람들은 근접해 있는 자극들끼리 묶어서 의미를 붙여 지각하는 경향이 있다.

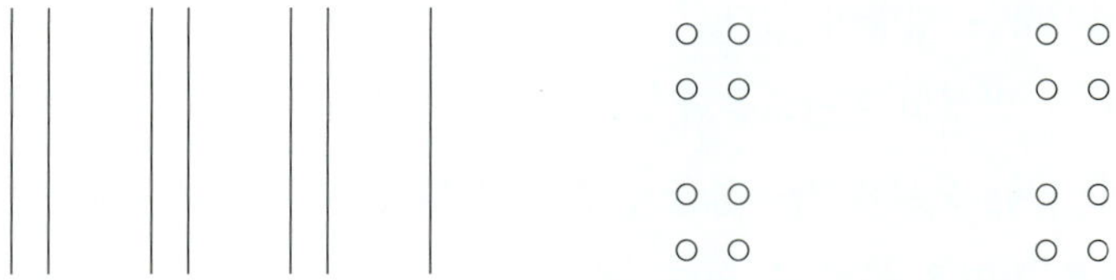

[그림 2-4] **근접성의 법칙**

"까마귀 날자 배 떨어진다"는 의미의 오비이락(烏飛梨落)이라든가, "선비는 배나무 아래서 갓끈을 고쳐 매지 않는다"는 말이 시사하는 오해의 소지 혹은 지각의 오류 가능성을 설명해주는 원리라 할 수 있다. 예컨대, 여러분이 연령이 비슷한 사촌오빠나 여동생과 함께 나들이한 다음 날 친구들로부터 "너 어제 애인하고 같이 가는 것 봤다."는 말을 들을 수도 있다. 이러한 경우 이 근접성의 원리로 설명할 수 있다.

넷째, **좋은 모양의 법칙**(rule of good form)이다. 우리는 일반적으로 자극들을 지각할 때, 흐름이 좋은 연속성을 보이는 형태로 지각하고(연속성의 법칙), 또는 완성된 모양을 좋은 모양으로 보고 미완성 형태의 자극들도 완성된 모양으로 지각(완성의 법칙)하는 경향이 있다.

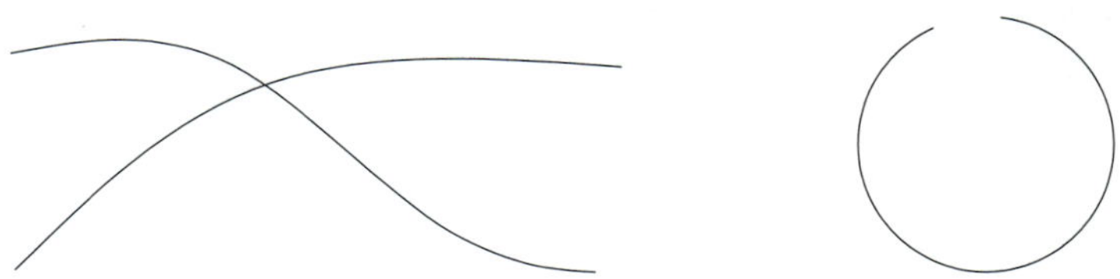

(a) (b)

[그림 2-5] 좋은 모양의 법칙

그래서 [그림 2-5]의 (a)는 연속적인 흐름을 보이는 두 개의 곡선이 자연스럽게 겹쳐진 그림으로 지각하고, (b)의 경우는 연결되지 않은 부분이 있음에도 불구하고 하나의 원으로 지각하는 경향이 있다.

'좋은 것이 좋다'는 방식의 판단오류나 '보기 좋은 떡이 먹기도 좋다'는 방식의 지각적 판단이 범할 수 있는 오류의 가능성을 설명할 수 있는 원리를 나타내고 있다. 보기 좋다고 반드시 좋은 것만은 아닐 수 있다. 겉과 속의 질이 다를 수 있기 때문이다. 또한 긍정적인 관점은 장려되어야 하는 것이지만 사실을 있는 그대로 보는 분별력과 수용하는 태도 역시 좋은 인간관계의 유지와 성숙과 발달에 필요, 충분조건이다.

3) 자극의 해석

지각의 과정에서 우리의 뇌는 감각기관에 수용되는 정보를 선택하고, 조직하고, 또한 정보를 해석하는 과정을 거치면서 지각과정을 마무리하게 된다. 자극의 해석(interpretation)은 선택되고 조직된 정보를 설명해서 의미를 부여하는 과정이다. 예컨대, 함께 거리를 걸어가던 두 친구가 네온사인 장식으로 번쩍이는 맥도날드 햄버거가게를 발견했다. 그런데 두 사람 중 한 사람은 배가 고프기도 하고, 맥도날드 햄버거를 좋아하는 사람이다. 그러나 다른 한 친구는 별로 시장하지도 않고, 햄버거를 좋아하지도 않는다. 전자는 네온사인이 번쩍이는 것만 보아도 신이 나서 함성을 지를 정도로 기분이 좋다. 그래서 친구의 팔을 잡아끌면서 가게로 들어가려고 할지도 모른다. 그러나 후자는 별 반응을 보이지 않을 수 있다.

이 두 사람의 행동의 차이는 감각기관에 수용된 자극에 대하여 개인의 내적 상태에 따라 각각 의미를 다르게 해석한 결과에 연유한다고 할 수 있다. 이처럼 자극(정보) 해석의 결과는 인간관계에서 의사소통 혹은 대화의 성질이나 행동의 방향에 중요하게 영향을 미칠 수 있다.

2. 지각자의 상태와 지각

지금까지 지각의 과정에 관한 기술(記述)에서 우리는 지각하는 사람의 감각기관의 상태, 흥미와 욕구, 정서, 가치관, 과거경험들 등이 일반적인 지각 및 대인지각의 과정과 의사소통에 있어서 중요하게 영향을 미칠 수 있는 요인들임을 알 수 있다. 또한 자극을 선택해서 지각하고, 조직하고, 해석하는 과정에서 지각은 주관적이고, 창의적이며 능동적인 성질을 지니고 있음도 알 수 있다.

Sereno와 Bodaken(1975)은 이러한 지각의 특성을 두고 "우리는 우리 앞에 놓여 있는 것들을 복사하는 카메라가 아니라 우리 자신의 화판에 그림을 그리는 화가와 같다. 두 사람이 똑같게 그림을 그리는 화가는 아무도 없는 것처럼"이라고 말하고 있다.

결론적으로, 의사소통의 과정에서 송신자와 수신자의 감각기관의 상태나 신체적 상태, 과거의 경험들, 그리고 성격 및 심리상태들, 즉 태도, 동기, 욕구, 정서 등이 지각되는 자극의 선택이나 조직 및 해석에 영향을 미치고, 서로에 반응하는 행동에 영향을 미쳐서 의사소통의 내용과 결과에 영향을 받아서 인간관계의 질을 결정하게 된다고 할 수 있다.

3. 지각과 인간관계

자존감(self-esteem)이 낮아서 자존심(pride)을 지나치게 내세우는 사람이나 상한 감정으로 서로 맞서고 있는 사람은 자신이 듣고, 보고, 느끼고, 판단한 것이 상대방이나 다른 사람이 보고, 듣고, 느끼고 판단한 것보다 더 확실하다고 강하게 주장하는 경향이 있다. 그래서 자신의 주장을 재고해 볼 여지를 갖지 못하고 끝까지 고집함으로써 인간관계 문제를 일으키고, 문제를 더욱 복잡하게 만들어 상처를 더욱 덧나게 하는 경우를 우리는 흔히 보게 된다. 이러한 고집은 상대방과의 관계 속에서 서로 주고받게 되는 자극들을 선택하고, 조직하고 해석하는 과정에서 자신도 모르게 범하는 오류를 수정할 기회를 놓치게 하고, 관계개선의 여지를 파괴한다.

그러므로 우리들의 지각적 판단이나 결과들에 관해서 다시 검토하고 재음미해 보는 여유와 과정을 가질 필요가 있다. 지각의 타당화 혹은 개선훈련은 원만한 의사소통과 인간관계의 유지와 개선에 매우 중요하고도 필요한 과정이라 할 수 있다.

4. 지각의 타당화와 지각분석 연습

1) 지각의 타당화

우리는 일상생활 속에서 일어나는 지각의 과정에서 발생할 수 있는 여러 가지 원인들의 작용으로 지각의 오류를 범할 수 있고, 그 오류들로 인한 부정확한 지각의 결과는 상대방과의 관계에서 오해를 낳고, 그 오해는 인간관계를 해치는 부정적 대화 혹은 의사소통을 초래하게 된다. 그러므로 자신의 **지각의 정확성 여부를 확인**해 볼 필요가 있다. 두 가지 방법을 예로 들 수 있다.

(1) 어떤 경우에 우리는 한 가지 감각기관에만 의지해서 사물이나 상황을 지각, 판단함으로써 지각적 오류를 범하게 될 때가 있다. 그때는 하나의 감각기관의 지각에만 의존하지 않고, 여러 감각기관들을 사용한 여러 가지 지각적 정보들에 기초한 관점들에서 다각적으로 검토(cross-check)해 보는 방법이 유익하다. 예

컨대, 우리가 눈으로만 볼 때는 거칠고 단단해 보이는 것이지만 손으로 만져보면 실제로는 부드럽고 유연한 것일 수도 있다. 그래서 우리는 시각뿐만 아니고 촉감(피부감각)을 통해서 느껴 보거나, 또한 맛을 보거나 냄새를 함께 맡아보면 전체를 보다 더 충분히 알 수 있고 보다 정확하게 이해될 때가 있다.

(2) 지각내용에 대한 자신의 해석과 다른 사람의 해석을 비교해 보거나 다른 사람의 견해를 들어 참고하는 등 보다 객관적으로 사실에 맞는 정확한 지각의 결과를 도출해내는 합의(consensus)의 방법을 사용하는 것이 필요할 때가 있다.

2) 지각분석 연습

(1) 지금 잠시 동안 자신을 둘러싸고 있는 주변 환경을 두루 살펴보라. 그런 다음, 눈을 감고 자신이 본 것들을 머릿속으로 떠올려 보고, 그 가운데 어떤 것들이 있는지 점검해 보라. 이제 눈을 뜨고, 조금 전처럼 주변 환경을 다시 두루 살펴보라. 앞서 머릿속에 떠오르지 않았던 것들로는 어떤 것들이 있는가? 조금 전에는 그것을 그냥 지나쳐 버렸던 것인가? 아니면, 지금 처음 보게 된 것인가? 머릿속으로 떠올릴 수 있었던 것들은 어떤 것인가? 왜, 어떤 것들은 머릿속으로 떠올릴 수 있게 되었고, 반면에 어떤 것은 그냥 지나쳐 버리게 되었고, 혹은 어떤 것은 머릿속에 떠올릴 수 없게 되었는가? 설명해 보라.

(2) 하늘에 떠 있는 구름 모양을 5분 정도 살펴보라. 어떤 모양을 이루고 있는가? 당신의 지각에 영향을 미치고 있는 자극조직의 법칙은 무슨 법칙인가?

Ⅱ. 자기지각 및 자아개념과 인간관계

우리는 눈, 귀, 코, 입, 그리고 피부, 즉 오관(五官)을 통해서 일상생활에서 맞게 되는 수많은 자극(정보)들 가운데서 자극을 선택하고, 조직하고, 해석하는 과정의 결과로써 인간이나 사물과 상황에 대한 지각된 상(知覺像)을 형성한다. 인간관계 혹은 대인의사소통(대화)은 개인이 자신과 상대방에 대하여 형성한 지각 상에 기초한 상호 간의 상응작용(相應作用)*의 과정이라 할 수 있다.

좀 더 설명하면, 우리는 자신과 다른 사람들이 자신을 어떻게 보고 있는가에 대한 자기지각을 통해서 자기상(自己像)을 형성한다. 그 자기상, 즉 자아개념을 토대로 하여 상대방을 지각하게 되고, 그 지각 상(像)에 따라 그 상대방에게 반응행동(대인행동)을 보이는 상응작용의 과정에서 대인 간 의사소통이 이루어진다. 이 상응작용적 의사소통의 수준에 따라 인간관계의 질(質)이 결정된다.

1. 자기지각과 자아 및 자아개념

'나'라는 존재, 즉 자아(self)는 관점의 기준에 따라 여러 종류로, 그리고 여러 가지 의미로 설명될 수 있다. 우선 여기서는 '나'를 능동적 행위자로 보느냐 혹은 인식의 대상으로 보느냐에 따라 ① 능동적인 주체자 혹은 행위자(doer)로서 '나'와 ② 인식의 대상자로서 '나(me)', 이 두 가지의 의미로 자아를 구분해서 설명하고자 한다. 보통 전자를 자아(自我/self)라 하고, 후자를 자아개념(自我槪念/self concept)이라 부른다.

"내가 말한다", "내가 글을 쓴다", "내가 너를 사랑한다"고 말할 때, 이때 '나'는 주체적인 행위자로서 환경에 능동적으로 관여하는 행위자로서 '나'이다. 즉, 자아를 말한다. 아이가 출생해서 성장하는 과정에서 전체적인 모든 경험의 장(場), 즉 환경과 구별되는 '나'라는 존재를 경험하게 되면서 환경에 대해서 능동적으로 기능하는 행위자 또는 주체자로서 '나'를 자각(自覺)하게 된다. 이처럼 능동적 기능자 또는 주체적 행위자로 자각(自覺)된 '내(I)'가 자아(self)이다.

한편, 성장과정에서 내가 타인이나 환경과 상호작용하면서 나와 나 아닌 환경과

* 상응작용(transaction)에 관해서는 이 책 말미의 부록Ⅱ와 이 책 '제1장 3절 대인의사소통의 정의'를 참조하기 바람.

구별되는 주체 혹은 행위자로서 '나'를 자각하게 될 뿐만 아니라 또한 행위자로서 내가 혹은 한 인간 존재로서 내가 다른 사람에게 어떻게 보이고 있으며, 나는 자신을 어떻게 보고, 느끼고 있는가에 대해서도 자각(自覺)하게 된다. 이 자각들로 자아개념이 형성된다. 따라서 **자아개념**은 자기자각(自己自覺)과 동시에 자기평가를 수반하는 자기관찰(自己觀察)과 그리고 자신의 행동 및 태도에 대한 다른 사람들의 피드백 등이 아우러져 형성된다. 여기에 자아개념 형성에 영향을 미치는 간접적인 요인이면서도 필수적 요인 하나를 더 첨가하면, 우리가 자라나는 사회의 문화적 지침들의 영향이다. 성격과 행동에 있어서 무엇을 가치로 여기느냐에 대한 문화적 지침들은 자신의 행동에 대한 자기관찰과 평가에 영향을 줄 수 있으며, 그것이 자기지각을 형성하는 여러 가지 고정관념 형성에 영향을 미치고, 나아가서 그 문화적 집단에 속한 사람들의 자아개념 형성에 기본적인 영향으로 작용하게 된다.

그런데 사실상 능동적인 주체적 행위자로서 '나'에 대한 인식이나 자아개념으로 인식되는 '나' 이 두 가지는 엄격하게 구분되지 않고 동시에 상호 관련적으로 얽혀 있다.

행위자로서 나는 자아개념에 기초해서 기능하고, 행위자로서 기능의 결과는 역으로 자아개념에 긍정적 또는 부정적인 영향력으로 작용한다. 다시 말해서, 자아개념은 우리가 지각하고 판단하고 행동하는 방식에 영향을 주고, 반면에 우리의 행동과 태도에 대한 다른 사람의 피드백은 행위자로서 나의 자각을 통해서 자아개념에 긍정적 혹은 부정적으로 영향을 미친다. 그러므로 자아개념(self concept)이란 나 자신에 대해 갖는 지각들의 총체 혹은 집합체라 할 수 있다.

내가 나 자신에 대해 갖는 지각들 가운데는 신체적 자아, 사회적 또는 가정적 자아, 정서적 자아, 지적 자아, 그리고 도덕적 자아 등이 포함된다. 다른 한편으로는 지금 내가 나 자신을 보고 있는 자아(자기상/self image), 내가 되고자 하는 자아(이상적 자아/ideal self), 다른 사람들이 그렇게 보고 있을 것이라고 내가 추측하고 있는 자아(사회적 자아/social self) 등을 포함하고 있다. 이처럼 자아개념은 여러 가지 자아들로 구성되어 있다.

되어 있는 가치조건들은 마치 말을 탄 장님 같아서 유용한 경험들을 차단하고, 위기를 느끼게 한다. 그래서 가치조건들에 매여 있는 사람들에게는 이미 자신의 것이 된 가치조건에 어긋나는 무가치한 행동이나 사고를 의식하는 것 그 자체만으로도 실제로 그러한 행동을 수행한 것처럼 위협을 느낀다. 그러한 위협으로부터 자아를 보호해야 하므로 지나칠 정도로 가능한 한 조심하고, 자신의 행동을 제한하게 된다. 따라서 무의식적인 부인(denial)과 왜곡(distortion)의 방어기제를 발달시키게 되고 자신의 행동에 대해서 각성조차 할 수 없게 된다. 따라서 실제와는 다르게 지각하게 된다.

(4) 자아일관성의 특성과 인간관계

이러한 가치조건들은 일상적인 대인관계에 있어서도 가치조건화 된 자아개념의 틀에 맞게 지각을 선택하게 한다. 이것이 인간관계에서 원만한 의사소통을 방해하고 부적응 행동을 낳게 한다. 이는 특별한 변화의 계기가 없는 한 한번 형성된 자아개념은 계속 유지되고, 일관되게 적용되는 자아일관성이라는 특성 때문이다.

2) 자존감

(1) 정의와 의미

자존감(self-esteem)은 자아개념의 핵심적인 한 구성요소이다(Atwater, 1990). **자존감**(自尊感)이란 "자신에 대한 자기평가의 결과로 형성되는 자기 및 타인 수용에 기초가 되는 긍정적 자기가치감(自己價値感)"이라 할 수 있다. 자기평가에는 다른 사람이 '나를 이렇게 보고 있을 것이다.'라고 생각하는 자기 나름의 평가판단도 포함된다. 그러나 자기도취와는 다르다. 또한 우리가 일상생활 속에서 흔히 사용하고 있는 자존심(自尊心)과도 다르다.

자기도취(self-narcissism)적인 사람은 자신의 성공을 과대하여 공상하거나, 자신은 당연히 특별대우를 받을 자격이 있는 사람으로 착각하고 있으며, 자신의 견해가 위협을 받는다고 생각될 때는 공격적으로 반응하기도 한다(김정희, 강혜자, 이상빈 외 2인 공역, 2004). 그러나 자존감이 높은 사람은 자신의 욕구나 능력 등에 관한 자기견해가 보다 객관적이고 명료하다.

자존감(自尊感)은 **자존심**(pride)과도 다르다. '자존심 상해서 미치겠다', '그 사람은 자존심이 강한 사람이다' 등과 같이 우리 사회에서 일상생활 용어로 흔히 사용되고 있는 정황의 뉘앙스로 보면 자존심(自尊心)은 영어로 'pride'에 가까운 것으로 보인다. 웹스터 사전(Wesbster 제3판, 1976)에 의하면 'pride'는 '지나친 자존감' 혹은 '비이성적인 자만'으로 설명되고 있다. 자존감이 높은 사람은 '자존심이 상한다'고 말하면서 자존심을 내세울 필요성을 느끼지 않는 사람이라 할 수 있다. 그래서 자존심이 강한 사람은 오히려 자존감이 낮은 사람이라 할 수 있다.

(2) 자존감의 발달과 부모의 양육태도

자존감은 인간생애의 초기부터 반복되는 자신에 대한 다른 사람들의 반응태도 및 인상, 그리고 자신의 자아이상(自我理想/self-ideal)과 관련시킨 자기평가의 과정 등을 통해서 형성된다. 이러한 이유로 심리학자들은 자존감 발달에 미치는 부모의 역할에 많은 관심을 가지고 연구해왔다.

그 중 한 예로, Coopersmith(1967)는 자존감 형성에 가장 중요하게 영향을 미치는 요소 중의 하나가 양육과정에서 어린 자녀들에게 보이는 부모의 '관심과 수용의 정도'라는 연구결과를 보고한, 한 고전적 연구가 있다.

그에 의하면, 높은 자존감을 가진 자녀들의 부모는 낮은 자존감을 가진 자녀들의 부모에 비해서 자녀들에게

① 더 많은 애정을 보였고,

② 자녀들의 활동에 더 많은 관심을 보였으며

③ 자녀들을 잘 수용하였고,

④ 건전하고 일관된 훈육절차를 사용하였으며

⑤ 부모 자신이 비교적 높은 자존감을 가지고 있었다.

이 연구를 비롯한 여러 문헌들을 종합해보면, 자존감은 영유아기에서부터 성장과정에서 함께 하는 사람들, 특히 부모(혹은 일차 양육자)의 양육방식 및 태도와 크게 상관이 있으며, 가장 중요한 요소 중의 하나는 부모의 관심과 수용이라 할 수 있다.

그리고 부모의 재산 정도나 사회적 지위보다도 자녀들을 다루는 수용적 양육태도 여부가 보다 더 중요하게 영향을 미친다고 할 수 있다. 대학입학 연령쯤 되면 동료들이 부모보다 자존감에 훨씬 더 많은 영향을 준다는 연구보고도 있다(Harter, 1993).

(3) 자존감과 적응

자존감이 높은 사람과 낮은 사람이 적응에서 보이는 특성들을 여러 문헌들을 종합해보면 다음과 같다(Atwater, 1990; Weiten & Lloyd, 2003; 김인자 역, 1982; 김시업 역, 1997).

① 자신에 관한 견해에서

자존감이 높은 사람은 자신의 욕구나 능력 등에 관한 자기견해가 자존감이 낮은 사람들에 비해서 보다 명료하다. 그것은 자존감이 높은 사람은 자신에 관한 자신의 생각이나 추론에 대한 타당성을 기꺼이 분석, 점검해 볼 수 있기 때문이다. 그래서 자존감이 높은 사람은 자신의 능력이나 욕구 등을 보다 정확하게 알아서 그에 적절한 기대감을 가지고 최선을 다 하기 때문에 성공확률이 높다.

반면에, 자존감이 낮은 사람은 높은 사람에 비해서 자신에 관한 이해가 명료하지 못한 편이다. 그래서 자신의 성취목표를 지나치게 높거나 혹은 낮게 설정하는 경향이 있고, 낮은 사람은 높은 사람에 비해 성공에 대한 자신감도 낮다.

이런 측면에서 자존감은 청년초기(12~20세)의 중요한 발달과업인 자아정체감의 발달과 밀접하게 관련되어 있는 것으로 보인다(Erikson, 1963). 낮은 자존감은 '역할혼란' 상태의 원인이 된다.

② 정서에서

자존감이 낮은 사람은 높은 사람에 비해 보다 더 많은 정서적 문제를 일으키는 경향이 있다. 불안, 우울, 안절부절, 공격성, 분노, 소외감, 초조, 불면증, 불행, 정신신체증상 등으로 고통을 받고 있음을 보고하는 경향이 더 많다(김정희, 강혜자, 이상빈 외 역, 2005).

자존감이 높은 사람은 비난이나 실패로 인한 좌절과 자기연민을 쉽게 극복한다. 반면에, 낮은 사람은 자신의 성공조차도 인정하지 못하고 스스로 평가절하하고 비하하는 경향이 있다.

③ **자기 성취에서**

자존감의 기능 중에는 자기 성취를 이루게 하는 역할도 있다. 그래서 때로는 성취에서 그 개인의 능력보다 자존감이 우선적으로 작용하기도 한다. Coopersmith(1959)가 한 학급에서 지능은 같고, 학업성적이 가장 낮은 남학생과 가장 높은 남학생을 대상으로 한, 한 연구에서, 높은 성취를 이룬 아동들은 낮은 성취를 이룬 아동들보다 더 높은 자존감을 가지고 있었고, 그들의 일에 대한 비판에 대해서도 덜 방어적이었고 수용적이었다고 보고했다. 호기심의 탐구도 더 자유로웠다. 반면에, 성취도가 낮은 아동들은 자신들의 호기심 탐구에서도 성취도가 높은 아동들에 비해 더 억제하는 경향을 보였고, 일에 대해서도 불안해하며 방어적이었다고 보고했다. 결론적으로, 이 연구에서 Coopersmith는 성취도가 낮은 학생은 자신의 지능보다 낮은 자존감이 더 중요하게 작용하여, 자신의 능력보다는 열등한 자존감과 일치하는 낮은 수준으로 학업 성취를 보인 것으로 해석하고 있다.

자존감이 낮은 사람들은 높은 사람들에 비해 자신이 수행한 일의 결과에 대해서 부정적인 기대를 가질 가능성이 높다. 따라서 그들은 결과에 대한 불안 때문에 도전에 대한 충분한 준비를 하지 못할 수도 있다. 그래서 실패하면 흔히 자신을 비난한다.

반면에, 자존감이 높은 사람의 경우에는 낮은 사람의 경우와 반대되는 양식으로 작용한다. 즉, 자존감이 높은 사람이 갖게 되는 수행한 일의 결과에 대한 긍정적 기대는 보다 적극적인 노력을 격려하고 불안을 감소시킴으로써 성공적인 결과를 가져오게 하고, 보상(칭찬)을 받게 한다. 따라서 자신에 관한 긍정적 감정을 지속시킬 수 있고, 실패하더라도 재도전할 수 있는 여유를 가질 수 있다.

(4) 자존감과 인간관계

낮은 자존감을 가진 사람은 높은 자존감을 가진 사람에 비해서 자기 의식적이고 거부에 상처 받기 쉽다. 따라서 인간관계가 서툴 가능성이 높다. 이들은 다른 사람으로부터 수용을 받고자 하는 강한 욕구를 가지고 있으면서도 적극적으로 자기를 표현하지 못한다. 그래서 오히려 폭넓게 인간관계 맺기를 피하고, 공식모임이나 단체활동에 능동적으로 참여하지 않는 경향을 보인다.

자존감이 낮은 사람은 높은 사람들보다 다른 사람의 인정을 더 필요로 하기 때문에 자기를 수용해주고 사랑해주는 사람만 더 좋아하는 경향이 있다. 그래서 자존감이 낮은 사람은 설득되고 순응하기 쉽다.

자존감이 낮은 사람은 갈망하던 애정을 받아들이는 데도 어려움을 겪는다. 자신에게 무엇인가 부족해서 애정을 필요로 하는 것 같이 보이는 것이 싫어서 자기가 애정을 갈망하고 있다는 사실을 인정하지 않으려는 경향이 있기 때문이다. 그래서 진정으로 다른 사람을 사랑하는 것도 쉽지 않다.

자존감이 높은 사람이나 낮은 사람 모두 사회적 인정의 욕구를 가지고 있고, 또한 인기를 얻을 수는 있다.

자존감이 높은 사람은 일정 수준, 자신감의 기초 위에서 다른 사람의 호의를 자연스럽게 받아들일 수 있다. 인기를 얻지 못하면 좌절하기도 한다. 그러나 극복이 쉬운 편이다. 반면에, **자존감이 낮은 사람**은 그렇지 못하다. 자신이 다른 사람으로부터 받는 인기도, 자기 스스로 자기를 좋아하는 어느 정도의 자신감에 바탕을 두고 있기보다는 다른 사람에게 의도적으로 잘 보여서 인기를 얻고자 한다. 그래서 자존감이 낮은 사람은 목표였던 인기를 얻지 못하면 자존감이 높은 사람에 비해서 좌절이 더욱 심하고 그것을 극복하는 데도 더 힘들어 한다.

낮은 자존감을 가지고 있는 사람은 다른 사람을 진정으로 좋아하는 것이 어렵기 때문에 오히려 다른 사람의 결점을 찾아내어 비난하기를 좋아한다. 이처럼 결함을 찾아내고 비난하는 것과 같은 상대적 비교는 자신을 더 좋게 느낄 수 있도록 해준다.

그러나 이것은 스스로 편파적인 대인관계를 형성하게 한다. 이러한 대인관계를 맺는 방식 때문에 자신이 진정 바라는 것과는 달리 사람들로부터 거부당하고 문제를 더 복잡하게 만들기도 한다.

3) 자아정체감

(1) 정의

자아정체감(ego identity)이란 현재의 삶 속에서 자신의 위치, 역할, 능력 및 책임, 그리고 삶의 중심이 되는 가치와 목표에 대한 분명한 자기인식을 말한다. 이것은 "나는 누구인가?", "나는 무엇을 해야 하는가?", "나는 어디로 가고 있는가?"라고 하는 실존적 존재로서 자기 자신에 관한 스스로의 물음에 답으로서 자신에 대한 자기정의(自己定義)라 할 수 있다.

Erikson(1963)에 의하면, 자아정체감은 영유아기와 아동기 등 여러 발달단계의 과정을 거치면서 자신의 기본 욕구와 타고난 재능, 그리고 환경과 기회들 간의 성공적인 상호작용으로 이루어진 수많은 경험들의 결과로 생긴 자신감(自信感)이라고도 할 수 있다.

(2) 발달: 정체감 성취냐? 혹은 정체감 혼란(역할혼란)이냐?

자아정체감의 성취는 청소년기를 거치면서 초기 성인기(12~20세) 사이에 이루어져야 할 중요한 발달과업이다(Erikson, 1980). 청소년들은 사춘기에 들어서면서 신체의 급속한 성장과 함께 자신에 관한 호기심과 흥미에 변화를 맞게 된다. 아동기의 자기관(自己觀)은 이제 더 이상 그들의 변화된 외모나 이성관(異性觀)과 맞지 않아 부적절한 것이 된다. 주변의 성인들과 또래들이 자신에게 새로운 기대들을 갖고 있음을 경험한다. 이러한 변화와 사회적 요구들이 청소년들로 하여금 혼란스럽게 하고, 나아가서 자신을 돌아보게 하며 자신의 모습을 확인해 보도록 자극한다.

따라서 청소년들은 남들이 자신에 대해서 가지고 있는 이미지에 보다 더 적극적인 관심을 갖게 되고, 그 이미지와 자신이 가지고 있는 이미지가 어떻게 부합되는지 확인하고자 한다. 나는 누구인가? 무엇을, 어떻게 할 것인가? 등 자신의 위치와 역할에 대한 해답을 찾고자 고심한다. 즉, '**정체감의 성취**냐?' 아니면 '**정체감 혼란**이냐?' 양자 중 어느 한 편을 선택해야만 하는 심리사회적 위기(갈림길/crisis)에 처하게 된다. 이러한 발달적 위기의 극복과정이 청소년기의 자아정체감 발달의 과정이다.

그런데 이 시기에 정체감 위기를 잘 극복하고 발달과업인 정체감을 성취하기가 그리 쉬운 일이 아니다. 그래서 정체감 위기를 잘 극복하지 못하면 정체감 혼란, 즉 역할혼란(role confusion)이라고 하는 성격특성을 형성하게 된다.

여기서 **역할혼란**이란 현재의 삶 속에서 자신의 위치, 역할, 능력 및 책임, 그리고 삶의 중심이 되는 가치와 목표에 대한 분명한 자기인식을 의미하는 자아정체감의 미발달로, 청소년기를 거치면서 만나게 되는 자신의 진로를 비롯한 스스로 선택, 결정해야 하는 상황에서 자신의 역할을 제대로 감당할 수 없어 자신의 선택결정을 미루고 방황하는 현상을 말한다. 이처럼 선택, 결정을 미루는 것을 **심리사회적 집행유예**(psycho-social moratorium)라 한다. Erikson은 자신의 청소년기에 이처럼 방황했던 경험을 토대로 하여 자아정체감 및 심리사회적 집행유예기 등의 개념들을 발전시켰다(Coles, 1970).

(3) Marcia의 4가지 정체감 발달 상태와 그 특성

Erikson 연구가인 James Marcia(1980)는 정체감 혼란(혹은 역할혼란)의 발달적 위기극복의 과정에서 나타나는 상태를 네 가지로 분류했다. 그는 청소년기에서부터 맞게 되는 심리적 위기경험 혹은 위기탐색경험(crisis or exploration) 여부와 전심경험(commitment) 여부의 상호관계에 따라 정체감 발달과정에 나타나는 현상을 다음과 같이 4가지로 분류했다.

① 정체감 혼란

② 정체감 고착

③ 정체감 유예

④ 정체감 성취

분류기준으로 사용된 **위기탐색경험**은 당면한 위기극복을 위한 가능한 대안들을 면밀히 검토하는 것을 말하고, **전심경험**은 해야 할 일의 방향을 정하고, 수행하고자 하는 것에 대한 개인의 정신적 투자를 말한다.

〈표 2-1〉 **정체감 위기극복 상태**

		탐 색	
		있 음	없 음
전심	있 음	정체감 성취	정체감 고착
	없 음	정체감 유예	정체감 혼란

〈표 2-1〉은 개인의 위기탐색경험과 전심경험 유무의 상호관계에 따라 나타나는 자아정체감의 발달 상태의 특성들을 설명할 수 있는 한 모형을 제시해 주고 있다.

한 개인의 자아정체감은 모든 발달적 측면들에서 동일하게 이루어지는 것은 아니다. 예컨대, 직업에 관한 정체감은 성취했으나 배우자 선택에 있어서는 아직 유예상태에 머물러 있을 수도 있다. 다음에 4가지 정체감 발달 상태에 관해서 보다 자세히 살펴보자.

① **정체감 성취**

정체감 성취(identity achievement) 상태는 성공적인 위기탐색과 전심경험을 통해서 자아정체감에 대한 위기감을 극복하고 긍정적인 자아정체감을 획득한 사람의 특성을 말한다.

정체감을 성취한 사람들은 자신의 현재의 삶의 목표를 설정하고, 자신감과 자존감을 가지고 있다. 이들은 융통성이 있어서 후속되는 경험에 비추어 부적절할 때는 자신이 이미 설정한 목표도 변경할 줄 안다. 정체감을 성취한 경우의 한 예를 들어보자. 대학에서 무엇을 전공할 것인가를 고민하고 있던 수미는 진학정보에 관한 자료들을 찾아보기도 하고, 담임선생님과 진로상담교사를 찾아 상담도 해보고, 선배들과도 의논해 보았다. 특히 상담교사와의 상담에서 자신은 과학과 수학에 특별한 재능이 있음을 확인할 수 있었다. 그래서 수학과를 지원했고, 현재 수미는 대학 2학년으로서 대학생활에 잘 적응하여 보람 있는 대학생활을 보내고 있다.

② **정체감 고착**

Marcia(1980)는 전심경험은 있지만 위기탐색경험이 없는 사람의 정체감 발달 상태를 정체감 고착(identity foreclosure)이라 불렀다. 이러한 정체감 발달 상태는 자신이 수행해야 할 일들에 대한 전심경험이 보통 부모들에 의해서 권위주의적인 방식으로 자녀들에게 부과되어 자신의 것으로 떠밀려짐으로써 그 자녀들이 자발적인 위기경험 혹은 위기탐색경험을 거의 해보지 못한 사람들에게 흔히 발견할 수 있는 것이다. 예컨대, 어릴 때부터 가업(家業)을 계승하는 것으로 주입되어 온 자녀들이나 아버지가 의사이기 때문에 나도 당연히 의사가 되어야 한다는 생각으로 다른 어떤 직업에 관해서는 별로 생각해본 적이 없는 자녀들의 직업적 정체감은 융통성이 없는 고착된 상태의 발달을 보일 가능성이 높다. 이들에게는 심각한 위기경험이 없으므로 위기에 직면하게 되면 당황하게 되고 대안탐색 그 자체가 어렵게 느껴지기 때문에 탐색의 과정을 회피하게 된다.

따라서 이들은 표면적으로는 정체감 성취자와 유사하게 보이지만 내면적으로는 높은 수준의 불안, 우울, 패배주의적 사고, 다른 사람의 기대에 맞추고자 하는 지나친 욕구들을 지니게 된다(Atwarter, 1990).

③ **정체감 유예**

이 상태는 정체감 발달시기인 청소년시기에 정체감 발달을 성취하지 못해서 정체감 위기를 느낄 때, 아직 그 위기감에 어떻게 대처해야 할 것인가를 알지 못하거나 애매하여 혼란스러운 상태에 빠지게 되는 사람들의 특성을 말한다. 그들은 정체감 탐색의 시간을 연장하거나 길어지는 경험을 하고 있는 사람들이다. 예컨대, 전공을 여러 번 바꾸는 사람, 대학입학을 계속 미루다가 뒤늦게 학위취득이 필요해서 다시 입학하는 사람, 대학에 입학은 했지만 가정형편이 심하게 어렵다거나 질병과 같은 부득이한 사유도 없는데도 곧장 휴학하고 직장생활을 하다가 다시 대학에 입학하게 되는 사람 등은 정체감 유예 상태에 있는 사람이라 할 수 있다.

이 개념을 발달시킨 Erikson 자신이 대학입학 시기 즈음에 정체감 유예를 경험했다. 고등학교 졸업 후 그는 진로를 결정하지 못하여 대학에 가는 대신에 1년간 유럽여행을 떠났다. 미술공부를 하기 위해서 잠시 집으로 돌아왔으나 다시 여행을 떠났다. 후에 그는 이 시기를 자신의 심리 사회적 유예기라 불렀다(Crain, 1980).

이 범주에 속하는 사람들은 흔히 아직 방황하고 있는 자신의 모습에 좌절을 느끼고 부모님에게 실망을 주고 있다는 생각에 죄책감을 느끼기도 한다. 그럼에도 불구하고 이들이 시간이 지나면서 능동적으로 자신의 생애에 있어서 대안들을 탐색하는 과정을 갖게 되면 더 좋은 상태의 자아실현의 결과를 가져올 수도 있다. Erikson이 그 한 예로 들 수 있다. 그는 대학졸업을 하지 않고서도 대학교수가 되었고, 세계적인 정신분석학자 및 심리학자가 되었다.

④ 정체감 혼란

정체감 성취에 있어서 보다 극단적인 위험이 되는 것은 정체감 혼란(identity confusion) 상태이다. 이것은 정체감의 발달에 실패한 결과로 나타나는 현상이다. 이 범주에 있는 사람들은 높은 불만이 굳어져 있거나 고정관념화 되어 있는 행동, 그리고 강한 부적절감을 보이기도 한다. 어떤 사람은 사회생활, 성, 그리고 약물에 중독된 상태에서 자아상실을 초래하기도 한다. 아니면 직장에 적응하지 못하거나 꾸준한 관계 유지를 지속할 수 없는 고독한 사람 혹은 방랑자가 될 수 있다. 나아가서 어떤 사람들은 심한 정서적 혼란으로 고통당하거나 자살을 시도할 수도 있다. 그래서 전문가의 조력을 필요로 한다.

(4) 자아정체감과 인간관계

Erikson에 의하면, 정체감을 확립한 사람이 친밀한 인간관계를 발달시킬 수 있다. 친밀한 인간관계는 동료, 배우자, 형제자매와 부모, 그리고 그 밖의 사람들과 함께 나눔을 갖는 것을 포함해서 자신의 어떤 것을 상실한다는 두려움 없이 자신의 정체감을 누군가와 연합시키는 능력을 필요로 하기 때문이다. 정체감을 확립하지 못한 사람은 자신감을 가질 수 없으므로 다른 사람과 친밀한 관계를 맺을 수 없어서 고립감을 발달시키게 되고 자신에게만 몰두하게 된다.

아직까지 정체감을 확립해가는 과정에 있는 것으로 보이는 청소년들이 사랑에 쉽게 빠지게 되는 것은 단지 다른 사람과 관계를 맺는 것을 통해서 자신의 자아정체감을 탐색해 보는 과정에 지나지 않을 수도 있다(Evans, 1967). 한 연구에서 정체감이 발달하지 않은 고교 시절에 사귄 남녀가 결혼한 부부와 정체감이 확립된 후에 만나서 결혼한 부부의 이혼율을 비교해 본 결과 전자의 경우에 이혼율이 높았다는 것은 결국 남녀의 자아정체감 확립 여부는 성공적인 결혼생활의 필수조건이 된다는 것을 시사하고 있다. 확립된 자아정체감의 기초 위에서 형성되는 친밀관계가 사랑이라는 덕목(德目)으로 나타난다.

네 가지 정체감 발달 상태별로 그 특징들을 요약하면, **정체감을 성취한 사람**은 다른 사람으로부터 부정적인 평가를 받아도 상처를 쉽게 받지 않는 자존감을 보인다. 반면에 **정체감 고착 상태에 있는 사람**은 매우 의존적이고, 다른 사람으로부터 부정적인 평가를 받게 되면 상처를 잘 받는다. **정체감 유예 상태에 있는 사람**은 자신에 대한 정의(定義)를 분명하게 하려고 적극적으로 노력하다 보니 생각이 많고, 근심이 많다. **정체감 혼란 상태에 있는 사람**은 정신이 산만하고 방황한다(Marcia, 1966).

3. 자아개념의 기능과 의사소통

지금까지 우리는 자아개념의 의미와 발달에 관해서 살펴보았다. 이러한 자아개념이 대인의사소통 과정에서 어떻게 작용하는가? 다섯 가지 정도의 기능을 들 수 있다.

① 자성예언 기능, ② 메시지 여과 수용기능, ③ 단어선택 및 음색과 음조의 조정기능, ④ 갈등하는 내적 메시지 조절기능, 그리고 ⑤ 타인지각에 영향을 미친다.

1) 자성예언 기능

자성예언(self fulfilling prophecy)이란 내가 한 말이 씨가 되어 그것이 현실로 이루어져 마치 내가 그렇게 될 것을 예언한 것처럼 되었다는 뜻이다. 긍정적인 자아개념을 가진 사람은 자신이 하는 일이나 또는 앞으로 수행하고자 하는 일들에 대해서 긍정적인 기대를 가지며, 잘 될 것이라고 예언함으로써 긍정적인 결과를 얻는 경향이 높고, 반대로 부정적인 자아개념을 가진 사람은 부정적인 전망으로 잘 되지 않을 것이라고 말함으로써 부정적인 결과를 얻는 경향이 높다(Atwarter, 1979).

우리는 현실생활 속에서 긍정적인 사고와 언어는 긍정적인 결과를 가져오고, 반대로 부정적인 사고와 언어는 부정적인 결과를 낳는 것을 종종 본다. 이것은 성취가 능력보다 자아개념, 특히 자존감에 의해서 더 크게 영향을 받는 경우가 있음을 말해 주는 것이다. 자아개념은 이처럼 자성예언을 통해서 긍정적인 혹은 부정적인 결과를 낳는 현실을 만들어 가는 기능을 가지고 있다.

따라서 인간관계를 맺고 유지해 가는 과정에서도 관련 상대자들 각자의 자아개념이 갖는 자성예언적 기능이 긍정적으로 혹은 부정적으로 중요하게 영향력을 미치는 것으로 생각한다.

2) 메시지 여과 수용기능

자아개념은 지각적 여과장치로서 다른 사람이 우리에게 말하는 것들을 여과함으로써 의사소통에 영향을 미친다.

우리가 비록, 의사소통의 과정에서 지각되는 모든 대화의 메시지들을 감각기관들(오관)을 통해서 받아들일 수 있다 하더라도 모두가 똑같이 그리고 모든 메시지들을 있는 그대로 받아들이게 되는 것은 아니다. 왜냐하면 우리는 자신의 자아개념의 틀에 맞추어 경청할 메시지들을 선택하고 각색하기 때문이다. 우리가 경청하기로 선택하는 것은 긍정적이든 부정적이든 현재 자신의 자아개념의 특성을 강화하는 메시지일 가능성이 높다.

앞서 우리는 자아개념이, 부분적으로는 다른 사람들이 우리에게 피드백 하는 메시지들에 의하여 형성됨과 동시에 반대로, 자아개념은 우리가 지각하고, 판단하고, 행동하는 방식에 영향을 준다고 기술한 바 있다. 여과기로서 자아개념의 기능은 바로 후자와 관련되는 것으로서 자아개념이 대인의사소통의 과정에서 우리에게 주어지는 메시지들을 여과해서 선택적으로 지각하고, 자아개념의 틀에 따라서 그 의미를 해석하고, 또한 해석한 의미에 따라 선택한 방식으로 대화하고, 행동하게 한다는 것이다. 요약하면, 대화과정에서 상대방의 메지시를 경청하느냐 혹은 제외시키느냐를 결정하는 것이 자아개념이라는 것이다.

3) 단어선택과 음조와 음색조절 기능

자아개념이 대화에서 사용되는 단어의 선택과 관련되는 것은 분명하다. 그래서 우리는 대화과정에서 표현되는 진술들을 통해서 상대방의 자아개념을 알아 볼 수 있다. 자기비판과 회의(懷疑)를 나타내는 진술들은 부정적 자아개념을 가진 사람들에게서 흔히 볼 수 있다. 예컨대, "나는 별 볼일 없는 놈이야!", "내가 왜 이런 쓸데없는 짓을 하는지 모르겠다", "나는 제대로 되는 게 없어!", "너는 나한테 실망하고 있을 거야!" 등과 같은 진술들이다.

반대로 자신 있는 연설 태도, 성실한 노력, 성공을 기대하는 긍정적인 진술들은 긍정적인 자아개념을 나타낸다. "열심히 하면 될 수 있어", "기대를 가지고 한 번 해봐야지!", "너는 내게 기대를 걸어도 좋아!", "최선의 모습을 보여줄 거야!", "그 일은 내가 꼭 해내고야 말거야!" 등은 긍정적인 자아개념을 보여주는 진술들이다.

남이 잘되는 것을 평가절하하고, 헐뜯는 말을 하는 사람 역시 부정적 자아개념에 낮은 자존감(self-esteem)을 가진 사람의 특징이다. "나도 부모만 잘 만났더라면 저 친구처럼 성공할 수 있었을 거다", "저 친구는 선생님께 잘 보여서 A학점 받았다"라고 하는 등의 진술들을 그 예로 들 수 있다.

또한 부정적 자아개념에 낮은 자존감을 가진 사람들은 대중 앞에서 말할 때나 자신의 생각이나 감정 혹은 행동을 설명할 때 목소리가 기어들어가거나 말이 막히는 경우를 종종 본다. 반대로, 긍정적 자아개념에 높은 자존감을 가진 사람들은 도전적이고 기대감을 갖게 하는 적극적인 태도를 보인다. 따라서 이들의 진술들은 그 말을 듣는 사람들로 하여금 그렇게 말하는 사람에 대해 믿음을 갖게 한다.

4) 갈등하는 내적 메시지들의 조정기능

일상생활 가운데서 우리가 어떤 결정을 내려야 할 경우 그 결정이 이루어지기까지 많은 생각과 갈등을 하게 되는데, 가만히 주의를 기울여 보면, 그 생각들과 갈등들은 우리 내면에서 일어나고 있는 여러 가지 메시지들 간의 내적 대화들임을 알 수 있다. 아침에 일어나기로 마음먹은 시간에 맞추어 놓은 자명종이 요란하게 울린다. 잠자리에서 다음과 같은 내적 대화를 통해서 갈등이 전개될 수 있다:

> 내적 대화 ① "벌써, 일어날 시간이 됐나!? 잠도 제대로 못 잔거 같은데! 조금만 더 누웠다가……" (C)
>
> ② "아니, 너는 만날 조금만 더. 더. 하더니……. 오늘도 또 지각할 게 뻔하다! 도대체 너는……" (P)
>
> ③ "아니야! 오늘은 지각하지 않을 거야! 그래, 지금 바로 일어나면 지각하지 않아!" 조금만 더 서둘면 돼! 하고, 결단한다. 잠자리에서 일어나 서둘러 학교 갈 준비를 한다." (A)

이와 같은 내적 메시지들 간의 대화를 잘 설명해주는 자아상태 이론으로서 Erik Berne의 상응작용 분석법(TA)의 성격이론을 들 수 있다. 앞서 예로 든 '자명종 소리'에 대한 세 가지 반응들은 TA의 성격구조 이론에 의하면, 성격의 구조를 이루고 있는 세 가지 자아 상태들에 의한 내적 대화반응의 메시지들이다.

①번의 내적 대화반응 메시지는 자신의 욕구충족과 감정중심의 행동을 나타내는 어린이 자아상태(Child ego state : C)에서 나오는 메시지이다.

②번의 내적 대화반응 메시지는 꾸중하고 비난하고, 판단, 단정하고, 훈육하는 등의 기능을 하는 부모 자아상태(Parent ego state : P)에서 나온 메시지이다.

마지막으로 ③번의 내적 대화반응 메시지는 사실을 그대로 인정하고, 객관적이고 현실적이며 합리적이고 논리적인 사고를 중심으로 기능하는 어른 자아상태(Adult ego state : A)에 의한 반응이다. 다시 말해서, 우리의 내면에서 갈등하고 있는 메시지들은 바로 이 세 가지 자아상태 간에 주고받는 메시지들이며, 건강한 어른자아에 의해서 내적 반응 메시지들이 조정될 때 갈등이 해소될 수 있다. 다시 말해서 긍정적인 자아개념을 가진 사람의 건강한 어른 자아상태의 정상적인 기능으로 갈등하는 내적 메시지들이 조정, 해소될 수 있다.

TA가 우리들의 머릿속에서 갈등을 일으키고 있는 메시지들을 설명하는 유일한 방법은 아니다 하더라도 현재 진행되고 있는 의사소통의 흐름을 알고 확인하는데 도움이 되는 유용한 개념들과 방법을 제공하고 있다. TA에 관해서는 이 책의 제Ⅱ부에서 집중적으로 다룰 것이다.

5) 타인지각에 영향을 주는 기능

자아개념은 우리의 의사소통 행동에 영향을 미칠 뿐만 아니라 그것이 우리가 다른 사람을 어떻게 지각하느냐에도 영향을 미치기 때문에 중요하다. 이러한 타인지각에 영향을 미치는 자아개념의 기능적 특성들을 세 가지로 나누어 생각해 볼 수 있다.

첫째, 당신의 자아개념이 긍정적이면 긍정적일수록, 그만큼 자신에 대해서 수용적이며, 다른 사람들에 대해서도 보다 더 수용적이어서 다른 사람을 긍정적으로 지각할 수 있다.

둘째, 역으로, 부정적인 자아개념을 가진 사람은 다른 사람의 결함들이 눈에 더 잘 띄게 되어 타인을 수용하기보다는 부정적으로 지각하기 쉽다.

셋째, 우리들의 자아개념을 형성하고 있는 모든 경험들은 긍정적인 것들과 부정적인 것들을 함께 포함하고 있다. 건강한 자아개념이 형성되려면 우리는 자신의 긍정적인 면과 부정적인 면을 함께 "있는 그대로" 지각하고 수용할 수 있어야 한다. 그럴 때만 타인이나 사물이나 어떤 상황의 지각과정에서나 우리가 만나는 문제상황에서 보다 정확하게 지각할 수 있고, 적절하게 대처할 수 있는 적응능력을 발휘할 수 있게 된다.

4. 자기지각의 개선

자신의 자아개념을 보다 더 정확하고 긍정적인 것으로 변화시키기 위해서는 자신의 자아개념이 자신의 행동에 어떻게 영향을 미치는가를 알아야 하고, 또한 자신의 행동을 사실대로 자각(自覺)할 수 있어야 한다. 이러한 자신의 행동에 대한 사실적 자각은 **자기감찰조정**(self-monitoring)에 의해서 가능하다. 자기감찰조정(自己監察調定)이란 자신이 다른 사람들에 의해 어떻게 지각, 인식되고 있는가를 알아보고 타인에게 주는 자기인상에 주의를 기울여 자신의 행동을 조절하는 것을 말한다(이민규, 2001). 효과적인 자기감찰조정은 자기에 대한 각성과 그 상황에 적합한 행동으로 대처하는 능력을 기초로 하고 있다. 그러므로 높은 수준의 자기감찰조정은 사회적 상황에 대한 민감한 각성과 각성된 상황에 대처하는 능력을 필요로 한다. 자기감찰조정 능력 개선을 위한 학습과 훈련이 필요하다. 이러한 자기감찰조정 훈련방법으로 다음과 같은 활동을 해볼 수 있다.

먼저, 당신이 며칠 동안 경험한 여러 상황들을 살펴보고, 그 개개 상황들마다 투영된 당신의 자기상(自己象)을 확인해 보자.

① 가장 적절하게 대응한 상황은 어떤 장면인가? 그 상황에서 당신의 행동은 어떤 것인가? 기술해 보자.

② 당신의 행동이 상황에 적절해서 만족스러웠던 장면이나 경험들을 기술해 보자.

③ 당신의 행동이 상황에 부적절했다고 생각되는 장면들이나 경험들은 어떤 것인가?

④ 어떻게 대처했으면 좋았을 것으로 생각하는가? 기술해 보자.

낮은 자기감찰조정자는 자신의 행동이 현실에 적합한지 그렇지 못한지를 알지 못하기 때문에 이와 같은 부적합한 행동을 반복할 수 있다. 그러나 만약 당신이 낮은 자기감찰조정자라고 해도 주어진 어떤 상황에서 보다 의식적으로 적응하고자 노력하면 개선될 수 있다.

5. 자기분석 연습

1) 나는 자신을 어떻게 보고 있나?

(1) A4 용지 한 장에 당신은 자신을 어떻게 보고 있는가를 말해주는 특성들을 아래의 문장완성 형식으로 적어보자. 당신이 더 이상 생각해 낼 수 없을 때까지 아래 형식으로 계속해서 특성들을 열거해 보세요.

___① 나는 ________________________________(이)다.

___② 나는________________________________(이)다.

·

·

·

___⑩ ________________________________(이)다.

(2) 특성들의 목록을 만든 후 긍정적인 특성들에는 번호 앞 ___에 'P'를, 부정적인 특성들에는 'N'을 쓰세요. 긍정적인 것과 부정적인 것은 각각 얼마나 됩니까?

2) 다른 사람들은 당신을 어떻게 보고 있다고 생각합니까?

(1)번과 같은 문장완성 형식의 방법을 사용해서 생각해 낼 수 없을 때까지 열거하여 특성 목록을 만들고, 번호 앞 ___에 'P'와 'N'을 각각 쓰고, 각각 얼마나 되는가를 확인해 보고, 음미해 보세요.

다른 사람들은

___ ① 나를_____________ 사람으로 보고 있을 것으로 나는 믿고 있다.

____② 나를______________사람으로 보고 있을 것으로 나는 믿고 있다.

____③ 나를______________사람으로 보고 있을 것으로 나는 믿고 있다.

.

.

.

___ ⑩ 나를______________사람으로 보고 있을 것으로 나는 믿고 있다.

3) 자신이 되기를 바라는 이상적인 당신 모습의 특성들은?

___ ① 나는___________(어떤)______________내가 되기를 원한다.

___ ② 나는___________(어떤)______________내가 되기를 원한다.

.

.

.

___ ⑩ 나는____________(어떤)______________내가 되기를 원한다.

1)과 2)와 같은 방식으로 문장완성 방법을 사용해서 특성목록을 만들어서 그 의미를 새겨 보세요.

4)−1. 앞서 1)번에서 3)번까지 작성된 특성 목록들을 비교해서 유사한 특성들과 차이나는 특성들을 알아보고, 당신 자신에 관해서 그리고 당신의 자아개념에 관해서 학습하게 된 경험들과 소감을 적어 보세요.

4)−2. 소집단활동일 경우는 경험들을 집단원들과 함께 나누고, 피드백을 주고받는 집단경험을 통해서 학습경험들을 더욱 심화할 수 있을 것이다.

제 3 장

인상형성과 타인지각

이 장에서는 인간관계 형성과 의사소통의 출발점이 되는 인상형성과 타인지각의 정보원천, 그리고 타인지각의 오류에 작용할 수 있는 요인들에 관해서 검토해 보기로 한다.

Ⅰ. 인상형성

타인지각(他人知覺)은 인간관계 형성 및 의사소통의 성질을 결정하는 핵심적인 기초과정이다. 우리는 일상생활에서 수시로 만나는 사람이든, 처음 만나는 사람이든 사람을 만나게 되면 먼저 상대방에 대한 인상을 형성하게 된다. 생전 처음 만나는 사람에 대한 첫인상(first impression)도 경우에 따라서는 몇 초에 불과한 아주 짧은 시간 동안의 마주침에서 지각된 매우 적은, 제한된 정보들을 토대로 한 판단에 의해서 형성되기도 한다. 예컨대, “따뜻하게 보인다” 혹은 “차갑게 보인다”, “계속 만나고 싶은 호감이 가는 사람이다” 혹은 “두 번 다시 보고 싶지 않은 사람이다”, “사기꾼 같다”라든가, 또는 “믿음직스럽다”라든가 하는 등등의 순간적인 느낌에 의한 판단을 토대로 하여 첫인상을 형성하게 된다. 이렇게 형성된 첫인상이, 어떤 때는 상대방에 대한 호감 여부, 관계의 지속 여부, 그리고 보다 친밀한 관계로의 발전 여부에 결정적으로 영향을 미치기도 한다.

그런데 이렇게 형성되는 인상이 정확하지 않아 오해로 문제를 일으킬 수도 있다. 그러므로 우리가 타인지각에 관여되는 요인들은 무엇이며, 또한 타인지각의 오류에 영향을 미치는 요인들이 무엇인가? 그리고 그 오류를 해결할 수 있는 방안은 무엇인가를 검토해 보는 일은 인간관계의 이해와 개선을 위해서 반드시 필요한 작업이라 할 수 있다.

인상형성에 관여되는 주요 요인들로서는 ① 신체적 외모, ② 언행, ③ 비언어적 메시지, ④ 평판, 그리고 ⑤ 관계상황 등을 들 수 있다.

1. 신체적 외모

키, 체중, 성별, 얼굴 특징, 그리고 의상 등을 포함하는 신체적 외모는 특히 우리의 감각과 느낌에 강한 인상을 남긴다. 신체적 외모에 매력이 크면 더 긍정적으로 평가받는 경향이 있다. 얼굴 생김새에 따라서 그 개인의 지능이나 성격과 같은 내면적 특성에 대한 인상을 형성하기도 하고, 신체적 외모에 근거해서 그 사람의 성격을 추정하기도 한다. 예컨대, 믿을 만한 과학적인 근거도 없이, 안경을 쓴 사람은 그렇지 않은 사람에 비해서 보다 지적이고 근면한 사람으로 보기도 하고, 몸이 말라 보이는 사람은 뚱뚱한 사람보다 더 신경질적인 성격을 가진 사람으로 보는 경향이 있는가 하면, 신체적으로 매력적인 사람이 바람직한 성격적 특성을 가지고 있을 것으로 믿는 경향도 있다.

다른 한편으로는, 미인은 허영심이 많고 이기적인 사람으로 부정적으로 보면서도 호의적으로 보는 경우도 있다.

2. 언행

우리가 다른 사람과 만나거나 대화할 때, 그 사람이 하는 말이나 행동이 우리가 상대방을 판단하는 데 결정적인 영향을 미친다. '우리가 그 사람에게 기대하거나 혹은 예상했던 것과 같은 모습의 언행을 보이는가?' 지금 그의 언행이 '과거에 비슷한 상황에서 보였던 말이나 행동과 일치하는가?' 하는 것 등이 그 사람에 대한 인상형성에 있어서 긍정적으로 혹은 부정적으로 중요하게 영향을 미칠 수 있다.

또한 우리는 상대방이 자신을 표현하는 태도에 대해서 많은 관심을 가진다. 자신감과 세련미를 보이는 사람들에 대해서는 자신이 없어 보이고 불분명한 태도를 보이는 사람에 비해서 더 호감을 갖는 경향이 있다. 말을 잘하는 사람은 집단의 리더로 선택될 가능성이 높기도 하지만 반면에 거만하거나 버릇이 없어 보일 수도 있다. 친절하게 이야기를 잘하는 사람은 매력적인 좋은 인상을 형성하게 하기도 한다.

3. 비언어적 메시지

타인에 대한 인상형성은 상대방의 언행을 통해서 전해지는 다양한 비언어적인 메시지들에 담긴 정보들에 의해서 크게 영향을 받는다. 자세, 얼굴표정, 목소리, 제스처 등은 분명히 그 사람에 대한 인상형성에 중요하게 영향을 미친다. 대화하고 있는 동안에 부드럽고 바른 자세로 이야기를 하거나 듣는 사람은, 의자에 비스듬히 기대어 앉거나 뒤로 젖히고 앉은 자세를 보이는 사람에 비해서 더 좋은 인상을 줄 수 있다. 후자의 자세는 경청할 마음이 없는 것으로 보이거나 거만해 보일 수 있기 때문이다.

말하는 동안에 노려보거나 도중에 말을 가로 막거나 혹은 손가락질하면서 추궁하는 듯 질문하는 사람은 부정적인 인상을 갖게 되기도 한다. 일반적으로 우리는 미소를 띠고 있는 사람들에 대해서는 호감 가는 인상을 갖게 된다. 부드럽게 눈을 마주치며 대화하는 사람들로부터 우리는 신뢰롭고, 호감 가는 인상을 받게 된다. 대화과정에서 고의적으로 눈 접촉을 피하는 것은 자신을 숨기고자 하는 인상을 줄 수 있다. 밝은 미소와 부드러운 시선은 우호성과 개방성을 나타내는 메시지로 작용해서 친밀감을 갖게 한다. 이처럼 대화 혹은 의사소통 과정에서 송신자의 비언어적 단서들이 수신자인 상대방에게 송신자의 정서 상태나 성향 및 성격의 특성들로 전달된다.

4. 평판

어떤 사람에 대한 소문이나 평판이 그 사람의 인상형성에 긍정적으로 혹은 부정적으로 영향을 미칠 수 있다. 우리는 직접적으로 자주 만나거나 잘 알지 못하는 사람임에도 다른 사람으로부터 그 사람에 대한 비난이나 부정적인 이야기를 많이 듣게 되면 그 사람에 대하여 부정적인 인상이 내 속에 나도 모르게 형성되어 있음을 발견하고는 놀라게 되는 경우를 종종 경험한다.

반대로, 긍정적인 소문이나 평판도 마찬가지로 처음 만나는 사람임에도 불구하고, 그 사람에 대한 좋은 인상을 우리 속에 이미 형성하고 있음을 발견할 때가 있다. 소문이나 평판이 이와 같은 위력을 갖고 있다.

이러한 현상은, 경우에 따라서는 바람직하고 좋은 인간관계의 형성과 발전을 위해서 또는 개선을 위해서, 그리고 문제의 예방을 위해서는 어떤 사람에 대한 소문이나 평판에 대한 객관적인 재평가가 필요하다는 사실을 말해주고 있는 것이기도 하다.

5. 관계상황

우리는 같은 말의 내용이나 표현방식 또는 행동도 관계상황에 따라서 상대방에게 다르게 받아들여지고 평가되는 것을 경험한다. 예컨대, 수업시간, 쉬는 시간, 재미있게 즐기는 모임, 진지한 토론 모임, 초상집, 잔칫집 등에 따라, 그리고 어떤 사람들과 함께 있느냐 등의 각각의 상황에 따라 적절한 말의 내용과 방식, 그리고 행동의 유형이 다를 수 있고, 또한 달라야 할 때가 있다. 그러므로 관계상황에 따라 상대방의 언행에 대한 해석과 평가도 달라진다. 그 상황과 언행이 부합될 때는 긍정적인 인상을 형성하게 될 것이고, 그렇지 못할 경우에는 부정적인 인상이 형성될 가능성이 높다.

Ⅱ. 타인지각 오류의 원천

우리는 사람들을 만나면 당시의 상황과 상대방에 대하여 지각하게 된 정보들을 토대로 하여 서로 대화하고 여러 가지 방법으로 의사소통을 하게 된다. 이렇게 진행되는 의사소통의 질과 수준이 그 두 사람 간의 인간관계의 질(質)이나 수준(水準)을 결정한다. 여기서 인간관계의 질이나 수준이라 함은 솔직하고 친밀한 관계와 그 정도를 말한다.

이처럼 높은 수준의 솔직하고 친밀한 대화와 의사소통을 토대로 하는 바람직한 인간관계 형성을 위해서는 먼저 잘못된 지각(知覺)에 의한 오해를 예방하거나 바로 잡는 노력이 필요하다.

한 연구에 의하면, 피험자의 14% 정도만 타인지각의 정확성을 보였다고 한다(Kremers, 1960). 이것은 일반적으로 타인지각에 있어서 오류를 범할 가능성이 높다는 것을 시사하고 있으며, 또한 이것은 우리가 이처럼 잘못된 지각 정보들을 토대로 한 대인간(對人間) 의사소통(언어적이든 혹은 비언어적이든)의 과정에서 오해와 그에 따른 많은 문제들이 발생할 수 있음을 암시하고 있다.

그러므로 좋은 인간관계의 형성이나 인간관계 문제의 예방 또는 문제해결을 위해서는 특별히, 타인지각(他人知覺)에서 일어날 수 있는 오류의 원천을 알고 대처함으로써 상대방에 대한 지각의 정확성을 향상시킬 필요가 있다. **타인지각 오류의 원천**으로서 ① 첫인상 효과, ② 신체적 외모에 대한 지나친 집중, ③ 고정관념, ④ 정서 상태, ⑤ 가정된 유사성, ⑥ 기본적 귀인오류, ⑦ 방어적 귀인오류, ⑧ 후광효과, ⑨ 편견 등을 들 수 있다.

1. 첫인상의 효과

어떤 한 사람을 두 집단의 사람들 앞에서 각각 소개하면서 한 집단에서는 그 사람의 특성들을 긍정적인 것으로부터 부정적인 것의 순서(똑똑하다→근면하다→즉흥적이다→비판적이다→고집이 세다→시기심이 많다)로, 다른 한 집단의 사람들에게는 똑같은 내용의 특성들을 앞의 집단에 제시한 특성들과는 반대 순서(시기심이 많다→고집이 세다→……→똑똑하다)로 각각 소개, 설명한 후, 소개한 사람의 인상을 쓰게 했다(Asch, 1946; 김민규, 2001). 그 결과, 긍정적인 특성을 먼저 소개받은 집단이 부정적인 특성들을 먼저 소개받은 집단보다 소개받은 인물을 사회적으로 더 원만하고, 더 성공적인 사람으로 평가했다. 이것은 먼저 접한 정보가 나중에 접한 정보보다 인상형성에 보다 강력한 영향을 미친다는 것을 시사하고 있다. 이와 같은 현상을 초두효과(初頭效果/primacy effect)라 한다. 초두효과는 바로 첫인상의 효과를 설명해주고 있다. 즉, 이것은 첫인상이 앞으로 그 사람을 보는 지각의 틀로 계속 사용하게 될 가능성이 크다는 것을 의미한다.

첫인상이 그 개인의 인상으로 계속 유지되는 이유를 네 가지 정도로 들 수 있다.

첫째, 한 번 형성된 첫인상은 다음의 지각의 틀로 사용된다. 그것은 사람들이 타인에 대한 인상을 형성할 때, 필요 이상의 노력이나 시간을 소비하지 않으려고 이미 형성한 '첫인상의 지각의 틀'을 그대로 적용하기 때문이다.

둘째, 한 번 형성된 첫인상은 다음 지각에서 같은 인상으로 보일 것이라는 기대감을 갖게 한다. 기대감이 지각에 영향을 준다는 것은 학자들에 의해 확인된 상식적인 개념이다. 특히, 사람들은 다소 모호한 상황일수록 자기가 보는 것을 자신의 기대에 맞추어 해석하는 경향이 있다. 따라서 첫인상은 '기대감'에 의한 선택적 지각의 요인으로 작용한다고 볼 수 있다. 이러한 선택적 지각이 타인지각의 오류의 원인으로 크게 영향을 미칠 수 있다.

셋째, 앞서 사람들은 한 번 형성된 지각의 틀을 일관되게 적용하려는 경향성이 있다고 기술한 바 있다. 이와 같은 첫인상의 일관된 적용은 이미 형성되어 있는 첫인상과 모순되는 나중의 정보를 무시하거나 그 의미를 감소시킨다. 이러한 이유로 새로운 인상형성이 어려워지고, 첫인상이 쉽게 바뀌지 않고 계속해서 지각의 틀로 사용하게 된다. 따라서 잘못 형성된 첫인상은 그 개인에 대한 오해를 그대로 유지하게 하고, 타인지각에 있어서 오류의 중요한 원인으로 작용하게 된다.

그러나 다른 한편, 사람들에게는 정확한 인상을 형성하려는 동기가 있어서 초기의 인상을 그대로 두려고만 하지 않는 경향성도 있다(Webster, Richter, & Kruglansky, 1966). 그래서 초두효과를 극복할 수도 있다. 첫인상 형성 후, 지속되는 만남의 과정에서 첫인상과 모순되는 특성들을 계속 접하게 되면 첫인상의 효과가 폐기될 수 있다. 즉, 초기의 정보보다 최신의 정보가 인상형성에 더 큰 영향을 미치는 신근성 효과(新近性 效果/recency effect)가 작용하게 된다는 연구보고도 있다. 이것은 우리들은 상반되는 두 가지의 심리기제를 동시에 가지고 있어서 갈등하기도 하는 존재임을 시사하고 있다.

2. 신체적 외모에 대한 지나친 집중

우리는 신체적 외모를 보고 그 사람의 성격과 가능한 행동에 대해서 추론하기도 한다. 이러한 추론의 결과들은 대체로 과학적 근거가 없는 경우가 많다.

바람직한 성격적 특성들을 잘 생긴 사람들에게 귀인시킨다는 연구보고들이 있다(Dion et al., 1972; Clifford & Walster, 1973; Adams & Huston, 1975). 매력적인 사람을 감수성이 매우 높은 사람으로 보는 경향이 있는가 하면, 아름다운 사람이 더 지적이고, 보다 더 상냥하다고 생각하는 경향이 있다. 매력적인 여성이 쓴 수필이 그렇지 못한 여성이 썼다고 가정된 수필보다 더 높게 평가되었다는 연구보고도 있다(Landy & Sigall, 1974). 즉, 매력이 있는 잘 생긴 사람은 보다 감수성이 높고, 보다 지적이고, 보다 더 상냥하고, 재능도 더 있다고 평가하는 경향이 있으며, 매력이 없는 못생긴 사람에 대해서는 매력 있는 사람에 대해서 평가하는 특성들의 반대되는 특성들을 가진 것으로 판단하는 편견경향이 있다는 것이다(Weiten, 1986).

반면에, 앞서 언급한 바 있듯이 신체적 외모에 매력을 가진 사람이 부정적인 성격특성을 가진 것으로 보는 경향도 있다. 미인박명(美人薄命)이라든가, 미인은 비교적 허영심이 많고, 이기적인 사람으로 보면서도 매우 호의적으로 본다는 것이다(Dermer &

Thiel, 1975). 이 밖에도 턱수염을 기른 남자가 깨끗하게 면도한 남자보다 더 남성답고, 성숙함과 확신, 그리고 용기를 가진 것으로 판단하는 경향이 있으며, 여성의 경우에는 금발이 더 아름답고 여성적으로 보이지만 덜 지적이고, 보다 의존적으로 보이는 것으로 판단하는 경향도 있다. 앞서 기술한 바 있듯이 안경을 쓴 사람은 보다 지적이고 신뢰할 수 있는 사람으로 판단하는 경향이 있다.

특별히 옷차림은 타인지각의 결정적인 요인으로 작용하는 것으로 알려져 있다. 장식에 신경을 쓴 옷차림에 관심이 있는 여성들은 비교적 사교적이고, 순응적이며, 비지성적인 사람으로 지각되는 경향이 있다(Aiken, 1963). 사람들은 자신이 다른 사람들에게 잘 보이려고 옷차림을 이용한다. Hurlock(1974)도 사람들이 독특한 옷차림을 통해서 자신의 독립성, 성공감 등을 나타내고, 어떤 집단과의 동일시를 드러내려 한다고 한다. 이처럼 옷차림은 개인 정보의 원천이 되고 있다. 그러나 옷차림을 통해 나타내고자 하는 바를 해석, 추론할 때 지나치게 상투적으로 일반화하는 것은 아닌가를 검토해 보는 자세를 가질 필요가 있다.

3. 고정관념

아마, 정확한 타인지각을 방해하는 요인으로 가장 잘 알려져 있는 것이 고정관념일 것이다. 우리는 거의 사실적인 근거 없이 지나치게 일반화된 고정관념 때문에 사람들을 잘못 판단하는 경우가 적지 않다. 고정관념(固定觀念/stereotypes)이란 특정 집단에 속한다는 이유만으로, 사실적인 근거 없이 그 무리에 속한 사람들을 모두 같은 특성들을 가지고 있는 것으로 과잉 일반화하여 단정하는, 지나치게 단순화된 신념이라 할 수 있다. 특정 집단들로는 직종, 성별, 연령, 계층, 인종 또는 민족, 신체적 외모 혹은 그 밖의 특징들을 들 수 있다. 예컨대, "모든 교사들은" 혹은 "모든 여성 운전자는"이라는 말로 시작할 때는, 대체로 교사 혹은 여성에 대한 고정관념적 사고가 그 기저를 이루고 있을 때가 많다. 고정관념은 두 가지의 분명한 이유로 문제가 된다.

첫째는 어떤 집단에 대하여 가지고 있는 고정관념이 원초적으로 잘못되어 있다는 것이다. 예컨대, 우연히 특정 집단에 속한 한 사람 혹은 몇 사람이 정직하지 못하다고 해서 그 집단의 모든 사람이 정직하지 않다고 할 수 없지 않는가? 그럼에도 불구하고 사람들은 그 집단에 속한 소수의 사람들의 특성을 보고서 전체 집단이 그런 특성들을 가졌다는 결론으로 일반화하는 판단의 오류를 범하는 경우를 우리는 흔히 본다.

둘째로, 고정관념을 가지고 있는 사람들은 우연히 한 집단의 구성원이라는 이유만으로 개별적인 한 사람조차도 동일한 특성들을 가진 것으로 가정하여 단순화함으로써 문제를 더욱 복잡하게 만든다. 고정관념은 편견을 지속시키고, 타인을 불공평하게 그리고 부당하게 취급하게 함으로써 억울한 사람들을 만든다.

고정관념이 이처럼 부정확한 지각과 그에 따르는 문제들의 원인이 됨에도 불구하고 계속 유지되는 것은, 사람들은 단순화 혹은 공식화하기를 좋아하기 때문이다. 왜냐하면 우리가 처음 사람들을 만나게 되면, 그 사람에 대해서 충분히 알 수 있기까지 기다리기보다는 한 개인이나 집단의 고정관념의 공식을 활용하면 사람들을 보다 빠르고 쉽게 파악할 수 있는 것 같고, 그 사람들에게 맞는 행동을 선택하는 데 지침으로도 사용할 수 있게 해준다는 잘못된 인식의 습관 때문이다. 이러한 과정은 거의 무의식적으로 진행되는 것 같다.

4. 정서 상태

어떤 상황에서 지각하는 사람의 정서 상태는 그 순간의 상황이나 사물에 대한 지각에 영향을 미칠 수 있다. 즉, 사실과 다르게 지각될 수도 있다는 것이다. 어릴 때 할머니가 들려 준 이야기 가운데 "어떤 사람이 한밤중에 깊은 산중에서 무서운 짐승이 곧 나타날 것 같은 공포에 떨면서 내려오는데 갑자기 호랑이가 나타나서 정신없이 그놈을 부둥켜안고 졸도를 했는데 깨어나 보니까 커다란 소나무 그루터기를 끌어안고 있었단다."로 기억이 끝나는 에피소드가 있다. 공포에 떨고 있으면 소나무 그루터기가 호랑이로 사실과 다르게 지각될 수도 있다는 것이다. 타인지각에서도 마찬가지이다. 예컨대, 기분이 나쁜 상태에서는 상대방을 부정적으로 지각하기 쉽다. 제출한 과제에 대한 평가를 기대보다 낮게 받았을 때 주위의 사람들에 대해서 부정적인 감정을 가지고 대할 수 있으며, 반면에 높은 점수를 받았을 때의 기쁨의 정서 상태에서는 주위의 사람들이나 사물들을 긍정적으로 지각하는 경향이 있다(Verderber & Verderber, 1989). 그러므로 다른 사람에 대한 지각이 부정적인 것으로 느껴지더라도 단정해서 행동으로 나타내기 전에 그 사람에 대한 나의 감정 혹은 정서가 그 지각에 어떻게 영향을 미치고 있는가를 한번 점검해보는 것이 필요하다.

5. 가정된 유사성

사람들은 누구나 비슷해서 어떤 상황에서는 너, 나 할 것 없이 모두 유사한 행동을 할 것으로 생각하는 경향이 있다. 그래서 그런 상황에서는 다른 사람도 자신과 같은 이유로 유사한 행동을 할 것으로 가정(假定)한다. 이를 가정된 유사성(assumed similarity)이라 한다. 가공적(架空的) 유사성이라고도 할 수 있다. 이러한 현실검정이 되지 않은 가정된 유사성을 기초로 한 지각판단을 자신의 행동결정에 사용함으로써 지각의 오류를 범할 수 있고, 인간관계에서 문제를 일으키는 경우가 흔하다.

상대방이 이처럼 자신과 닮았다고 가정하면, 우리는 자신 나름의 지각판단의 기준을 갖게 되므로 상대방이나 상황판단이 보다 쉬워진다. 그래서 지각판단의 오류의 가능성을 제처 두고, 이와 같은 유사성을 가정함으로써 지각과정을 단순화하는 심리적 기제를 사용하게 된다. 예컨대, 당신이 매우 사교적이고 파티를 좋아하는 사람이라면 어떤 모임에서 처음 만난 상대방이 연령이나 성(性) 등의 배경이 자신과 유사한 사람으로 보이면 그 사람도 당신처럼 사교적이고 파티를 좋아하는 사람으로 가정하게 되어 그 사람의 실제와는 전혀 다르게 지각하는 지각오류를 범할 수도 있다는 것이다. 또는 순수한 남녀 교제를 믿지 못하는 어떤 남성은, 배우자가 아닌 다른 여성과 식사하려 가는 친구를 부정(不貞)에 빠져 있다고 가정할 수도 있다. 그것은 그렇게 생각하게 되는 자신의 내적 경험의 경향성이 무의식적으로 상대방에게 투사된 결과라 할 수 있다.

이와 같은 가정된 유사성에 따른 지각적 단순화가 확대되면, 다른 사람들에 대한 당신의 관찰이 관찰대상인 상대방의 실제 성격보다는 지각하는 사람인 당신의 성격에 보다 일치하는 지각의 결과를 가져 오는 지각오류를 범하게 되고, 그것이 의사소통이나 인간관계 문제의 원인이 될 수 있다.

6. 기본적 귀인오류

사람들에게는 자신이나 타인의 행동 혹은 사건들에 대한 원인을 추론하고자 하는 경향이 있다. 예컨대, 고객들이 은행창구 앞에서 차례를 기다리고 있다. 앞서 은행원과 이야기하고 있던 고객이 갑자기 소리 지르는 것을 본 다른 고객은 그 고객이 성질이 매우 급하고 화를 잘 내는 공격적 성격을 지닌 사람이어서 저렇게 소리 지른다고 생각하여 그 사람의 소리 지르는 행동의 원인을 그 사람의 성격적인 특성 때문인 것으로 추론할 수 있다. 그런데 은행원에게 소리 지른 이 고객은 실제로는 대체로 말이 적고 침착하며, 상대 은행원의 여러 번 반복되는 실수를 수용할 수 있을 정도로 여유가 있는 사람일 수도 있다. 또한 거기에는 두 주 동안에 같은 일에 대한 반복적인 실수와 고객에 대해 안하무인격의 거친 행동을 보이는 등 은행원에 의해 조성된 상황요인도 있을 수 있다. 그럼에도 불구하고, 다른 고객들은 당장 자신들의 앞에 보이는 그 사람의 소리 지르는 행동만 보고, 있을 수 있는 다른 상황적 요인들을 고려함 없이 실제와는 다른 성격적 특성들을 자기 나름으로 추론해 내어 그 사람의 성격적인 특성들로 그 원인을 귀인시켰다.

심리학에서 행동이나 사건의 원인을 추론, 도출해 내는 것을 **귀인**(attribution)이라 한다. 그 원인을 행동이나 사건의 당사자 개인 내부에 있는 것으로 판단하는 경우를 **내부귀인**이라 하고, 외부의 상황에 있는 것으로 볼 때는 **외부귀인**이라 한다. 앞서 예로 든 은행고객들의 원인추론은 내부귀인의 경우에 해당하는데 이러한 내부 귀인의 오류가 아주 흔하고 강력하므로 **기본적 귀인오류**(fundamental attribution error)라 한다. 이처럼 아주 흔하고 강력한 내부귀인인 기본적 귀인오류가 타인지각에 있어서 오류의 원인으로 작용한다.

7. 방어적 귀인오류

타인지각에 오류의 원인으로 작용하는 귀인판단의 오류 중 다른 하나로 방어적 귀인오류를 들 수 있다. 우리는 다른 사람들에게 닥친 재난과 불행의 원인을 설명할 때, 재난을 만나거나 불행하게 된 당사자에게 그 원인을 그에게 돌려 귀인시키는 추론경향이 있다. 비근한 예 가운데 하나로서 강간피해자인 여성에 대해서 아무런 근거도 없이 그 여성이 책임질 만한 원인을 제공했을 것이라고 피해 당사자 여성을 단정적으로 비난하는 소리를 들을 때가 있다. 이처럼 어떤 사건에서 피해를 입은 희생자의 불행에 대해서 객관적인 근거 없이 그 희생자에게 원인을 돌리는 추론적 판단을 **방어적 귀인**(defensive attribution)이라 한다. '방어적'이란 말은 재난이나 불행의 원인을 관련 당사자에게 돌림으로써 추론하는 자신들에게는 그러한 불행이나 재난을 만날 이유가 없다는 위안과 방어를 확보하고자 하는 무의식적인 심리적 전략에 의한 것으로 해석해서 붙여진 것이다. 이러한 방어적으로 귀인시키는 사람은 자신만 재난이나 불행의 원인을 제공하지 않으면 괜찮을 것이라는 자위를 얻을 수 있다. 그러나 이러한 방어기제의 특징이 바로 무의식적이고, 현실을 왜곡시키는 것이므로 무의식적인 방어적 귀인을 사용하는 사람들은 자기지각이나 타인지각을 불안으로부터 자신을 보호하고 방어할 수 있는 안전한 편으로만 왜곡시킨다. 그래서 이들은 보통, 희생자들을 비난할 때 희생자의 무능이나 아둔함이나 어리석음, 또는 게으름 등의 부정적인 특성들 때문에 재난이나 불행을 자초한 것으로 그들에게 근거 없이 일방적으로 그 원인을 전가시키는 것이다.

8. 후광효과

어떤 사람을 좋게 보면 그 사람의 모든 것을 호의적으로 보는 경향이 있다. 이것을 **후광효과**(halo effect)라 한다. 예컨대, 상수는 성호가 자신을 잘 대해 주어서 성호를 좋아한다. 그래서 상수는 성호를 좋아하기 때문에 또한 그를 착하고 정직한 사람으로 생각하고 있다. 확인해 보지는 않았지만 그냥 그럴 것이라고 단순하게 그렇게 믿고 있는 것이다. 그런데 자기를 잘 대해주는 사람이라고 해서 그가 반드시 착하거나 정직하다고 할 수 있는가? 이처럼 성격특성들 간의 관련성 유추에 논리적 오류가 포함될 수 있다. 후광효과에 영향을 받은 지각이 긍정적이냐 혹은 부정적이냐에 따라서 사람에게 유익을 줄 수도 있고 해나 불이익을 줄 수도 있다.

반대로 자기가 싫어하는 사람은 좋은 일을 할 수 없는 사람으로 보는 악마효과(devil effect)도 있다.

9. 편견

여기서 편견(prejudice)이란 특정 집단 성원들에 대한 고정관념화된 부정적인 태도를 말한다.

우리는 인종, 종족, 남녀, 종교, 나이, 혹은 세대, 직업 및 사회적 지위, 그리고 계층집단에 속하는 사람들을 대하는 태도에서 단정적인 고정관념화된 편견을 가지고 있음을 새삼 발견하곤 한다. 이런 편견은 특정 집단에 속해 있다 하더라도 그 한 개인만이 가질 수 있는 특성들을 객관적으로 볼 수 없게 하는 타인지각 오류의 원인으로 작용한다. 이러한 편견을 갖게 하고 조장(助長)하는 주요 원인들은 다음과 같다.

1) 고정관념

편견적인 태도를 계속 유지하게 하는 데 가장 큰 역할을 하는 특성이 고정관념이다. 고정관념은 융통성을 제한하기 때문에 편견으로 인한 인지적 왜곡을 바로 잡을 수 있는 관점의 변화를 불가능하게 한다.

2) 내부 귀인, 즉 기본적 귀인오류

편견의 대상이 될 만한 이유 혹은 원인이 편견으로 취급당하는 당사자 내부에 있다고 하여 그 원인을 당사자 내부로 돌린다. 내부 귀인이라 한다. 혹은 기본적 귀인이라고도 한다. 예컨대, 흑인은 백인보다 열등하다는 편견은 흑인은 본래 게으르고 지능이 낮은 인종이기 때문이라고 하는 편파적인 내부 귀인추론에 근거하고 있다.

3) 권위주의적 성격

권위주의적 성격을 지닌 사람들이 편견을 보인다. Adorno, Frenkel-Brunswik, Levin, & Sanford(1950)는 자신과 다르게 지각되는 집단과 그 집단에 소속한 사람들에 대해서는 편견을 보이는 경향성을 확인했다. 이러한 성격 유형의 사람들은 관습적 견해들을 지니고 있으며, 권위인물에 복종하고, 관습적인 행동기준에 위배되는 사람들에 대해서는 벌하는 태도를 보인다. Adorno 등은 이러한 성격특성들의 무리를 권위주의적 성격(authoritarian personality)이라 명명했다. 여러 연구들이 이를 뒷받침하고 있다(Weiten & Lloyd, 2000). **권위주의적 성격의 사람들**은 “세상은 위험하고, 늘 경계심을 갖고 살아가야 하는 적대적인 곳”이라고 믿는 부모로부터 학습된 두려움을 가지고 있다고 한다(Altemeyer, 1988). 그래서 사회변화에 대해서 지나치게 위협을 느낀다.

4) 개인 및 집단 간의 경쟁

개인 및 집단 간의 경쟁이 편견을 지속하게 하는 중요한 원인으로 작용한다. 한정되어 있는 직장이나 다른 중요한 자원들의 결핍은 사회적 집단 간에 그리고 개인 간에 경쟁심을 높이고, 지위 상실에 대한 두려움으로 위협을 느끼게 된다. 이러한 위협에 대한 두려움은 희생양을 찾게 되고, 그 희생양에 대하여 편견을 갖게 된다. 예컨대, 흑인에 대한 편견은 경제적 수단이 별로 많지 않은 백인들에 의해 유지되고 있다고 한다(Pettegrew, 1978; Weiten & Lloyd, 2000).

5) 사회적 정체감의 위협

사회적 정체감에 대한 위협도 편견을 조장할 수 있다. 한 개인은 **개인적 정체감**을 가지고 있다. 사회적 정체감(social identity)이란 개인이 속한 집단(예컨대, 국가, 종교, 전공, 직업 등)의 구성원의식에 기초를 두고 있는 집합적 자아(collective self)로서 그 집단의 지위, 역할, 활동의 방향성 등에 관한 인식으로서 분명한 자기정의를 말한다. 이처럼 자기가 속한 집단의 지위, 역할 및 활동의 방향성에 대한 손상 또는 손실위기는 그 개인의 사회적 정체감을 위협하게 된다. 이러한 사회적 정체감에 대한 위협은 그 집단원의 개인적 및 집단적 자존감(collective esteem)을 손상시킨다. 자존감에 손상을 받는 집단원은 내집단 편애(ingroup favoritism)와 외집단 폄하(outgroup derogation)라는 두 가지 방식으로 편견(偏見)을 조장하는 반응행동을 취한다.

사람들은 자신과 비슷한 사람들을 내집단, 즉 '우리'로 지각하고, 자신과 유사하지 않은 사람들은 외집단, 즉 '그들'로 지각한다. 그러니까 **내집단 편애**란 자신과 비슷한 사람들, 즉 같은 집단 혹은 같은 무리에 속한다고 생각되는 사람들에게는 취업이나 기타 유익한 기회들을 더 많이 개방하거나 그들의 행동을 더 좋게 평가하는 경향성을 말하고, 반면에 **외집단 폄하**란 자신과 다르게 지각되는 '그들'에 대해서는 폄하하여 무시하고, 함부로 대하는 경향성을 말한다. 내집단의 '우리'에 강하게 집착해서 동일시하는 사람들일수록 외집단의 '그들'에 대한 폄하도 그만큼 강해지는 경향이 있다(Weiten & Lloyd, 2000).

개인적 정체감에 대해 위협을 느끼는 사람은 개인적 성취를 통해서 그리고 사회적 정체감에 대해 위협을 느끼는 사람들은 내집단 편애와 외집단 폄하를 통해서 자존심(pride)을 회복하고자 한다.

이상과 같은 지각에 영향을 미치는 요인들은 우리들의 타인지각에 있어서 오류, 즉 부정확성을 가져오게 하는 원인들로 작용하는 것으로 보인다.

Ⅲ. 타인지각 개선

우리가 앞 절에서 타인지각(혹은 대인지각)의 오류원천을 살펴보는 과정에서 짐작할 수 있었던 것처럼 우리가 사실 있는 그대로 지각하지 못하는 지각의 부정확성은 흔히 있을 수 있는 일이지만 그것은 대인의사소통의 과정에서 대화나 인간관계의 성질을 결정하는 데 매우 중요한 요인으로 작용한다. 지각의 개선, 특히 타인지각의 개선 노력은 좋은 인간관계를 맺고 유지할 수 있는 유능한 대화자가 되는 첫걸음이라 할 수 있다.

다음에 자신의 지각의 타당성을 점검해 볼 수 있고, 상대방에 대한 보다 실제적인 인상형성을 도울 수 있는 5가지 지침들을 기술해 본다(이형득, 1982; Verderber & Verderber, 1989).

1. 타인지각 개선을 위한 5가지 지침

1) 자신의 지각이 정말 정확한지에 대해서 스스로 의문을 제기해 본다.

우리는, 사람들이 자신이 본 것이 정확하다는 것을 다른 사람들에게 확신시키기 위해서 "내가 거기 있었기 때문에 내가 봐서 잘 안다"라고 주장하는 것을 흔히 본다. 이처럼 자신들의 지각이 틀림이 없음을 강조함으로써 자신의 지각의 정확성에 대해서 되돌아 볼 여유를 철저하게 차단하려 한다. 그러나 우리는 지각의 과정에서 외적 혹은 내적인 여러 가지 이유로 지각의 오류를 범할 수 있는 가능성은 언제나 존재하기 때문에 자신의 지각의 정확성을 확인해 보기 위해서 스스로 의문을 제기해 보는 여유를 가질 필요가 있다.

적어도 자신의 지각에 대한 정확성에 대해서 정직하게 의문을 제기해 볼 수 있으려면, 다음과 같은 생각의 문을 열 수 있을 때 가능하다. 즉, '내가 알고 있는 것은 다만 내가 보고, 듣고, 맛보고, 냄새 맡고, 혹은 느꼈다고 생각하고 있는 것이다. 그러나 내가 잘못 지각할 수도 있을 것이다. 정말 내가 본 것이 정확한 것인지 어떤지를 알아볼 수 있는 다른 방법은 없을까?'라는 생각을 할 수 있게 되고, 또 그 필요성을 인정할 수 있을 때 시작되는 것이다. 다시 말해서 자신의 오류 가능성을 수용할 수 있을 때 정확성을 확인하는 데 필요한 증거들을 찾아보는 노력을 시작하게 될 것이다. 더구나 지각의 정확성이 절실하게 요구되는 상황에서는 재확인해 보는 시간을 갖는 것은 더 큰 의미를 갖게 된다.

2) 당신은 자신의 지각의 정확성을 보증할 수 있는 보다 많은 정보를 수집하려고 노력하는가?

우리가 지각한 정보에 따라 어떤 결론을 내리게 되면, 우리는 그 결론에 따라 행동하게 된다. 만약 상대방에 대한 지각이 단지 한 두 가지 정보에만 근거한 것이라면 그 상대방의 인상이나 행도에 대하여 어떤 단정적인 결론을 내리기 전에 더 많은 정보들을 수집해서 현재 당신의 상대방에 대한 지각이 더 보완되어야 할 잠정적인 것인지, 혹은 어떤 것인지를 확인해 볼 필요가 있다. 보완 자료 수집을 위한 의식적인 노력이 필요하다. 특별히 서로 상처를 줄 수 있는 대인관계에서 더욱 그러하다.

3) 상대방, 즉 당신의 지각대상자와 직접 대화해 보라.

우리가 조금만 더 객관적인 입장에서 살펴보면, 사람들이 다른 사람으로부터 전해들은 말을 마치 그 사람을 만나서 직접 들은 이야기인 것처럼 확신을 갖고, 그 말을 근거로 해서 사람을 단정적으로 욕하거나 판단하는 경우를 흔히 볼 수 있다. 상대방에 대해서 욕을 하거나 험담할 때는 그 정보의 진위를 따져 볼 여유를 가지지 못하고, 보다 더 단정적인 것 같다. 그 이유 가운데 하나는 자신에 관한 이야기나 다른 사람을 칭찬할 때보다 다른 사람을 욕하거나 험담할 때 더 신나하는 투사방어기제(projection)의 심리작용 때문이 아닌가 싶다.

아무튼 우리는 부정확하고 사실이 아닌 정보를 분별해서 오해와 문제로부터 보다 자유로워지기 위해서 상대방의 이야기를 분별해서 듣고, 말하는 여유 있는 마음가짐과 실천이 필요하다.

만약 당신이 다른 사람의 이야기를 통한 간접적이니 한두 가지 정도의 정보만으로 성급하게 상대방을 지각하고 판단하려 한다는 느낌이 들 때, 당신의 지각을 잠정적인 것으로 유보해 두고, 그 당사자와 직접 대화를 시도해 보라. 대화하는 과정에서 상대방을 보다 더 정확하게 잘 알 수 있게 될 것이다.

그런데 우리들은 대화의 과정에서 흔히 다른 사람의 메시지 내용을 정확하게 이해하지 못했거나 잘못 이해했기 때문에 의사소통에서 문제가 야기되는 것을 종종 본다. 그러므로 대화의 과정에서 상대방의 의사를 확인해 볼 필요가 있다. 그래서 인간관계 훈련에서 "의사확인 기법 훈련"과정이 포함된다. 의사확인(意思確認)이란 상대방이 전달하고자 하는 생각, 정보 또는 의견을 그가 의도하는 바대로 내가 정확하게 이해하고 있는가에 대하여 확인해 보는 방법이다(* 의사확인 방법의 예는 이 책의 제6장 IV절 의사소통의 기초적 기법의 훈련을 참조하라). 의사확인 기법의 훈련은 당신의 지각의 정확성과 의사소통의 개선에 도움을 줄 것이다.

4) 우리들에게 지금까지 저장되어 있는 지각내용들 가운데는 시간이 흐르면서 우연히 개선되는 것도 있고, 개선을 시도해야 할 것들도 있다.

우연한 어떤 경험들 때문에 한 번 잘못된 지각은 상대방에 대한 오해로 계속해서 지각오류를 범하게 될 때도 있다. 필자가 대학 조교 시절에 이런 경험을 한 적이 있다. 새로 부임한 젊은 교수님이 계셨다. 캠퍼스에서 자주 지나치면서 몇 번 만나게 되어 나에게는 안면이 있는 분이어서 인사를 했는데 상대방은 모르는 척 그냥 지나쳐 가버렸다. 무안해서 얼굴이 뜨거워지고 상대방이 거만하다는 생각이 들면서 다시는 아는 체하지 말아야지 하는 결심을 했다. 그 다음부터는 그 사람을 볼 때마다 그 사람의 행동이 거만하게 보이거나 예의 없는 사람으로 지각되었다. 그런데 우연히 어떤 기회가 되어 그 분과 함께 자주 대면하게 되고, 사적인 대화도 나눌 수 있는 기회를 갖게 되었다. 그때, 그 분은 거만하지 않고, 오히려 따뜻하고 진솔한 인간미를 느끼게 하는 전혀 다른 분임을 알게 되었다. 새롭게 지각되었다. 오히려 내가 사람을 잘못 봤구나 하는 생각을 하게 되었다. 그 교수님은 문학평론가이셨고, 길을 가면서도 사색에 잠겨 걷다 보니 가깝게 지나쳐 가면서도 지나가는 사람에게 별 관심을 기울이지 않고 지나치는 습관이 있었다는 사실을 알게 되었다. 거기다가 난시를 겸한 두꺼운 안경을 쓰고 있었다. 그리 멀지 않은 지척에서 그 안경을 쓴 눈이 마주치는 것 같은데 그냥 지나쳐가니까 나에게는 보고도 무시하는 느낌을 갖게 한 것이다. 내가 가진 지각의 성격적 특성 때문에 오해한 것이었다.

흔히 사람들은 오래 묵은 불완전한 정보에 기초된 것임에도 불구하고 기존의 지각에 안주하는 경향이 있다. 설령 그것이 잘못된 것이라 할지라도 변화시키기보다는 그대로 있는 것이 더 쉬운 것 같기도 하다. 그러나 묵은, 부정확한 정보에 기초한 당신의 의사소통은 당신의 지각을 개선하고자 하는 노력보다 더 많은 대가를 치르게 할지도 모른다.

우리는 이미 형성되어 있는 우리의 지각의 틀을 언제나 새롭게 조절, 변화시킬 수 있는 여지의 문을 열어 둘 필요가 있다. 한 번 형성된 지각의 틀의 변경을 기꺼이 시도해 볼 필요가 있다. 스스로 지각을 변화시키고자 하는 의지가 필요하다. 이러한 의지란 보다 다양하고 많은 정보에 기초해서 상대방을 있는 그대로 지각할 수 있기 위해서 다른 여러 시기에, 또 여러 경우와 상황에서 상대방의 행동을 객관적으로 관찰하고자 지속적으로 노력하는 것을 의미한다.

5) 어떤 사람에 대한 지각에 따라 즉각 반응하기 전에 바로 그 지각에 대해 확인해 보자.

당신은, 당신의 비언어적 행동단서들에 대하여 다른 사람들이 파악한 의미가 정확할 것으로 믿는가? 어떻게 확신할 수 있는가? 당신은 다른 사람의 행동에 대한 지각에 따라 즉각 반응행동을 나타내기 전에 당신의 지각이 정확한가를 다시 한 번 확인(지각확인)해 볼 필요가 있다. 여기서 제안하는 지각확인의 방법은 상대방의 비언어적 단서들이 나타내고 있는 의미를 당신이 이해한 바대로 말로 표현해 보는 방식을 말한다. 이때 중요한 것은 상대방의 느낌이나 경험을 가치판단하지 않고 있는 그대로 말로 표현해야 한다는 것이다. 예를 들면, 다음과 같다.

당신이 느끼기에 상대방이 화난 얼굴로 보인다(혹은 지각된다)면:
지각확인: “지금 당신의 모습이 제게 화난 것 같이 보입니다. 그렇습니까?”

어떤 사람들은 그들이 생각하고 있거나 느끼고 있는 것을 말하지 않을 때가 있고, 또한 때로는 그들이 말한다 해도 말하는 것과 그들이 보내고 있는 비언어적 메시지가 서로 맞지 않는다는 느낌이 들 때가 있어서 말을 듣는 사람으로서 우리는 말과 행위들을 함께 해석해보아야만 할 때가 있다. 그러므로 우리가 이해하고 해석한 바를 맞게 이해하고 해석했는가를 검토, 확인해 볼 필요성이 있는 것이다.

2. 타인지각 분석 연습

1) 혼자 연습하기

(1) 다음의 상황들에 대한 당신의 지각확인 반응들을 바로 앞 절의 지각확인의 예를 참고하여 적절한 말로 표현해 보세요.

① 은진이가 책들을 마루에 내던지면서 자기 방으로 뛰어 들어가서는 두 손으로 머리를 감싸 쥐고 책상에 앉는다.

② 동욱이는 창백한 얼굴로 병원으로부터 돌아와서는 어깨가 축 쳐져 있다. 절망적인 눈으로 당신을 흘긋 보면서 어깨를 들먹인다.

③ 당신이 성수한테 빌린 책을 돌려 줄 때 당신은 웃으면서 “책 여기 있어”라고 말한다. 성수는 얼굴이 굳어지면서 책을 받아 쥐고서는 휑하니 가버렸다.

④ 이제까지 당신의 지도교수는 당신에게 다음번의 계획을 의논하기 위해서는 어

느 때든 좋다고 말해왔다. 그래서 당신이 그에게 수요일 오후 4시가 좋겠다고 말했는데 그는 잠시 멈칫하면서 당황한 언짢은 얼굴로 고개를 끄덕였다.

(2) 바로 앞 절의 서두에서 논의된 효과적인 지각확인을 위한 다섯 가지 지침들과 당신이 문자로 쓴 지각반응들을 비교해 보세요. 당신의 반응들을 비교해 보세요. 당신의 반응들을 개선할 필요가 있으면 수정하십시오. 그런 다음에 그것들을 소리 내어 말해 보십시오. 자연스럽게 들립니까? 아니면, 그렇게 될 때까지 수정해 보십시오.

2) 집단활동

(1) 세 사람이 한 팀이 되어 두 사람은 역할연기를 하고 한 사람은 관찰하도록 한다.

(2) 대화 동안에 A는 의도적으로 자신의 감정들에 대한 여러 가지 비언어적 단서들을 나타내게 한다.

(3) B는 A의 행동에 대한 자신의 지각이 정확한지 어떤지를 결정하기 위해 지각을 확인하게 한다.

(4) 이 활동이 끝나면 C는 자신이 관찰한 행동들에 관해서 논의하고, B의 지각확인내용의 효율성에 대한 분석을 발표한다. 이 연습은 세 사람 모두 A, B, 그리고 C의 역할을 한 번씩 해볼 수 있게 계속한다.

(5) 이 연습을 마치면 집단참여자들 모두가 지각확인 기술이 의사소통의 정확성에 어떻게 영향을 미치는가에 관해서 토의해 본다.

인 간 관 계 론

Human Relations

제 4 장

인간관계와 대인의사소통

제1장에서 우리는 인간관계를, 의미 있는 메시지를 주고받는 두 사람 이상의 사람들 간에 일어나는 상응작용적(相應作用的) 대인의사소통(interpersonal communication)의 과정으로 기술한 바 있다. 이러한 인간관계의 기술은, 대인의사소통의 이해는 인간관계 이해의 기본이며, 의사소통의 훈련을 통해서 인간관계의 개선이 가능함을 시사하고 있다. 실제로 많은 인간관계 훈련 프로그램들이 의사소통 훈련 프로그램들이다.

이 장에서는 인간관계의 이해와 개선의 기초가 되는 ① 대인의사소통의 정의와 차원 및 기능, ② 대인의사소통의 구성요소와 모형, ③ 대인의사소통의 내적 체계와 외적 체계, 그리고 ④ 개인 내 의사소통과 대인 간 의사소통에 관해서 살펴보기로 한다.

Ⅰ. 대인의사소통의 정의와 차원 및 기능

1. 대인의사소통의 정의

이 책의 제1장에서 의사소통의 관점들, 즉 ① 일방작용적 관점, ② 상호작용적 관점 그리고 ③ 상응작용적 관점 등 세 가지 관점들 중에서 상응작용적 관점에서 대인의사소통을 "송신자와 수신자가 상응작용 과정에서 의미를 생성, 진화해가는 일련의 나선적, 체계적 대화의 과정"으로 정의한 바 있다.

의사소통을 '상응작용'으로 보는 관점이 강조하고자 하는 것은, 우리가 의사소통 과정에서 주고받는 메시지를 충분하고 정확하게 이해하기 위해서는 단순히 직선적 인과작용(因果作用)으로 주고받는 것 이상으로 의사소통의 과정에 관련되고 있는 여러 가지 요소들의 복합적인 상호작용의 결과로서 생성되는 의미를 볼 수 있어야 한다는 것이다.

이러한 상응작용적 관점에서는 대인의사소통을 상호 관련적이고 의존적인 관련요소들로 구성되는 하나의 전체적인 체계(an entire system)로 본다. 하나의 전체적인 체계로 보는 의사소통의 관점은 의사소통의 과정에서 사용되는 단어, 제스처, 상황이나 혹은 참여자의 지각된 태도 등과 같은 개별적인 요소들만 아니고, 그 요소들이 함께 어울려 작용하고 있는 의사소통의 요소들의 유기적인 작용관계를 파악할 수 있어야만 한다는 점을 강조한다.

2. 대인의사소통의 두 차원: 내용과 관계성

대인의사소통은 내용(內容)과 관계성(關係性)이라는 두 차원을 포함하고 있다(Simons, Kalichman, & Santrock, 1994). 예컨대, 교사가 학생에게 "너는 최선을 다 하고 있는 것 같지 않아!"라고 말할 때, 이 메시지에서 '학생이 최선을 다 하고 있지 않다'고 하는 교사의 신념은 의사소통의 **내용 차원**이라 할 수 있고, 다른 한편 이때, 학생과의 관계상황에서 선생님으로서 교사의 지위와 권력(power) 행사는 의사사소통의 **관계성 차원**이라 할 수 있다. 의사소통과정에서 학생과 교사 간의 지위와 권력행사 차이가 관계성에 미치는 효력은, 앞서와 같은 진술을 만약 학생이 교사에게 했다고 상상해 보면 아주 분명해진다. 그것은 학생과 교사 간의 정상적인 관계성을 파괴하는 것이 되고, 문제를 낳게 된다.

따라서 대인의사소통에 있어서 관계성 차원은 매우 중요한 의미를 지니고 있다. 많은 인간관계의 문제들은 말하는 내용(내용차원) 때문에 일어나는 것이라기보다는 오히려 말하는 방식에 내포되어 있는 자세나 힘(power)의 행사로 인한 **관계성 차원**에서 일어나는 것으로 보인다. 이러한 관점은 인간관계 및 의사소통 개선의 실제 방향과 내용을 암시해 준다.

3. 대인의사소통의 기능

대인의사소통의 기능을 ① 심리적 기능, ② 사회적 기능, 그리고 ③ 의사결정의 기능으로 나누어 볼 수 있다(Verderber & Verderber, 1989).

1) 심리적 기능

우리는 음식, 물, 거처할 집을 필요로 하듯이 사람들을 만나고 함께 이야기를 나누는 것을 필요로 한다. 대인의사소통을 통해서 우리는 여러 가지 심리적 욕구들을 충족시킨다.

대인의사소통의 과정은 일상생활에서 다른 사람들과 접촉할 수 있는 통로 역할을 한다. 다른 사람들과의 만남에서 서로 보고, 말하고 행동하는 등 여러 가지 반응들과 상호작용들을 통해서 상대방을 알고, 또 자신을 볼 수 있는 거울과 같은 기능을 가지고 있다.

우리는 대인의사소통을 통해서 내가 누구이며, 내가 어떤 상태에 있으며, 지금 내가 무엇을 하고 있으며, 또한 내가 어떻게 느끼고 있는가를 자각(自覺)하기도 한다. 그래서 내가 어떤 사람인가를 알게 된다. 자신의 자아개념과 정체감을 수립하고 확인하게 된다. 자기정체감을 형성하고, 또한 유지하게 된다.

2) 사회적 기능

대인의사소통은 우리들로 하여금 인간관계를 맺고, 발전시키는 주요 매개 역할을 한다. 우리는 알지 못하는 사람을 만나서 그들과 함께 대화를 통해서 알게 된다. 이러한 첫 만남에서 갖는 대화의 결과에 따라서 그냥 알고 지내는 관계로 든지 혹은 보다 더욱 친밀한 관계로 발전하기도 한다. 이것이 우리들의 삶의 과정에서 대인의사소통이 갖는 중요성을 말해주고 있는 것이다. 또한 사회적 의무감을 실천할 수 있게 한다.

사회적 의무감(social obligation)이라고 하는 것은 우리가 사람들을 만나게 되면 잘 아는 사람이든 처음 만나는 사람이든 무슨 말이라도 건네야 할 것 같은 의무감 같은 것을 느끼게 되는 것을 말한다. 그래서 우리는 아는 사람들을 만나면 말을 걸거나 인사를 하게 된다. 기차를 타고 여행 중 옆 자리의 생전 처음 보는 승객인데도 무슨 말이라도 해야 할 것 같은 의무감을 느끼기도 한다. 말없이 그냥 앉아 있기에는 멋쩍고 답답함을 느낄 때가 있다. 대인의사소통은 이러한 사회적 의무감의 실천을 가능하게 하는 것이다.

3) 의사결정의 기능

인간은 사회적인 동물임과 동시에 순간순간마다 의사결정을 통해 행동하는 존재이다. 우리는 오늘 아침에만 해도 원하든 원하지 않든 간에, 지금 당장 일어날 것인가? 좀 더 누웠다 일어날 것인가? 아침식사를 할 것인가 말 것인가? 수업에 들어갈 것인가 말 것인가? 등을 비롯해서 이미 수많은 결정의 과정들을 거쳐서 지금 여기에 있게 된 것이다. 이런 의사결정들 가운데 어떤 것은 혼자서 해야 할 것들이 있는가 하면, 반면에 어떤 것들은 한 사람 혹은 그 이상의 사람들과 의논해서 결정해야 할 것들이 있다. 이러한 의사결정을 가능하게 하는 것이 수많은 정보를 주고받는 대인의사소통의 과정이다. 또한 대인의사소통은 관련된 사람들의 의사결정에도 영향을 미치기도 한다.

4. 의사소통 기능 분석 연습

최근에 있었던 혹은 생생하게 기억되고 있는 누군가와 나누었던 대화내용을 가능한 한 여러 개를 기록하라. 각각의 내용을 심리적, 사회적, 그리고 의사결정적 기능 중 어느 것에 속하는 것인지 분석해 본다. 개개의 대화내용은 한 가지 기능 이상을 가질 수도 있다. 분석결과를 소집단이나 혹은 학급에서 발표하고 토론해 본다.

Ⅱ. 대인의사소통의 구성요소와 모형

1. 대인의사소통의 구성요소

Verderber와 Verderber(2004)에 의하면, 대인의사소통의 과정을 구성하는 주된 요소들을 ① 참여자, ② 맥락(관계상황), ③ 메시지, ④ 메시지 전달채널, ⑤ 소음, ⑥ 피드백, 그리고 ⑦ 규칙 등의 일곱 가지를 들 수 있다. 이 책에서는 피드백을 ③번의 메시지에 피드백 메시지로 포함시켜서 여섯 가지로 나누어 Sereno와 Bodaken(1975), 그리고 Weiten과 Lloyd(2000)를 참고하여 설명한다.

1) 참여자: 송신자와 수신자

참여자는 의사소통에 참여하고 있는 송신자와 수신자를 말한다. 일반적으로 송신자는 메시지를 보내는 사람으로 의사소통을 시작하는 사람을 말하고, 수신자는 메시지를 받는 사람으로서 메시지를 받는 표적이 되고 있는 사람을 말한다.

그런데 좀 더 자세히 살펴보면, 대화의 과정에서 송신자나 수신자가 동시에 서로 상대방을 보고 들으면서 말하고 있음을 발견할 수 있다. 그러므로 의사소통에 참여하고 있는 두 사람은 동시에 송신자가 되고 있음을 알 수 있다.

의사소통과정에 참여하고 있는 개개인은 자신의 경험, 욕구, 태도 및 성격, 그리고 가치관 등을 기초로 해서 언어적 상징들과 비언어적 행동으로 상응작용을 한다. 여기서 참여자들의 경험, 욕구, 태도, 성격, 가치관 등은 대인의사소통을 구성하는 내적 체계(internal system)의 요소들이고, 언어적 상징들과 비언어적 행동들은 외적 체계(external system)의 요소들이다. 이러한 요소들이 송신자와 수신자 양자의 상응작용적 의사소통 과정에서 의미 생성에 영향을 미치는 중요한 요인들로 작용한다.

이렇게 의미 생성의 과정을 거치면서 형성된 메시지의 성질과 그것에 내포되어 있는 의미에 대한 공감적 이해는 효율적인 의사소통에 있어서 필수적인 요건이다. 내적 혹은 외적 체계에 관해서는 다음의 절에서 좀 더 자세히 알아보기로 한다.

2) 맥 락

모든 대인의사소통은 그 의사소통이 일어나고 있는 물리적 장소를 포함하는 여러 가지 환경적 요인들의 맥락(context)에서 일어난다. **물리적, 역사적, 심리적**, 그리고 **사회문화적** 배경의 맥락을 들 수 있다. 이와 같은 대인의사소통의 한 구성요소로서 맥락은 참여자들의 기대와 참여자들이 수신하는 메시지의 의미, 그리고 이에 대한 그들의 반응행동에 영향을 미친다.

(1) 물리적 맥락

대인의사소통이 이루어지고 있는 물리적 맥락(physical context)에는 의사소통이 일어나고 있는 물리적 장소의 여러 가지 조건들(예컨대, 온도, 조명, 소음 등), 하루 중의 어느 때(시간 대), 송신자와 수신자 간의 물리적 거리, 그리고 좌석의 배치상황 등이 포함된다. 이러한 요소들이 의사소통의 과정에 영향을 미친다. 참여자들의 이러한 관계상황의 맥락에 대한 이해는 어떤 행동과 메시지가 그 상황에 적합한 것인가를 알 수 있게 돕고, 그래서 참여자들로 하여금 상황에 따라 적합한 대화방식을 선택할 수 있게 돕는다. 물리적 환경의 조건에 따라서 의사소통의 과정에서 말소리의 크기, 주제, 대화의 목표 등이 다를 수 있기 때문이다. 물리적 맥락은 참여자들에 의해 받아들여지는 기대와 의미에도 영향을 미친다. 예컨대, 사람들이 붐비고 시끄러운 식당에서 대화하는가? 우아하고 조용한 장소에서 대화하는가? 혹은 직접 대면해서 하느냐, 전화로 하느냐가 대화의 형식이나 내용 및 시간에 영향을 미친다는 사실을 우리는 쉽게 이해할 수 있다.

(2) 역사적 맥락

대인의사소통에 영향을 미치는 중요한 요소로서 참여자들, 즉 송신자와 수신자 간의 의사소통의 전력(前歷), 즉 역사적 맥락(historical context)을 들 수 있다. 참여자 간의 앞서 있었던 의사소통(대화)의 전력은 그 뒤에 따르는 의사소통의 유형이나 의미에 중요하게 영향을 미친다. 그러므로 그 전력에 대한 인지 여부와 이해는 그 위에 따르는 대화의 유형과 의미를 이해하는 데 필수적인 단서가 된다.

예컨대, 직장에서 한 부서에서 함께 일하고 있는 준호가 아침에 동료친구인 경수를 만났을 때 "우리가 맡아서 하기로 한 보고서 초안을 내가 한 번 만들어 볼게."라고 말했다. 오후에 경수가 사무실에서 준호를 만났다. 경수가 "너 '그것' 다 됐니?" 하고 준호에게 물었다. 이때 옆에서 듣고 있는 다른 동료들은 그들이 지금 서로 무슨 말을 하고 있는지 잘 이해할 수 없다. 그러나 준호는 "그래, '그것' 내 책상 위에 있어."라고 잘 응답한다. 물론 '그것'은 준호가 초안을 만들어 보겠다고 한 '보고서'를 말한다. 준호와 경수가 '그것'이 무엇인가를 서로 잘 이해하면서 대화를 진행할 수 있는 것은 아침에 그들이 만나서 한 대화의 전력이 있기 때문이다. 준호와 경수 간에 오후에 이어진 앞뒤가 생략된 대화형식도 그들의 의사소통의 전력에 기초하고 있음을 알 수 있다.

(3) 심리적 맥락

여기서 심리적 맥락(psychological context)이란 진행되고 있는 의사소통 과정에서 그들이 대화하고 있는 상대방을 어떻게 지각하고, 또한 자기 자신에 관해서는 어떻게 지각하고 있는가? 혹은 행복한가? 스트레스를 받고 있는가? 등의 심리적 상태에 관한 것이다.

이것은 함께 나누고 있는 대화의 의미에 중요하게 영향을 미치게 마련이다. 한 예를 들어보자. 대학교수인, 아내 지영 씨는 지치고 피곤한 하루를 보냈다. 연구 프로젝트를 수행하기 위해 고용한 보조원이 보고서를 아직 완성하지 못해서 이제는 자기가 직접 작성해야만 할 형편이 되었다. 게다가 내일까지 강연원고도 만들어 보내야 한다. 함께 집으로 가면서 이런 이야기를 아무 말 없이 듣고 있던 남편이 "당신 타자 빨리 치는 연습 좀 해야겠네!"라고 하고서는 아파트 계단을 뛰어올라 가버린다. 비록 그 말이 장난기 있는 말이라 해도 지영 씨는 평상시에 잘 보이던 유머감을 잃어버리고 화를 낼지도 모른다. 지치고 피곤함이 겹쳐 한꺼번에 닥친 일거리들로 코너에 몰린 듯 스트레스가 남편과 대화과정에 심리적 맥락의 한 부분으로 끼어들어 약을 올리는 부정적인 영향력으로 작용했기 때문이다.

(4) 사회문화적 맥락

사회적 맥락(social context)이란 의사소통 참여자들 간에 이미 맺어져 있는 관계성의 유형을 말한다. 참여자들이 교사와 학생관계냐, 가족관계냐, 친구간이냐, 혹은 친지, 직장동료, 혹은 처음 만난 낯선 사람들 간인가? 등 어떤 관계에서 의사소통이 일어나느냐가 그 의사소통의 성질을 결정하는 중요한 요인이 됨은 두 말할 나위가 없다. 또한 참여자의 개인의 배경을 이루고 있는 가치관, 신념, 태도, 사회계층, 종교, 시간관념 등도 문화적 맥락으로서 의사소통의 과정에서 그 의미와 형식과 내용에 중요하게 영향을 미친다.

많은 경우에 의사소통의 과정에서 관계상황을 형성하는 물리적, 역사적, 심리적, 사회문화적 요인들이 의사소통의 효율성을 감소시키거나 갈등을 유발시킬 수 있다. 예를 들면, 물리적 맥락에서 소음이 심한 대화 장소라든가, 앞선 의사소통의 전력에서 형성된 참여자들 간의 불신이나, 심리적 맥락에서 참여자들 중에 한 사람이나 혹은 양자 모두가 만성적인 분노의 감정을 갖고 있거나 혹은 사회계층 간의 갈등이나 가치관 차이 해소의 실패 등의 요인들로 비효율적인, 부적절한 의사소통을 초래할 수 있다. 그렇게 되면 그들의 대화를 통한 목표달성에 실패하게 될 것이다.

3) 메시지: 송신 메시지와 피드백 메시지

메시지는 송신자가 수신자에게 전달하고자 하는 어떤 의미 혹은 정보를 말한다. 이 의미나 정보는 메시지의 송신과 수신과정에서 동시에 조성되기도 한다. 따라서 의사소통을 구성하는 요소로서 메시지는 송신자가 보내는 메시지와 그에 대해 피드백되는 메시지가 포함된다. 이 양자의 메시지는 의사소통의 내용으로서 상대방에게 전달되는 생각이나 감정들이다.

이러한 메시지들의 전달과정에는 두 가지의 중요한 인지적 과정들이 포함되어 있다. 하나는 부호화 과정이다. 송신자(혹은 화자/話者)는 의사소통의 내용으로서 자신의 감정이나 생각들을 상징적으로 부호화하거나 변형시켜서 메시지로 조직화한다. 다른 하나는 해독과정이다. 수신자(혹은 청자/聽者)는 송신자의 메시지를 자신의 생각과 감정으로 해독하거나 번역한다. 보통 우리는 의사소통의 이러한 과정을 의식하지 못한다.

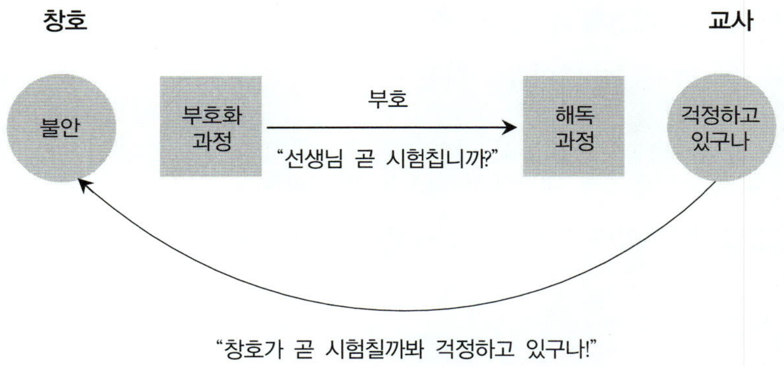

[그림 4-1] **의사소통에서 부호화와 해독과정**(Gordon, 1975)

메시지를 전달하는 주요 수단은 보통 언어(verbal)이지만 동시에 표정이나 자세, 억양 등의 비언어적(nonverbal)인 방법이 함께 사용된다. 어떤 경우에는 말없이 비언어적 방법이 주된 방법으로 사용될 때도 있다. 때로는 송신자가 언어로 전달하는 메시지와 비언어적으로 전달하는 메시지가 달라서 상대방으로 하여금 혼란과 불신을 갖게 하기도 한다. 예컨대, 말로는 "반갑습니다"라고 하지만 얼굴표정은 전혀 그렇게 보이지 않을 수도 있다. "잘 해봐라"라고 말할 때 그 억양이나 표정 혹은 자세로 봐서는 빈정대는 소리로 들릴 수도 있다. 송신자는 이렇게 하고 있는 자신을 의식하지 못하고 있을 때가 많다.

4) 채 널

메시지 전달 채널은 메시지가 전달되는 통로와 수단을 말한다. 메시지는 여러 감각적 통로를 통해서 언어적 수단(소리의 파장)과 비언어적 수단(빛의 파장)에 의해서 전달된다. 우리는 여러 개의 감각적 통로를 통해서 정보를 동시에 주고받기도 한다. 예컨대, 우리는 말을 들으면서 얼굴표정을 보고, 제스처를 관찰하고, 시선을 마주치고, 때로는 터치를 경험한다. 이러한 감각적 통로를 거쳐 전달되는 수단을 언어적인 것과 비언어적인 것으로 대별할 수 있다. 즉, 면 대(對) 면의 의사소통일 경우에는 소리(언어적 상징)와 빛(비언어적 단서들)이라고 하는 두 가지의 기본적 수단에 의한 전달 채널을 갖는 셈이다.

언어적 채널과 비언어적 채널에서 나오는 메시지들은 그 의미가 일치하기도 하고 일치하지 않을 때도 있어서 메시지의 해석이 어려울 때도 있다.

5) 소 음

소음(noise)은 의사소통 과정에서 정확한 표현이나 이해를 방해하는 모든 자극들을 말한다. 소음의 원천은 ① **개인 외적 요인으로서 환경적인 요인들**(예컨대, 길가의 자동차 소리, 크게 틀어놓은 음악소리, 사람들의 떠드는 소리), ② **개인 내적 요인들로서 신체적 요인들**(청력, 시력 등)과 심리적 요인들(좌절, 불안 등), 그리고 ③ 신성모독, 인종적 비하, 성차별적 언어 등을 예로 들 수 있는 의미론적 요인들을 들 수 있다. **의미론적 요인들**은 대화 가운데서 수신자로 하여금 보다 민감한 반응을 일으키게 하는 자극으로 작용하여 효율적인 의사소통을 방해할 수 있다. 이상과 같이 의사소통을 방해하는 자극들을 일컫는 소음을 외적 소음, 내적 소음, 그리고 의미론적 소음들로 구분할 수 있다.

의사소통의 성공은 이러한 소음들이 어느 정도 극복되느냐에 달려 있다고 말할 수 있다.

6) 규 칙

여기서 규칙이란 의사소통이 이루어지는 상황에 따라서 허용되는 언행이나 태도,

어휘 등에 관한 지침을 말한다. 예컨대, 식사시간에 대화가 허용되는 문화권이 있는가 하면, 식사만 해야 하는 문화권도 있다. 이러한 규칙들은 의사소통의 과정에 중요하게 영향을 미치는 요소로 작용한다.

2. 대인의사소통의 모형

대인의사소통의 구성요소들이 의사소통이 이루어지고 있는 과정에서 어떻게 서로 관련되는가를 Verderber와 Verderber는 다음과 같은 모형으로 나타내고 있다.

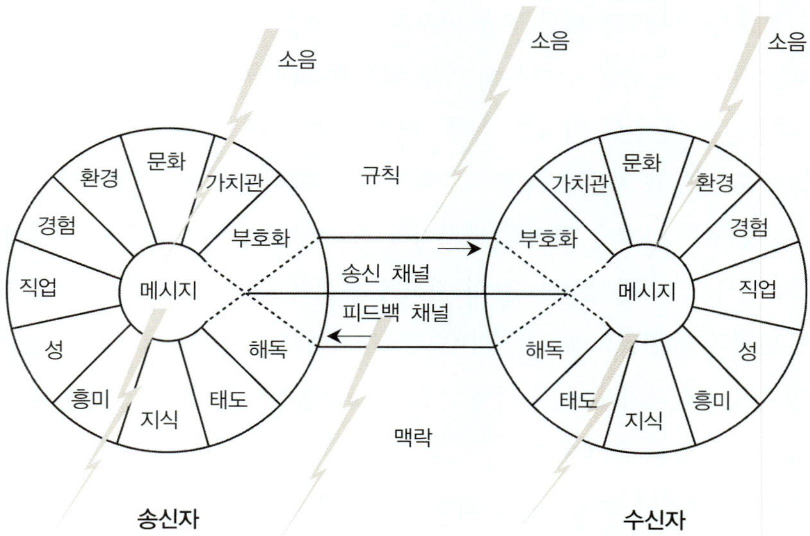

[그림 4-2] 대인의사소통의 모형

이 모형은 대인의사소통의 과정에 관련되는 구성요소들을 한눈에 볼 수 있게 요약해주고, 그 구성요소들이 어떤 상호관련 속에서 의사소통이 이루어지고 있는가를 축약해서 보여 주고 있다.

모형의 **왼쪽 원**(圓)은 **의사소통을 시작하는 송신자를 표시**하고 있다. 송신자는 자신이 상대방과 함께 나누고자 하는 생각이나 감정들을 가지고 있다. 이 감정과 생각들은 가치관, 문화, 경험, 직업 혹은 사회적 지위, 성, 흥미, 지식, 태도, 그리고 자존감 등과 같은 구체적 요인들로 기술될 수 있는 송신자의 총체적인 장(場)에 의하여 영향을 받으며 형성되고 조성되는 어떤 의미를 내포하는 메시지로 부호화된다. 즉, 생각과 감정들은 언어적 메시지와 비언어적 메시지로 부호화된다. 이 메시지는 소리(말)와 빛(비언어적 행동)의 감각기관의 통로와 수단(채널)을 통해서 상대방에게 전달된다. 모형에서 두 원 사이를 잇는 다이아몬드 바(bar)는 메시지의 전송 채널을 나타내는 것이다.

오른쪽 원(圓)은 **수신자를 나타내고** 있다. 송신자의 메시지는 송신 채널을 통해서 수신자에게 전달되어 지각되고 해독된다. 이처럼 수신자가 지각하고 해석한 의미가 송신자가 보내온 메시지에 대한 반응 메시지로 부호화되어 피드백 채널을 통해 송신자에게 피드백 된다. 이때 수신자에 의해 피드백 되는 내용과 방식은, 그 수신자의 원(圓)에 예시된 바와 같이 가치관, 문화, 환경, 경험, 직업 혹은 사회적 지위, 성, 흥미, 지식, 태도 그리고 자존감 등을 포함하는 수신자의 총체적인 장(場)에 의해 영향을 받아 결정된다. 이렇게 결정된 메시지가 송신자에 반응 메시지로 보내게 된다. 즉, 피드백 된다. 그러면 송신자는 이 피드백 메시지를 수신, 해독해서 자기가 보낸 메시지가 분명하게 전달되었는지, 어떤지를 평가해서 부호화하여 다시 피드백한다. 이런 모양으로 송신자와 수신자 간에 서로 주고받음의 피드백이 이루어지는 연속적인 과정이 의사소통의 과정이다.

다시 말해서, 이러한 의사소통의 과정은 물리적, 사회적, 역사적, 심리적, 문화적 환경들을 포함하는 **관계상황의 맥락**에서 일어나고, 이 관계상황의 맥락은 메시지의 형성에, 그리고 이해에 영향을 미친다.

또한 송신자와 수신자 간의 전체 상응작용(相應作用/transaction) 과정에서 동시에 외적, 내적 그리고 의미적 소음이 그 과정의 여러 부분에서 일어나고 있을 수 있다. 이러한 소음의 크기는 송신자와 수신자가 전달하고자 하는 의미들을 충분히 함께 공유할 수 있느냐 없느냐에까지 영향을 미칠 수 있다. 의사소통의 계속은 이러한 과정이 반복되고 있음을 의미한다.

대인의사소통의 과정에서 구성요소들이 어떻게 관련되어 작용하는지 한 예를 들어 보자(Verderber & Verderber, 2004).

김 사장은 아침 식탁에서(**물리적 맥락**), 그의 아내에게 윙크를 보내며, 웃으면서 말한다(**사회적 맥락**). "여보!(**잠재적 의미적 맥락**), 오늘밤, 우리 식사하러 밖에 나가자. 당신은 어때?"

그의 아내는 눈살을 찌푸리며 말한다. "피자나 먹으려고 또 밖에 나가자고요?" (**역사적 맥락을 가진 피드백 메시지**).

김 사장은 아내가 자신의 말의 숨은 뜻을 이해하지 못한 줄 알고(**해독**), 이를 바로 잡으려고 한다. 그는 기대감으로 신이 난 들뜬 목소리로 "내 말은 있잖아, 그 유명한 식당 '살레'에 가자는 말이야!(아내의 반응에 대한 해독에 근거하여 부호화 한 **남편의 피드백 메시지**)"

아내의 눈이 똥그래지면서 "「살레」에요!!! 당신 날 놀리고 있는 건 아니지요! 가요!!!(**아내의 피드백**)"라고 환호한다. 이제, 의사소통의 참여자인 남편과 아내 두 사람은 서로 잘 이해된 대화로 만족하게 되었다."

3. 대인의사소통의 구성요소 분석 연습

다음의 의사소통의 상황에서 참여자, 맥락, 채널, 소음 그리고 피드백의 요소들을 찾아내어 보라.

순이와 엄마는 백화점에서 쇼핑을 하고 있다. 그들은 의상가게를 지나가는 중이다. 오늘따라 순이는 특별히 아주 기분이 좋은 것 같다. 순이는 자기 마음에 드는 옷을 찾아 둘러보다가 '저 옷 정말 아름다워! 한번 입어 봤으면 좋겠다!' "입어 봐도 돼요? 엄마! 부디 입어 보라고 해요 엄마!"라고 강청을 한다. 가격을 걱정하고 있는 엄마는 어깨를 으쓱해 보이며 주저하는 눈빛으로 "글쎄다, 그래... 내 생각에는..." 하면서 선뜻 대답을 하지 못한다. 엄마가 주저하는 것을 눈치 챈 순이는 계속해서 "저거 20만원이면 되는데!" 하면서 떼를 쓴다. 그제야 순이 엄마는 여유를 찾아 웃으면서 "그래 좋아, 내가 보기에도 참 마음에 들어! 한번 입어봐라. 맞으면 사자!"라고 말한다.

Ⅲ. 대인의사소통의 체계와 개인 내·간 의사소통

대인의사소통을 참여자들의 상응작용의 과정으로서 하나의 체계로 볼 때, 의사소통을 구성하고 있는 요소들을 크게 **내적 체계**와 **외적 체계**로 나누어 볼 수 있다. 양자를 구성하고 있는 요소들이 분리할 수 없게 상호의존적으로 관련되어서 의사소통의 과정에 작용함으로써 의사소통의 시작과 종료, 질과 효율성 여부에 영향을 미친다(Sereno & Bodaken, 1975).

또한 인간관계 과정에서 의사소통은, 시작 전 후에 이루어지는 의사소통에 참여자 개인 내에서 이루어지는 내적 대화에 기초하여 개인 간 의사소통이 이루어지게 된다.

이 절에서는 의사소통의 ① 내적 체계, ② 외적 체계의 성질과 주된 요소들, 그리고 이들과 관련하여 ③ 개인 내 의사소통과 개인 간 의사소통에 관해서 살펴보기로 한다.

1. 의사소통의 내적 체계: 태도와 성격

대인의사소통의 내적 체계(internal system)에는 개인 내에 존재하는 모든 요소들이 포함된다. 이 내적 요소들은 의사소통의 상황에 참여자들의 특성들로 항상 따라다닌다. 이러한 요소들을 모두 목록으로 기록하는 것은 불가능하지만 몇 가지만 예로 들어 보면, 기억들, 희망, 태도, 두려움, 가치관, 증오, 불안, 죄의식, 분노 등 일생의 경험들이라 할 수 있는 것들이다. 특히 태도, 성격, 성, 지능, 정보, 욕구 등은 이론적으로나 연구에서 의사소통의 과정에 결정적으로 영향을 미치는 요소들로 확인되고 있다.

내적 체계의 요소들은 대인의사소통에 있어서 사적 단서들(private cues) 혹은 내적 자극들이라고도 불리고 있다. 이들은 직접 관찰될 수 없는 정신적, 심리적 과정들이고, 과거의 지각들이며, 머릿속에 있는 것들이다. 이들의 존재는 단지 개인의 행동을 관찰함으로써 추정되고, 가정되는 것들이다.

Sereno와 Bodaken(1975)은 내적 체계의 주된 요소로서 태도와 성격적 요소를 들고 있다. 이 두 요소들을 중심으로 내적 체계의 요소들이 대인의사소통의 과정에서 어떤 의미를 가지게 되는가를 좀 더 자세히 살펴보기로 하자.

1) 태도

(1) 태도의 정의와 구성요소

태도(attitude)란 어떤 대상이나 상황에 관한 비교적 지속적인 **신념의 조직 혹은 긍정적 혹은 부정적 견해**로서 개인의 반응행동 양식을 결정하는 개인이 이미 갖고 있는 하나의 경향성이라 할 수 있다(Rokeach, 1970). 여기서 말하는 어떤 대상이나 상황이란 사회문제, 집단, 관습, 제품, 그리고 사람 등을 말한다.

신념에는 서술적 신념, 평가적 신념, 규제적 신념과 같이 세 가지 종류의 신념이 있다(전병재, 1981). **서술적 신념**이란 "나는 이 겨울이 지나면 반드시 봄이 올 것으로 생각한다"는 말과 같이 진위(眞僞)의 주장을 내용으로 하는 것이고, **평가적 신념**은 "나는 이 빨간 장미가 참 아름답다고 생각한다"는 말처럼 좋아함 혹은 싫어함, 즉 호 · 불호(好不好)의 주장을 내용으로 하는 신념을 말한다. 끝으로 "나는 어른을 대할 때는 무조건 공손하게 대해야 한다고 생각한다"는 말과 같이 당위성의 주장을 내용으로 하는 신념은 **규제적 신념**이라 한다. 태도는 이 세 가지 신념들의 조직이다.

이러한 태도는 인지적, 정의적, 그리고 행동적 세 가지 요소들을 포함하고 있다. 태도의 인지적 요소는 무엇이 옳고 그른가, 또는 무엇이 좋고 나쁜가, 혹은 무엇이 바람직하고 바람직하지 못한가를 판단함에 있어서 확신의 정도를 나타내는 지식을 말한다. 정의적 요소는 신념에 따라 평가되는 대상에 대한 호 · 불호의 감정을 말하고, 행동적 요소는 대상이나 상황에 대한 호 혹은 불호의 판단이 내려지면 그 방향으로 행동을 유발하는 요소를 말한다.

(2) 태도의 기능

Katz(1960)에 의하면, 사람들은 그들의 심층에 자리 잡고 있는 심리적 동기들에 따라서 좋거나 싫음에 대한 평가 경향의 태도들을 형성하게 되고, 그 태도의 기능들을 네 가지로 기술하고 있다. ① 적응기능, ② 자아방어 기능, ③ 가치표현 기능, 그리고 ④ 지적 기능들이다. 태도의 이러한 기능들은 그 개인의 인간관계 및 의사소통의 과정에 중요하게 영향을 미친다.

① 적응기능

대부분의 태도들은 어떤 대상이나 상황에 대해 적응하고자 하는 동기유발에 의해 형성되고, 그것들에 적응하는 방향으로 기능한다.

우리는 과거에 좋았던 경험들과 일치하는 현재의 상황을 유지하거나 새로운 목표들을 성취하고자 하는 욕구들을 가진다. 그래서 이러한 우리들의 욕구를 만족시켜주는 것들을 좋아하게 되는 태도를 갖게 되고, 그것들에 대하여 호감을 가진 태도로 적응하는 반응을 보이게 되지만, 반면에 호감을 가진 상황의 유지나 목표달성을 방해하거나 실패의 원인으로 경험된 것들에 대해서는 싫어하는 반응을 보이게 된다. 예컨대, 어릴 때 입에 맞아 즐겨 먹던 음식에 대한 과거의 좋았던 미각의 경험은 지금도 그 음식을 좋아하고 즐기는 태도를 보일 수 있다. 다른 한편으로는, 현재의 영어 과목에 대해서 혐오하는 태도는 중학교 시절 영어 선생님으로부터 억울하게 당한 경험 때문일 수도 있다. 즉, 우리가 어떤 대상이나 상황에 대한 과거의 유쾌한 경험들을 최대화하거나 혹은 반대로 과거의 불쾌한 경험들을 최소화하게 되어 우리의 욕구가 충족될 때, 그 대상이나 상황에 대한 우리의 태도는 적응기능(혹은 공리적 기능)을 하고 있다고 말할 수 있다.

요약하면, 한 개인의 태도는 그 개인으로 하여금 어떤 대상으로부터 혹은 태도가 작용하는 상황에서 받을 수 있는 보상을 최대화하거나 벌을 최소화하는 방향으로 행동하려고 하는 적응기능을 가지게 된다. 이처럼 태도가 형성되고 또 유지된다. 여기서 보상이란 어떤 물리적 혹은 심리적 소득이나 기쁨과 즐거움 등을 말하고, 벌이란 어떤 신체적 혹은 심리적 손실이나 고통을 말한다.

② 자아방어 기능

흔히 우리는 우리가 경험하는 내적 불안이나 외적 위협들을 현실적으로 받아들이는 것이 창피하고 자존심에 상처를 받는 위협을 느끼기 때문에 자기도 모르게 현실을 숨기고 싶고, 왜곡시키거나 변장하는 방식의 태도를 취하는 경향이 있다. 이처럼 태도는 방어기제를 사용해서 당면한 불안이나 위협으로부터 피하려는 자아방어 행동을 취하게 한다. 예컨대, 스스로 내면적인 열등감과 인종에 대한 편견적인 태도를 가진 백인은 흑인들에 대해 자기 자신이 갖게 되는 부적절감을, 직면해서 극복하기보다는 피하는 것이 오히려 편하기 때문에 흑인들에 대한 부정적인 태도를 계속 고수할 필요성을 느끼고 있는지도 모른다.

이것은 정신분석학적 관점에서 강조하는 것으로서 우리 인간은 무의식적이고, 현실을 왜곡하는 태도를 가짐으로써 심리적으로 자신이나 사회현실을 냉정하게 바로 볼 때에 생기는 고통이나 불안으로부터 자신을 방어, 보호하려고 한다는 것이다. 본질적으로 자아방어 기능을 가진 태도는 비록 무의식적이고 현실을 왜곡한 것이지만 자아를 보호하는 방어적 행동을 표현하게 허용함으로써 개인으로 하여금 스스로 느끼고 있는 절박한 자아위기감으로부터 탈출할 수 있게 하는 '안전 변(safety valve)'의 기능을 하기도 한다.

③ 가치표현 기능

태도의 '가치표현(價値表現) 기능'은 앞서 설명한 '자아방어' 기능과 반대되는 기능이라고 보면 보다 이해하기가 쉽다. **가치표현 기능**은 자신의 신봉하는 가치관과 신념을 표출하고 드러내려고 하는 기능이 특징인 반면에, **자아방어 기능**은 사실을 무의식적으로 왜곡시키면서까지 자신을 감추어서 방어하려는 기능적 특징을 가지고 있기 때문이다.

가치표현 기능은 인간이 어떤 대상이나 혹은 인간 자신에 대하여 자신의 개인적 관점 혹은 신념을 표출함으로써 만족을 느끼는 경향성을 지니고 있어서 인간은, 어떤 대상에 대한 태도를 형성하고 유지하게 된다.

인간의 본성 중에는 자신의 열등감으로부터 오는 좌절감에 소극적인 대처방법으로 자기방어적인 태도를 취하는가 하면, 반면에 보다 높은 가치관이나 더 좋은 면을 나타내고자 하는 태도의 가치표현 기능의 성향도 함께 가지고 있는 것이다.

우리는 우리들의 내면에 깊숙이 자리 잡고 있는 감정들을 표현할 수 있는 조건들을 갖추게 되어 자신들을 잘 표현할 수 있게 되면 우리는 보다 더 큰 만족을 경험할 수 있다. 그래서 우리는 위협을 느끼지 않고 자신의 가치관을 피력할 수 있는 집단에 가입하기도 한다. 예컨대, 종교집단, 사교모임, 정치집단들은 매우 개인적으로 신봉하는 신념들을 표현할 수 있는 이상적인 환경을 제공해 준다. 그러나 무엇보다도 태도의 가치표현 기능을 하게 하는 것은 우리들로 하여금 개인적으로 가치 있는 것으로 믿고 있는 태도를 표현하고 싶어 하게 하는 심리적 동기이다.

④ 지적 기능

인지학파에서는 인간이 자기 환경에 대한 의미를 추구하고 구성하는 과정에서 태도가 형성된다는 점을 강조한다. 우리 인간이 가지고 있는 가장 강한 동기 중의 하나가 우리들의 세계를 조직하고 구조화하려는 욕구이다. 우리들의 태도는 이러한 욕구를 충족시키는 기능을 한다. 이러한 태도의 기능은 우리들에게 우리들의 환경을 이해하는 표준들을 제공한다. 어떤 사람은 과학을, 어떤 사람은 정치적 이념을 자신의 세계 이해의 표준으로 삼는다. 태도의 지적 기능으로 작용하는 가장 일반적인 예가 고정관념이라 할 수 있다. 고정관념은 대상, 사상, 사람들 등등의 계층이나 집단에 관해서 사람들이 만든 일반화의 결과이다. 이러한 고정관념은 많은 다양한 정보를 조직하고자 하는 동기를 충족시켜 주는 깔끔하고 단순한 방식을 사람들에게 제공해 준다.

이러한 태도의 지적 기능에 관한 부정적인 측면의 한 예이기는 하지만, 사냥꾼들의 행위에 관한 연구나 정치지도자를 비롯한 특정 요인의 암살행위의 원인에 관한 연구자들은 인간은 본성적으로 공격적이며, 대부분의 사람들은 악하다는 신념에 기초하는 태도를 발달시킬 수도 있다. 이처럼 인간은 어떤 태도를 형성하게 되면 단순하게 모든 사태들을 범죄 증가와 관련시킬 수 있게 자기 나름대로 편리하게 마음속의 벽을 만들어 사고의 폭을 스스로 제한하기도 한다.

따라서 태도의 기능들은 우리가 세상에서 일어나는 복잡한 사태들을 이해하는 데 도움을 주기도 하지만, 반대로 사태나 사물을 바르게 파악하는 데 방해가 될 수도 있다. 우리 모두가 사물들을 단순화하려는 욕구를 가지고 있으며, 이러한 욕구 혹은 충동은 우리들로 하여금 지적 기능으로 작용하는 태도를 형성하게 한다. 태도의 기능은 개인의 내면에서 작용하는 태도를 형성하게 한다. 태도의 기능은 개인의 내면에서 작용하고 있는 어떤 동기 혹은 충동을 충족시키는 것이다.

태도의 네 가지 기능들과 기능을 가능하게 하는 동기들의 관계를 요약한 표로 나타낸 것이 다음과 같다(Sereno & Bodaken, 1975, p.70).

〈표 4-1〉 태도의 네 가지 기능과 동기

기 능	동 기
적 응	보상 최대화, 벌 최소화 위해
자아방어	불안과 외적 위협을 덮어 숨기기 위해
가치표현	신봉하는 신념을 주장하기 위해
지 적	정보를 조직하고 분류하기 위해

2) 성격: 자존감과 독단성

대인의사소통의 내적 체계의 또 다른 중요한 요소는 성격특성들이다. 태도는 주제나 대상에 따라 변한다. 그러나 성격특성들은 변화하는 상황이나 주제가 달라져도 다소 지속적이고, 상당히 일관성을 보이는 개인의 내적 조직이다. 자존감과 독단성이라고 하는 두 가지 성격특성들이 여러 가지 성격특성들 가운데서 가장 중요하게 의사소통의 과정이나 결과에 영향을 미치는 것으로 보인다(Sereno & Bodaken, 1973).

(1) 자존감

자존감(self-esteem)이란 한 개인의 자기가치에 관한 자기지각이라 할 수 있다. 즉, 자신에 대한 자기평가적 가치감이다. 이러한 자존감은 자신의 지능, 외모, 체력, 재능들, 그 밖의 여러 신체적 혹은 정신적 특성들에 대한 우리 자신이나 타인의 평가로 형성된다. 한 개인의 자존감 정도는 지각된 자기가치감이 가장 높은 것에서부터 가장 낮은 수준까지로 이어져 있는 하나의 연속선상에서 어느 지점에 위치하고 있느냐로 설명할 수 있다. 자존감은 그 개인으로 하여금 자아에 일치되게 생각하고, 느끼고, 행동하도록 작용한다.

자존감은 한 개인의 모든 의사소통 행동에 크게 영향을 미친다. 자존감이 높은 사람은 낮은 사람보다 자신의 행동에 관해서 더 자신감을 보이고, 자신을 더 유능한 존재로 지각한다. 자신의 노력으로 좋은 결과를 얻을 수 있다는 긍정적 기대감도 더 크다.

자존감이 낮은 사람은 자신감이 없어서 모호하거나 불확실한 상황에서는 당황하기 쉽고, 상황에 대처하는 능력을 충분히 혹은 거의 발휘하지 못하는 경우가 많다. 예컨대, 자존감이 낮은 사람은 낯선 사람들을 만나거나 익숙하지 않은 의사소통 상황에서는 말을 잘하지 않고 침묵하는 경향이 높다. 타지에서 길을 잃어버렸을 때 낯선 사람에게 길 묻는 것이 두려울 수도 있다. 그래서 자존감이 낮은 사람들은 군중에 따라 행동하거나 집단규범에 맞추어 가는 것이 편하기 때문에 그렇게 한다. 그러므로 낮은 자존감을 가진 사람들은 높은 자존감을 가진 사람들에 비해 설득당하기 쉽다. 반면에, 높은 자존감을 가진 사람들은 기존의 규범들에 관해서 이의를 제기해보는 것이 보다 쉽고, 낯선 상황이나 혼자서 처신해야 할 경우 갖는 당황함이나 두려움도 훨씬 적을 수 있다.

(2) 독단성

우리는 사람의 성격적인 특성을 말할 때 흔히 '저 사람은 마음이 열려 있는 사람' 이라고 말할 때가 있다. 열린 마음이라든가 혹은 닫힌 마음의 성격특성이란 개념은 Rokeach(1960)에 의해 개발된 '독단성' 개념과 관련되어 있다. 독단성(dogmatism)은 닫힌 마음을 가진 사람의 성격적 특성이라고 하면, 열린 마음을 가진 사람은 덜 독단적인 성격적 특성을 지닌 사람이라 할 수 있다. 예컨대, 학생들의 여러 가지 견해들을 수용하는 교사는 열린 마음을 가진 교사라 할 수 있고, 그렇지 못한 교사는 닫힌 마음을 가진 독단성이 높은 사람이라 할 수 있다.

매우 독단적이거나 닫힌 마음을 가진 사람은 세상이 작용하는 방식에 대해 좁은 전망을 갖는 경향이 있고, 사고가 경직되고, 그 역시 강한 권위적 입장에 있는 사람만 믿는 경향이 있어서 일반적으로 매우 독단적인 사람에게 잘 응답하는 경향을 보인다. 이것은 독단적인 사람을 특히 권위인물의 설득에 영향을 받기가 매우 쉽다는 것을 시사해주고 있다. 주제가 무엇인가는 상관하지 않고 권위인물이 말하는 대로 무조건 수용하는 경향이 있다.

반면에 독단적이지 않고 열린 마음을 가진 사람은 세상을 보는 방식에서 융통성을 갖기 때문에 무조건적인 반응행동을 하지 않는다. 이들은 새로운 아이디어들을 보다 잘 수용할 수 있다. 이들은 누가 한 말인가에 보다 그 말이나 메시지의 논리와 참 뜻이 무엇인가에 주의를 기울인다.

일반적으로 개인의 독단성이 높거나 혹은 낮은 정도는 그 개인의 정보처리 방법에 영향을 미칠 수 있다. 만약 어떤 사람이 매우 독단적이면 그는 메시지 자체에 주의를 기울이기보다는 메시지의 원천이나 권위에 보다 많은 관심을 가지고 그것에 맞추어 의사를 결정한다.

매우 독단적이거나 혹은 닫힌 마음을 가진 사람은 의견들에 관해서 매우 단순한 정신적 도식을 가지고 개개 상황에 접근하게 된다. 이처럼 닫힌 마음을 가진 사람의 대인의사소통의 내적 체계는 방어적인 태도와 독단적 성격특성들 때문에 자신의 과거 경험들에 이미 익숙해져 있고 매어 있어서 현재의 새로운 정보를 수용할 수 없거나 그 정보가 갖는 미래에 대한 전망을 고려할 수 없게 되어 스스로 매우 제약을 받는 체계로 작용하게 되는 것이 그 특징이다.

2. 의사소통의 외적 체계: 언어와 비언어적 단서들

의사소통의 외적 체계는 개인의 내적 체계 바깥에 존재하는 모든 외적 요소들을 말한다. 이 외적 요소들은 어떤 의사소통의 상황에 있는 모든 사람에게 작용할 가능성을 지닌 외적 자극들 혹은 공적 단서들(public cues)을 포함하고 있다. 우리는 환경을 구성하고 있는 헤아릴 수 없는 수많은 자극들 가운데서 소수의 자극들만 선택해서 지각하게 된다. 또한 외적 체계에 포함되어 있는 자극들일지라도 동일한 상황에 함께 있는 사람들 가운데서도 어떤 사람에게는 지각될 수 있으나 다른 사람에게는 지각되지 않을 수도 있다. 그러므로 의사소통의 외적 체계에 포함되는 자극들은 영향력으로 작용 가능한 잠재성을 지닌 환경의 자극들이라 할 수 있다. 우리가 이 책 제2장 1절에서 살펴본 '지각의 선택적 과정의 특징들'이 의사소통의 외적 체계에 포함되어 있는 환경 자극들이 발휘할 수 있는 잠재적 영향력을 설명할 수 있는 근거를 제공해준다.

이러한 외적 체계의 요소들 가운데 속하는 가장 중요한 요소로서 언어적 단서들과 비언어적 단서들을 들 수 있다. 언어적 단서들과 비언어적 단서들은 대인의사소통에서 메시지 전달의 매개로서 중요한 의미들을 갖기 때문에 다음 제5장에서 보다 자세히 살펴보기로 하자.

3. 개인 내 의사소통과 개인 간 의사소통

1) 개인 내 의사소통

개인 내(個人內/intrapersonal) 의사소통이란 대인의사소통 과정에서 일어나는 의미창출의 개인적 과정으로서 단지 한 개인 내면에서만 진행되는 의사소통을 말한다.

여기서 '**단지 한 개인 내에서 진행되는 의사소통**'이란 한 사람만 있어서란 의미가 아니고, 또한 여러 사람이 함께 있지만 지각적 인지나 주고받음이 함께 하고 있는 모든 사람들에게 일어나는 것이 아니고, 한 개인의 내면에서 각기 독특한 의사소통이 일어나고 있는 개인의 내적 대화를 말한다. 예를 들면, 여러 사람들이 들락거리고, 여럿이 커피를 마시며 이야기를 나누고 있는 커피숍에 혼자 앉아 있다고 가정하자. 그때, 그곳 사람들은 의식하지 못하는 가운데 당신은 혼자 앉아서 그들의 언행과 모습들을 관찰하면서, 그리고 경험하면서 당신은 마음속으로 많은 생각들을 거치면서 수많은 의미들을 만들어내고 있을 수 있다. 즉, 물리적 환경에서는 여러 사람들이 함께 있다 해도 의미의 발달과정에서 서로 간의 대면 접촉이나 능동적인 지각적 교환이 없어도 당신 한 개인 내의 내적 대화로만 국한되어 이루어지는 것이 **개인 내 의사소통**이다.

대인의사소통의 내적 체계 요소들인 개인의 성격 및 태도는 외적 체계에 속하는 언어적 및 비언어적 단서들의 요소들과 환경적 요소들이 함께 복합적으로 서로 얽힌 상응작용(相應作用/transaction)을 통해서 의미생성에 중요하게 영향을 미친다.

그런데 그 의미는 한 개인 내에서도 시간이 지나면 변화할 수 있다. 또한 동일한 물리적 상황과 의사소통의 외적 체계의 특징들 가운데 있다 하더라도 개인마다 다른 독특한 의사소통의 내적 체계 요소들이 가질 수 있는 특징들로 인해서 개인 내 의사소통과정에서 생성되는 의미는 사람마다 다를 수 있다. 이러한 개인 내 의사소통은 그 개인 나름의 독특한 정보 혹은 자극들을 처리하는 방식과 의미를 부여하는 과정을 포함하고 있다. 따라서 개인 내 의사소통에 있어서 의미의 생성발달은 개인의 독자성을 나타내므로 창의적이고 개인적이라 할 수 있다(Sereno & Bodaken, 1975). 개인 내 의사소통의 과정과 성질을 예를 들어 좀 더 자세히 설명해보자.

> "시골에서 자란 진수는 도시생활이 처음이다. 도시문화나 생활방식이 낯설다. 그는 경건함과 엄격한 남녀 구별, 음주나 쾌락의 절제, 예의를 높은 가치로 여기는 엄격한 부모님 슬하에서 자랐다. 대학 신입생인 진수는 지금 대학 구내 커피숍에 앉아 있다. 그때 한 쌍의 남녀 학생이 서로 팔을 끼고 커피숍으로 들어왔다. 검은 긴 머리에 긴 드레스를 입은 여학생은 예쁘다. 남학생은 수염을 길렀다. 두 사람은 진수가 앉아 있는 바로 맞은 편 테이블에 자리를 잡았다. 둘은 가까이 앉아서 남학생은 팔로 여학생의 허리를 두르고 쉴 새 없이 이야기하고 있다. 진수는 그런 광경을 놀래고 민망스런 눈으로 바라보고 있다. 그의 마음은 그들의 의상,

제스처, 공공연한 애정표현에 저럴 수도 있느냐는 듯이 이상하게 바라본다. 그는 스스로 혼자 마음속으로 이렇게 말하고 있다. '저 아이들은 정말 난잡하다. 많은 사람들이 있는데서 저러면 안 되는데! 어떻게 여학생의 허리를 팔로 두르고 있지? 저 여학생도 이상해! 저렇게 해도 아무렇지도 않은 듯이 가만히 있는 것이 이상해!'라고."

이 예(例)에서 우리는 진수의 엄격한 윤리적 판단의 타당성 여부를 따지려는 것은 아니다. 의사소통의 내적 요소 중의 하나인 엄격한 윤리적 가치관에 입각한 태도의 요소를 지니고 있는 진수에게 두 남녀 학생의 의상(외적 체계)이나 자세, 태도(내적 체계의 요소들)가 비언어적 메시지(외적 체계)로 진수에게 전달되어 진수의 머릿속에 개인 내적인 대화(의사소통)를 자극하고 그 내적 대화를 통해서 의미를 생성하게 되고, 이것이 상대방과의 언어적 혹은 비언어적 의사소통의 특징들을 나타내게 되는 과정을 살펴보고자 하는 것이다. 물론 이 예에서는 진수의 개인 내 대화로 끝이 났다.

2) 개인 간 의사소통

개인 간(個人間/interpersonal) 의사소통은 우리가 일상에서 말하는 대인의사소통 혹은 인간관계에서 의사소통을 말한다. 이러한 대인의사소통의 과정에는 바로 앞서 살펴본, 우리가 바깥으로 관찰할 수 없는 개인 내에서 일어나는 내적 대화를 포함하고 있으며, 이러한 **개인 내 의사소통이 개인 간 의사소통**(혹은 대인의사소통)**의 질**(質)**과 결말**(結末)**에 중요한 영향을 미친다**는 사실을 염두에 둘 필요가 있다.

4. TA의 PAC 성격이론에 근거한 개인 내 의사소통과 개인 간 의사소통 이해

이제부터는 이 책 제Ⅱ부에서 다룰 상응작용 분석법(TA)의 개인의 성격구조인 부모자아(P), 어른자아(A), 그리고 어린이자아(C)의 세 가지 자아의 작용을 사용하여 진수의 개인 내 의사소통의 과정을 기술해 보자.

진수는 부모로부터 엄격한 윤리적 가치관을 학습한 결과로 자신이 학습한 것과 같이 비판적이고 통제적이며 엄격한 윤리적 판단 경향이 높은 성격적인 특성을 지닌 비판적 부모자아(CP: Critical Parent)가 작용하고 있는 것이다. 그래서 자유롭고 남의 눈치를 보지 않는 자유 어린이자아(FC: Free Child)의 성격을 지닌 두 남녀 학생을 만난 진수는 그들의 행동을 수용할 수 없어서 비판적인 부모자아로 자신의 내면에서 앞서와 같은 개인 내 의사소통을 하고 있는 것이다. 비판적 부모자아(CP)는 단정적이고, 금지적이며 통제적인 기능을 하는 성격의 한 부분이다. 그래서 이해해 보려고 하거나 수용하기(어른자아 A: Adult)보다는 비판적이어서 '난잡하다', '저러면 안 된다'고 하는 등(비판적 부모자아)의 내적 판단에 의해 단정적인 결론에 도달하게 되고, 이에 기초한 처벌적인 반응으로서 상대방과의 대화에서 금지적이고 통제적인 반응으로 나타나게 되고, 따라서 민망하고 어색한, 혹은 불안한 감정적인 반응을 보이고 있는 것이다.

만약에 진수가 서울에서 4년간의 대학생활, 혹은 더 오랫동안 생활을 하면서 다양한 친구와 사람들을 만나고, 앞서 든 예에서 본 자유분방한 남녀 학생들의 교제방식에 익숙해져서, 그들을 바라보는 태도와 가치관이 달라진다면(즉, 의사소통의 내적 체계, 즉 성격과 태도에 변화 혹은 부모자아에 변화가 오면) 앞서 와는 다른 개인 내 의사소통이 이루어질 수도 있을 것이다.

인 간 관 계 론

Human Relations

제 5 장

언어적 의사소통과 비언어적 의사소통

앞 장에서 우리는 의사소통의 구성요소들을 살펴보면서 의사소통 당사자 간 메시지전달 채널을 소리의 파장이라고 하는 매체에 의존하는 언어적 수단과 빛의 파장이라는 매체에 의존하는 비언어적 수단, 두 가지를 들었다. 이들이 언어적 단서와 비언어적 단서들로 분류되기도 했다. 먼저 언어적 의사소통부터 살펴보기로 한다.

Ⅰ. 언어적 의사소통

언어는 대인관계의 기본적인 수단이다. 우리는 일상생활에서 우리들의 생각이나 감정들을 언어로 표현함으로써 다른 사람들과 대화를 나누고 서로 의사소통을 할 수 있어서 인간관계를 형성하고, 유지해 간다. 그러므로 효과적인 의사소통과 좋은 인간관계는 우리들의 언어적 의사소통의 기술에 따라 크게 좌우된다고 할 수 있다.

이 절에서는 먼저 ① 언어의 기능, ② 언어의 성질과 의미, ③ 말하기와 듣기, ④ 자기개방, ⑤ 언어적 의사소통의 장애요인에 관해서 살펴보기로 한다(Verderber & Verderber, 2004; Simons, Kalichman, & Santrock, 1990).

1. 언어의 기능

언어(language)란 단어들의 유기적 집합체이고, 동일 언어공동체의 사람들에게 통용되고 있는 메시지의 표현 및 전달수단의 한 체계라 할 수 있다. 단어(words)란 어떤 대상이나 생각 또는 감정들을 표현하는 데 사용되는 임의적 상징들이다. '임의적 상징들'이라고 하는 것은 동일 언어공동체마다 그 공동체의 구성원들에 의해서 임의적으로 합의되고 인정되어 그 공동체에서 언어로 통용되고 있는 단어(word)의 특성을 말한다. 예컨대, 우리말로 '하늘'이라고 표현하고 있는 동일 대상을 영어로는 'sky', 독일어로는 'Himmel'로 모양이나 소리가 각각 다른 상징들이 사용되고 있는 것은 한국어, 영어, 독일어를 사용하고 있는 각각의 동일한 언어공동체인 한국사람, 영국(혹은 미국) 사람, 독일 사람들에 의해서 임의적으로 자연스럽게 합의가 이루어져 자신들의 언어로 사용되고 있기 때문이다.

일반적으로 언어는 인간관계 혹은 의사소통의 과정에서 의미를 전달하는 소리나 상징들을 사용해서 생각이나 감정들을 상호 교환하는 체계적 수단이다. 이러한 언어는 인간의 의사소통의 과정에서 여러 가지 기능을 가지고 있다.

첫째, 사람들은 언어를 사용해서 생각이나 감정 혹은 경험들이나 사물, 상황 혹은 관계들을 기술하거나 설명하고 정의한다. 또한 우리는 이름을 붙이고, 분류하고, 지적하고, 명령하고 지시할 때 언어를 사용한다. 이것은 언어의 첫째 되는 목적이고, 기능이며, 가장 분명한 기능이다.

둘째, 사람들은 언어를 사용해서 평가한다. 예컨대, 어떤 사람이 다른 사람보다 의사결정 시간이 더 오래 걸리는 경우를 자주 보게 되면, 우리는 그를 사려 깊은 사람으로 생각하게 되거나 혹은 우유부단한 사람으로, 또는 느림보로 평가하여 그렇게 명명하거나 기술하는 경우가 종종 있다. 이처럼 우리는 사람, 장소, 혹은 행위에 대해서 언어적 표현방법으로 평가해서 긍정적 혹은 부정적 가치를 부여한다.

또한 이와 같이 우리의 사상이나 감정, 대상, 그리고 경험들을 언어적으로 평가해서 바로 표현하고, 전달하는 기능을 언어가 가졌다고 하는 것은, 바꾸어 말하면, 언어가 사람들의 지각과 행동에 영향을 미치고, 통제하는 기능도 한다는 사실을 말해 주는 것이다.

언어의 기능 가운데 많은 부분을 차지하는 것이 평가 기능이다. 언어의 평가 기능은 본의 아니게 나도 모르게 다른 사람들에게 상처를 주게 되고, 오해를 낳게 되는 경우가 많다. 이를 피하기 위해서 우리는 의사소통의 과정에서 사용하는 단어를 조심스럽게 선택해야 한다.

셋째, 사람들은 언어를 사용해서 그들의 직접적인 경험 밖의 것들에 관해서 토의할 수 있다. 우리는 언어를 사용해서 가정(假定)하여 말할 수 있다. 과거와 미래의 사태들에 관해서 말할 수 있고, 현존하지 않는 사람들이나 사물들에 관해서 논의할 수 있고, 미래를 위해 공유할 수 있는 비전을 개발할 수 있다.

넷째, 사람들은 언어를 사용해서 언어에 관해서 말할 수 있다. 언어는 자기반사적이다. 다시 말하면, 우리는 언어에 관해서 말하거나 언어에 대해서 반성하기 위해서 언어를 사용할 수 있다. 우리는 언어를 사용해서 우리가 보인 언어적 표현이 적절했는지 어떤지를 토론할 수 있고, 그 답을 얻을 수도 있다.

이러한 언어의 기능들은 서로 이해하고 좋은 관계를 맺으며 살아갈 수 있게 돕는가 하면, 반대로, 오해를 불러일으키고 인간관계를 어렵고 힘들게 만들기도 한다.

2. 언어의 성질과 의미

1) 언어의 성질

언어학자들은 언어의 여러 성질들을 분석할 수 있게 돕는 언어 연구의 영역들을 개발했다. 음소의 발음과 억양을 포함하는 발성의 특징을 연구하는 음성학 혹은 음운론(音韻論), 문법을 연구하는 구문론(構文論), 언어행동을 연구하는 화용론(話用論), 그리고 언어를 통해서 표현되거나 전달되는 의미를 탐구하는 의미론(意味論)이다. 이러한 연구 관점의 영역들은 언어 혹은 말은, 발성과 문법과 상황에 적절한 단어의 사용, 그리고 이들이 종합되어 생성되는 의미들로 이루어지고 있음을 시사하고 있다. 대인관계의 기본 수단인 이들에 관한 지식은 대인의사소통의 효율성 증대에 중요한 접근방법으로 활용될 수 있다. 다음에 구문론, 화용론, 의미론 중심으로 언어의 성질 혹은 특징들에 관해서 좀 더 자세히 알아보자.

구문론(syntax)은 문법적으로 올바른 문장이 갖추어야 할 규칙들, 즉 문법에 연구관심의 초점이 있다. 언어의 구문론적 규칙들은 그 언어공동체의 구성원들로 하여금 다른 사람들의 발언들을 예상해서 잘 처리할 수 있게 돕는다. 그러므로 적절한 문법적 규칙을 사용해서 메시지들을 구성하는 것은 효과적인 의사소통을 돕는 중요한 요소가 되는 것이다.

화용론(pragmatics)은 말 혹은 언어가 어떻게 의사소통의 과정에서 사용되는가에 관해서 연구한다. 화용론은 우리가 말할 때 어떻게 문장들을 사용하는가를 알아보기 위해 개인이 사용하는 단어들에 함축되어 있는 의미들이나 단어들의 순서 너머까지 연구의 관심을 갖는다. 그래서 화용론에서는 어떤 특정 맥락에서 왜 다른 것이 아닌 그러한 방식으로 표현하는가와 같은 문제들을 다룬다. 예컨대, 화용론은 "거기 설탕을 이쪽으로 좀 주실 수 있습니까?"라는 문장의 말은 그 사람이 설탕을 건네 줄 수 있는 신체적 능력이 있는지, 없는지를 알아보려는 질문이 아니고, 오히려 "설탕을 건네 줄 수 있으면 좋겠다"는 요청이라는 사실을 어떻게 이해할 수 있는가를 설명하고자 하는 데 관심이 있다는 것이다. 그러므로 언어적 의사소통에 있어서 적절한 반응을 위해서 우리는 표현된 문장의 잠재적 의미와 실제 의미, 양자에 대해 민감해야 한다.

의미론(semantics)은 언어상의 의미를 연구한다. 예컨대, 두 문장이 다른 단어들을 사용하고 있어도 같은 의미를 가질 수 있다는 사실을 설명하려고 한다. 즉, 단어들을 사용함으로써 생성되는 의미의 연구에 초점을 모으고 있다.

이러한 의미론에서 밝혀진 언어가 갖는 몇 가지 특성들은 언어와 의미 간의 관계성을 설명하는 데 도움을 준다. 의미를 나타내는 언어 상징들은 임의적으로 부여된 것이고, 학습된 것이다. 또는 우리가 경험하고 있는 생각이나 감정들을 나타내고자 하는 문장들을 자기 나름으로 창의적으로 만들어내기도 한다. 그리고 우리의 언어와 지각은 상호관련성을 가지고 있다. 우리는 이러한 언어가 가진 특성들에 관한 지식들을 효율적인 의사소통을 위해 활용할 수 있다.

우리가 다른 사람들이 쉽게 이해할 수 있는 어휘들을 사용해서 효과적인 의사소통을 할 수 있기 위해서는

① 내가 의사소통하고자 하는 생각이나 감정에 맞는 적합한 단어선택 능력
② 전달하고자 하는 의미나 이미지에 가장 맞는 특수하고 구체적인 단어적용 능력, 그리고
③ 우리가 의사소통하고자 하는 사람과 맥락에 맞게 단어들이 가지고 있는 문화적 배경 및 전통적인 의미들에 대한 학습도 필요하다.

언어의 성질과 의미를 단어의 외연과 내포의 개념으로 설명할 수 있다. 내포와 외연의 측면에서 언어의 의미와 그것이 의사소통과 인간관계에 미치는 영향에 관해서 좀 더 알아보자.

2) 언어의 의미와 인간관계

언어와 의미의 관계는 분명한 것 같으면서도 그렇게 단순하지 않다. 그 이유는, 언어는 계속 학습되고, 시간(세월)이 지나면서 단어의 의미들이 달라지고, 또한 같은 언어를 사용하는 사람들 간에는 공통성도 있지만 대체로 개인은 자기 나름대로 독특하게 창의적으로 언어를 사용하며, 동시에 동일한 단어들도 사람에 따라 서로 다르게 해석되는 경향이 있기 때문이다.

이 밖에도 사람들이 단어들을 다르게 해석하게 되는 것은 하나의 단어가 그 단어의 외연(外延/denotation)과 내포(內包/connotation)의 의미가 다를 수 있기 때문이다.

단어나 메시지의 **외연**(外延)이란 **동일한 언어를 사용하는 언어공동체가 형식적으로 부여한 직접적이고, 명시된 의미**를 말한다. 즉, **사전적, 객관적 의미**이다. 예를 들면, 환자

를 다루는 전문직자로서 의사의 입장에서 볼 때 '죽음'이란 단어는 뇌가 이제는 더 이상 기능하지 않거나 심장이 더 이상 뛰지 않는 상태를 의미한다. 이것이 '죽음'이란 단어의 외연적 의미이다.

내포(內包)는 **단어나 메시지의 주관적, 정서적, 개인적 의미**를 말한다. 같은 '죽음'이란 단어도 금방 아들을 잃은 부모에게는 보다 정서적이고, 개인적인 의미를 갖게 된다. 그 부모들은 아들의 어릴 때의 이런 저런 모습들을 떠올리기 시작하고 있을지도 모른다.

요약하면, 외연이란, 단어나 말로 표시된 언어의 사전적 의미를 말하고, 내포란, 말이나 문자로 표시된 메시지를 보내는 사람 또는 그 배경상황에 따라 생성된 의미가 함축된 언어의 의미를 말한다. 우리는 의사소통 과정에서 이러한 외연적 의미와 내포적 의미를 갖는 단어들을 사용하고, 또 메시지들을 보내고 있는 것이다.

특히, 주관적이고, 정서적이고, 개인적인 의미를 지닌 단어나 메시지는 사람들에 따라 다르게 해석될 소지가 많다. 우리의 단어선택이나 메시지가 보다 구체적일수록 사람들은 전달되는 의미들에 더 쉽게 동의할 수 있게 될 것이다. 반면에, 우리가 사용하는 단어들이나 보내는 메시지들이 추상적이면 추상적일수록 그 말이나 메시지의 의미에 동의하는 사람이 보다 적을 수 있다. 추상적인 단어 사용이 너무 많고, 함축적인 메시지 사용이 너무 많으면 의사소통이 명료하지 못하게 된다. 그 결과로 오해가 많아질 수 있고, 대화는 깨어지고, 인간관계가 어려워질 수 있다. 그러므로 오해를 줄이고, 효과적인 의사소통으로 인간관계를 형성하고 유지하기 위해서는 언어가 가지고 있는 이러한 성질들을 이해하고, 고려해서 보다 구체적이고 분명한 뜻을 전달할 수 있는 단어의 선택과 전달방법을 학습하고, 연습할 필요가 있다.

다른 한편으로, 효과적이고, 원만한 의사소통을 통해서 좋은 인간관계를 맺고 유지하기 위해서는 상대방의 주관적이고 정서적이며, 개인적인 메시지를 수용(acceptance)하는 적극적 경청(active listening) 혹은 공감적 이해(empathic understanding)가 필요하다. 내가 수용되고 진심으로 이해되고 있다는 경험은 내 존재가 인정받고 있으며 사랑받고 있다는 체험을 하게 하고, 삶의 의미와 보람을 느끼게 한다. 이것이 좋은 인간관계의 형성과 유지에 필요충분조건이 된다.

3. 말하기와 듣기, 그리고 피드백

1) 말하기

우리는 대화의 과정에서 말을 하기도 하고, 듣기도 한다. "내가 말을 하고 있다"는 것은 대화의 상대에게 내가 전하고자 하는 바를 이해할 수 있도록 단어들과 행동으로 나의 생각이나 느낌들을 표현하고 있다는 것을 의미한다. 효과적인 대화를 위해서 말하는 사람은 다음과 같은 몇 가지 측면들을 참고할 필요가 있다.

(1) 말하는 사람, 즉 화자(話者)는 듣는 사람, 즉 청취자의 배경, 성격적 특성, 욕구, 능력들을 고려해야 한다. 청취자의 이러한 특징들은 청취자의 개인 내 의사소통과 대인지각에 중요하게 영향을 미치고, 그 결과들은 대인의사소통의 수준과 질에 의미 있는 영향력으로 작용할 수 있다.

(2) 우리가 이해시키려고 하는 메시지는 복잡한 방법보다는 단순한 방법으로, 추상적인 방법보다는 실제적인 방법으로, 일반적인 방법보다는 구체적인 방법으로 말할 때, 보다 효과적으로 전달된다. 어떤 사람들은 청중들이 이해하기 힘든 현학적인 용어들을 사용해서 청중들을 감동시키려 한다. 그러나 정말 훌륭한 강연자나 설교자들은 듣는 사람들이 이해할 수 있는 쉽고, 명료한 단어들을 사용하고 있음을 발견할 수 있다. 전문용어들을 나열하거나 진부하게 느끼게 하는 방식으로 말하지 않는다.

(3) 훌륭한 연설가 혹은 의사소통가는 추상적이거나 일반적이거나 혹은 복잡한 내용을 전달하고자 할 때, 그 사상이나 내용을 잘 드러낼 수 있는 적절한 예를 든다. 많은 경우에, 가장 좋은 예는 듣는 사람들의 경험과 관련되는 개인적인 경험들이다.

(4) 또한 훌륭한 의사소통가는 언어적 메시지와 비언어적 메시지가 일치한다. 만약에 우리가 지금 말하고 있는 것과 달리 보이는 표정이나 자세로 비언어적 메시를 보내고 있으면, 듣는 사람은 도대체 상대방이 무슨 말을 하려고 하는지 혼란을 느끼고 믿을 수 없게 된다. 예를 들어, 만약 학생이 과제물을 제때에 제출하지 못한 이유를 선생님께 설명하려고 할 때, 선생님을 바로 바라보지 못하고 땅바닥을 보면서 우물쭈물하는 자세로 이야기한다면, 아마 선생님은 지금 이 학생이 말하고 있는 것을 진짜 이유로 받아들이기 어려울 것이다. 선생님에 따라서는 전적으로 거짓말로 받아들일 수도 있고, 어떤 분은 솔직하게 이야기 하지 못할 다른 사유가 있는 것 같다고 짐작하는 경우도 있을 것이며, 어떤 이는 그 이유들을 자기 마음대로 상상까지 하게 되는 경우도 있을 것이다. 비언어적 의사소통에 관해서는 다음 절에서 더 자세히 다루게 될 것이다.

(5) 말하는 사람은 상대방의 지위나 연령이나 남녀를 불문하고 존중하는 마음으로 대화할 때 효과적이다. 아무리 유식하고 달변이어도 자신은 모르는 것이 없는 것처럼 말하거나 잘난 체하면 사람들은 그의 말을 들을 마음의 문을 닫게 한다.

이 밖에도 내가 상대방에게 전하고자 하는 나의 생각이나 느낌들을 제대로 전할 수 있는 효과적인 대인의사소통을 하려면 개선하도록 노력해야 할 부분들을 Verderber와 Verderber(1989)는 다음과 같이 들고 있다. 그는 언어에 있어서 명료성을 강조하면서 그 명료성을 높이기 위해 우리의 생각과 감정들을 상징하는 것으로서 우리의 문화 속에 다른 사람들에게 인지되고 있는 ① 정확한 단어의 선택, ② 구체적이고 실제적인 단어의 선택, ③ 대화의 맥락과 청취자에게 맞는 적절한 단어의 선택이 우리의 언어생활에서 습관이 되도록 노력해야 함을 강조하고 있다.

2) 듣기: hearing vs listening

우리는 일상생활 속에서 말하거나 쓰거나 읽는 데 보내는 시간보다 듣는 데 보내는 시간이 의외로 많다. 어느 조사보고에 의하면, 대학생들의 언어생활 중 (1) 말하기 16%, (2) 읽기 17%, (3) 쓰기 14%, (4) 듣기(53%): ① 대화과정에서 듣기 21% + ② 매체를 통해서 듣기가 32% 등으로 나타났다. 이를 좀 더 살펴보면, 듣는데 보내는 전체시간은 50%가 넘고; 대화과정에서 듣는데 보내는 시간(21%)만 해도 말하는 데 보내는 시간(16%)보다 많은 편이다(DeVito, 1992).

그런데 문제는, 우리가 얼마만큼 훌륭한 경청자(listener)인가 하는 것이다. 유능한 경청자가 되기 위해서는 학습 및 훈련과 노력이 필요하고, 학습 및 훈련과 노력에는 인내가 필수 조건이다.

우리는 경청의 중요성을 강조하기 위해서 말소리를 듣는 것(hearing)과 경청하는 것(listening)을 구별하기도 한다. 즉, 말소리를 듣는 것 'hearing'은 청각적 감각들이 귀로 수용되어 뇌에 전달되는 생리적 감각과정이고, 경청 'listening'은 어떤 사람이 말하는 것의 의미를 해석하고 이해하는 심리적 과정으로 구별한다(Bolton, 1979).

상대방의 말을 경청해서 그렇게 말하는 사람의 내면의 심정을 충분히 이해하고, 그것에 맞게 상대방에게 응답할 때 이를 적극적 경청(active listening) 혹은 공감적 이해(empathic understanding)라 한다.

'적극적 경청(積極的 傾聽)' 혹은 '공감적 이해(共感的 理解)'는 상대방의 행동이나 말을 맞다, 틀렸다, 혹은 잘 했다, 못했다 등으로 평가하는 것은 접어 두고, 우선 있는 그대로 보고, 듣는 수용(acceptance)을 전제로 가능하다. 수용과 적극적 경청은 효과적인 의사소통의 기본 요소임은 물론 상대방을 변화시킬 수 있는 힘을 가지고 있다. 수용은 용서와 같고, 사랑의 구체적 표현이라 할 수 있다. 진정한 사랑은 사람을 변화시킨다.

Simons 등(1994)은 듣기 기술을 개선하기 위해 필요한 방안으로 다음과 같은 4가지를 들고 있다:

첫째, 효율적인 대화를 위해서는 대화과정에서 무엇을 말할 것인가에 골몰하기보다 먼저 경청하라. 효율적 대화는 대화당사자 간에 경청한 것에 응답하는 과정일 때

가능하다. 우리들의 대부분은 여유 있게 충분히 들으려고 하기보다는 말하기에 급급해 한다. 아마 이것은, 나는 말을 잘하는 사람이 되어야 한다는 강박관념에 사로잡혀 있기 때문일 수 있다. 그래서 다른 사람이 하는 말에 귀를 기울이기보다는 자기가 무슨 말을, 어떻게 해야 잘 할 수 있을 것인가에 골몰하면서 긴장한다. 이러한 긴장으로 마음에 여유가 없어져서 대화의 맥락에 맞는 말을 선택하고 정리해서 말하는 융통성과 순발력을 발휘할 수 없게 되어 결과적으로 대화과정에서 부적절감을 경험하고, 자신의 기대감을 충족시키지 못한 좌절감을 경험하게 된다. 이러한 경험이 악순환하게 된다. 악순환의 계속은 대화의 과정에서 상대방의 말에 경청하는 것을 더욱 어렵게 만들고, 말하는 것에 자신감을 잃게 함으로써 말하는 자체를 부담스럽게 한다. 여기서 BC 300년경에 Zeno가 한 말을 상기해 보는 것이 유익할 것 같다. "우리의 귀는 둘인데, 입은 하나뿐인 이유는 듣기는 많이 하고, 말은 적게 하라는 것이다." 라고 하였다. 이 말은 완전히 침묵하라는 것은 아니고, 우리가 지금 일상적으로 하는 것보다 말은 더 적게 하고, 경청하기를 더 많이 하라는 교훈으로 받아들이는 것이 좋을 것 같다.

둘째, 훌륭한 경청은 말하는 사람에게 귀를 기울이는 것을 필요로 한다. 말하는 상대방에게 관심을 기울이는 경청 자세는 대인의사소통의 지속과 발전에 필수조건이다. 이것은 우리가 상대방이 말하고자 하는 것에 흥미와 관심을 가지고 있다는 것을 보여주는 것이다. 대화의 과정에서 상대방의 얼굴을 마주 보는 대신에 TV를 보기 시작한다면, 효과적인 관심기울이기는 실패의 발걸음을 내딛는 것이다. 훌륭한 경청자가 되기 위해서는 말하는 사람을 향해서 몸은 (의자에 뒤로 등을 기댄 자세보다는) 부드럽게 이완된 자세로 말하는 사람 쪽으로 기울이고 시선은 말하는 사람의 눈을 마주하면서 듣고 말하는 태도가 바람직하다. 또한 경청할 때 말하는 사람, 즉 화자(話者)의 비언어적 신호에 주의를 기울여야 한다. 경우에 따라서는 화자의 말보다 비언어적 신호가 훨씬 더 많고, 정직한 메시지를 전할 수 있다는 사실에 유의할 필요가 있다.

셋째, 반영적 경청의 기술이 필요하다. 적극적 경청 혹은 **반영적 경청**(reflective listening)이란 청취자가 상대방이 한 말의 내용과 감정의 상태를 이해하고 수용하고 있음을 보이는 방법으로 재 진술하는 것을 말한다. 반영적 기법으로 흔히 사용되는 것이 **의사확인**(paraphrasing) 기법이다. 이것은 화자가 한 말의 내용에 관해서 청취자가 이해한 것을 자신의 말로 바꾸어서 화자에게 말해주는 반응방법이다. 또한 이것은 상대방이 말한 바를 내가 바로 이해했는가를 확인하는 방법이기도 하다. 예를 들어 보면 다음과 같다.

> 친구1: 나 참! 도대체 모르겠어? 아기를 가져야 하나, 말아야 하나? 남편은 이것도 저것도 아니고. 나는 내가 지금 하고 있는 일을 좋아하는데. 생각해보니 역시 엄마도 되고 싶고. 내 생각이 계속 오락가락 해!
>
> 친구2: 너는 지금 어떻게 해야 할지 갈등하고 있는 것 같네. 자신의 일을 갖고 싶은 마음도 상당해서 그만두고 싶지 않고. 그런데 정말 아기도 갖고 싶어 하는 것 같아. 그런 거지?
>
> 친구1: 그래, 네 말이 맞아!

좋은 반영적 경청자는 **요약 반영기법**을 함께 사용하기도 한다. 이것은 대화 속에 조각들로 나열, 표현되는 정보들을 화자의 감정들과 말하고자 하는 중심주제에 맞추어 요약해서 반응하는 것이다.

마지막으로 넷째, 훌륭한 경청은 효과적인 방법으로 피드백을 주는 것을 의미하기도 한다. 넓은 의미에서 대화(對話) 혹은 의사소통의 과정(意思疏通 過程)은 말하는 사람과 듣는 사람 간의 피드백의 과정이라고도 할 수 있다. 다른 한편으로 피드백은 훈련되어야 할 상담(개인 및 집단상담)의 한 기법이기도 하다. 피드백에 관해서는 제목을 바꾸어 계속해서 좀 더 기술한다.

3) 피드백

피드백(feedback)이란 화자(話者)의 메시지가 청취자(聽取者)에게 전달되어 나타난 반응효과에 관한 메시지를 청취자가 화자에게 되돌려 반응해주는 것을 말한다. 피드백을 통해서 우리(청취자)는 화자에게 화자 자신의 생각들을 상대방(청취자)에게 얼마만큼 이해시켰는가를 알려 줄 수 있다. 이러한 피드백을 기초로 해서 화자는 메시지의 형식이나 내용을 개선할 수 있다. 훌륭한 청취자는 빠르고, 정직하고, 분명하고, 그리고 유익한 피드백을 준다. 이러한 효과적인 피드백은 다른 사람들이 우리를 개방적이고 수용적이라 지각하고 이해할 때 일어날 수 있다.

이형득(1982, p.145)은 건설적으로 피드백을 주기 위해 고려해야 할 사항들을 여러 학자들의 기술들을 종합하여 다음과 같이 기술하고 있다.

① **비강요성**: 피드백을 받는 사람의 행동을 변화시키려 하거나 충고를 주는 것보다 오히려 피드백을 주는 사람이 갖는 생각과 정보를 함께 나누어 가지는 형식으로 이루어질 때 상대방에게 더 잘 받아들여질 수 있다.

② **준비성**: 피드백을 받는 편에서 그것을 생산적으로 처리할 준비가 되어 있는지, 주의 깊게 고려한 후에 주어져야 한다.

③ **진솔성**: 피드백은 그런 말이나 행동을 하게 된 이유나 그 뒤에 숨겨 있는 동기들에 대해서보다는 오히려 그 말이나 행동 자체에 대한 자신의 생각이나 느낌을 분명하게 보고하는 형식으로 주어지는 것이 바람직하다.

④ **즉시성**: 피드백은 가능한 한 그 반응을 일으킨 말이나 행동이 있은 직후에 주어질 때 가장 효과적이다.

⑤ **가변성**: 피드백은 변화가 가능한 언어행동에 한해서 주어져야 한다. 아무리 정확한 피드백을 준다 해도 인간의 노력으로 변화시킬 수 없는 것이라면 무용한 것이다.

4. 자기개방

1) 정의와 기능

자기개방(self disclosure)은 자신에 관한 생물학적 정보들이나 생각이나 감정들을 드러내어 다른 사람들과 공유하는 것을 말한다. Jourard(1971)는 자기개방을 자신의 입장을 분명하게 밝히고, 자기 자신을 남에게 보여줌으로써 다른 사람이 '나'를 알 수 있게 하는 행위라고 했다. 자기개방은 어떤 사람이 다른 사람과 정보와 감정을 공유할 수 있을 만큼 신뢰수준이 높아질 때 가능하게 된다. 인간관계에서 의사소통은 어떤 모양으로든 자기를 드러내는 자기개방에서 시작된다고 할 수 있다.

그런데 어떤 사람은 다른 사람이 끼어들 기회를 찾아야 할 만큼 계속 말을 많이 하는 사람이 있는가 하면, 어떤 사람은 거의 말을 하지 않는 사람들도 있다. 또 다른 한편으로는 자신에 관한 이야기를 하는 것, 즉 자기개방이 필요하다고 느끼면서도 정작 자신에 관한 이야기를 차마 꺼내지 못하는 사람들도 많은 것 같다.

이처럼 자기개방을 기피하는 이유를 Powell(1969)은 "만약 내가 있는 그대로 자신에 관해서 이야기하거나 드러내게 되면 상대방이 나를 싫어하고 배척할까 두려워하기 때문"이라고 하였다. 이와 같은 자기방어적인 자기개방 기피는 자신의 자기이해도 어렵게 만드는 요인이 되기도 한다. 자기개방의 내용에는 자신의 비밀이나 난처함, 실패, 욕망, 감정, 그리고 개인적으로 중요하지만 어느 누구에게도 기꺼이 드러내고 싶지 않은 자신에 관한 모든 것들이 포함된다.

이러한 자기개방의 기능은 친밀한 인간관계 형성의 관건이 될 뿐만 아니라 자신의 감정들과 생각들을 표현할 수 있게 함으로써 스트레스 해소를 돕고, 자신의 감정이나 생각을 명료화하는 기능도 한다. 또한 자기개방은 다른 사람들로부터 피드백을 받을 수 있는 계기를 마련함으로써 자신을 더 잘 이해할 수 있는 기회를 갖게 된다.

2) 자기개방과 인간관계의 특성, 그리고 관계 개선

우리가 인간관계에서 참 만남을 통한 친밀한 관계를 발달시키지 못하고 가면의 관계, 스침의 관계에서 머물게 되는 것은 자기개방을 기피하기 때문이다. 그러므로 자기개방은 대인의사소통과 인간관계의 발달에 있어서 필수적인 조건 중에 하나라 할 수 있다.

자기개방(self-disclosure)과 인간관계 및 의사소통의 관계를 설명하는 모형으로서 Johari의 마음의 창(窓)을 흔히 예로 든다. 이것은 Joe Luft와 Harry Ingham이 인간관계에서 자기개방과 피드백 간의 관계성과 그 정도를 점검해 보기 위해 개발한 도구로서 두 창시자의 이름이 조합(Joe + Harry)된 **Johari window**로 불리게 된 것이다(Luft, 1970).

Joe Luft와 Harry Ingham은 [그림 5-1]에서처럼 하나의 큰 정사각형(마음의 창) 안에 한 개인의 모든 정보가 포함되어 있는 것으로 가정하고, 그 사각형 내에 담긴 한 개인 '나'에 관한 모든 가능한 정보들을 다음의 4가지 기준에 따라 4가지 유형의 작은 창들로 분류해서 4가지 각각의 작은 창에 속하는 정보들의 개방의 정도 혹은 특징들에 따라 창에 이름을 붙였다. 개인의 4가지 정보 분류의 기준들과 영역들은 다음과 같다.

① 너와 나 모두가 알고 있는 나에 관한 정보들: **창 I -개방영역(자유영역)**
② 너는 알고 있는데 나는 모르고 있는 나에 관한 정보들: **창 II -맹인영역**
③ 나만 알고 너에게는 숨기고 있는 나에 관한 정보들: **창 III -비밀영역**
④ 너와 내가 모두 모르고 있는 나에 관한 정보들: **창 IV -나 · 너 모두 미지영역**

이를 그림으로 나타낸 것이 [그림 5-1]의 **조-해리의 창: 4가지 자아영역들**이다. 인간관계의 만남의 상황에서 개인의 자기개방의 정도 혹은 그 특성들에 따라서 **조해리 창의 작은 창들**의 크기와 모양의 차이로 관계들의 특성을 알아볼 수 있는 그림으로 나타낸 것이다. [그림 5-2: 인간관계 형성의 시작/ 5-3: 친밀한 관계발달 후/ 5-4: 만남의 관계/ 5-5: 스침의 관계의 그림들]이다.

(1) 4가지 조해리 창들: 4가지 자아영역

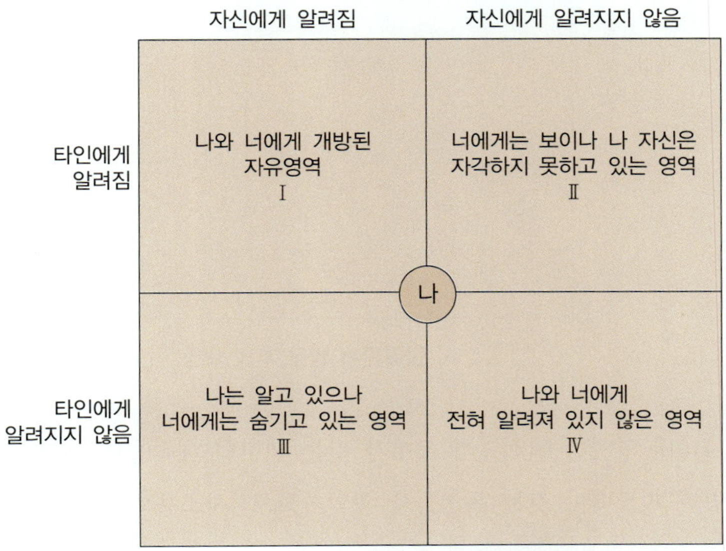

[그림 5-1] Johari 창: 4가지 자아영역들

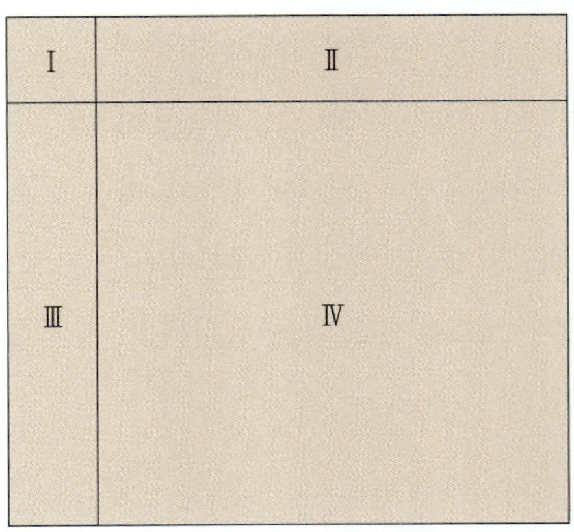

[그림 5-2] 관계형성의 시작 때

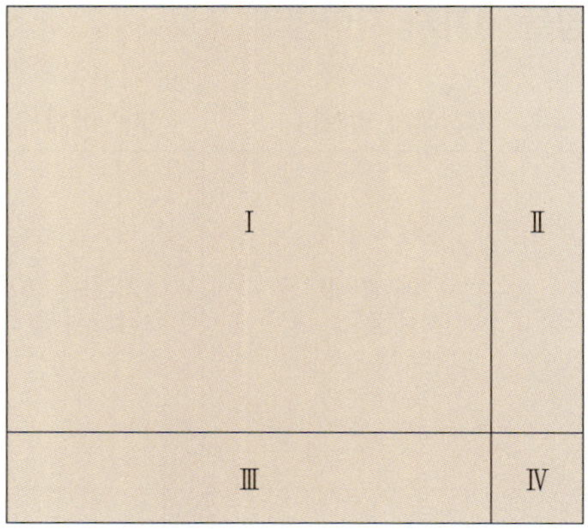

[그림 5-3] 친밀관계 발달 후의 모양

그렇게 나타낸 영역별 면적크기 차이가 갖는 의미의 해석들을 자신의 대인관계에서 자기개방과 피드백이 갖는 특징들을 파악하고, 의사소통의 문제 진단 및 개선방법 모색에 자료로 활용할 수 있다.

(2) 4가지 마음 창들의 함의와 인간관계 개선

이 4가지의 마음의 창들을 한 개인의 4가지 자아영역(self area)들이라 할 수 있다. 4가지 창들의 크기나 모양에 따라 나타나는 행동들이 한 개인의 인간관계의 특징들을 설명할 수 있다. 인간관계에서 조해리의 4가지 마음의 창(窓)들에 해당되는 각각의 사람들이 갖는 특징과 그 함의, 그리고 개선방법들을 알아보자.

개방영역의 경계는 내가 스스로 피드백을 요청하고, 자기를 공개, 개방함으로써 점진적으로 확장시킬 수 있다.

창 I: 개방영역

자기개방은 내가 다른 사람과 더불어 정보와 감정을 공유할 수 있을 만큼 신뢰수준이 높을 때 가능하다. 또한 다른 사람이 '나'를 개방적이고 수용적인 신뢰로운 사람으로 지각하고 이해하게 되면 어느 한쪽에서 피드백이 시작되고, 상호 피드백이 일어난다. 즉, 지속적인 대화가 가능하고 친밀관계가 형성될 수 있다(Powell, 1969;

Ellenson, 1982; 이형득, 1982). 따라서 이 개방영역이 넓으면 넓을수록 그 사람은 보다 자유로워진다. 그 사람은 자유롭고, 친밀한 인간관계를 발달시킬 수 있는 좋은 조건을 갖추고 있는 셈이다.

우리가 인간관계에서 참 만남을 통한 친밀관계를 발달시키지 못하고 가면의 관계, 스침의 관계에서 머물게 되는 것은 자기개방, 공개를 기피하기 때문이라 할 수 있다. 그러므로 자기개방은 대인 간 의사소통과 친밀한 인간관계 발달의 출발점이고, 필수적인 조건의 하나라 할 수 있다.

여기서 우리의 과제는 우선 개방하고자 하는 결단과 용기 그리고 신뢰감 형성과 개방영역을 계속 넓혀 가는 것이다. 학습과 훈련이 필요하다.

창II: 맹인영역

자신의 개방 정도가 이 영역에 가까우면 가까울수록 그 사람은, 자신을 적극적으로 표현하고 주장도 하지만 자신의 언행에 관해서 분별과 자각이 없어 사리 분별이 부족한 것이 특징이다. 자기 자신이 모르는 맹점들(blind spots)을 갖고 있다(Ellenson, 1982). 그래서 다른 사람들의 눈에는 부적절하고 개선해야 할 문제들이 많이 보이는데도 정작 자기는 그런 자신을 자각하지 못한다. 그래서 스스로 잘난 체한다든가, 문제가 없는 체하는 등으로 자기도취적 행동을 보일 수도 있다. 다른 예로는, 자신도 모르게 수업시간에 손가락으로 볼펜 돌리는 불필요한 행동, 특별한 병적 원인이 없는 데도 계속해서 두 다리를 떠는 행동 등 습관화된 행동들의 예도 들 수 있다. 자기각성과 자기이해가 부족한 사람들이다. 여기에 속하는 사람들은 자신의 맹점들을 알고 볼 수 있기 위해서는 우선 다른 사람들의 피드백을 요청하고 피드백을 받을 필요가 있다. 자기지각 연습 혹은 훈련이 필요하다.

창III: 비밀영역

감추고 비밀이 많은 사람들의 개방 정도가 이 영역에 속한다. 개방의 정도가 이 영역에 가까우면 가까울수록 그 사람들은 보통 자기표현을 못하거나 하지 않기 때문에 그 사람 속에 어떤 생각이나 느낌을 갖고 있는지 제대로 알 수가 없어서 다른 사람이 그에게 쉽게 접근하기가 힘들다. 한편으로, 그는 민감하여 자기 자신을 비교적 정확하게 이해하기도 하지만 스스로 이해하는 자기 자신을 수용하지 못해 남에게 있는 그대로 자신을 내어 놓기를 싫어하고 주저하기 때문에 자기를 은폐하려고 한다. 자기 은폐에 지나치게 신경을 쓰다 보니 불안과 긴장이 높아지고 타인과 생산적인 관계를 맺기가 힘들어진다. 자기의 능력을 충분히 발휘하여 생산적인 삶을 사는데 방해를 받기 쉽다.

이와 같은 사람들에게 특별히 자기개방의 용기와 개선을 위한 연습 및 훈련이 필요하다(이형득, 1982, p.25).

창IV: 나 · 너 모두 미지영역

자신의 개방 정도가 나에 관해서 자신과 타인 모두가 모르는, 전혀 알려져 있지 않은 미지(未知)의 영역인 네 번째 창의 영역에 속하는 사람들이 있다. 그러나 수많은 정보가 사람들이 전혀 알 수 없는 그 개인의 심층부에 존재한다. 그런데 이와 같은 정보들도 어떤 사람은 심리치료 및 상담이나 어떤 충격적인 경험이나 어떤 우발적인 사건 등을 통해서 알아내기도 하고, 또한 "아하!"와 같은 아주 극적인 정서적 통찰(emotional insight)을 통해서 변화를 시작할 수 있다.

3) 조해리의 창으로 표시되는 만남의 관계와 스침의 관계

[그림 5-4] 만남의 관계

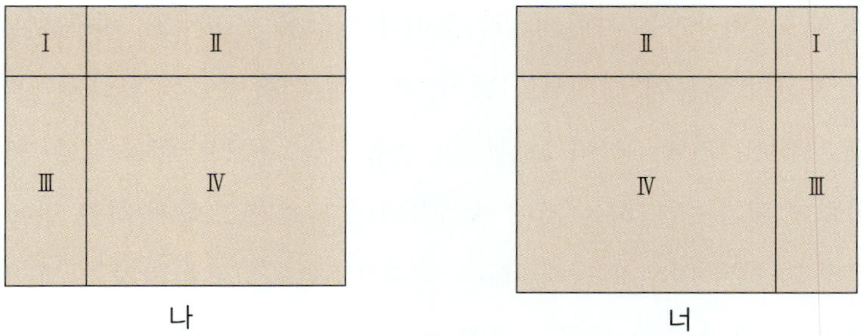

[그림 5-5] 스침의 관계

5. 언어적 의사소통의 장애요인

우리 모두가 효율적이고, 생산적인 대화를 할 수 있기를 바라고, 그로 말미암아 좋은 인간관계를 발달시키고 유지하기를 원한다. 효율적이고 생산적인 대화는 친밀하고 원만한 좋은 인간관계를 형성하고 유지하게 하며, 친밀하고 만족스러운 인간관계는 삶의 보람과 의미를 주는 행복한 삶에 필수조건이 되기 때문이다. 그런데 이와 같은 효율적이고 생산적인 대화, 즉 대인의사소통에 걸림돌이 되는 장애요인들은 무엇인가? 3가지 정도를 들어본다(Simons et al., 1994).

1) 판단하기

내담자 중심 혹은 인간 중심적 상담 및 심리치료의 창시자인 Carl Rogers(1961)는 대인의사소통의 주된 걸림돌이 되는 것은 다른 사람이 하는 말이나 행동을 '맞다', '틀리다'거나 '잘 한다', '못한다'로 판단해서 인정하거나 인정하지 않으려는 개인의 경향성이라고 지적한 적이 있다. 그는 인간의 판단적인 경향성을 자연적 경향성이라고까지 주장했다.

그러나 「판단하기」는 효과적인 의사소통의 걸림돌 중의 하나에 속한다. 이름 및 별명붙이기, 꾸민 칭찬 등도 판단하기의 예로 들 수 있다. 개인에 따라 차이는 있지만 우리 주변의 대부분의 사람들로부터 판단하는 경향성을 관찰할 수 있다. 음악을 듣거나 그림을 볼 때도, 지나가는 사람의 걸음걸이나 의상을 보고서도, 친구의 말이나 행동에 대해서도, 자신의 행동에 대해서도 평가, 판단해서 '음정이 정확하지 않다'든가, '형편없는 그림', '바보', '건달', '싹이 노란 놈', '영웅', '짱' 등으로 이름 혹은 별명을 붙인다. 우리는 이렇게 평가, 판단하는 것이 습관화되어 자기가 그렇게 하고 있는 것조차도 의식하지 못하고 있는 경우가 많다. 다른 한편으로는, 결과에 맞지 않게 과장해서 칭찬하기도 하고, 전혀 칭찬할 만한 경우도 아닌데 억지로 칭찬하기도 한다.

누구나 대인관계 과정이나 의사소통 과정에서 상대방을 평가, 판단하는 말이나 행동을 보이지만 정작 자신이 그런 평가, 판단을 받게 되면 불쾌감이나 섭섭함, 좌절감, 분노, 부적절감 등을 느끼게 되고, 인간관계에서 그것이 효과적인 의사소통에 걸림돌이 되고 있다.

2) 해결책 제시하기

언어적 의사소통의 장애요인으로서 「해결책 제시하기」에는 ① 충고, ② 질문, ③ 명령, ④ 위협, ⑤ 훈계 등의 방법으로 전달되는 비효과적인 의사소통의 방식들이 포함된다. 이러한 방식의 의사소통 과정에서는 보호적, 권위주의적, 공격적인 느낌 등이 함께 전달될 수 있다.

사람들이 흔히 "제가 잘 할 수 있도록 많은 **충고** 부탁드립니다."라고 말하지만 실제로는 다른 사람들로부터 자신에게 필요한 충고를 받아도 그리 좋은 기분이 아님을 보기도 하고, 자신이 직접 경험할 때도 있다. 왜 그럴까? 충고를 받는 사람에게는 자신의 신뢰와 능력의 결함 때문에 충고를 받게 되는 것으로 여겨지기 때문이다. 그러므로 인간관계에서 충고는 건설적인 경우가 드물고, 파괴적일 경우가 많다.

어떤 종류의 질문은 의사소통의 과정을 촉진시키므로 유익하다. 그러나 어떤 질문은 대인의사소통을 방해한다. 예컨대,

> "당신 어디 갔다 왔어요?"
> "밖에."

"뭐 했어요?"
"아무것도."

이와 같은 질문들은 부적절하게 상대방의 민감한 감정을 긁어서 거친 반응을 촉발시킬 가능성이 많다.

명령은 강압과 힘으로 밀어붙이는 것이다. 강압과 힘이 사용될 때 사람들은 흔히 분노하거나 저항하거나 아니면 복종적이 되거나 매우 추종적이 된다. 일상적인 의사소통 과정에서 명령은 상대방의 판단이 잘못되었다는 결론을 전제로 해서 주어지는 것으로서 상대방의 자존심을 손상시키는 경향이 있다.

위협은 제안된 해결책이 실행되지 않으면 벌이 따를 것이라는 메시지를 담은 해결책이다. 위협은 명령과 같은 부정적인 결과를 낳게 된다. 또한 많은 사람들은 상대방에게 **훈계**하는 방식으로 해결하려 한다. 「훈계하기」 속에는 "해야만 한다", "하지 않으면 안 된다"는 말들이 자주 사용된다. "네가 지금 하고 있는 일은 좋지 않아!", "당신이 그렇게 하면 정말 부도덕한 사람이야", "당신은 거짓말쟁이야" 등도 포함된다. 너무 잦은 훈계하기는 심한 불안 심리를 조장하고 분노를 일으키게 하고 가식적이 되게 함으로써 오히려 부도덕하게 만든다.

3) 상대방의 관심 무시하기

대화의 과정에서 상대방의 관심사로부터 자신의 관심사로 대화를 돌려 바꾸는 방식으로 흔히 사용되는 것이 전환전술(diversion)이다. 대화의 예를 들어보자.

상호: 나 요새 스트레스 엄청 받고 있어!
근수: 그래, 스트레스라면, 내가 어제 어떤 친구하고 이야기했는데, 그 친구 진짜 스트레스 많이 받고 있었어!
영호: 그 친구 누구지?
근수: 그 왜, 있잖아. 상수, 너도 알고 있지? 그 친구 실직한 거. 아내하고도 문제가 아직 풀리지 않았는데 …

영식: 내가 아는 친구도 6개월 전에 직장을 그만뒀는데 아직 일자리를 구하지 못했대 …

처음에 상호가 자신이 받고 있는 스트레스에 관해서 이야기를 하고 싶어서 먼저 말을 꺼냈는데 근수가 상호의 메시지에 대한 직접적인 반응을 피하고, 다른 사람의 스트레스에 관한 이야기로 전환시켜 그것이 영호, 근수, 영식이의 이야기로 계속 이어져 가는 과정에서 정작 상호의 스트레스에 관한 이야기는 실종되고 무시되어 버렸다.

상대방의 관심을 무시 혹은 회피하는 방법 중의 다른 하나는 논리적 논쟁이다. 우리 모두는 우리가 생각하고 문제를 해결하려고 할 때, 가능한 한 가장 논리적으로 생각하여 문제를 해결하고 싶어 한다. 그러나 논리는 감정을 다루지 않는다. 우리가 대인관계 문제를 해결하기 위해 논리를 사용하려고 하면 상대방의 감정은 보통 무시되기 쉽다. 예를 들면, 어떤 부부관계에서 남편이 아내한테 자주 "우리 서로 의견이 맞지 않을 때는 논리적으로 차근차근히 정리를 한번 해 봅시다."라고 말한다. 남편의 논리적인 생각이 맞을 수도 있다. 그러나 합리성을 넘어 논리에 맞지 않는 생각을 가질 수도 있다. 그러나 아내는 논리적인 합리성을 넘어 논리에 맞지 않는 생각을 가질 수도 있는 자신의 존재를 남편으로부터 수용받고 싶은 감정을 가지고 있는 것이다.

모든 인간은 언제나 논리적으로만 살 수 없는 존재들이다. 역으로 남편도 마찬가지이다. 감정을 가진 존재이기 때문이다. 예컨대, 사랑은 논리 이상의 것이다. 논리는 이러한 감정들에 대해 무관심하게 만들기 쉽다. 논쟁은 열린 대화가 아니고 반대 견해를 제시하는 것이기 때문에 대인의사소통을 파괴하는 요인의 특징을 가지고 있다.

Ⅱ. 비언어적 의사소통

"말보다 행동의 호소력이 더 크다"는 말이 생겨날 만큼 행동, 즉 비언어적 의사소통은 우리들의 의사소통에 있어서 매우 중요한 역할을 한다. 또한 비언어적 의사소통의 중요성을 대변해주는 자료가 있다. 그것은 면 대 면의 의사소통에 있어서 사회적 의미의 65% 혹은 93% 이상이 비언어적 행동에 의해서 전달된다(Burgoon, Buller, & Woodall, 1989).

앞 절에서는 대인의사소통에 있어서 언어와 언어적 의사소통의 요소들에 관해서 살펴보았다. 이 절에서는 ① 비언어적 의사소통의 유형, ② 비언어적 의사소통의 특성과 중요성에 관해서 기술함으로써 비언어적 의사소통의 이해와 개선을 위한 틀을 제시하고자 한다.

1. 비언어적 의사소통의 유형

비언어적 의사소통이란 표정이나 시선접촉 등과 같은 신체동작이나 공간 의사소통, 침묵, 그리고 음색 등과 같은 부수언어 등을 포함하는, 말이 아닌 다른 매체에 의해서 어떤 사람으로부터 상대방에게 전달되는 메시지를 말한다. 이러한 의사소통의 유형을 크게 보면 ① 신체언어, ② 침묵과 부수언어, ③ 자기제시, 그리고 ④ 물리적 공간(환경)으로 나누어 볼 수 있다(Simons et al., 1994). 다음에 이들에 관해서 좀 더 자세히 알아본다.

1) 신체언어

신체언어(body language)란 표정, 시선접촉, 제스처, 자세, 터치 등을 포함하는 신체동작 혹은 움직임(body motion)을 말한다.

(1) 표정

표정(facial expression)들이 중요한 메시지들을 전한다. 특정한 정서들을 드러내는가 하면, 우리들에게 실제로 무엇이 문제인가를 말해주기도 한다. 표정을 통해서 우리는 특별히 6가지 기본적인 정서들, 즉 행복, 슬픔, 놀람, 공포, 분노, 혐오 감정들을 각각 분별할 수 있게 잘 드러내고, 또한 잘 알아볼 수 있다(Ekman, 1990). 이것은 인종에 상관없이 보편적이다.

이러한 표정은 정서 상태나 메시지에 대한 반응들을 전달하는 얼굴 근육들의 조정 현상이다. 표정형성을 위해 조정되는 근육의 세 부위들은 ① 이마, ② 눈, 눈썹, 양미간, 그리고 ③ 볼, 입, 코, 턱 부분들이다(Verderber & Verderber, 2004).

표정과 관련해서 가장 큰 문제는 자신의 의도와 표정이 일치되지 않을 경우이다. 예컨대, 분노를 느끼고 있으면서 표정을 보이지 않거나 어색하게 웃는 경우이다. 표정을 숨기는 것은 어렵다. 그러나 숨길 수 있는 사람도 있다. 그 사람의 말에서는 알 수 없는 본심을 그 사람의 표정을 통해서 알아볼 수도 있다.

표정에 대한 의미부여에는 문화차이와 성차가 있다. 전통적인 한국 문화는 낯선 사람과 마주칠 때 미소 짓는 반응을 삼가는 것이 오히려 예의라 생각하는 경향(지금은 많이 변화하고 있지만)이나 반면에 우리가 흔히 볼 수 있듯이 미국사람들은 낯선 사람들이라도 눈이 마주치면 자연스럽게 미소로 응대한다. 또한 남성은 여성보다 얼굴표정을 덜 드러내어 보이는 경향성이 있다. 이것은 남성들에게는 '사내답기 위해서는 입이 무거워야 하고, 자기 속내를 쉽게 드러내어서는 안 된다'고 하는 경우처럼 표정을 나타내는 것에 대한 사회적 압력과 관련되는 것으로 해석해 볼 수 있다.

(2) 시선접촉

시선접촉(eye contact)은 응시(gaze)라 일컫기도 한다. 이것은 비언어적 의사소통의 중요한 수단 중의 하나로서 다양한 의미들을 전달하는 매개로 사용되고 있다. 의사소통을 하고 있는 사람과 시선을 접촉하는 모양과 지속시간에 따라 상대방에게 여러 가지 의미의 메시지들이 전달된다.

시선접촉은 감정의 강도를 전하는 수단이 된다. 그래서 시선접촉은 매력감과 관련성이 크다(Kleink, 1986; Paterson, 1988). 예를 들면, 사랑에 빠져 있는 사람들이나 서로 좋아하는 사람들은 그렇지 않은 사람들보다 응시하는 시간이 더 길다는 연구보고가 있다. 또한 강하고 지속적이거나 전혀 시선접촉이 없는 것과는 대조적으로 적절한 시선접촉은 상대방으로 하여금 긍정적인 감정을 갖게 한다. 부정적인 대인관계 상황에서 계속적인 응시는 노려보는 것으로 지각될 수 있다. 노려보는 것은 공격성으로 느끼게 할 수 있기 때문에 대부분의 사람들에게 불편을 느끼게 하고, 그 상황을 피하고 싶게 한다. 어색하고 불편한 관계나 당혹스러운 상황에서는 시선접촉을 피하게 되거나 그 수가 줄어든다. 그러므로 시선접촉의 감소도 또 다른 하나의 비언어적 의사소통의 수단으로 사용되고 있는 것이다.

Simons와 Kalichman 등(1994)은 또 다른 측면에서 시선접촉의 기능을 다음과 같이 소개하고 있다.

첫째, 피드백을 점검하는 기능을 한다. 흔히 우리는 금방 내가 말한 것에 대한 상대방의 반응이 어떤가를 알아보기 위해서 상대방의 눈을 바라본다.

둘째, 말할 차례를 알리는 신호기능을 한다. 집단에서 이야기를 함께 나눌 때, 이제 당신이 이야기할 차례라는 사실을 암시하기 위해서 상대방에게 시선을 마주친다.

셋째, 인간관계의 특성을 알리는 신호기능을 한다. 우리가 좋아하는 사람에게 시선접촉을 더 많이 하게 되나 싫어하는 사람이나 어색함을 느끼게 되는 사람에게는 시선접촉을 피하게 된다. 시선접촉은 의식적이건 무의식적이건 상대방에 대해 좋거나 싫거나 불편함을 알리는 신호기능을 한다.

넷째, 물리적 거리감을 시선접촉을 통해 처리한다. 파티나 다른 어떤 모임에서 거리가 멀어도 시선을 마주침으로써 그 사람에게 심리적 친밀감을 표현하기도 한다.

시선접촉의 양상은 문화와 밀접하게 관련되어 있다. 미국인이 아시아 문화권 사람들에게 불쾌감을 느낄 때 그 이유 중에 하나가 아시아인들은 사회적 상호작용 중에 상대방을 바로 바라보지 않은 것 때문이라고 한다(Matsumoto, 1996). 우리의 옛 어른들이 길을 가다가 아는 분을 만나면 인사할 때 서로 마주보지 않고 약간 방향을 비껴서 인사말을 주고받으며 가볍게 머리 숙여 응대하는 모습을 흔히 볼 수 있었다. 미국의 경우 대인 상호작용의 과정에서 여성이 남성보다 더 많이 응시하는 경향의 성차를 보인다고 한다.

시선접촉의 형태는 사회적 지위를 반영하기도 한다. 고위직자와 하위직자 간의 의사소통 과정에서 **고위직자**는 들을 때보다는 말할 때 상대방을 더 많이 바라보면서 말하고, **하위직자**는 반대로 들을 때 상대방을 더 많이 바라보면서 듣는다. 성별 간에 있어서 일반적으로 여성은 대체로 하위직자들처럼 말할 때보다 들을 때 상대방을 바라보면서 듣는 경향이 높지만, 여성도 고위직자일 경우에는 남성과 마찬가지로 들을 때보다 말할 때 상대방을 더 많이 응시하면서 말하는 경향을 보인다(Dovido et al., 1988). 이러한 현상은 시선접촉의 형태는 사회적 지위와 성별 간에 혼합되는 경향을 보여주고 있다.

이와 같은 문화 간 또는 남녀 간 시선접촉 형태의 차이들에 관한 이해는 매우 중요하다. 그것은 이들에 관한 이해가 없으면 대인관계에서 오해요인들이 될 수 있다. 우리는 의사소통 과정에서 우리의 시선접촉을 의식적으로 각성하려는 노력과 연습을 통해서 우리의 시선접촉을 개선할 수 있을 것이다. 만약 우리의 시선이 상대방을 빗겨가고 있는 것을 알아차리게 되면 바로 보는 자세로 바꾸는 노력이 필요하다.

(3) 제스처

제스처(gesture)란 대인의사소통의 과정에서 말의 표현효과를 높이기 위해서나 강조하기 위해서 어떤 메시지의 전달에 사용되는 사지(四肢) 및 신체동작 혹은 신체움직임들을 말한다. 이것은 신체언어의 한 형태이며, 자기제시(self-presentation)의 한 방식이라 할 수 있다.

사람들은 분노를 나타낼 때 불끈 쥔 주먹을 흔든다. 데모군중들은 자신들의 의지를 강하게 나타내기 위해 주먹을 흔들며 구호를 외치기도 하고, 연설자가 자신이 말하고자 하는 바를 강조하기 위해 주먹으로 책상을 치기도 한다. 또한 엄지와 집게로 동그라미를 만들어 만족스러움과 모든 것이 잘 되어가고 있음을 나타내기도 한다. 긍정 혹은 허용한다는 뜻으로 고개를 끄덕인다든가, 부정 혹은 거부하는 뜻으로 머리를 좌우로 흔들기도 한다. 중단이나 끝을 낸다는 뜻을 전하기 위해서 손으로 자르는 시늉을 내기도 한다. 조급함을 나타낼 때는 발을 동동 구르며 온몸을 흔들기도 하고, 손가락으로 방향을 가리키기도 한다. 초조할 때는 손을 계속 만지작거리거나, 손가락 끝으로 바닥을 계속 톡톡 치기도 한다. 미국사람들에게서 흔히 볼 수 있었던 제스처 하나가 요즘 우리나라 어린이들이나 젊은이들을 통해서도 잘 볼 수 있는 제스처가 있다. 그것은 '나도 잘 모르겠다. 나는 별로 관심이 없다'는 뜻으로 '고개를 약간 갸우뚱하면서 손바닥을 앞으로 펴 든 자세로 양 어깨를 으쓱해 보이는 몸짓'이다.

제스처의 의미도 문화에 따라 달라진다. 앞서 예로 든 OK를 나타내는 손가락으로 만드는 동그라미도 어떤 나라에서는 음란한 제스처로 간주되기도 한다(Weiten & Lloyd, 2003).

(4) 자세와 호흡

자세(posture)는 몸의 움직임과 태도를 말한다. 자세나 자세의 변화는 어떤 메시지를 전하고 있다. 갑자기 바로 고쳐 앉아서 몸을 숙이는 자세는 주의를 새롭게 가다듬고 있음을 뜻한다. 일어서는 것은 예의를 표하는 것일 수 있고, 상대방으로부터 등을 돌리는 것은(반드시 그런 것은 아니지만) 그 사람으로부터 주의의 방향을 무관심이나 무시로 바꾸려 할 때 그럴 수도 있다.

몸과 다리나 팔이 자연스럽게 놓이고 약간 기댄 자세, 소위 개방된 자세(open position)는 상대방으로 하여금 이완된 편안한 느낌을 갖게 한다. 이처럼 이완된 자세는 개방성을 나타내고 반면에, 긴장되고 엄격한 자세는 방어성을 드러내 보이는 것으로 해석할 수 있다.

상대방이 나에게 보이는 자세를 통해서 나에 대한 그 사람의 관심과 마음을 알 수 있다(McKay et al., 1995). 보통 당신에게 기대는 자세를 가지는 사람은 당신에 대해 긍정적이고 관심을 가지고 있음을 말해주는 것이다. 비스듬히 멀리 비껴서 있거나 팔짱을 끼고 서 있으면, 부정적이거나 방어적임을 나타내고 있는 것일 가능성이 높다.

자세는 지위와 성에 따른 특징들을 보이기도 한다. 일반적으로 고위직자와 하위직자 간에서 고위직자는 이완된 자세를 보이는 편이고, 하위직자는 보다 경직된 자세를 보이는 경향이 높다. 하위직자들은 두 발을 모으고 몸을 바로 세워 차렷 자세를 취하는 폐쇄된 자세를 보이는 편이다. 일반적으로 남성은 개방적인 자세를 보이는 경향이 있고, 여성은 남성에 비해서 폐쇄적인 자세를 보이는 경향이 높다(Hall, 1984).

호흡(breathing)은 우리의 감정 상태와 태도를 나타내 보이는 비언어적 매개 역할을 한다. 그러므로 우리는 상대방의 호흡 상태의 관찰을 통해서 상대방의 감정 상태나 태도에 포함되어 전달되는 메시지를 알아볼 수 있다. 빠른 호흡은 흥분, 두려움, 성급함, 극단적인 기쁨, 혹은 불안한 상태와 관련되어 나타날 수 있다. 숨을 들이마신 후 호흡을 멈추고 있다가 짧게 다시 공기를 헐떡이며 들이마시는 방식의 호흡 상태는 긴장과 불안에 싸여있는 상태임을 말해주고 있는 것이다. 공기를 위장에까지 채우는 깊은 호흡은 감정과 행동이 결합, 조절될 때 보다 쉬워진다. 이것은 감정과 행동이 함께 조절이 되지 않으면 깊은 호흡이 불가능함을 의미한다.

(5) 터치

우리는 태어나면서부터 터치(touch)에 의한 의사소통을 경험한다. 우리는 태어나자마자 부모와 성인들로부터 수많은 긍정적 혹은 부정적인 신체적 터치를 받으면서 자라왔다. 그리고 아기들도 신생아 때부터 무의식적이고 무의도적인 터치행동을 하기 시작한다. 터치는 이처럼 신생아기에서부터 비언어적 의사소통의 중요한 수단이었을 뿐만 아니라 그 후의 남은 생애에 있어서도 매우 중요하고, 강력한 영향력으로 작용한다. 그래서 터치는 그것이 긍정적인 것이든 부정적인 것이든 신생아기로부터 평생한 인간이 살아가는 동안 존재를 인정받는 터치 의사소통의 의미를 지니고 있다.

그러므로 손과 손가락에 의한 터치행동은 일반적으로는 비언어적 의사소통의 가장 기본적인 형태라 할 수 있고, 특수하게는 자기제시(self-presentation)의 기본적인 양식이라 할 수 있다. 자라면서 우리는 손과 손가락뿐만 아니고 다른 신체부분들을 사용해서 꼭 껴안거나 손바닥으로 찰싹 때리거나 키스하거나, 꼬집거나, 쓰다듬고, 잡거나 포옹하거나 간질이는 등의 터치행동의 양식이나 범위가 확대되어 간다. 이러한 터치행동들을 통해서 우리는 다양한 정서와 메시지들을 주고받으며 긍정적 혹은 부정적 존재인정의 경험들을 하며 살아간다.

터치의 기능 가운데는 위로, 지지, 권력과 지배, 그리고 성적 표현 등이 포함된다

(DeVito, 1992). 손을 잡거나 팔로 둘러 안거나 혹은 꼭 껴안아 주는 터치로 좌절과 슬픔에 빠진 이들을 위로하고 지지해 준다. 높은 지위에 있는 사람들이 낮은 지위에 있는 사람들을 터치하는 기회가 반대의 경우보다 더 쉽게 허용되고 있다.

사람들은, 다른 사람으로부터 원하지 않은 터치에 대한 반응들이나 자신들의 터치 행동에는 차이가 있다. 개인적 기호, 가정배경, 혹은 문화에 영향을 받아 터치하기를 좋아하기도 하고, 터치받기를 좋아하기도 한다. 이와는 정반대인 사람들도 있다.

성차의 측면에서 보면, 여성은 남성에 비해서 터치를 덜 하는 편이다. 그러나 여성은 남성보다 터치에 대해 높이 평가하는 경향을 보인다. 여성은 따뜻함과 친화를 나타내는 표현행동으로 보는 반면에 남성들은 수단적 행동으로 보는 것 같다. 당신이 터치로 의사소통을 하고 있는 것이 긍정적으로 혹은 부정적으로 지각될 수도 있다. 터치의 패턴이나 의미는 사회 혹은 가족문화 간에 차이가 있다. 이것은 터치의 패턴이나 의미는 문화에 의해 영향을 받는다는 것을 의미하기도 한다.

2) 침묵과 부수언어

비언어적 의사소통에는 신체동작이나 움직임의 상태를 통해서 메시지를 전하는 것 외에도 말의 고저, 크기, 속도 등과 같은 언어적 표현에 수반되는 비언어적 부분인 부수언어, 그리고 침묵도 함께 포한된다(Simons et al., 1994; McKay et al., 1983).

(1) 침묵

덴마크의 철학자 Spinoza는 “만약 인간에게 말할 권한만큼 침묵할 권한이 있다면 인간은 분명히 훨씬 더 행복할 것”이라고 하여 침묵할 수 있는 여유가 인간 행복의 중요한 조건이 됨을 강하게 시사한 바 있다. 반면에 “말만 잘 하면 천 냥 빚도 갚는다”는 금언이 있는가 하면, “침묵은 금이다”고 하는 금언도 있다. 말과 침묵 모두 결정적으로 중요한 효과를 발휘할 수 있다고 하는, 어떤 면에서는 서로 모순되는 듯한 금언이다. 이러한 금언들은 침묵이나 말은 모두 경우나 상황에 따라서 긍정적 효과를 거둘 수도 있는 메시지를 전하는 매개가 될 수도 있고, 부정적인 결과를 가져올 수도 있는 메시지 전달 매개가 될 수 있음을 시사해주고 있는 것으로 이해할 수 있다.

우선, 침묵(silence)이 전하는 다양한 메시지의 의미를 적어보면 다음과 같다(Knapp & Vangelisti, 2005. p.321).

〈표 5-1〉 **침묵의 의미들**

• 동의 • 사려깊음 • 폭로(우리는 말로 설명하지 않음으로써 많은 것을 나타낼 때가 있음) • 따뜻함(참여자들은 감쌈) • 순종 • 주의 기울임 • 고려	• 부동의(침묵으로 처치 반응) • 무지함 • 비밀 • 냉정함(참여자들을 분리시킴) • 공격 • 싫증 • 무관심

훌륭한 청취자는 침묵하고 있는 동안에 다른 사람들에게 관심을 기울이고, 다른 사람들의 행동을 관찰하면서 다음에 말할 것들을 생각한다. 침묵하고 있다고 해서 그냥 아무것도 하지 않고 있는 것은 아니다.

(2) 부수언어

부수언어(paralanguage)는 언어적 표현에 수반되는 비언어적인 특성들을 말한다. 말의 속도(speed 혹은 rate), 말소리의 크기(volume), 고저(pitch), 그리고 말소리의 울림 혹은 음질(sound 혹은 qaulity), 그리고 리듬(rhythm) 등의 특성들을 여기에 포함시킬 수 있다(Verderber & Verderber, 2005; McKay et al., 1983). 같은 말이라도 이러한 부수언어의 요소들에 의한 특성들 간의 차이는 전달되는 의미에 영향을 미친다. 전달되는 메시지의 의미에 영향을 미치는 요인으로 크게 두 가지를 들 수 있다. ① 음성의 특성들과 ② 음성적 간섭요인들이다.

① 음성의 특성들

• **고저**: 말소리는 높고 낮음의 특성을 지니고 있다. 예컨대, 남성의 테너는 베이스

보다 여성의 소프라노는 알토보다 높은 음역이다. 보통 여성의 목소리는 남성에 비해서 높은 피치(pitch)의 음역이라 할 수 있다. 사람들은 말할 때, 자신의 어떤 생각을 강조하기 위해서 높은 음역의 소리로 말한다. 자신의 말이 강력한 느낌을 갖도록 하기 위해서는 말소리를 가라앉혀서 음역을 낮추기도 한다. 또한 신경질적일 때는 음역이 높아지기도 한다. 한결같은 음역으로 말하는 단조로운 목소리는 지루함을 느끼게 하고, 높고 강한 음조는 말하는 사람의 열정을 전하기도 한다.

- **크기**: 목소리가 크거나 부드러움을 말한다. 목소리의 크기는 상황에 따라 달라진다. 시끄러운 장소에서 말할 때는 말소리가 커지게 된다. 화가 났을 때도 보통 목소리가 커지고, 낭만적이고 사랑하는 사람들 간의 이야기는 소리가 부드러워진다.
- **속도**: 행복할 때, 놀랄 때, 신경질이 날 때 혹은 흥분하고 있을 때 말의 속도는 보통 빨라진다. 그러나 그들이 문제를 풀고 있거나 어떤 점을 강조하려고 할 때는 보다 느려지기도 한다.
- **음질**: 사람의 목소리는 울림의 성질 혹은 정도에 따라 특성을 나타낸다. 종소리 같은 목소리, 쉰 목소리, 신경질적인 날카로운 쇳소리 등을 들 수 있다. 나아가서 우리는 개개인의 마음 상태에 따라 의사소통 과정에서 약간씩 다른 음질의 목소리를 사용한다. 불만스러울 때는 흐느끼듯 코에 건 비음, 유혹할 때는 부드럽고 속삭이는 목소리, 분노할 때는 불쾌감을 주는 거친 목소리를 사용한다. 우리는 어릴 때부터 발달시켜 온 목소리 습관을 가지고 있다. 그래서 어떤 때는 본의 아니게 습관적인 말투 때문에 오해를 받을 수도 있다.
- **리듬**: 리듬은 특정 단어가 한 문장에서 강조될 때, 나타나는 운율을 말한다. 같은 문장이라도 리듬에 따라 전달되는 의미에 차이가 난다. 한 문장이, 강조되는 단어에 따라 그 의미에 어떤 차이를 나타내는지 다음에 그 예를 들어보자.

→ **내게**는 정말 재미있고 보람된 시간이었습니다. (다른 사람은 어떠했는지 잘 몰라도 나는 재미있고 보람된 시간이었습니다.)

→ 내게는 **정말** 재미있고 보람된 시간이었습니다. (내게는 기대 이상으로 재미있고 보람을 느꼈습니다.)

→ 내게는 정말 **재미있고 보람된** 시간이었습니다. (내게는 정말 재미있고 보람된 시간이었습니다.)

모든 노래가 각기 특정 리듬을 가지고 있듯이 모든 언어도 그러하다. 아기들은 단어를 사용해서 말할 수 있기 전에 성인들의 언어 리듬을 모방한다. 성인이 되어서는 가족환경에서 학습한 대로 자연스럽게 말의 리듬을 사용하게 된다. 앞서 예에서 볼 수 있듯이 말하고자 하는 내용 중에서 어느 단어를 선택해서 강조하느냐에 따라 전달되는 의미가 달라지므로 말의 리듬은 의사소통에 있어서 매우 중요하다. 말하고자 하는 내용 중 특별히 강조하고자 하는 단어를 적절하게 잘 선택하면 진술하고자 하는 뜻을 참신하게 전달할 수 있다.

우리는 각자의 노력이나 또한 다른 사람의 피드백을 통해서 자신의 습관적인 말투를 알아볼 수 있다. 다른 한편으로는, 만약 우리가 자신의 의사소통 과정에서 현재 내가 하고 있는 말의 고저나 크기, 속도, 음질, 리듬 등의 '부수 언어적' 요소들의 사용에 관해서 각성할 수 있으면 이를 기초로 해서 현재 나의 마음이나 감정 상태를 알아차릴 수 있다. 이러한 각성과 자기이해에는 바람직한 방향으로의 자기변화와 개선을 위한 노력의 출발점이 될 수 있다.

② 음성적 간섭요인들

말이 진행되고 있는 과정에 불필요한 단어들이나 소리가 끼어들거나 끼어 넣어 말의 흐름을 간섭, 방해하는 일체의 소리나 단어들을 음성적 간섭요인(vocal interference)이라 한다. 강의나 연설할 때, 혹은 대화과정에서 말이 잘 생각나지 않을 때, 혹은 어떤 사람은 습관적으로 '음-', '어-', '자-', '있잖아요' 영어로는 'well', 'ok', 'you know' 등을 끼어 사용하는 것을 우리들은 흔히 경험한다. 이런 간섭요인들이 언제나 문제가 되는 것은 아니지만 이런 소리들이 지나친 것으로 상대방에 의해 지각되어 의미에 집중을 방해할 때 문제가 된다. 간섭요인들이 청취자에게 문제를 갖게 하는 것뿐만 아니라 말하는 사람의 어떤 상태를 전하는 메시지의 신호가 되기도 한다. 여기에는 신음, 한숨, 비명, 투덜거림과 같은 말이 아닌 모든 종류의 아류음성(subvocal)도 포함시킬 수 있다.

3) 자기제시

"우리는 자기 자신을 어떻게 보는가?"를 의미하는 자아개념(self concept)을 가지고 있는가 하면, 다른 사람들이 자기를 어떻게 보아주기를 원하는가를 의미하는 공적 자아(public self)를 의식하면서 살아가고 있다. 그래서 우리는 부모, 친구, 직장동료 등과 만날 때 공적 자아를 어떤 방식으로 나타내 보일 것인가를 고민하게 된다. 이 고민이 바로 자기제시(self-presentation)에 관한 문제이다.

공적 자아는 한 개인이 사회적 상호작용, 즉 인간관계에서 다른 사람들에게 제시하고자 하는 자신의 이미지를 말하고, **자기제시**는 자신이 다른 사람에게 나타내 보이고자 하는 자신의 이미지 표현방식이라 할 수 있다. 비언어적 의사소통의 한 방법이다(Verderber & Verderber, 2004). 즉, 자기제시가 자신의 이미지를 다른 사람에게 전달하고자 하는 의사소통의 기능을 가졌기 때문이다.

자기제시의 요소들을 통해서 우리는 상대방에 관해서 많은 것을 알게 될 뿐만 아니라 이렇게 알게 된 정보들과 이들에 근거한 판단들이 의사소통 과정에서 긍정적으로 혹은 부정적으로 중요하게 영향을 미친다. 자기제시 요소들을 크게 다음의 두 그룹으로 집약해 볼 수 있다.

(1) 선택한 옷차림, 몸치장, 품위, 자신감의 표출 정도, 신체적 터치방식 등

한 개인은 자신의 개성을 존중받을 권리를 가지고 있다. 그럼에도 불구하고 우리의 옷차림이나 치장, 자신감 표출, 그리고 품위 등이 다른 사람들에 의해 지각, 관찰되고, 그 결과들은 우리의 태도 및 행동 판단의 단서들이 되어 비언어적 매개로서 공적 자아의 이미지 전달에 매우 중요한 역할을 한다. 여기서 품위는 다른 사람들과 만남의 상황에서 보이는 매너를 말한다.

(2) 시간 사용방법

시간 사용방법은 어떤 사태에서 사용되는 지속시간, 그 활동(일 혹은 행동), 그리고 약속시간 엄수의 정도 등의 요소들을 포함하는 시간의 구조화와 그에 따른 사용을 의미한다.

① **지속시간**(duration)은 어떤 사태에 적절하다고 자신이 생각하는 시간의 양을 말한다. 예컨대, 사람들은 보통 설교시간은 20~30분 정도 지속될 것으로 기대하고 있을 수 있다. 수업시간은 50분 정도 영화 한편의 상영시간은 1시간 30분에서 2시간 정도 되는 것으로 생각하고 있는 경향이 있다. 그런데 자신이 기대한 시간이 초과되면, 초과되는 시간에 따라 의사소통에 미치는 영향은 다양해질 수 있다. 한 예를 들면, 다른 중요한 약속을 앞두고 있는데 예상했던 시간보다 수업 마치는 시간이 늦어지고 있다. 처음에는 초조해지다가 나중에는 화를 내게 될 수도 있을 것이다.

② **활동**(activity)은 예컨대, 낮에는 일하고, 밤에는 잠자고, 정오에는 점심을 먹는 등과 같이 하루의 정해진 시간에 하도록 되어 있는 일들을 그 시간에 수행하는 것을 말한다. 우리는 이런 관습들에 기초해서 자연스럽다고 지각되는 경우에서 벗어나는 일을 하거나 행동을 보일 때 그것은 그 일을 수행하는 사람에 대한 이해와 판단에 중요하게 영향을 미치고, 그것이 의사소통 및 인간관계에 중요하게 영향을 미칠 수도 있다.

③ **약속시간 엄수**는 약속시간이 충족되는 것을 말한다. 오전 10시에 만나기로 했는데 9시에 온다든가, 11시에 온다면 그 사람에 대한 지각이 달라질 수 있고, 의사소통에 영향을 미칠 수 있을 것이다. 그것도 상대방이 친한 친구인가, 아니면

처음 만나는 사람인가, 혹은 5분 정도 늦거나 빨라졌는가, 30분 정도가 되느냐 등에 따라서 지각과 의사소통에 미치는 영향이 달라질 것이다.

이상과 같은 자기제시의 방법들을 통해서 우리는 의식적이든 무의식이든 자신에 관한 정보들을 다른 사람들에게 전달하게 되고, 상대방은 이 정보들을 토대로 하여 서로 응대하는 의사소통에서 서로 영향을 주고받게 된다. 경우에 따라서는 계속적인 인간관계의 발달에도 긍정적으로 혹은 부정적으로 영향을 미칠 수 있다.

자기제시는 인상관리와 자기관찰조정을 중심으로 이루어진다(Weiten & Lloyd, 2003). 인상관리(impression management)는 다른 사람이 나에 대해서 좋은 인상을 갖도록 나에 대한 상대방의 사고방식에 영향을 주기 위한 일상적인 의식적 노력을 말하며, 자기관찰조정(self-monitoring)은 개인 자신이 다른 사람에게 주는 인상에 주의를 기울이고, 자신의 인상을 보다 세밀하게 점검, 조정하는 것을 말한다. 우리는 계속적인 적합한 인상관리와 자기관찰조정을 통해서 더 좋은 이미지를 만들어 갈 수 있다.

4) 물리적 공간에 의한 비언어적 의사소통

대인의사소통의 과정에서 개인을 둘러싸고 있는 물리적 환경이 비언어적 의사소통의 매체로 기능함으로써 우리들의 의사소통 과정에 영향을 미친다. 비언어적 의사소통의 매체로 기능하는 물리적 환경의 요소들로는 ① 공간, ② 온도, 채광 및 채색 등을 들 수 있다. 다음에는 이들 중에서 개인적 공간이 갖는 비언어적 의사소통의 기능과 그 의미들을 살펴보기로 한다.

미국의 인류학자 Edward Hall(1969)은 우리가 거의 무의식적으로 구성한 개인적 공간(personal space)을 가지고 있어서 그것을 대인관계 과정에 적용함으로써 우리가 다른 사람들과 관계형성과 그 특성결정에 중요하게 영향을 미친다고 믿었다. 그래서 그는 미국의 중산층 국민들이 관계의 수준이나 성질에 따라 대체로 편하게 대인 상호작용을 할 수 있는 공간의 종류를 네 가지의 대인거리 영역들로 분석했다. 즉, ① 친밀한 대인거리(0~46cm), ② 개인적 대인거리(46~120cm), ③ 사회적 대인거리(1.2~4m), 그리고 ④ 공적 대인거리(4~8m)들이다.

그리고 Hall은 한 가지의 대인거리 영역 내에서도 가까운 곳에서 더 먼 거리까지 전체의 중간 1/2 지점을 기준으로 하여 그 지점 전후의 거리를 둘로 세분하였다. 이에 관해서는 네 가지 영역들의 세부 기술에서 첨가하여 살펴보기로 한다.

McKay 등(1983)이 Hall의 이 네 가지 대인거리 영역들을, 한 개인을 둘러싸고 있는 개인적 공간들을 네 개의 겹친 원들의 그림으로 나타낸 것이 [그림 5-6]이다.

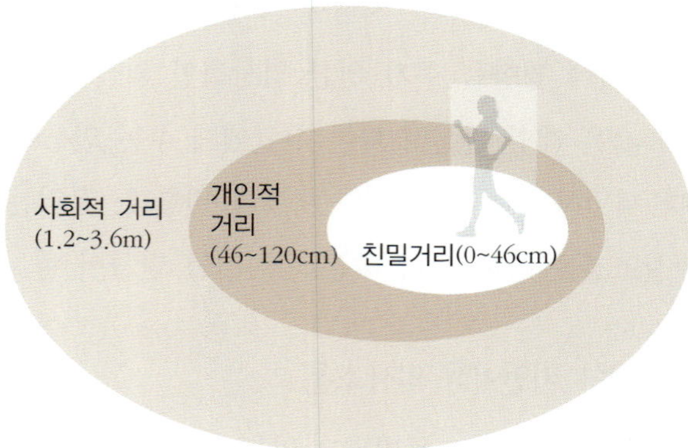

[그림 5-6] 개인의 공간적 관계 유형
(Mckay, Davis, & Famming, 1983, p.65)

① **친밀 대인거리 영역**(0~46cm): 실제로 신체적 터치가 가능한 가까운 하위영역(0~20cm 정도)과 신체로부터 21~46cm 정도 떨어지는 먼 영역의 두 하위영역 둘로 나누고 있다. 일반적으로 부부, 연인, 절친한 친구들, 그리고 부모와 자녀들은 이 대인거리 영역에서 편하게 친밀한 의사소통을 할 수 있다. 친밀하지 않은 사람들이 본의 아니게 이 영역에 들어오게 되면 당황하거나 어색함을 느낄 수 있다. 엘리베이터에서 낯선 사람을 만나면 어색하고, 서로 눈을 마주치게 되는 것

을 피하려고 하는 경우를 한 예로 들 수 있다.

② **개인적 대인거리 영역**(46~120cm): 46~75cm 정도 거리의 가까운 하위영역과 75~120cm 정도 거리의 좀 떨어진 하위영역을 포함하고 있다. 이 영역의 대인거리가 가까운 하위영역에서는 여전히 쉽게 신체적 터치가 가능하다. 일반적으로 또래, 친구들은 이 영역에서 편하게 상호작용할 수 있다. 파티에서 편안하게 대화를 나눌 수 있는 영역이다. 그러나 75~120cm로 대인거리가 보다 먼 하위영역에서는 터치는 불가능한 영역으로서 비교적 사적인 토론 정도는 편하게 할 수 있을 것이다.

③ **사회적 대인거리 영역**(1.2~3.6m): 사교모임에서 이야기를 나누거나 사무실에서 업무상으로 공식적 대화를 할 때, 그리고 작업장에서 작업하는 동료 간에 편안하게 느끼면서 교제할 수 있는 거리이다. 이 영역에서 대인거리가 보다 가까운 1.2~2.1m 정도의 거리를 지닌 하위영역에서는 고객이나 봉사원과 비개인적인 업무에 관해서 이야기를 나누는 정도는 편하게 할 수 있다. 상위직자가 서서 앉아 있는 부하직원과 업무에 관한 이야기를 나누는 상호작용을 흔히 볼 수 있는 영역이다. 대인거리가 2.1~3.6m 정도 되는 이 영역에서 보다 먼 하위영역은 가장 흔하게 업무에 관한 형식적인 상호작용을 보이는 영역이다. 가정에서 남편과 아내가 이 거리를 두고 함께 있으면 책을 읽거나 TV를 보거나 혹은 잡담하면서 보내는 정도의 상호작용을 한다.

④ **공적 대인거리**(3.6m 이상): 이 영역은 수업 교실의 교사, 초청 강연자, 혹은 연기자들과 학생 혹은 청중들과의 상호작용 관계를 대표적으로 예를 들 수 있다. 개인과 보다 가까운 3.6~7.5m 정도 거리에 속하는 영역에서는 교사가 학생들과 수업을 하거나 사장이 직원들을 대상으로 강연하는 집회와 같은 상황에서 대인 상호작용으로 비교적 형식적인 공간적 의사소통이 이루어진다. 보다 먼 거리인 7.5m 이상의 대인거리 영역의 경우에는 유명인사 초청강연회와 같은 규모가 보다 큰 대중집회 공간으로 사용되는 경우를 들 수 있다.

이러한 대인거리 영역이 시사해주는 의미를 다음과 같은 몇 자지로 정리해 볼 수 있다.

첫째, 개인은 무의식적으로 스스로 속한다고 생각하는 개인적 공간을 설정하고, 상대방에 따라 다르게 일정한 거리를 유지하려는 경향이 있다.

둘째, 개인이 임의적으로 설정하는 개인적 공간은 매우 유동적이고, 개인의 문화적 배경, 사회적 지위, 성격, 연령 및 성별에 따라 차이가 난다.

셋째, 일반적으로, 어떤 사람을 좋아하면 할수록 그 사람에게 신체적으로 더 가까이 있는 것을 편하게 생각한다. 예외는 있다. 사람이 많은 지하철이나 엘리베이터에서 같은 경우는 가까운 관계의 표현이 부담될 수 있다.

넷째, 대화할 때 여성들은 남성에 비해서 상대방에게 더 가까이 다가서거나 앉는 경향이 있다. 여성들이 남성보다 더 작은 개인 공간을 갖는 것 같다.

다섯째, 유사한 지위의 사람들은 지위가 다른 사람에 비해서 서로 가까이 서 있는 경향이 있다. 개인의 대인거리는 지위에 대한 정보를 비언어적으로 전달한다.

여섯째, 개인이 적절하다고 설정해둔(대개 무의식적으로) 거리보다 더 가깝게 상대방이 접근해 왔을 때 불편을 느낀다. 그래서 그 개인은 침입된 개인의 사적인 대인거리(혹은 영역)를 회복하려고 시도한다. 물러서거나 피한다. 혹은 방향을 바꾸거나 그 자리를 떠나기도 한다.

일곱째, 편안함을 느끼는 대인거리는 대화의 상대 및 상황에 따라 좌우된다.

2. 비언어적 의사소통의 특성과 중요성

1) 비언어적 의사소통의 특성

(1) 비언어적 의사소통은 한꺼번에 다양한 채널을 통해서 여러 가지 비언어적 신호들이 묶음으로 일어나는 것이 보통이다.

언어적 의사소통은 '말하기'라는 하나의 채널에 의하지만 비언어적 의사소통은 신체의 어느 한 부분만 분리해서 나타나지 않는다. 예를 들어, 심한 공포를 경험하게 될 때 사람들은 근육이 긴장하고, 심장박동이 빨라지며, 입이 마르고, 땀이 난다. 동시에 입이 크게 벌어지기도 한다. 분노를 느낄 때나 심한 슬픔을 경험하거나, 큰 기쁨을 경험할 때도 신체의 여러 부분들이 동시에 무더기로 비언어적 반응들을 보이고, 메시지를 전달한다. 한 가지 예를 들어 보자. 절박한 상황에서 "제발… 부탁입니다. 도와주세요!"라고 도움을 간청할 때 시선, 말투, 표정, 손 움직임, 경우에 따라서는 터치 등을 포함하는 여러 가지 비언어적 수단들이 한꺼번에 동원될 때도 있다.

(2) 비언어적 의사소통은 언어적 의사소통보다 정서 상태를 더 정직하게 드러내기 때문에 양자가 상치될 때가 있다.

말은 한 마디도 하지 않고 표정이나 자세, 제스처, 시선 등의 비언어적 매개를 통해서 자신의 감정이나 정서 상태를 상대방에게 전하게 되고, 또한 상대방의 정서 상태나 의도 등을 파악할 수 있다. 흔히 우리는 말로는 속일 수 있어도 표정으로는 속일 수 없다고들 한다. 불편해 보여서 어떠하냐고 물으면 아무렇지도 않다고 하는 사람의 얼굴이 벌겋게 상기되어 있다든지, 표정이 일그러져 있다든지, 혹은 눈시울이 붉거나 손을 떨고 있다든지 하는 경우를 흔히 볼 수 있기 때문이다. 말투나 표정 등은 분명히 언짢아 보이는 데도 자신은 괜찮다고 하는 경우들을 흔히 볼 수 있다. 이처럼 언어적 메시지와 비언어적 메시지가 서로 모순되고, 상충될 때가 있다. 이럴 때는 언어적 메시지보다 비언어적 메시지를 더 신뢰하게 된다.

(3) 비언어적 의사소통은 언어적 의사소통에 비해 더 모호한 면이 있다.

비언어적 메시지는 말보다 모호한 면이 있다. 예컨대, 상대방이 나를 관심 있는 눈으로 바라볼 때 무엇에 관심을 갖는지 모호할 때가 있다. 비언어적 신호 그 자체가 그런 정서 상태를 유발한 구체적 동기나 그 의미를 명시하고 있지 않기 때문에 우리는 비언어적으로 표현된 정서 상태를 지각한 것을 추론을 통해서 그 동기나 의미를 찾아내어야 한다. 이 과정에서 개인마다 가능한 지각의 오류요인들이 작용할 가능성이 있으므로 추론할 때 주의해야 한다.

(4) 비언어적 의사소통은 자발적이고, 언제, 어디서나 항상 진행되고 있다.

비언어적 의사소통은 언어적 의사소통에 비해서 의식에 의해 통제를 덜 받는다. 보다 자발적이고 자동적이다. 진실된 감정들은 자발적으로 나타난다. 그러므로 우리가 가끔 비언어적 메시지들을 통제하려 해도 어려움을 겪는다. 그래서 비언어적 의사소통은 언제, 어디서나 일어날 수 있고 항상 진행되고 있다. 언어적 의사소통은 말소리가 입 밖으로 나오면서 시작해서 그 말소리가 끝나면 중단되지만 비언어적 의사소통은 인간이 이 세상에 존재하고 있는 한은 계속된다. 한 쪽 구석에 앉아서 조용히 책을 읽고 있어도 비언어적 행동은 무엇인가 의사소통을 하고 있다.

(5) 비언어적 의사소통 방식에는 다른 문화에서도 통용되는 몇 가지 유형들도 있지만, 문화에 따른 상이성(相異性)도 유의해야 한다.

비록, 나라들 가운데 사용되고 있는 말, 즉 언어는 문화의 차이로 서로 이해할 수 없을 만큼 차이의 간격이 크기도 하지만, 비언어적 신호들로서는 제법 의사소통이 가능한 부분이 있다. Ekman과 Frisen(1975)에 의하면, 여러 문화권의 사람들이 같은 모양의 표정으로 행복, 분노, 두려움, 놀람 등과 같은 정서들을 함께 나눈다는 연구결과가 보고된 바가 있고, 이 밖에도 고개를 끄덕이거나 머리를 흔들거나 손가락으로 지적하거나 웃거나 얼굴을 찌푸리는 것 등의 신체적 신호들을 그 예들로 첨가해 볼 수 있다. 이들은 비록 소수의 비언어적 신호들이고, 또한 의사소통 당사자들 간에 다른 언어를 사용하고 있지만, 서로 이해하고 소통의 폭을 넓힐 수 있게 돕는 신호들로 비언어적 신호들이 사용될 수 있고, 사용할 수 있는 것이다.

반면에, 언어와 마찬가지로 비언어적 의사소통도 문화에 기반을 두고 발달해 왔기 때문에 비언어적 신호들도 문화에 따라 다른 체제를 가지고 있다(Poyatos, 1988). 예컨대, 북유럽 사람들은 라틴이나 중동 사람들보다 가능한 한 신체적 접촉을 적게 하려하고 사람 간에 거리를 두려는 경향이 있다. 이런 문화적 차이를 잘 알지 못하는 다른 나라 사람들이 가까워지기 위해 영국 사람들에게 가까이 접근해 가면 영국 사람들은 자신들의 개인 공간을 침해받는 느낌을 받을 수 있다. 그래서 매우 당황해 할 수 있다. 티베트 사람들은 친구를 반갑게 맞이할 때 자신의 혀를 내민다고 한다(Ekman, 1975).

비언어적 신호들 가운데는 정반대의 의미를 전달하게 되는 문화적 상이성(相異性)도 있음을 유의해야 한다.

2) 비언어적 의사소통의 중요성

여기서는 몇 가지 연구보고들과 함께 적응과 관련한 비언어적 의사소통의 몇 가지 중요성을 생각해 보자. 특별히 비언어적 의사소통이 적응에 영향을 미칠 수 있는 방식들에 관해서 알아본다(Weiten & Lloyd, 2000; Burgoon et al., 1989 Mehlabian, 1972).

첫째, 비언어적 의사소통의 중요성은 우선, 우리들의 대인의사소통의 65% 혹은 93% 이상이 비언어적 의사소통에 의한다는 연구보고에서 감지할 수 있다. 이러한 보고는 적어도 비언어적 의사소통이 우리들의 일상생활 속에서 중요한 역할을 하고 있으며, 긍정적이든 부정적이든 많은 영향력을 미치고 있음을 말해주고 있다.

둘째, 그럼에도 불구하고 사람들은 이러한 비언어적 의사소통이 이루어지고 있다는 사실조차도 의식하지 못하고 있다는 것에 주목할 필요가 있다. 우리는 거의 무의식적으로 우리들의 감정들을 비언어적 메시지로 다른 사람들에게 전하고, 다른 한편, 다른 사람들의 감정들을 파악하는 데 그들의 비언어적 단서들을 활용하고 있다. 우리들의 적응과 밀접하게 관련되어 있는 것으로 생각된다.

셋째, 우리가 사는 사회에서 만약 어떤 사람을 싫어해도 사실대로 말하지 않는 것이 일반적 경향이다. 그러나 이러한 우리의 부정적 감정들이 비언어적 채널들을 통해서 자신도 모르는 사이에 노출된다. 부정적 자아개념을 가진 사람일수록 이러한 사실을 간파하지 못한다. 그래서 사회적으로 불이익을 받는다(Rosenthal, et al., 1979). 이를 달리 해석해보면 부정적 자아개념을 가진 사람은 자기각성이 어렵다는 것을 의미하기도 한다.

넷째, 비언어적 의사소통은 부부관계에서도 중요한 역할을 한다. 결혼생활에 적응하지 못하는 부부들은 행복한 결혼생활을 하는 부부들에 비해서 부정적 비언어적 메시지를 더 많이 보내고 긍정적인 비언어적 메시지를 보내는 것이 적다는 연구보고가 있다.

제 6 장

인간관계의 발달과 개선

제6장에서는 인간관계 개선의 접근방법에 관해서 살펴보고자 한다. 먼저 ① 인간관계 형성의 기원과 목적을 되새겨 보면서, ② 친밀관계 수준에 따른 인간관계의 발달적 유형, ③ 효율적이고 친밀한 관계형성을 방해하는 장애요인들, 그리고 ④ 관계 수준의 향상 혹은 개선을 위한 접근방법에 관해서 기술한다.

Ⅰ. 인간관계의 형성과 발달적 유형

1. 인간관계 형성의 기원과 목적

1) 인간관계 형성의 기원

제1장에서 인간관계의 본질을 기술하면서 인간관계의 발생적 기원(起源)을, 인간은 인간관계 속에서 살도록 창조되었다는 성경의 기록에 근거한 천부적 기원과 Fromm의 인간관계 욕구의 발생적 관점으로서 사회심리학적 혹은 생물학적 기원의 두 가지 입장을 살펴보았다. 이를 기초로 해서 다음에는 인간관계의 목적을 살펴보기로 한다.

2) 인간관계의 목적

인간은 인간관계 속에서 살도록 창조되었고, 생래적으로 인간관계 속에서 살도록 되어 있는 존재라면, 이것은 인간관계의 근본 목적은 인간관계 그 자체를 성취하는 것이어야 함을 시사하고 있는 것이다. 다시 말해서 이것은 인간관계 형성은 그 자체가 목적이며 수단이 되어서는 안 된다는 것을 의미한다. 나아가서 이것은 인간관계란 상대방과의 연합을 의미하는 것이므로 어느 한 쪽만의 욕구충족을 위한 일방적인 것이 아니라 쌍방적인 것임을 강하게 시사하고 있는 것이다.

인간관계 형성 자체가 목적이고 쌍방적인 연합을 전제하는 인간관계의 근본 목적의 관점에서 보면, 자기중심적인 일방적인 욕구충족이나 자신의 행복추구를 위한 수단으로 인간관계를 맺고 유지하려는 것은 근본적인 인간관계의 목적에 위배되는 것이라 할 수 있다. 인간관계에서 진정한 행복을 경험하게 되는 것은 행복을 추구하는 데서 오는 것이 아니라 쌍방적인 인간관계 속에서 서로 존엄성을 인정하고 진정한 연합 혹은 합일을 추구하는 과정에서 자연히 경험하게 되는 것이다. 행복감은 참된 인간관계의 결과로 얻어지는 그 부산물인 것이다. 이형득(1982)은 이를 설명하기 위해서 Powell(1974)이 인용하고 있는 작자미상의 한 고시(古詩)를 소개하고 있다(p.122 재인용).

"행복은 나비와 같은 것
당신이 그것을 쫓아가면 갈수록
그것은 당신에게서부터 피해 도망가리라
그러나 만약 당신이 맡은 바 일들에
주의를 기울이고 충실히 한다면
그것이 스스로 와서
당신의 어깨 위에 사뿐히 앉으리라……"

이 옛 시(詩)가 시사하는 바와 달리 인간관계의 본래의 목적에 대한 잘못된 인식이 우리의 인간관계를 제한하거나 파괴하는 결과를 초래하게 하고, 많은 인간관계의 문제들을 낳고 있다.

2. 인간관계의 발달적 유형

일상적인 사회생활 속에서 맺게 되는 인간관계는 대체로 첫인상의 형성으로부터 시작되는 ① 초기관계 단계에서 다음으로 한 걸음 더 나아가서 진전된 관계로 발전하지만 당사자 상호 간의 기대행동이 대인 상응작용의 중심이 되고 있는 피상적인 ② 역할관계의 단계를 거친다. 이 단계를 극복하면 마지막으로 친숙한 사적(私的)인 대화도 가능한 ③ 친밀관계의 수준으로 발전한다. 그러나 많은 경우, 초기단계에서 끝나버리기도 하고, 혹은 역할관계까지 가서 제자리에 머물거나 아니면 완전히 관계가 와해되는 경우가 흔하다(Leavinger & Snoek, 1972). 다음에 이처럼 관계성의 수준에 따라 나타나는 인간관계의 발달적 유형들에 관해서 좀 더 자세히 알아보기로 한다.

1) 초기관계

(1) 첫인상의 형성

초기관계는 다른 사람들을 처음 만나는 상호작용의 시작단계를 말한다. 첫인상을 형성하고 그 인상을 근거로 해서 인간관계의 지속 여부가 결정된다. 드물게는 낭만적인 사랑의 사례로 이야기되듯이 첫눈에 반해서 친밀한 결혼의 관계로 급격하게 발전하는 경우도 있지만, 대개의 초기관계에서는 첫인상의 형성과 더불어 상대방에 대해 관심을 가지고 더 많은 정보들을 탐색하고 확인하는 실험의 단계를 포함한다. 다음의 단계로 발전해 갈 수도 있는, 그러나 아직은 분명하지 않은 피상적인 관계수준이라 할 수 있다.

앞서 타인지각을 기술하는 제3장에서도 언급된 바 있듯이 만남의 초기단계에서 어떤 사람을 처음 만나게 되면 우리는 그 사람으로부터 지각한 정보들과 지각된 인상을 토대로 하여 첫인상을 형성하게 된다. 이 첫인상은 상대방에 대한 호감 여부와 관계의 지속 여부에 중요한 요인으로 영향을 미친다. 인상형성에 영향을 미치는 요소들로는 신체적 외모, 언행, 비언어적 메시지, 평판과 명성 등과 타인지각에 있어서 여러 가지 오류원천들을 들 수 있다. 이 오류의 원천들에 관해서는 이 책의 제3장의

「인상형성과 타인지각」에서 보다 자세히 다루었다. 첫인상 형성에 있어서 중요하게 작용하는 것이 대인매력의 요소들이다.

(2) 대인매력

가까이 살고 있는 사람, 같은 학교에 다니는 사람, 같은 회사에서 일하는 사람은 자주 만나서 상호작용을 갖기가 보다 쉽고, 매력을 경험할 기회가 많다는 점에서 신체적 근접성(physical proximity)이 대인매력의 요인이 될 수 있다. “눈에서 멀어지면 마음에서도 멀어진다.”는 격언이 이를 대변해주고 있다. 성격, 신념, 종교, 사회적인 배경이 유사한 사람끼리 잘 어울리는 경향이 있다. 그러나 어떤 경우는 사람에 따라 상이성(相異性)이 서로에게 매력을 느끼게 하는 경우도 자주 발견할 수 있다. 다른 특성 간의 상호보완성 때문일 수 있다. 그러므로 유사성이나 상이성이 모두 대인매력의 요인이 될 수 있다.

상호 호감(mutual liking)도 대인매력의 요인으로 작용한다. 우리는 나를 좋아하는 사람을 좋아하게 되는 것이 보통이다. 신체적 매력도 그 사람을 좋아하게 되는 중요한 요인이 되기도 한다. 이 밖에도 사람들에 따라서 여러 가지 성격적 특성이나 기술, 해박한 지식 등이 대인매력의 요인으로서 상대방의 인상형성에 중요하게 영향을 미칠 수 있다.

초기관계에서 상호작용의 특징은 초면에 경험하게 되는 상대방에 대한 호기심과 불확실성을 감소시키려는 경향성 때문에 상대방을 주의 깊게 관찰하게 된다는 것이다. 그래서 탐색적이다. 상대방의 이름이나 사회적 지위, 서열, 가정적 배경 등에 많은 흥미를 가지고 이에 관련된 대화가 많을 수 있다. 만남을 지속할 것인지 끝낼 것인지를 결정하는 데 필요한 정보를 수집하는 데 주된 관심을 갖게 마련이다.

요약하면, 초기관계의 대인 상호작용은 서로를 알아가는 시작단계로서 탐색과 실험의 단계로서 피상적인 관계수준이라 할 수 있다. 그럼에도 불구하고 초기관계가 중요한 것은 이 단계에서 형성되는 첫인상과 매력에 의해 계속적인 만남과 친밀한 관계로 발달 여부가 결정되기 때문이다. 즉, 초기관계에서 탐색과 실험의 결과에 따라 관계가 지속되든가 단절되든가가 결정된다. 결론을 내리게 되는 시간의 길이는 서로에 대한 매력의 정도에 따라 다를 수 있다. 금방일 수도, 몇 시간, 며칠 혹은 더 많은 시간이 필요할 수도 있다.

2) 역할관계

역할관계(role relationship)란 어떤 의무나 역할로 인해서 두 사람 간의 상호작용이 이루어지는 관계를 말한다. 예컨대, 주민센터(동사무소 등)에 주민등본을 떼러 간 낯선 주민과 담당직원 간의 직무상 역할수행 차원의 상호작용이나 무대에서 연극배우들이 대본에 따라 연기하는 배역 간의 역할관계를 넘어선 인간 대 인간의 깊고 친밀한 상호작용이 없는, 역할만 끝나면 자동적으로 관계가 소멸되는 어떤 일 혹은 역할 중심의 관계를 의미한다. 본래의 인간관계의 욕구를 충족시켜 줄 수 없는 문제의 관계성의 의미로 사용되기도 한다. 그래서 이 '역할관계'를 가면의 관계, 스침의 관계, 혹은 게임관계와 같은 유(類)의 인간관계로 연계하여 설명하기도 한다(이형득, 1982).

역할(役割/role)이란 사회에서 주어진 위치와 지위에 관련된 기대행위(期待行爲)를 말한다. 사회제도의 유지를 위해서는 역할수행이 필요하다. 그러나 현대인들은 역할 자체를 그 역할을 수행하는 자아를 가진 인간보다 더 중요하게 생각함으로써 상대방을 대할 때 존엄한 가치를 지닌 한 인간으로서 대하기보다는 사무원, 사장, 지휘관, 교사, 학자, 목사, 막노동자의 역할로만 대하는 것이다. 다시 말해서 사람들이 상황에 따라 스스로 판단하고 선택해서 자율적으로 상황에 맞게 대인행동과 역할행동을 조화롭게 발전시키지 못하고, 이미 사회와 문화에 의해 정해진 프로그램에 따라 판에 박힌 역할행동만을 연출하는데 익숙해지게 되었다. 그래서 있는 그대로 우리 자신의 느낌과 생각을 함께 나누고 공유하는 참 만남(encounter)은 없고, 스침의 관계만 있어 인간관계의 욕구를 충족시키지 못해 관계 속에서도 거리감과 군중 속의 고독을 경험하게 되는 것이다. Jourard(1971)는 이러한 스침의 관계를 역할관계라 하면서 현대인은 이러한 역할관계에 치중함으로써 참된 인간관계에 실패하고 있다고 말한다. 한편

Haigh(1967) 같은 학자는 현대인을 "겉으로는 사교적이고 인본주의적인 모양을 보이고 있으나 정작 정서적으로는 타인과 단절되어 있는 존재"로 진단한 바 있다.

여기서 우리가 유의해야 할 것은 역할관계가 본래부터 부자연스러운 것이라든가, 진실함이 없는 관계가 아니라는 것이다. 사람들에 따라서 역할관계로 대인관계가 시작되지만 친밀한 관계로 발달시키게 되는 경우도 많다. 문제는, 서로 친밀한 역할관계로 발달시킬 수 없어서, 역할관계의 특성을 넘어선 관계의 발달이 어렵게 되고, 그 관계는 역할수행에만 몰두하는 관계로서 스침의 관계에 불과하여 관계 속에서도 고독과 소외감을 경험하게 된다는 것이다.

역할관계가 스침의 관계를 벗어나서 친밀관계 혹은 참 만남의 관계로 발달시키기 위해서는 자신이 감당해야 할 역할이 자아정체감의 중요한 부분으로 녹아 들어가 자신의 독자성이 보존되는 자기 것이 되어야 한다(Atwater, 1979). 이것은 자신의 역할을 진실된 자신의 한 부분으로 수용하여 참으로 소중하게 여기며 최선을 다해서 성실하게 역할을 감당하는 것을 말한다. 예컨대, 판매업을, 고객을 속이고 기만하는 것을 필요로 하는 직업으로 생각하고 있는 사람이 판매업을 싫어하면서도 판매업을 선택한 사람은 이런 일을 하는 자신을 마음속으로 증오하게 되고, 자기의 역할에 진실하지 못하고 마침내는 자기증오에 빠져 알코올 중독자가 될지도 모른다. 그러나 판매 역할에 진실한 사람은 다른 사람과의 거래를 즐겁게 생각하고, 판매 역할을 다른 사람의 욕구를 충족시켜 주고 행복할 수 있게 돕는 역할이라 여기고 고객을 존중하고, 속이기보다는 진실하게 거래하는 사람으로 자신(자아정체감)과 역할을 보다 만족스럽게 결합시킬 수 있게 될 것이다.

3) 친밀관계

일반적으로 친밀관계 혹은 친밀성(intimacy)이란 둘 혹은 그 이상의 사람들 간에 가지게 되는 격의 없고 포근한 대인간의 친근성(closeness)이라 할 수 있다. 친밀관계(close relationships) 혹은 친밀성은 정서적 지지를 주고받고, 서로 존중하고, 행복하게 해주고, 자신과 자신의 경제적 능력으로 서로 돕는 것 등으로 표시될 수 있다.

Erikson의 발달이론에 의하면, 친밀성은 청년기 및 성인 초기에 정체성 확립의 발달단계 다음의 단계에서 발달한다. 정체성 혹은 자아정체감은, 나는 누구인가? 무엇을 어떻게 해야 할 것인가? 등과 같은 자신의 위치와 역할에 대한 자신의 물음에 대한 자기정의(自己定義)다. 자아정체감은 태어나서부터 축적되어 온 자신감을 포함하고 있다. 사춘기를 지나면서 청년기 동안에 자아정체감이 결정적으로 발달하게 되면 다음으로 다른 사람과 관련하여서 성적 친밀감과 함께 사회적 친밀감을 발달시키게 된다. 이때 사람들은 상대방 속에서 공유적 정체감(shared identity)을 찾으려고 한다. 그런데 Erikson에 의하면, 앞 단계인 청소년기에서 긍정적인 정체감을 확립한 사람만이 진정한 친밀감을 발달시킬 수 있다. 진정한 의미의 친밀감은 합리적으로 통합된 자아정체감의 형성을 기초로 해서 발달된다는 것이다. 이렇게 보면 친밀성은 자아정체감과 자기를 신뢰하는 자신감과 타인을 신뢰하는 타인신뢰감이 중요한 기초가 되고 있음을 알 수 있다.

따라서 친밀한 관계의 형성은 나는 누구인가의 물음에 대한 대답인 정체감의 확립과 자기 및 타인에 관한 신뢰감의 회복으로부터 시작될 수 있음을 발견할 수 있다.

Berne의 상응작용 분석법 TA에서 친밀관계 혹은 친밀성은 인생 초기부터 경험을 통해 가지게 된 묵은 감정들의 무의식적인 작용에 의한 암시적이고 이중적인 게임행동으로부터 자유로워진, 각성적이고 자발적이고 정직한 의사소통이 가능한 자율적인 관계를 말한다. 상응작용 분석가들은 이러한 친밀성의 회복과 발달은 TA의 분석과정을 통해서 각성(awareness)과 자발성(spontaneity)의 회복을 통해서 가능함을 시사하고 있다. TA에 관해서는 이 책의 「제Ⅱ부 TA 인간관계론과 연습」에서 보다 집중적으로 다루고 있다.

Rogers는 내담자 중심 혹은 인간중심 상담 및 심리치료에서 조력 혹은 훈련집단: 참만남 집단의 목적으로 삼고 있는 참 만남(친밀관계)의 회복은 진실성(자기개방), 무조건적 긍정적 관심(수용), 그리고 공감적 이해(혹은 적극적 경청)의 관계 속에서 가능한 것으로 본다. 나아가서 이들은 자아실현을 가능하게 하는 요소들이 되는 것이다. Rogers의 이런 자아실현과 참 만남의 관계 발달의 요소들에 관한 접근은 참 만남 혹은 친밀관계에 있으면서도 성장하지 못하는 경우도 있다. 그것의 주된 이유는 성숙한 애정관계를 벗어난 탐닉적인 애정관계로 빠져 들어가게 되는 경우처럼 의존과 안전에 대한 충족되지 못한 과거의 욕구좌절의 경험들과 관련되어 있는 것으로 보인다. 이해, 수용, 개방에 관해서는 이 장의 제Ⅲ절에서 보다 자세히 기술한다.

Ⅱ. 인간관계 및 의사소통의 주요 장애요인과 그 대처

인간관계 형성과정에 있어서 몇 가지 주요 장애요인들로서 ① 두려움과 불안, ② 수줍음, ③ 방어, ④ 동기적 왜곡, ⑤ 게임하기 등에 관해서 살펴본다(Johnson, 1993; Weiten & Lloyd, 2003).

1. 두려움과 불안

1) 두려움과 불안 그리고 공포의 의미

두려움과 불안은 다른 어떤 정서보다도 중요하게 대인 상호작용의 장애요인으로 작용한다. **두려움**(fear)이란 관계 속에서 갖게 되는 정서로서 우리가 무엇인가에 위협이나 위험을 느끼고, 무엇이 그러한 위협과 위험을 느끼게 하고 있는가를 알고 있는 상태에서 갖는 정서 상태를 말한다. 즉, 보다 구체적이고 객관적인 위험에 대해서 갖는 정서를 일컫는 개념이라 할 수 있다. **불안**(anxiety)은 우리가 무엇인가를 두려워하고 있으면서도 왜, 무엇을 두려워하고 있는지가 모호한 상태에서 갖게 되는 정서이다(Johnson, 1993). 즉, 어떤 위협이나 위험에 대한 모호하고 주관적인 감정의 각성 상태를 말한다. 우리 모두는 때때로 불확실성과 의심으로 혼합된 혼란스러운 불편한 마음으로 불안을 경험하곤 한다. 두려움과 불안을 느끼게 하는 대상이나 상황에 대해서 보다 강한 두려움과 불안이 지속될 때 그 정서를 **공포**(phobia)라 한다. 두려움의 정서는 공포를 나타내는 가장 일반적인 용어이기는 하지만, 일반적으로 마음이 불안하거나 또는 용기가 없음을 나타내는 수준의 의미를 지녔으며, 공포는 특정 대상이나 상황에 대해 지속되는 강한 정서 상태를 말한다고 할 수 있다.

그러므로 두려움과 불안의 정서는 종이 자르는 칼을 가지고 커다란 사자와 싸워야 하는 상황에서처럼 극적인 정서 상태는 아니다. 그럼에도 불구하고 우리들의 일상생활에서 두려움과 불안의 정서는 우리들에게 문제를 일으키는 것들이고, 그 어떤 정서보다도 우리들의 삶 속에서 크게 영향을 미치는 정서들이 두려움과 불안의 정서들이다.

우리 모두는 일상생활 과정에서 두려움, 불안, 신경과민, 공포, 혹은 걱정 등으로 괴로워할 때가 많다. 그런데, **분노**는 빠르게 격해지다가도 금방 사그라질 수 있고, 우울한 기분도 엄습해 와서 짓누르다가도 금방 혹은 조금 지나면 아무렇지도 않거나 경우에 따라서는 긍정적인 감정으로 대치되기도 한다. 그러나 우리가 한 번 심한 실패의 두려움을 갖게 되면 그것은 매일 우리가 하는 거의 모든 일에 실제로 영향을 미칠 수 있다. **두려움**은 우울증만큼 당장에 많은 해를 끼치지 않을 수 있고, 분노처럼 격하지 않지만 그것은 항상 우리의 마음을 불안하게 할 수 있는 성질을 지니고 있다. 우리들의 잠재력의 성취를 방해하는 독특한 영향력을 가지고 있는 것이 두려움이다. 두려움은 우리의 재능을 억제시키고 자아실현을 방해할 수 있다(Johnson, 1993). 이처럼 두려움은 분노나 우울감정과는 다른 특별한 방법으로 우리의 자아실현을 방해하고 대인관계를 파괴한다. 어떤 사람들은 사람을 만나서 대화를 하거나 상호작용하게 되는 상황 자체가 두렵고 불안하기 때문에 아예 그 상황을 피한다. 그래서 스스로가 편한 관계로 정해 놓은 대인 상호작용의 범위를 벗어나지 못한다.

2) 두려움과 불안에 수반되는 고통

두려움과 **불안**의 정서는 보통 두 가지 고통을 수반한다. 하나는 두려워하는 일이나 대상이나 상황을 피할 길이 없어 직면할 수밖에 없는 상황에서 겪어야 하는 고통이고, 다른 하나는 두려워하는 일이나 대상이나 상황에 직면할 수 없어 피할 길을 찾아 피하면서 겪게 되는 고통이다. 피해도 고통이고 피하지 않아도 고통이다. 보통 직면하는 고통은 피하는 고통보다 지속되는 시간이 짧다.

불안유발 상황의 도피는 관계의 단절을 의미하고, 곧 그것은 관계의 단절을 선택하는 것이다. 거절당하는 불쾌감을 피하기 위해 관계의 단절을 선택함으로써 맞게 될 고독의 고통으로 대치하는 해결방법은 유익한 거래가 되지 못한다. 왜냐하면 그럴 때는 고독과 그리고 해결되지 않은 두려움과 계속 싸워야 하는 불편이 따르고, 또한 그것은 두려움으로 계속 빠져 들어가는 길이 되기 때문이다. 반면에 두려움을 극복하고자 할 때 갖게 되는 불편은 끝이 있지만 두려움을 변화시키려 하지 않는 것과 연결되는 괴로움은 우리가 살아있는 동안 지속된다.

3) 두려움과 불안에 대처하기

그러므로 효율적인 대인관계의 발전을 위해서 뿐만 아니고 우리의 삶이 보다 편안하고 행복한 삶이 되기 위해서 불안과 두려움을 극복하는 학습은 필수적인 과제이다. Johnson(1993)이 제안하고 있는 두려움과 불안을 다루고 극복하는 지침들 가운데 몇 가지를 요약, 소개하면 다음과 같다.

(1) 두려움과 불안을 누구나 경험할 수 있는 자연적인 감정으로 수용하라.

두려움이나 불안으로부터 벗어나려고 애를 쓰면 쓸수록 수용할 수 없게 되고, 그런 자신의 모습에 실망하게 되어 더욱 두렵고 불안해진다. 그러므로 두려움이나 불안을 일상생활 속에서 누구나 경험할 수 있는 자연적인 감정들로서 한 발 뒤로 물러서서 보면 오히려 두려움과 불안을 있는 그대로 수용할 수 있게 되고 그 두려움이나 불안을 극복할 수 있는 여유를 갖게 된다. 두려움이나 불안의 감정으로부터 자유로워질 수 있다.

(2) 두려움과 불안을 자신의 감정으로 받아들여라.

두려움이나 불안이 당신 밖으로부터 주어져서 당신을 통제하고 있는 것이 아니라 당신 속에서 일어나고 있는 많은 감정들 중에 하나라는 사실을 인정하고 수용하라. 그러면 당신이 그 감정들을 선택하고 통제하기가 쉬워진다.

(3) 당신 자신을 수용하라.

당신도 다른 사람들과 마찬가지로 두려워할 수 있고 불안해 할 수도 있는 한 인간임을 인정하고 수용하라. 설령 당신이 다른 사람들로부터 인정을 받지 못한다 해도 혹은 실패를 했더라도 그것들이 그 이상 더 당신을 어떻게 하지 못한다. 다만 당신 스스로 당장의 실패나 인정받지 못하고 있다는 좌절감을 이유로 자신을 스스로 평가절하하고 망가뜨리고 있는 것이다. 실패를 만회할 수 있는 기회와 자신의 능력을 무력하게 만들어 두려워하고 불안해하고 있는 것이다. 당신은 다른 사람들과 마찬가지로 거부당할 때도 있고 인정받을 때도 있고, 실패할 때도 있고 성공할 때도 있으며, 두려워할 수도 있고 두려움을 극복할 수도 있는 존재임을 스스로 수용하라. 그러면 두려움이나 불안이 당신을 지배하는 것으로부터 자유로워질 수 있다.

(4) 두려움은 학습된 것이다. 그러므로 해제학습도 이루어질 수 있다.

다음과 같이 시행함으로써 두려움의 상황에 대한 자신의 지나친 민감성을 체계적으로 둔감화하라.

① 체계적으로 이완하는 법을 학습하라. 이완된 사람은 불안한 사람이 아닐 수 있다.
② 이완된 상태에서 당신이 두려워하는 상황에 직면해서 두려움을 극복하고 있는 자신을 마음속으로 그려 보라.

(5) 독립적인 존재가 되는 것을 두려워하지 마라.

사람들은 자신이 경험하는 두려움과 불안에 대처하는 방식으로 스스로 약자로 위장하여 다른 사람에게 의존하려 한다. 이런 사람은 다른 사람이 자신을 불쌍하게 여겨 양해하여 주도록 자신의 두려움과 불안을 이용하고 있는 것이다. 이런 사람들은 자신의 그런 모습들을 쉽게 포기하지 못한다. 그들 자신은 그렇게 하는 것이 독립적인 존재가 되는 방편으로 생각하고 있을지도 모르지만 반대로, 그렇게 하는 것은 오히려 그들이 독립적인 존재가 되기를 꺼려하고 있기 때문이다. 두려움이나 불안에 직면하는 독립적인 존재가 될 때 불안과 두려움을 극복할 수 있고 독립적인 존재로 더욱 성숙해 가는 것이다.

(6) 현실을 수용하라.

인생은 위험과 고민과 불의로 가득 채워져 있다. 모든 생명체는 어떤 고통들을 통과해 가도록 되어 있으며 당신 또한 마찬가지로 예외일 수 없다. 만약 오늘 당신은 아무런 고통을 만나지 않는다 해도 내일 직면할 수도 있다. 이러한 확률에 관해서 걱정하거나 두려워하거나 과민할 필요는 없다. 다음과 같은 사항을 염두에 둘 필요가 있다.

① 대부분의 욕구좌절은 당신이 생각하는 만큼 실제로는 나쁜 것들이 아니다.

② 어떤 것들은 나쁘다 해도 당신은 그것들에 정신을 잃지 않으면 더 나쁘게 되지는 않는다. 만약 당신이 위험이나 마음 상함이나 불의에 초점이 심하게 맞추어진다면 당신은 자신이나 당신 주변의 다른 사람들에게 불필요한 추가적인 고통을 만들어 내게 될 것이다.

(7) 지나치게 큰 개선을 기대하지 마라.

인간행동의 변화와 개선은 점진적으로 이상적인 목표를 향하여 꾸준히 나아가는 것이다. 다음과 같은 면에서 개선 정도를 점검해 보라.

① 불안의 기간

② 불안의 강도

③ 불안의 빈도

2. 수줍음

1) 수줍음의 의미

수줍음(shyness)이란 소심함이나 억압, 그리고 지나친 경계 등을 특징으로 하는 대인관계에서 나타나는 개인의 행동특성을 말한다. 특별히 수줍어하는 사람은 자기표현에 소심하고, 자신에 대한 다른 사람의 반응에 대해 지나치게 민감하여 자기중심적인 자의식(自意識)이 강하고, 쉽게 당황하며, 맥박이 빨라지고, 낯붉힘, 가슴 두근거림 같은 신체적 증후들을 보이기도 한다(Johnson, 1977).

대인관계에서 이러한 수줍음으로 인해 생성되는 지나친 자의식과 조심성은 일상생활에서나 직장생활에서 친밀한 인간관계의 형성과 발달에 주요 걸림돌이 될 수 있다. 수줍음에 관한 선구적 연구자인 Philip Zimbardo와 그의 동료들(1977)의 연구에 의하면, 조사에 응한 미국 대학생들의 약 80%는 수줍음으로 인해 곤란을 겪은 경험들이 있음을 보고하고 있으며(표 6-1), 약 40%는 조사시점에서 현재에도 수줍음으로 인해 어려움을 겪고 있다고 응답했다.

이들의 연구에 의하면, 수줍음을 타는 사람들의 60%는 대체로 어떤 사람으로부터 도움을 요청받았을 때나 여러 반대 성(性)의 사람들을 만났을 때, 혹은 대규모의 파티에 참석했을 경우 등과 같은 특정 상황에서 수줍음을 경험하는 것으로 보고하였다. 그는 사람들이 수줍음을 경험하게 되는 대상으로서 아홉 가지 유(類)의 사람들과 열세 가지 상황들을 조사했다.

수줍음을 경험하는 사람들에게 있어서 수줍음이 갖는 의미는 부정적인 것으로 보고되었다. 수줍어하는 대다수가 수줍음 타는 것이 싫다고 밝혔고, 수줍어하는 사람들은 친구를 사귀는 데 어려움을 겪고 있으며, 외롭고, 우울하며, 성적으로 억제하는 경향이 있는 것으로 보고하고 있다(Zimbardo, 1977).

〈표 6-1〉 수줍음의 경험들

사고와 감정의 측면에서	
–자의식	80%
–인상 관리에 대한 관심	67
–사회적 평가에 대한 관심	63
–부정적 자기평가	59
–상황에 대한 불쾌한 생각	56
생리적 반응	
–맥박 증가	54%
–낯붉힘	53
–땀남	49
–가슴이 조마조마함	48
–심장이 두근거림	48
외현적 행동	
–침묵	80%
–시선접촉 안함	51
–타인 회피	44
–행동하지 않음	42
–낮은 목소리로 말함	40

2) 수줍음에 대처하기

수줍음이 개인의 성격특성으로 굳어지는 경향이 있지만 변화하고자 노력하면 성공적으로 극복할 수 있다. 수줍음에 대처하기 위한 일반적인 방안들을 다음과 같이 제안할 수 있다.

① 무엇보다도 먼저, 자신의 생각, 감정, 그리고 행위들, 특별히 사람들이 나를 어떻게 보는가에 대한 관심 등을 감시하고 있는 자신의 내적 감시를 누그러뜨리도록 노력하라. 대신에 주변에 가까이 있는 사람들과 활동에 적극적으로 참여하는 데 초점을 맞추라.

② 당신이 수줍어하게 되는 상황들을 확인하라. 낯선 사람을 만난다든가, 대인기술이 부족하다든가 하는 등이 포함될 수 있다.

③ 대화의 시작과 진행방법 그리고 상황에 따라 자신을 분명하고 적절하게 표현하는 자기주장 방법과 같은 대인기술을 학습하고 개발하라.

④ 자존심을 지키기 위해 억지 역할놀이를 하고 있는 자신의 모습을 벗어나서 어떤 일에 전념하거나 다른 사람을 진심으로 돕고 있을 때는 수줍음도 사라질 수 있다는 사실에 유의하라.

⑤ 수줍음은 어느 곳에서나 어떤 경우에도 일어날 수 있다. 예컨대, 어떤 모임에서 낯선 사람을 만날 때도, 그들이 말을 걸어올 때도 어색할 때가 있다. 그럴 때는 당신이 먼저 그들에게 다가가서 인사를 한다든가, 자신을 소개하는 것도 수줍음을 극복하는 한 방법일 수 있다. 한 번 시도해 보면 예상하지 못했던 유쾌감을 맛볼 수 있을 것이다.

⑥ 필요하면 상담이나 심리치료의 도움을 받는 것도 한 방법일 수 있다.

다음에는 보다 구체적인 단계로 Zimbardo가 제안하는 수줍음의 개선방안을 살펴보기로 한다. 그는 ① 자신의 수줍음 이해하기, ② 자존감 높이기 단계, 그리고 ③ 사회적(대인관계) 기술 개선의 단계로 수줍음의 대처방안은 제안하고 있다.

(1) 자신의 수줍음 이해하기

자신이 수줍어하는 근원을 알아내는 것이 우선적으로 필요하다. 그러기 위해서 Zimbardo(1977)가 분석한 수줍음을 일으키는 **원인 및 상황과 대상**(사람)**들**을 기준으로 자신이 수줍어하는 원천을 확인해 본다.

① **수줍음의 원인**(8가지)

- 부정적 평가에 대한 염려
- 거부감에 대한 두려움
- 자신감 부족
- 특정의 사회적 기술의 부족

- 친숙함에 대한 두려움
- 혼자 있는 것을 선호하는 경향성
- 비사회적 활동의 강조 혹은 즐김
- 개인적인 부적응이나 문제

이 여덟 가지 원인들과 다음에 제시되는 수줍게 만드는 **9가지 유(類)의 사람들**과 상황 13가지를 참고하여 자신이 수줍어하는 원천을 알아보자. 자신이 수줍어하게 되는 원인과 사람 및 상황을 이해하게 되면, 수줍음을 극복하기 위한 보다 구체적인 작업을 시작할 수 있게 될 것이다.

② **수줍어하는 대상의 분석(9가지)—나는 어떤 사람을 만날 때 수줍어하는가?**

- 낯선 사람
- 이성
- 지적 권위자
- 역할상 권위자
- 친척
- 연장자
- 친구
- 어린아이
- 부모

③ **수줍어하는 상황의 분석(13가지)—나는 어떤 상황에서 수줍어하는가?**

- 대집단의 주의가 내게 집중될 때(연설할 때와 같은)
- 대집단 무리들 속의 한 사람이 되었을 때(대규모의 파티에 참석했을 경우)
- 상대 사람들보다 낮은 신분일 때
- 일반적인 사교적 장소에서
- 일반적인 낯선 상황에서

- 자신의 주장을 표명해야 할 상황에서
- 평가 받는 상황에서
- 작은 집단의 주의가 내게 집중될 때
- 작은 사교적 집단에서
- 이성 간의 일대일 상호작용에서
- 자신의 약점으로 인해 공격당하고 있는 상황에서(도움필요 상황)
- 소규모의 과업 지향적 집단에서
- 동성 간의 일대일 상호작용 과정에서

(2) 자존감 높이기

수줍음은 일차적으로 자신의 가치평가에 근거하는 자존감과 관련되어 있다. Zimbardo가 분석한 여덟 가지 수줍음의 원인들의 밑바탕에는 낮은 자존감이 관련되어 있다. 그러므로 수줍음을 개선하기 위해서는 자존감(self-esteem)을 높이는 것이 필요하다. 자존감을 높이기 위한 몇 가지 지침을 소개하면 다음과 같다(Johnson, 1993; Atwater, 1990; Weiten, 1986).

첫째, 우리는 자신을 보는 방식을 변화시킴으로써 자존감을 높일 수 있다.

개인의 이미지는 그 개인의 마음속에 있는 사고과정의 산물이다. 다른 사람이 우리의 자아개념에 영향을 준다 해도 최종 결정자는 우리 자신이다. 그러므로 우리는 자신에 관해서 생각하는 방식을 변화시킬 수 있고, 그래서 내가 나의 생각을 변화시켜 나 자신의 자존감을 높일 수 있다.

둘째, 자신을 평가해보기 위한 자신 스스로의 평가기준을 만들어보라.

우리는 자신에 관해서 언어적이든 비언어적이든 많은 피드백을 받게 된다. 그 가운데는 적절한 피드백도 많을 것이다. 그러나 그 가운데는 적합하지 않은 것들도 있을 수 있다. 그럼에도 불구하고 낮은 자존감을 가진 사람은 설득되기 쉽고, 다른 사람의 기준을 쉽게 받아들이는 경향이 있다. 그러므로 우리는 자신의 개인적 평가기준의 근원에 대해서 깊이 생각해 볼 필요가 있다. 그것이 진정 가치가 있는 목표와 이상(理想)을 대표하는 것인가? 혹은 아무런 생각 없이 다른 사람으로부터 수동적으로 받아들인 목표와 이상은 아닌가를 확인해 볼 수 있어야 한다.

셋째, 현실적인 목표를 설정하라.

사람들은 자신에게 너무 많은 것을 요구한다. 항상 최선을 다할 수 있다고 기대하지마라. 자신의 성취결과를 슈퍼스타가 아니라 평균적인 사람에 비교하라. 현실을 인정하여 실패하더라도 자신을 비난하지 않는 것이 중요하다. 지나치게 요구적인 사람들은 자신을 자신과 유사한 사람이 아니라 더 나은 사람과 비교함으로써 사회적 비교를 왜곡시킨다. 이러한 비현실적인 비교는 자존감을 손상시키게 마련이다.

넷째, 부정적인 자기대화와 귀인을 바꾸어라.

낮은 자존감을 가진 사람은 비생산적으로 사고하는 경향이 있다. 예컨대, 그들은 어떤 일에 성공할 때는 그 원인을 행운으로 돌리고, 실패할 때는 무조건 자신에게 그 원인을 자기 탓으로 돌려(귀인하여) 스스로를 원망하며 나는 못난 놈이라고 비하하는 사람이 있는가 하면, 다른 어떤 사람은 성공은 자기가 잘나서이고 잘못되면 조상 탓으로 돌리는(귀인시키는) 경향이 있다. 이처럼 우리는 자주 비합리적으로 생각하고, 우리 자신에 대해서 부당한 부정적인 결론을 내린다. 비합리적이고 부정적인 마음속의 내면적 자기대화(self-talk)는 낮은 자존감을 발달시킨다. 부정적인 자기대화와 비합리성을 인지하고 긍정적인 자기대화와 합리적인 사고로 바꾸도록 하라.

다섯째, 자신의 장점을 찾아내어 인정하고, 감사하고, 적극적으로 활용하라.

낮은 자존감을 가지고 있는 사람은 자신의 것들과 장점들에 대해서 인정하지 못하고, 거의 만족하지 못한다. 그들은 자신의 실패와 약점들을 자신이 만족하지 못하는 결과들에 대한 방어로서 자신을 변명하는 이유들로는 잘 활용하지만 진정으로 수용하지는 못하고 있는 것 같다. 또 다른 한편으로는 자신의 좋은 자질들을 찾아내어 활용하는 데는 거의 주의를 기울이지 않는 것 같다. 우리 모두는 장점과 단점을 가지고 있다. 그러므로 자신도 장·단점을 가질 수 있는 한 사람임을 수용할 필요가 있다. 나아가서 변화시킬 수 없는 개인적인 단점들은 수용하고, 변화시킬 수 있는 것은 용기를 가지고 변화를 시도한다. 아울러서 자신의 장점들을 찾아내는 방법과 감사하는 법을 배울 필요가 있다.

여섯째, 자신을 개선하도록 노력하라.

자기 개선의 노력이 자존감을 증대시킬 수 있다는 상당한 증거가 있다(Weiten, 1986). 개인이 가지고 있는 단점들 가운데 많은 것들은 극복될 수 있는 것들이다. 대인관계 기술들이나 자신감도 개선될 수 있다.

일곱째, 긍정적인 시각으로 사람들을 만나라.

자존감이 낮은 사람은 끊임없이 다른 사람들을 비판하면서 자신의 주관적 판단으로 다른 사람을 비하한다. 이러한 부정적인 타인 접근 태도는 대인관계의 걸림돌이 된다. 대인관계에서 긴장과 괴로움, 거부감을 경험하게 된다. 자존감에 상처를 입게 마련이다. 자존감을 높이기 위해서는 이와 같은 자기패배를 자초하는 접근방식을 역전시켜서 긍정적이고 지지적인 시각으로 다른 사람들을 대함으로써 보상적인 상호작용을 증진시킬 수 있어서 다른 사람들로부터 수용받는 대인관계를 발전시킬 수 있다. 다른 사람으로부터 받는 수용과 진실된 애정 이상으로 자존감을 높이는 방법은 없다.

(3) 자신의 대화 혹은 대인기술 개선하기

대화기술의 개선은 수줍음을 극복하는 데 반드시 필요하다. 굳어진 대화 혹은 대인습관(對人習慣)을 변화시키는 일은 쉽지 않다. 그러나 변화를 위해서는 지쳐서 포기하지 않는 노력을 필요로 한다. 인내를 가지고 노력하면 가능한 것 또한 사실이다. 그러나 비록 대인 및 대화기술이 연습이나 훈련을 통해서 개선될 수 있다 해도 개선의 진전은 점진적으로 이루어지기 때문에 쉽게 지각되지 않고, 오랜 시간이 필요하다는 사실을 유념할 필요가 있다.

수줍음을 극복하기 위한 접근방법의 한 예로서, 다음과 같은 세 가지 전략을 활용해 볼 수 있다.

첫째, 수줍음을 타지 않고, 가까이에서 관찰, 모방이 가능하고 외향적인, 동일시 대상 모델을 찾아낸다.

둘째, 대화의 개선에 적용할 수 있는 전문적 지식을 학습한다.

셋째, 능동적인 적극적 경청자가 되는 기술을 습득한다.

첫째의 전략은 자신의 개인적 활동영역 내에서 쉽게 만날 수 있는 모델을 선정해서 관찰학습을 하는 접근방법이다. 같은 성(性)의 모델을 선정하는 것이 좋다. 선정한 역할모델이 다양한 사회적 혹은 대인상황에서 어떻게 행동하는지에 대한 주의 깊은 관찰은 당신의 수줍음과 대인기술의 개선에 도움이 될 것이다.

둘째와 셋째의 전략목표의 성취를 위해서는 구체적인 의사소통 훈련 프로그램에 참여하여 도움을 얻을 수 있다.

이러한 프로그램들의 예로서는 (1) 행동수정 접근방법(이 중에서도 구체적인 보상체계를 활용하고 있는 강화이론), (2) Rogers의 인간중심상담이론에 근거하고 있는 Gordon의 부모효율성(PET), 교사효율성 훈련(TET), 지도자 효율성 훈련(LET) 등 이 외에도 많은 훈련 프로그램들이 개발되어 있다.

이 책의 Ⅱ부에서는 앞서의 훈련 프로그램들과는 달리 보다 종합적인 대인기술 개선의 접근방법으로 개인의 학습과 연습을 통해서 실제에 적용이 가능한 대인상응작용분석법 TA(Transactional Analysis/對人相應作用分析法)를 소개하고 있다. TA는 상담 및 심리치료의 한 접근방법으로서 인간관계 및 의사소통의 분석에 기초하여 Eric Berne이 개발한 것이다.

3. 방어

효과적인 의사소통에 가장 장애가 되는 요인이 방어기제(防禦機制/defense mechanism)라 할 수 있다. 이것은 어떤 위협이나 거절 등에 의해 상처받는 것으로부터 자신을 보호하려 하는 행동기제이다. 의식적일 수도 있고 혹은 무의식적일 수도 있다. 다른 사람이 자신을 평가하고 있다고 느끼거나 자신을 통제하거나 조정하려 한다고 생각될 때, 그 밖의 다른 사람으로부터 위기의식이나 위협을 느낄 때도 있지만 같은 경우들로 내가 다른 사람들을 방어하게 만드는 언어적, 비언어적 단서들을 제공할 때도 있음에 유의해야 한다. 특히 무의식적인 방어기제를 사용할 경우에는 자신도 모르게 현실을 왜곡시켜 지각하고, 판단해서 엉뚱한 반응을 보일 수도 있다. 자신의 부, 지위, 권력 등을 과시하는 사람들은 흔히 수신자들을 방어적이 되게 한다.

4. 동기적 왜곡

"사람들은 실제로 들리는 것을 듣는 것이 아니라 자신이 듣고자 하는 것을 듣는다"는 말이 있다. 의사소통을 하고 있는 당시의 송신자나 수신자의 욕구, 정서 상태, 태도, 가치, 기대 등이 어떤 정보나 자극에 선택적으로 주의를 기울이게 하거나 자신의 가치관에 맞는 정보는 받아들이고, 그렇지 않은 것은 무시하는 동기(動機)로 작용할 수 있다. 특히 이해관계나 강한 논쟁점이 논의될 때 정보의 지각, 조직, 해석에 있어서 왜곡의 경향이 높게 된다.

5. 게임하기

여기서 게임(game)이란 상담 및 심리치료의 한 이론이요, 접근방법인 상응작용 분석법(Transactional Analysis: TA)의 창시자 Eric Berne 박사가 창안한 개념으로서, 주로 무의식적으로 정직하고 솔직한 의사소통을 방해하는 요인으로 작용하는 이중적 대화의 한 양식을 말한다. 즉, 게임은 어린 시절에, 주로 양육자들과 관계에서 형성된 만성문제감정들을 갚음하기 위한 이중적 의사소통의 한 양식이다. 예컨대, 자라는 과정에서 '너는 바보야!'라는 말을 많이 들었거나 다른 어떤 방식으로 인정받지 못하고 바보 취급을 당했다고 생각하는 사람들 가운데 어떤 사람들은 자기도 모르게 스스로 '나는 바보다.'라는 만성적인 '바보감(정)'에 빠져 있을 수 있다.

그래서 그는 자신을 바보로 만들었다고 생각되는 사람에게 갚음하고자 하는 차원의 대화를 유도한다. 이 대화를 '바보게임'이라 명명한 것이다. 바보게임 대화의 실례를 이 책의 제Ⅱ부 14장 Ⅱ절 [게임행동의 유형과 발달]에서 찾아볼 수 있을 것이다. 이 밖에도 '유혹 게임' '예 그러나 게임' 등 많은 게임 상응작용들이 있다.

상응작용 분석법 TA에서는 자신들의 이론에 근거한 성격구조 분석, 대화분석, 게임분석, 그리고 생활각본 분석 등을 통해서 게임으로부터 자유롭게 될 수 있고, 그렇게 되면 솔직하고 정직한 대화가 가능한 것으로 보고 있다.

Ⅲ. 인간관계 및 의사소통의 개선

이 장에 들어서 우리는 인간관계의 형성기원과 근본목적, 발달과정 및 유형, 그리고 효율적인 인간관계 및 의사소통에 장애가 되는 몇 가지 주요 요인들에 관해서 알아보았다. 이제부터는 효율적인 인간관계 및 대인의사소통의 요소들과 인간관계 개선을 위한 접근방법들에 관해서 살펴본다.

1. 효율적 인간관계 및 의사소통의 요소

지금까지의 기술들을 종합해보면, 스침의 관계나 가면의 관계가 아닌, 친밀한 참만남의 인간관계의 형성 및 유지 혹은 회복을 위한 기본 요소들로서 ① 신뢰감, ② 수용, ③ 이해, ④ 개방 등을 들 수 있다.

1) 신뢰감

친밀한 관계는 신뢰감(trust) 위에 형성된다. 우정이 친밀한 관계로 발전하는 것은 여러 측면에서 서로 만족하고 높은 신뢰를 경험할 때 가능하다. 신뢰는 "자신을 다른 사람의 손에, 그들의 봉사에 맡기는 위험을 감수할 수 있는 능력"이라 할 수 있다(Reichert, 1970). 거의 언제나 신뢰는 어떤 위험을 수반하고 있다. 사실상, 신뢰라고 하는 것은 "만약 당신이 자신을 다른 사람에게 맡기기만 하면 그 결과는 당신에게 유리할 것이다."라고 하는 일종의 예언과 같은 것이라 할 수 있다. 가깝고 친밀한 친구들은 자신들에 대한 기대를 만족시킬 수 있어서 신뢰를 얻게 된 것이다. 그러므로 우리가 약속을 이행하고, 비밀을 지키고, 필요할 때 정서적 지지를 해줄 수 있는 사람으로 인정되면, 우리와 그 사람의 관계는 신뢰 위에서 발전하게 될 것이다. 여기에는 자기신뢰(자신감)와 타인신뢰를 포함한다.

2) 수 용

수용(acceptance)은 자신의 신체적 조건이나 생리현상, 가족관계, 출신배경, 성격 등 자신의 장점이나 단점을 있는 그대로 받아들여 인정하는 것을 말한다. 즉, 자신의 지금의 처지를 현실로 인정하고 이에 직면하는 태도를 말한다. 이처럼 자신을 있는 그대로 받아들이는 것을 자기수용(self acceptance)이라 한다. 자기수용이 가능하면 타인수용도 가능해진다. 타인의 존재와 견해를 존중하고 배려하는 것, 강점을 격려해주고 강화시켜 주는 것, 실수를 해도 꾸중이나 비난함이 없이 그대로 받아주는 것 등이 타인수용의 예들이다.

사람은 자신의 있는 모습 그대로 상대방이 수용해주고 있다고 느낄 때, 활동의 자유를 얻게 되어 변화하고, 성장하고, 능력을 발휘할 수 있는 방법을 생각해낼 수 있는 여유를 갖게 된다. 수용의 언행(言行)은 상대방의 마음의 문을 열게 하여 자신의 느낌이나 문제를 털어놓게 한다. **수용은 상대방이 나를 좋아하고 사랑한다는 느낌을 갖게 한다.** 수용은 자기용서이고 타인용서라 할 수 있다.

그래서 **수용은 작은 씨앗 안에 있는 화사한 꽃을 피울 수 있는 가능성을 키우는 비옥한 옥토와 같은 것이다.** 그러므로 자기 및 타인 수용은 좋은 인간관계, 효율적인 의사소통의 필수조건이다. 수용하는 법을 학습하고, 훈련할 필요가 있다.

수용한다는 것은, 구별하거나 비교하거나 선택하는 과정으로 평가, 판단하지 않는다는 면에서 승인(approval)과 다르고, 네 마음대로 해도 좋다는 것은 아니므로 허용(permission)과도 다르다.

3) 이 해

자기이해와 타인이해, 그리고 상황에 대한 각성도 포함된다. 먼저 자기이해는 자신의 심신(心身)에 관한 상태나 가치관 및 신앙상태를 현실적으로 각성, 이해하고 있는 것을 말한다. 여기에 덧붙여 과거의 경험이나 무의식의 내용에 대한 자각도 포함된다. 이러한 자기이해는 타인이해의 기초가 된다. 자신이 현재 어떤 느낌과 생각을 가지고 어떻게 행동하고 있는지를 모르고 있기 때문에 자신과 비슷한 생각이나 느낌을 가지고 행동하고 있는 다른 사람을 이해하지 못하고 욕하고 마음 상해하는 경우도 많다. 보다 효과적인 이해는 적극적 경청(active listening) 혹은 공감적 이해(empathic understanding)다.

적극적 경청(積極的 傾聽)은 상대방이 자신의 마음 상태를 언어나 비언어적으로 부호화해서 나타낸 것을 자료로 해서 읽어낸 그 속마음을 그것이 담고 있는 감정의 강도를 실어서 자신의 말로 상대방에게 피드백해 주는 것을 말한다, 공감적 이해와 거의 같은 것으로 이해도 좋다. 이러한 적극적 경청 혹은 공감적 이해는 우리 모두가 가지고 있는 다른 사람으로부터 이해받고 싶은 욕구를 충족시켜 주는 효과를 발휘한다, 상담과정에서 공감적 이해는 각각 다를 수 있는 개인적 지각의 세계(perceptual world)에 익숙해지는 것을 의미하는 것으로 설명되기도 한다. 이것은 단순한 지적 통찰(intellectual insight) 이상의 것으로 정서적 통찰(emotional insight)을 포함하는 것일 수도 있다. 물론 언제나 완전한 공감적 이해는 불가능하지만 완전성에 보다 가까우면 가까울수록 보다 좋은 인간관계를 유지, 발전시킬 수 있는 효력을 나타낼 것이다.

4) 개 방

개방 혹은 자기개방(self-disclosure)이란 있는 그대로 자신의 장점이나 단점 혹은 결함으로 생각되는 것까지도 드러내어 보이는 것을 말한다. 그러나 언제나 하나도 숨김없이 드러내어 보여야 한다는 것을 의미하는 것은 아니다. 때와 장소에 따라서 드러내는 방법도 적절해야 한다. 이러한 자기개방 혹은 자기노출은 '나'를 '나'되게 하는 길이며, 참 만남을 이루게 하는 요소라 할 수 있다.

Rogers(1961)는 자기개방 혹은 자기노출은 참 만남(encountering)의 조건일 뿐만 아니라 자아실현, 즉 충분히 기능하는 인간(the fully functioning person)으로 발전해가고 있는 사람의 제일 첫 번째의 조건으로 들면서 다음과 같이 설명하고 있다.

> "첫째는 경험에의 개방성이 증가되어 가는 과정이다. 이것은 반대로 방어성의 감소를 의미한다. 우리가 자신의 경험을 충분히 개방할 수 있다면, 모든 자극들(즉, 유기체 내에서 발생하는 것이든 환경에서 발생하는 것이든)을 방어기제에 의해 왜곡됨이 없이 신경계를 통해서 자유롭게 전달될 수 있다. 그리하여 그 개인은 자신과 자신 속에서 이루어지고 있는 경험에 대하여 보다 더 잘 경청할 수 있게 되고, 두려움이나 절망과 고통을 더 잘 포용할 수 있게 된다. 따라서 그는 자신의 감정들을 있는 그대로 자유롭게 각성할 수 있음과 동시에 그들에 대하여 자유롭게 대처해 갈 수 있게 된다. 그러니까 이처럼 심리적으로 자유로운 사람은 보다 충분히 기능하는 사람이 될 수 있는 것이다."

2. 인간관계 개선의 접근, 실천

제도상의 정규 교육과정을 거치거나 특별히 훈련을 받지 않고서도 훌륭한 사업가, 훌륭한 교사, 훌륭한 상담가, 그리고 좋은 인간관계를 맺고 유지하면서 효율적이고 생산적인 삶을 살아가는 사람들을 종종 볼 수 있다. 그러나 그렇게 성공적인 삶을 사는 사람들의 경험담들을 가끔 들어 보면, 그냥 저절로 된 것은 아님을 발견한다. 수많은 시행착오적 실험들과 탐구, 그리고 고뇌와 칠전팔기의 인내와 남의 눈에는 쉽게 드러나지 않는 피나는 노력의 결실들임을 알 수 있다.

Erich Fromm은 그의 저서 『사랑의 예술』 '사랑의 실천' 장(章)에서 "목수의 기술이나 의료기술이나 사랑의 기술 등 그 어떤 기술도 제대로 실천하려면 훈련과 정신집중과 인내 그리고 그 기술의 숙달에 최고의 관심을 쏟아야 가능함"을 기술하고 있다.

참 만남의 성숙된 친밀한 인간관계의 회복 혹은 개선을 위해서도 학습과 훈련이 필요함은 당연하다. 오늘날 인간의 효율성이나 상담 및 심리치료에 관심을 가지고 있는 많은 사람들이 다양한 인간관계 훈련모형들을 개발하고 있다.

Ⅳ. 의사소통 훈련의 기초 기법

이형득(1982)은 그의 저서『인간관계 훈련의 실제』에서 의사소통의 기법을 훈련하는 것은 인간관계 개선을 위한 필수적인 과정으로 보고, 훈련되어야 할 의사소통의 기초적 기법 다섯 가지를 다음과 같이 소개하고 있다. ① 관심 기울이기, ② 의사 확인, ③ 지각 확인, ④ 자신의 느낌 보고, ⑤ 피드백하기이다. 이들을 요약, 소개하면 다음과 같다.

1. 관심 기울이기

대화의 상대방에게 관심을 기울이는 자세와 응대(應對)하는 태도를 말한다.

① **좋은 자세**: 신체적으로 이완되고 평안하고 자연스러운 자세

② **온화한 시선접촉**: 온화한 시선은 신뢰와 편안한 마음으로 대화할 수 있게 한다.

③ **밝은 표정과 음조**: 유쾌한 표정, 격려하는 미소, 수용적이고 친절한 음조

④ **즉각적인 언어적 혹은 비언어적 반응**: 예컨대, 상대방이 말하는 중이나 끝난 직후 "고개를 끄덕인다"든지, "아, 그래요!" "그랬군요!" 등의 반응

2. 의사 확인

대화의 과정에서 상대방이 나에게 말하는 내용의 본래 뜻(의사/意思)을 내가 정확하게 알아들었는가를 확인하는 것을 말한다. 의사 확인(意思確認)의 과정을 통해서 의사소통과정에서 오해의 소지를 제거하고, 정확성과 신뢰성을 높일 수 있다.

* 의사 확인 과정의 예(이형득, 1982, p.182)

김 선생: 박 선생은 애당초 교사가 되지 말아서야 했는데...

이 선생: 그러니까 김 선생님 말씀은 '박 선생님이 학생들을 잘 다루지 못한다'는 뜻입니까?

김 선생: 아니요, 그런 뜻은 아닙니다. 내 말은 박 선생이 너무 고급생활을 하려 하고 있기 때문에 교사의 봉급으로는 도저히 그러한 생활을 유지해 나갈 수 없을 것 같다는 생각이 들어서 드린 말씀입니다.

이 선생: 아, 알겠습니다. 선생님 생각에는 박 선생이 자기의 고급생활을 보장해 줄 수 있는 그런 분야의 직업을 택했어야 했다는 뜻이군요!

김 선생: 맞습니다. 바로 그런 뜻입니다. 그런 뜻에서 가르치는 일은 박 선생에게 맞지 않은 직업입니다.

3. 지각 확인

지각 확인(知覺確認)은 대화의 과정에서 상대방의 느낌과 경험을 가치판단(맞다 혹은 틀리다, 적절하다 혹은 적절하지 않다 등의 평가와 판단)에 사로잡히지 않고, 상대방이 현재 느끼고, 경험하고 있는 바 그대로의 느낌과 경험을 정확하게 확인해 보는 것이다. 인간관계에서 서로 소통이 되는 대화로 좋은 관계를 맺는 데는 상대방의 느낌과 경험을 정확하게 이해하고 있는가가 관건이다. 이와 같은 대화과정에서 상대방의 느낌과 경험 확인에 초점을 두고 있는 **지각 확인**은, 상대방의 생각과 의도 혹은 관심의 사실대로의 확인에 초점을 두고 있는 **의사 확인**의 기반이 되는 것이고, 따라서 상대방에 대한 사실적 이해에 기초한 명료한 의사소통을 가능하게 한다.

예1: "지금 당신은 저에게 화가 나 있는 것 같습니다. 그것이 사실입니까?"
→ 지각 확인(O)

예2: "당신은 왜! 저에게 화를 내고 있습니까?" → 지각 확인(X)
가치판단에 근거한 비난(힐난)

4. 자신의 느낌(감정 혹은 정서) 보고하기

우리가 일상생활에서 어떤 상황이나 상대방의 행동에 대한 느낌 등을 통해서 감정(feeling) 혹은 정서(emotion)를 갖게 되고, 경험한다는 것은 자연스런 당연한 현상이라 할 수 있다.

인간은 이성적(理性的)이면서도 감정적인 존재이기 때문이다. 그럼에도 불구하고 우리의 일상생활에서 행동의 길잡이인 문화적 가치관이 형성되는 과정에서, 감정표현의 부정적인 측면에 지나치게 초점을 맞추어 가치판단하는 관습이 형성되면서 감정표현을 두려워하게 되고, 현재 경험하고 있는 그 감정 자체를 부정하고 숨기는 방어기제를 발달시키게 되었다. 그래서 우리는 자신의 감정 혹은 정서를 그대로 수용하고, 건설적으로 활용하는 학습(學習)의 소홀로 자신의 감정 혹은 정서를 있는 그대로 수용하고 자각(自覺)해서 적절하게 표현하기보다는 무의식적으로 부인하거나 무시하려고 애써서 마음속에 숨겨 묻어 두게 되는 억압(抑壓/repression)이라는 방어기제 행동(防禦機制 行動)이 습관화되었다.

이와 같은 억압 반응을 계속하다 보니, 상대방은 나의 표정이나 다른 반응행동의 관찰을 통해서 내가 어떤 느낌 혹은 어떤 감정을 경험하고 있는가를 알고 있는데 정작, 나 자신은, 현재 내가 어떤 감정을 느끼고 있으며, 그것이 지금 나의 행동에 어떻게 영향을 미치고 있는지를 알지 못할 때가 많다. 무의식 속에 숨겨 있기 때문이다. 설령 알고 있다고 해도 그 감정 혹은 정서를 정직하게 표현하거나 보고하는 것이 어렵기도 하다. 감정표현이 학습되어 있지 않기 때문이다.

집단상담 과정에서 볼 수 있는 한 예를 들어보면, 집단활동 가운데 한 집단원이 아

무 말도 하지 못하고 얼굴이 벌겋게 달아올라 있다. 그것을 본 다른 집단원이

> "당신은 지금 어떤 기분을 느끼고 있습니까?" 질문으로 피드백 한다. 그 집단원의 얼굴이 벌겋게 달아 있는 데도 정작 그는 "나는 지금 아무렇지도 않다"고 응답한다. 또 다른 집단원들이 지금 당신의 얼굴을 한번 만져보라고 피드백 한다. 자신의 얼굴을 만져 본 그는 그제야 "지금, 자신의 얼굴이 후끈거리고 있고 몹시 당황해 하고 있다."는 사실을 확인하는 경우를 볼 수 있다.

이와 같은 실시간에 자각되지 않는 억압된 감정의 무의식적인 표출은 인간관계에서 자신의 의사(意思)와는 관계없이 정직하지 못하다는 오해를 받을 수도 있다. 나아가서는 자신의 감정을 솔직하게 표현하거나 행동을 상황에 맞게 조절, 통제할 수 있는 기회를 놓치게 된다. 그것이 좋은 인간관계 형성에 장애로 영향을 미칠 수 있는 것이다.

우리는 자신의 느낌(감정 혹은 정서)을 처리할 때, ① 있는 그대로를 구두로 보고하거나 ② 실제 감정은 숨기면서 우회적으로 남을 비판하는 경우처럼 간접적으로 표현하기도 하고, 그리고 ③ 과격한 언동을 통한 직접적인 감정표출 방법 등의 3가지 경우를 들 수 있다. 느낌 혹은 감정 및 정서를 있는 그대로 말로 보고하는 방법이 가장 건설적인 방법이라 할 수 있다(Wallen, 1967). 그러므로 자신의 느낌을 사실대로 자각하고, 보고하는 학습과 훈련이 필요하다.

여기서 "느낌 혹은 감정(정서)을 말로 보고한다는 것"과 "느낌을 표현한다는 것"은 엄격히 구별되어야 한다는 점에 유의해야 한다(이형득, 1982, p.141).

> "느낌을 말로 보고한다는 것은 특정 사건이나 사물에 대한 우리의 느낌을 그것이 일어난 그 순간에 과격한 말이나 행동을 하지 않고, 상대방의 언행을 판단하거나 비난함이 없이, 혹은 그에게 어떤 것을 강요함도 없이, 타인에게 우리의 정서적 상태에 대한 정확한 정보를 제공하기 위하여 우리의 느낌을 있는 그대로 직접 말로 진술하는 것을 뜻한다."

5. 피드백 주고받기

피드백(feedback)이란 상대방이 나에게 보이거나 보여주고 있는 언어적 혹은 비언어적 행동이 나에게 어떤 영향을 미치고 있는가를 상대방에게 직접 말로 보고해 주는 것을 말한다. 인간관계에서 대화 혹은 의사소통은 이러한 피드백의 연속적인 과정이라고도 할 수 있다. 여기서는 의사소통 훈련의 한 방법으로서 훈련되어야 할 '**피드백 주고받기 방법**'에 관해서 설명한다.

우리 인간의 눈은 그 구조가 바깥으로 향하여 보도록 되어 있기 때문에 자신의 모습이나 언행들을 직접 되돌아 볼 수 없다. 그래서 많은 경우, 대인관계에서 상대하는 타인이라고 하는 "거울"에 반영된 자신의 모습이나 언행의 특성들을 상대로부터 피드백을 받아야 자신을 볼 수 있고, 또한 알 수 있게 된다. 그래서 대인간 행동의 문제를 발견할 수 있고, 개선해야 할 구체적 내용의 정보들도 얻을 수 있으며, 또한 개선을 위한 연습과 훈련의 기회를 갖기 위해서 피드백 주고받기 훈련은 필수적 훈련이라 할 수 있다.

V. 「인간관계 개선 훈련의 한 모형」으로서 Gordon의 효율적 대화 훈련 프로그램

Gordon의 「부모효율성훈련: PET(Parent Effectiveness Training, 1975)」를 오래 동안 대학의 유아교육과 학생들의 「부모교육」 강좌에서 부모-자녀 간의 효율적 대화의 이론과 실제의 한 예로 활용하면서 PET의 이론이나 실제 훈련내용들이 부모-자녀관계뿐만 아니라 모든 인간관계 개선 프로그램의 원리와 실제의 모형이 될 수 있을 것으로 생각해 왔다.

최근에, 이와 같은 필자의 생각을 뒷받침해 주는 Gordon의 진술을, 그의 딸 주디와 공저한 "PET in Action, 1976"의 한글 번역서인 "부모역할 배워지는 것인가(김인자 역, 1992)"의 서두에 그가 쓴 '한국 부모들에게 드리는 글'에서 발견하게 되었다.

> "...나는 부모들이 부모역할 훈련에서 배운 기술을 자녀 이외의 관계, 즉 배우자와 관계에서, 직장에서 여러 사람과의 관계에서, 친구들이나 이웃 간에, 부모, 친척들에게 어떻게 이 기술을 적용하였는가 하는 것을 종종 들었다. 많은 사람들은 나에게 책의 제목을 '부모역할 훈련' 대신 '효율적인 사람이 되기 위한 훈련'이라 붙이지 않은 것이 나의 실수라는 것이었다. ……. 이제야 나는 "부모역할 훈련"이 부모-자녀 간의 관계에서만 아니라 모든 대인관계에서 새로운 모델이 될 수 있다는 것을 깨달았기 때문이다"(p.8).

일반 인간관계 개선을 위한 훈련모형의 기초자료로서 Gordon의 「부모효율성 훈련 프로그램」을 음미해 보기 위해서 PET를 중심으로 앞서 소개한 그의 나머지 세 가지 저서들을 참고하여 Gordon의 효율적 의사소통 훈련 프로그램의 내용을 분석, 정리해 본 것이 다음과 같다.

1. 인간관계 훈련의 한 모형으로서 「Gordon의 효율성 훈련」 내용 분석

〈표 6-1〉 「Gordon의 효율성 훈련」 내용 분석-1

Ⅰ. 관계의 특성 및 효율적 관계	→	Ⅱ. 문제 및 문제의 원인	→
1. 부모-자녀관계: 혈연 및 양육관계	→	1. 비판적 양육태도 및 방법에 대한 반항*1	→
2. 일반인 관계	→	2. 의사소통 태도 및 언어들	→
3. 솔직하고 진실한 관계: 인간 대 인간의 참 만남 필요	→	3. 솔직하지 못함, 완전주의, 권위주의적 태도 일방적 의사소통, 의사소통 미숙, 단절	→
4. 갈등관계: 쌍방 욕구충족 조절 필요	→	4. 갈등: 일방 욕구충족 시도: 불합리한 갈등 해결에 대한 고정관념에서 비롯됨	→

*1 자녀의 부모에 대한 반항: 부모-자녀관계에서 자녀의 부모에 대한 반항(10대의 이유 없는 반항 등)은 부모의 존재 자체의 부정(否定)이라기보다는 비판적 양육태도 및 훈육방법에 대한 반항이다(Gordon, 1975).

*2 크고 작은 '→' 표는 화살이 향하는 방향의 문자 혹은 번호(문제 및 문제 원인이나 문제해결 접근방법)와 연속적인 관련성을 나타내려는 것임.

〈표 6-2〉 「Gordon의 효율성 훈련」 내용 분석-2

→	Ⅲ. 문제해결 접근방법
1. 수용적 태도 및 방법으로 바꾸기	→ 1. 수용원리와 적용방법의 학습과 훈련
2. 의사소통의 방법의 개선: 이해, 수용, 개방	→ 2. 효율적 의사소통 법: PET의 관련 주요 키워드 및 실제의 학습과 훈련
① 완전할 수 없는 자기 및 타인 이해, 수용	→ ① 수용의 철학 및 원리의 학습
② 타인에 대한 권위주의적, 비판적 태도	→ ② 수용 감정 확인학습 및 수용 연습
③ 일방적 의사소통, 의사소통의 미숙 개선 (자기개방)	→ ③ 상대 수용 시: 적극적 경청 훈련 상대 불수용 시: 나-메시지 응대법 훈련
3. 갈등해결: 훈련된 수용적 태도, 적극적 경청 나-메시지 응답법 등의 의사소통의 방법을 사용하는 쌍방 욕구충족의 조절, 합리적인 협상의 원리 적용	→ 3. 무패적 방법(방법 Ⅲ) 훈련: 갈등해결의 6단계 학습과 적응훈련

앞서와 같은 Gordon의 효율성 훈련 프로그램 내용 분석과 함께 Gordon의 부모, 교사, 그리고 리더의 효율성 훈련 프로그램들의 (1) 인간관 및 변화와 개선의 가능성, 그리고 (2) 좋은 인간관계 형성과 유지의 주된 걸림돌과 그 해결을 위한 접근방법의 기본 가정들과 학습 및 훈련의 키워드(key word)들을 다음과 같이 정리해 볼 수 있다.

2. Gordon의 효율성 훈련 프로그램들의 기본 가정들

Gordon의 세 가지 효율적 대화훈련 프로그램들, 즉 PET(부모), TET(교사), LET(리더), 그리고 “PET in Action”은 다음과 같은 가정들 하에 구성된 것으로 분석해 볼 수 있다.

1) 적절한 도움만 주어지면 인간 내면에는 건설적인 방향으로 변화, 발달할 수 있는 잠재능력을 가지고 있다.
2) 인간은 관계 속에서 대화를 통해 함께 더불어 살도록 되어있는 존재이다. 그러므로 인간이 지향하는 행복의 조건은 좋은 관계형성과 유지이며, 이를 위해서

는 수용적 태도를 기초로 하는 대화의 기법에 관한 학습과 훈련을 필요로 한다.

3) 이러한 대화의 기법에 관한 학습과 훈련에서 우선순위는 부모의 권위주의적이고 비판적인 비수용적 태도를 수용적 태도로 바꾸는 것이다. 10대의 이유 없는 반항은 부모 존재 자체를 부정하는 것이 아니고, 부모들의 비판적인 양육태도에 대한 반항으로 해석되기 때문이다.

4) 이러한 관계 속에서 비판적인 권위주의적 비수용적인 태도에 관한 문제의식은 부모-자녀관계에서 뿐만 아니라 모든 인간관계 문제에 적용될 수 있는 것으로 볼 수 있다.

5) 그러므로 양육관계 및 대인관계의 언어적, 비언어적 대화에서 비판적인 태도를 수용적인 태도로 바꾸는 것이 필요하다. 학습과 훈련을 통해서 점진적으로 바꿀 수 있다.

3. Gordon의 「효율성 훈련 프로그램」들이 시사하는 일반 인간관계 훈련에 활용될 수 있는 기본적 태도 및 주요 개념들과 방법

1) 우선적으로 비판적 태도를 수용적 태도로 바꾸는 것이다.

좋은 관계 형성과 유지에 주된 걸림돌은 상대방에 대한 비판적 태도이다. 좋은 관계 형성, 유지 및 관계 개선을 위해서는 우선적으로 비판적 태도를 수용적 태도로 바꾸는 것이다. 바꾸는 것은 나에서부터 시작되어야 한다.

2) 학습 및 훈련되어야 할 기본적 태도 및 주요 개념들

(1) 수용

(2) 수용적 언어와 비수용적 언어, 수용도식, 문제의 소유 및 문제소유 이동

(3) 적극적 경청(active listening)

(4) 나-메시지 응대(I-message)와 너-메시지 응대, 그리고

(5) 갈등해결의 방법으로서 승패적 방법(방법 I, 방법 II)

무패적 방법(No loser method, 방법 III) 등

4. 주요 개념들의 정의와 부수적 설명

1) 수 용

(1) 수용(acceptance)의 정의

비판, 판단하여 어떤 낙인을 찍거나 선고를 하지 않고 자신이나 타인을 현 존재모습 있는 그대로 인정하고 받아들이는 것을 말한다. 수용은 허용이나 승인 혹은 동의하는 것은 아니다. 오히려 용서에 가깝다고 할 수 있다.

(2) 수용의 방법 4가지(Gordon, 1975)

① 간섭하지 않음으로써

② 수동적 경청을 통해서: 음, 그렇구나, 침묵 등

③ 마음의 문을 여는 언어로 더 많은 말을 하도록 초대하는 말: "그 이야기를 좀 더 들어보고 싶구나?" 등

④ 적극적 경청: 지금 이야기하고 있는 사람이 느끼고 있는 감정은 어떠하며, 그 말이 무엇을 의미하는가를 파악하면서 귀를 기울여 듣고 응답함.

☆ 수용은 반드시 상대방이 느낄 수 있어야 한다. 그러므로 수용표현 방법의 학습 및 훈련이 필요하다.

(3) 수용의 효과

① 활동의 자유 얻게 되어 변화, 성장 가능케 하는 능력발휘방법을 생각할 수 있게 한다.

② 마음을 열고 자신의 감정과 문제를 개방할 수 있어서 치료적 의사소통을 가능케 한다.

③ 수용 감정의 표현으로 상대방이 자신에 대한 호감경험으로 자존감을 발달시킨다.

④ 특히 어린 자녀일 경우 부모의 사랑을 받고 있다는 내적 감정을 갖게 되고, 성인들은 자신이 한 사람의 인간으로서 존중받고 있다는 느낌을 갖게 된다.

2) 비수용적 언어

(1) 12가지 의사소통 장애반응들: 비수용적 언어

① 명령, 지시 ② 경고, 위협 ③ 훈계, 설교 ④ 충고, 해결방법 제안, ⑤ 강의, 논리적 논쟁의 전개, ⑥ 판단, 비난, 반대 ⑦ 칭찬, 동의 ⑧ 욕설, 조소, 수치심을 주려는 빗댄 말, ⑨ 해석, 분석, 진단 ⑩ 격려, 동정, 위로, 지원, ⑪ 탐문, 질문, ⑫ 후퇴, 주의분산, 농담

☆ 칭찬, 동의, 격려, 동정, 위로, 지원 등도 평가, 판단을 전제하기 때문에 비수용적 언어들이다.

(2) 비수용의 효과

① 상대방의 말에 응답하고 싶은 기분을 냉각시킨다.

② 자신의 문제나 감정을 말하지 않는 것이 훨씬 더 편하다는 것을 학습하게 된다.

③ 불쾌감을 유발하고, 자신에 대해 말하거나 관찰하는 것을 두렵게 만들고 폐쇄적이고, 방어적이 되게 한다.

④ 이와 같이 감정표현을 억제, 위협을 느낌, 무가치감과 열등감을 쌓게 되어 있는 그대로 자신의 모습 보는 것을 방해한다. 그래서 성장과 건설적인 변화를 차단하게 된다.

3) 적극적 경청: 가장 효과적인 수용방법

(1) 적극적 경청이란?

가장 효과적인 수용의 방법으로서 적극적 경청(active listening)은 상대방의 말이나 비언어적인 행동의 관찰을 통해서 상대방의 속마음을 읽어서 그 마음상태와 일치하

는 내용을 자신의 말로 바꾸어 응답하는 것, 즉 피드백 하는 것을 말한다. 적극적 경청의 한 예를 그림으로 나타낸 것이 [그림 6-1]과 같다(Gordon, 1975).

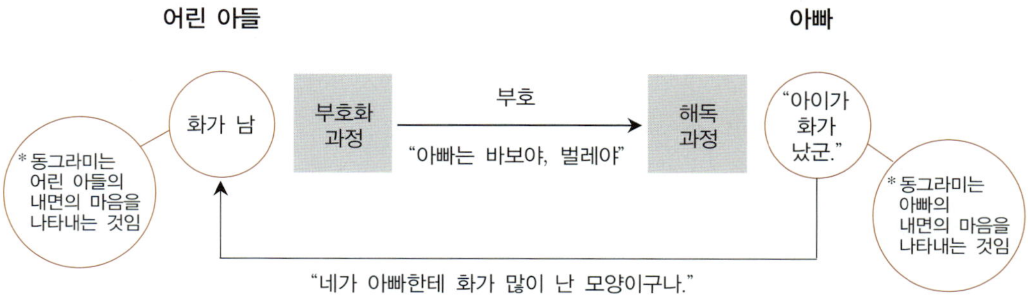

[그림 6-1] 적극적 경청

(2) 적극적 경청의 효과

① 정화작용의 효과가 있다. ② 부정적 감정을 두려워하지 않게 되고, ③ 서로 간의 온정적인 관계를 증진시키고, ④ 촉진된 대화를 통해 상대방이 스스로 문제를 해결할 수 있게 도울 수 있다.

4) 나 - 메시지 응대법과 너-메시지 응대법

〈상황1〉

"중요한 뉴스를 신경을 집중해서 경청하고 있는데 옆 친구가 계속해서 다른 내용의 말을 걸어와서 뉴스를 제대로 들을 수가 없어 짜증나려 한다."

이런 상황에서

응대(1): 야! 좀 조용해라! 뉴스 못 듣겠다! → **너-메시지 응대법**

응대(2): 지금 내가 뉴스를 집중해서 듣고 있는데 네가 자꾸 말을 걸어오니까(상대방의 언행이) 중요한 내용을 놓칠까봐(내게 미친 구체적인 영향으로 내가), 자꾸 신경이 쓰이고 짜증나려 한다(나의 현재의 상태: 감정 혹은 느낌, 내가 소유하게 된 문제 전달)." → **나-메시지 응대법**

(1) 나-메시지 응대법(I-message)이란?

나에게 수용되지 않는 상대방의 언행이 나에게 어떻게 영향을 미쳐서 내가 지금 어떤 상태에 있는가(문제소유)를 그대로 상대방에게 전달하는 방법이다.

(2) 나-메시지 응대법의 효과

수용적인 태도를 전제로 하고 있는 위협적이지 않고 현재의 솔직한 감정을 표현하는 나-메시지 응대법은

① 상대방의 저항과 반항을 줄이고 갈등이 일어날 확률을 줄일 수 있다.

② 상대방으로 하여금 자신이 존중되고 신뢰받는 경험을 하게 한다. 따라서 대인관계를 보다 생산적인 관계로 발전시킬 수 있는 계기가 될 수 있다.

③ 특히 어린 자녀일 경우에는 부모의 나-메시지 응대법의 사용은

- 자녀가 부모로부터 존중받고 사랑받고 있다는 감정을 경험하게 되어 부모-자녀관계가 친밀해지고

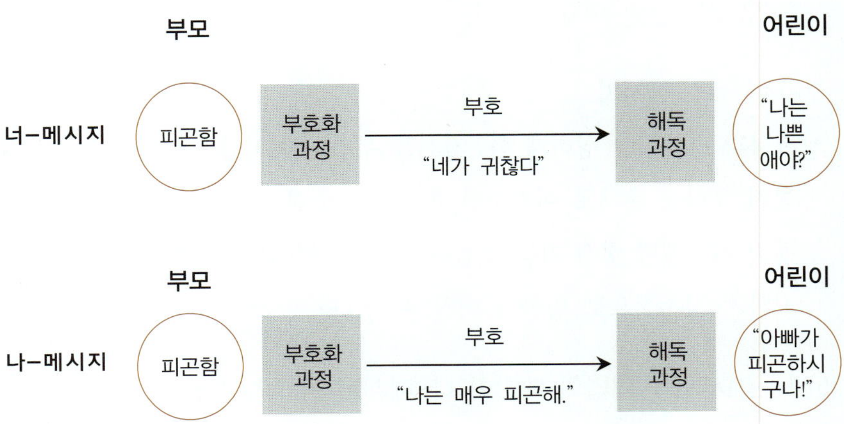

[그림 6-2] **너-메시지와 나-메시지**(Gordon, 1975)

- 자녀로 하여금 자신의 행동에 대하여 책임지고 문제 상황을 극복해나갈 수 있도록 도와주며,
- 부모의 대화법의 모방을 통해 솔직한 자기표현의 방법을 학습하게 된다.

(3) 너-메시지 응대법: 두 범주 - 해결메시지와 무시 메시지

① **해결메시지**: 명령, 지시, 요구, 경고, 훈계, 위협, 권고, 충고 해결책 제시 메시지 등

② **무시하는 메시지**: 판단, 비판, 비난, 별명붙이기(예: 이 바보야! 등), 조소, 모욕, 해석 진단, 심리분석, 훈시, 지시 등 포함

(4) 너-메시지 응대법의 효과

① **해결책 보내는 너-메시지**

- 상대방의 욕구보다 나의 욕구를 더 중요시 → 상대방의 욕구 무시 → 나의 생각대로 해야 한다는 뜻으로 상대방에게 전달됨 → 상대방의 반항, 방어적, 적대감으로 반응하게 한다.
- 나의 욕구를 우선적으로 고려하게 되어 → 자녀의 책임 있는 행동학습 및 훈련의 기회 박탈 → 결과적으로 타인의 해결책만 기대하는 의존적 인간으로 되기 쉽다.

② **무시하는 너-메시지**

- 자녀의 자존심을 상하게 함. 자신을 무가치한 사람으로 생각, 무능해서 인정받지 못하는 존재로 여기도록 촉진하기 쉽다. → 자녀의 자아개념 파괴 → 부정적 자아개념 형성 가능성 높다. → 어릴 때 형성된 부정적 자아개념은 성인기까지 지속적으로 영향을 미칠 수 있다.

(5) 너-메시지 응대법의 대안이 나-메시지 응대법이다.

나-메시지 응대법은 내가 수용할 수 없는 언행을 보이는 상대방으로 하여금 나의

이야기에 관심을 가지게 되어 귀를 기울이게 함으로써 결과적으로 서로 상대방을 수용할 수 있게 되어 좋은 관계로 발전할 수 있게 하는 응대법이라 할 수 있다. 기억을 더듬어 Gordon이 나-메시지의 효과를 설명하면서 든 한 사례를 소개하면 다음과 같다.

> "미국의 한 초등학교의 아침수업시간에 계속 장난치고 있는 두 학생의 행동들로 교사가 수업에 집중할 수가 없다. 나-메시지 응대법 훈련을 받은 이 교사는 그들을 질책하고 싶은 자신의 마음을 수습하고, 나-메시지를 사용하기로 했다.
>
> "너희 두 사람이 지금, 수업하고는 관계가 없는 엉뚱한 행동들을 하고 있으니까 선생님이 신경이 쓰여 수업에 집중할 수가 없네! 그러지 않아도 아침출근 때부터 머리가 아파서 힘들어 하고 있는데 너희들 두 사람 행동에 자꾸 신경을 쓰게 되니까 머리가 더 욱신거리고 아파서 수업에 집중이 되지 않는구나!"라고 응대했다. 그리고는 수업을 계속했다."
>
> 그 후 시간이 지나서 복도에서 그 두 학생을 만났다. 그 학생들이 "선생님, 아까 머리가 아프다고 하셨는데 지금은 괜찮아요?" 하면서 말을 걸었다."

5) 갈등해결의 방법: 무패적 방법(No loser method, 방법Ⅲ)

Gordon(1970, 1974, 1977)은 부모-자녀 간(PET), 교사-학생 간(TET) 그리고 리더-직원 간(LET)의 3가지 관계 효율성훈련 프로그램들의 마지막 부분에 갈등해결 훈련 방안들을 제시하고 있다.

갈등해결 훈련 프로그램이 마지막 목차로 제시되고 있는 것은, 선행 훈련된 수용적 대화법을 사용함으로써 갈등 당사자 간 어느 한쪽도 패자가 없는 무패적 갈등해결 방법(No Loser Method 혹은 방법Ⅲ)의 훈련이 가장 효율적으로 진행될 수 있다고 보기 때문이다. Gordon의 패자가 없는 무패적 갈등해결의 훈련과정은 앞서 훈련된 수용적 태도와 대화법 활용으로 진행되는 6단계 훈련과정이다.

Gordon(1974)은 이 6단계 갈등해결의 과정은 진보주의 교육학자 존 듀이의 문제해결의 6단계를 활용한 것이라 밝히고 있다. 훈련되는 6단계의 과정들만 우선 소개하면 다음과 같다:

제1단계 갈등의 확인과 정의(문제 확인하기)

제2단계 가능한 모든 해결방안 모색(해결안 제시하기)

제3단계 가능한 모든 해결방안에 대한 검토(해결안 검토하기)

제4단계 가장 좋은 해결방안의 결정(해결안 결정하기)

제5단계 결정된 해결방안의 실천계획(결정안 실천계획하기)

제6단계 해결방안의 실행과 그에 대한 계속적인 평가(실행 후 평가하기)

인간관계론

Human Relations

II

TA 인간관계론과 연습

인 간 관 계 론

Human Relations

제 7 장

대인의사소통 분석에 기초한 TA

Ⅰ. 상응작용 분석법 TA와 인간관계 개선

상응작용 분석법(相應作用 分析法) TA는 1950년대 중엽 미국의 정신의학자 Eric Berne 박사에 의하여 창안되었다. 그에 의하면, 우리들의 인생 초기에 부모나 그 밖의 연장자들과의 관계에서 이루어졌던 언어적 혹은 비언어적 의사소통의 질(質)이 그 개인의 성격형성에 결정적인 영향을 미치며, 그렇게 형성된 성격은 현재 그 개인의 일상생활에서 인간관계의 성질을 좌우하고 있다는 것이다. 이와 같은 가정(假定) 하에서 그는 대인의사소통의 분석에 기초한 집단심리치료 및 상담의 한 접근방법으로서 상응작용 분석법(TA)을 개발하였다.

이러한 상응작용 분석법은 근원적(根源的)으로 대인(對人)의사소통의 분석으로부터 출발한 것으로서 인간관계의 이해와 개선방안을 보다 구체적으로 그리고 명료하게 보여주고 있다. 그리하여 오늘날 TA는 상담 및 심리치료에서 뿐만 아니라 학교, 교회, 병원, 가정 및 결혼관계, 그리고 산업체 등 인간관계 및 의사소통이 문제되고 있는 여러 상황에 적용되고 있다.

또한 TA는 상담이나 심리치료자와 내담자가 함께 사용할 수 있는 언어(言語)를 가지고 있다. 예컨대, 대인의사소통의 과정 분석에서 사용할 수 있는 '부모자아', '어린이자아', '어른자아', '게임', '생활자세' 및 '생활각본' 등과 같은 언어들이다. 이러한 언어들만 학습하게 되면 상담자나 심리치료자 없이도 개인이 혼자서 자신의 행동을 분석하고 개선할 수 있는 도구로 사용할 수 있다.

Ⅱ. TA 성격이론

TA의 창시자 Berne은 일찍이 상응작용 분석법을 발전시키는 과정에서 내담자들이 심리치료과정에서 변화하는 모습을 직접 관찰할 수 있었다. Harris(1969)도 같은 사례들을 관찰하고 다음과 같이 보고하고 있다.

> "34세 되는 한 부인이 도움을 청하러 왔다. 처음 만난 시간에 그 부인은 ① 갑자기 울기 시작했다. 그리고 말하기를 '당신은 나를 세 살 먹은 어린아이로 취급한다'고 했다. 그 부인의 목소리와 태도는 작은 어린아이의 목소리와 태도였다. 나는 그 부인에게 물었다. '당신으로 하여금 어린아이처럼 느끼게 하는 무슨 일이라도 있습니까?' 그때 그 부인은 ② '모르겠습니다'라고 답하면서 덧붙여서 '내가 갑자기 어떤 실패감을 느꼈습니다'라고 했다. '자, 그럼 어린아이들과 가족에 관해서 이야기해 봅시다. 그러면 아마 우리들은 당신이 그러한 실패감을 갖게 하는 당신 내면에 있는 어떤 이유를 발견할 수 있을 것입니다'라고 필자가 말했다. 그때 그 부인의 목소리와 태도는 다시 변했다. 그 부인은 ③ 비판적이고 독선적이 되었다"(p.39).

Harris는 한 시간 동안에 이 부인이 세 가지 구별되는 모습으로 변화하는 것을 관찰한 것이다. 즉, ① 감정에 의해 지배된 작은 어린아이와 같은 모습, ② 사색적이고 객관적이며 합리적인 성숙된 부인으로서의 모습, 그리고 ③ 독선적이고, 비판적인 부모와 같은 모습, 이렇게 셋이다. Berne은 이와 같은 세 가지의 모습으로 나타나게 하는 개인의 성격적인 특성들에다 각각 어린이자아(Child), 어른자아(Adult), 그리고 부모자아(Parent)라 명명했다. 그러니까 우리들의 행동은 이 세 가지의 자아 상태들에 의하여 나타나게 된다는 것이다. 좀 더 설명하면, 부모자아(P)는 개인으로 하여금 비평적 혹은 훈육적, 그리고 양육적 행동특성들을 나타내도록 개인의 내면에서 작용한다.

어린이자아(C)는 천진하고 자연스럽고, 자유로운 행동특성 및 충동과 직관적인 행동특성을, 그리고 다른 한편으로는 쾌 · 불쾌 및 공포와 두려움 같은 감정적인 행동특성들을 보이게 작용한다. 어른자아(A)는 컴퓨터처럼 객관적으로 논리적으로, 그리고 성숙한 어른처럼 상황과 사리(事理)에 맞게 합리적으로 융통성 있게 행동하게 한다.

Berne(1961)과 Harris(1969) 등에 의하면, 부모자아와 어린이자아를 형성하고 있는 자료들은 출생 후 5세까지 주로 부모 혹은 부모대리 양육자들과의 관계에서 갖게 되는 경험들과 그에 수반되는 감정들이다. 이 자료들 가운데는 긍정적인 것들도 포함되어 있지만 대부분 어린 시절에 무조건 수용된 묵은 자료들이므로 현실적으로 부적절한 행동을 나타나게 하는 경우가 많다. 이처럼 주로 과거의 묵은 경험의 자료들로 구성되어 있는 부모자아(P)나 어린이자아(C)의 자료들을 현실에 맞게 타당화시키는 기능을 하는 것이 어른자아(A)이다. 다시 말해서 어른자아는 부모와 어린이자아의 자료들을 자유롭게 검토하여 부모자아에 의한 편견과 독선을, 그리고 어린이자아에 근거하는 현실적으로 부적절하고, 유치한 부적응행동을 방지할 수 있게 하는 기능을 한다.

Berne은 많은 일상경험들을 기초로 하여 구성한 성격구조(P－A－C)에 근거해서 네 가지 분석과정을 제시하고 있다. ① 구조분석, ② 상응작용 분석, ③ 게임분석, ④ 생활각본 분석이다. 이들은 보다 기초적인 분석 단계에서 보다 심층적인 분석의 단계로 제시된 것이다.

Ⅲ. 네 가지 분석과정과 TA의 목표

1. 구조분석

구조분석의 목표는 어른자아의 기능화이다. 개인의 자아상태들을 형성하고 있는 경험자료들을 분석하고, 어른자아가 자유롭게 각 자아상태들에 대한 현실 검정을 할 수 있도록 도우려는 것이 TA의 **구조분석**(structural analysis)이다. 이 구조분석의 단계에서 내담자들은 자신의 세 가지 자아상태의 내용과 기능에 관해서 학습하고, 사려 깊고 정확한 자기관찰자가 되는 방법을 학습한다. 다시 말해서 **구조분석의 목표**는 어른자아의 기능화를 통한 혼합되고 배타적인 세 가지 자아상태들의 기능을 자율적이 되게 하려는 것이다. 이와 같은 구조분석의 과정은 다음의 상응작용 분석의 기초가 된다.

2. 상응작용 분석

상응작용 분석(transactional analysis proper)의 단계에서는 구조분석을 기초로 하여 다른 사람과의 의사소통, 즉 상응작용(相應作用)의 과정에서 각자의 어떤 자아 상태가 관여, 작용하고 있으며, 또한 어떤 유형의 상응작용을 하고 있는가를 확인함으로써 그러한 상응작용이 인간관계의 과정에서 일으키고 있는 문제점이 무엇인가를 분석, 확인하여 그 문제의 해결을 돕고자 하는 것이다. 상응작용 분석의 목표(目標)는 의사소통 혹은 대화 분석을 통해서 개인의 의사소통의 유형과 문제를 파악하여 대화의 방법을 개선하고자 하는 것으로 요약될 수 있다.

대화 혹은 의사소통의 유형 중에는 게임(game)이라는 암시적 상응작용이 있다. 이 게임 상응작용은 자신의 만성적인 부정적 감정(문제감정)들에 기초한 생활자세나 생활각본을 현재에도 자신의 것으로 재확인, 강화시켜서 그대로 행동화함으로써 나타나게 되는 것이다. 생활자세나 생활각본의 기초가 되고 있는 만성적인 부정적 감정 혹은 문제감정들이란 인생 초기에 자신의 인정의 욕구를 충족시키기 위하여 연장자, 주로 부모들과의 관계에서 경험한 부정적인 감정들이다. 게임은 이러한 부정적인 생활자세와 그에 따른 생활각본 때문에 일상의 대인관계에서 친밀감을 형성하기 어려운 사람들이 하고 있는 상응작용의 한 형태이다. 이것은 숨겨져 있는 동기를 갖고 있는 일종의 세련된 보상행동이라 할 수 있다.

3. 게임분석

게임분석의 목표는 이 숨겨져 있는 동기가 대인의사소통과정에서 어떻게 작용하는가를 밝혀서 게임으로부터 자유롭게 되도록, 즉 암시적이고, 이중적이 아닌 있는 그대로 솔직한 대화를 할 수 있게 돕는 것이다. 그러므로 **게임분석**(game analysis)을 할 때는 상응작용의 과정에 나타나는 외형적 행동뿐만 아니고 그 의사소통 행동의 이면에 숨겨져 있는 암시적 메시지를 파악할 수 있어야 한다.

4. 생활각본 분석

Berne(1961, 1964)은 앞서 기술한 바도 있듯이 대체로 생후 5년까지 어린아이가 경험하는 외적 사태들에 대한 자신의 해석을 바탕으로 하여 형성, 결정한 환경에 대한 반응행동 양식으로서 한 개인의 가장 기본적이고, 사적인 생활양식, 즉 생활각본(生活脚本)을 가정하고 있다. 이러한 생활양식의 기초가 되고 있는 인생 초기의 외계와 자신에 대한 결단들은, 비록 그 당시에는 그 결단이 논리적이고 또한 그 어린아이에게는 의미가 있는 것들이었다 할지라도 너무 어려서 이루어진 결단들이므로 아주 비현실적인 것일 수가 있다. 그러므로 TA에서는 이러한 **생활각본의 분석**(script analysis)을 통하여 개인으로 하여금 자신의 생활양식을 깊이 이해할 수 있도록 도우려고 하는 것이다.

생활각본 분석의 목표는 앞서 세 가지 분석 단계를 기초로 해서, ① 어른자아의 기능화, ② 대화의 유형 파악과 개선, ③ 게임으로부터 자유로움을 통해서 과거의 경험에 의해 이미 형성되어 있는 행동각본으로부터 상황에 따라 적절하게 대처하는 자율적인 인간, 친밀한 인간관계를 맺을 수 있는 인간 승자로의 변화로 도우려고 하는 것이다.

그러므로 TA에서는 구조분석, 상응작용 분석, 게임분석, 그리고 생활각본 분석의 과정을 통하여, 내담자로 하여금 ① 자신의 성격을 형성하는 영향요인들과 ② 때로는 건설적인 것일 수도 있고 또한 ③ 반면 파괴적인 것일 수도 있는 개인의 상응작용의 성질에 대한 각성을 도움으로써 ④ 포기 혹은 상실된 개인의 각성과 자발성, 그리고 친밀성을 회복할 수 있으며, 나아가서는 ⑤ '나' 자신이야말로 진정한 나의 인생의 집행자임을 인정하는 인생의 승자로서, 자율적인 인간으로서의 성장을 도울 수 있다고 생각하는 것이다.

Ⅳ. TA 목적으로서 자율성

Rogers나 Maslow 등의 인본주의자들과 마찬가지로 Berne(1964)도 모든 사람은 자유로운 존재로 태어난다는 인간에 대한 기본 가정에서 그의 심리치료 및 상담의 접근방법을 발전시켰다. 따라서 그는 모든 인간은 생래적인 자유를 기초로 해서 자율적인 삶을 살아갈 수 있는 능력을 갖고 있는 것으로 믿었다. 그러므로 Berne에 있어서 자율성은 생래적(生來的)이고, 생득권(生得權)적인 것이다.

Berne(1964)은 이러한 생래적인 개인의 자율성은 인생 초기의 성장과정에서 주로 부모 혹은 부모대리자들에 의하는 부정적이고 파괴적인 강력한 영향력 때문에 포기하게 되는 것으로 보았다. 그러나 그 자율성은 각성, 자발성, 그리고 친밀성이라고 하는 세 가지의 수용능력들의 해방 혹은 회복으로 다시 성취할 수 있다고 함으로써 자율성을 회복할 수 있는 잠재능력을 개인이 보유하고 있음을 말하고 있다. 그래서 그는(Berne, 1964) 자율성의 회복을 인생의 목적으로 보고 있음과 동시에 TA 상담 및 심리치료가 궁극적으로 도달해야 할 목적으로 삼고 있다.

TA학자 James와 Jongeward는 이와 같은 Berne의 자율적인 인간을 "자기통제적이고, 자신의 운명을 스스로 결정할 수 있으며, 자신의 행위와 감정에 대하여 책임을 지고, 여기-지금의 삶의 과정에서 부적합하고 부적절한 행동양식들은 벗어 던질 수 있는 존재"로 설명하고 있다. 이런 면에서 Berne의 인간관(人間觀)은 Freud나 Skinner의 결정론적(決定論的)인 인간관과는 달리, 과거나 환경에 의하여 영향을 받기는 하지만 그것들에 의하여 필연적으로 예속되는 존재는 아니며, 자신의 미래생활을 창의적으로 개척해 나갈 수 있고, 또 매일 매일 여기-지금에서의 경험에 대하여 자유롭게 선택적으로 결정하고 응답할 수 있는 자율적인 존재라 할 수 있다.

요약 · 정리해 보면, Berne의 TA에 있어서 인간 존재에 관한 기본 가정은 본질적으로 인간은 자유로운 존재이며, 한 번 포기된 자율성을 다시 회복할 수 있는 잠재능력을 가지고 있어서 회복이 가능하다는 것이다. 또한 이와 같은 자율성이란 어떤 개인의 과거경험들이 그들의 성격 발달에 어떻게 얼마만큼 영향을 미쳤느냐는 상관없이 현재 그 개인 자신의 행동과 생활양식을 보다 적절한 것으로 다시 선택 · 결정할 수 있고, 자신의 행동에 대하여 책임을 질 수 있는 행동특성을 말한다고 볼 수 있다.

앞서 기술한 바 있듯이, Berne(1964)과 Jongeward(1971)는 자율성의 성취는 각성, 자발성, 그리고 친밀성의 회복을 통해서 가능하다고 보았다. 그러므로 자율적인 사람은 각성적이고, 자발적이며, 또한 친밀한 인간관계를 맺을 수 있는 사람이라 할 수 있다.

1. 각성(awareness)

> "가르쳐진 양식으로서가 아니고, 자기 자신의 양식으로 보고 들을 수 있는 수용능력(capacity)을 말한다"(Berne, 1964, p.178).

각성적인 사람은 어른자아(Adult)가 다른 자아상태의 간섭으로 정상적인 기능이 불가능하게 되는 혼합(contamination)의 상태로부터 벗어나서 독립적으로 듣고, 보고, 냄새 맡고, 접촉하고, 맛보고, 평가한다. 그러므로 각성적인 사람은 현재의 지각을 왜곡시키는 묵은 경험들과 견해들을 떨쳐버릴 수 있어서 '그렇게 보도록 학습된 방법'으로보다는 오히려 그들 자신의 개인적인 직면을 통하여 세상을 지각할 수 있다. 자신과 세계를 현실적으로 자주적으로 지각한다. 각성적인 사람은 자신이 지금 이완 또는 긴장되어 있거나 개방 혹은 폐쇄하고 있음을 알고, 자신의 내면적 감정이나 환상의 세계를 알며 그것들을 무조건 두려워하거나 부끄러워하지 않고 수용한다. 또한 다른 사람의 말에 귀를 기울이고 경청한다. 자신의 에너지를 상상적으로 문제를 만드는 데 사용하지 않는다. 그들의 마음과 몸이 여기-지금에서 하나로 반응한다. James와 Jongeward (1971)는 "만약, 먼저 우리가 어디에 있으며, 어느 쪽으로 가고 있는가를 알 수 있다면, 우리가 무엇을 어떻게 할 수 있을 것인가를 더 잘 판단할 수 있을 것이다"라고 한 Abraham Lincoln의 말을 인용하면서 집행자로서 어른자아 중심의 성격적 통합으로 가는 첫 단계는 각성이라고 주장한다.

이상을 요약 · 정리해 보면, 각성적인 사람은

① 가르쳐진 것이 아닌 자기 자신의 양식으로 자신의 신체적, 감정적, 기타 자신의 내면적 세계를 지각한다(자기이해).
② 자기 자신의 양식으로 환경을 지각한다(타인 및 환경 이해).
③ 자신의 내적 감정이나 상상의 세계를 있는 그대로 수용한다(자기수용).
④ 몸과 마음이 하나로 통합되어 여기-지금에 산다(현재 시간 지향성).
⑤ 이러한 각성은 혼합(混合)으로부터 해방된 혹은 자유롭게 된 어른자아의 기능의 활성화를 통하여 가능하다(어른자아의 기능화).
⑥ 각성이 기초가 되어 통합적 성격의 기능이 가능해진다.

그러므로 각성(覺醒)은 자기이해, 타인 및 환경 이해, 자기수용, 현재 시간 지향성, 그리고 어른자아의 기능화 등의 특성들을 지닌 수용능력으로 볼 수 있다.

2. 자발성(spontaneity)

Berne(1964)은 자발성을 다음과 같이 기술하고 있다.

> "자발성은 선택의 자유, 즉 가능한 감정의 여러 유형들(부모자아, 어른자아, 그리고 어린이자아의 감정들)로부터 자신의 감정을 선택하고 표현할 수 있는 자유를 의미한다. 이것은 게임 놀이를 하게 하고, 가르쳐진 감정들만 갖도록 하는 강박관념들로부터의 해방을 의미한다"(p.180).

어른자아의 기능으로 이루어지는 자발성은 융통성이 있으면서도 어리석게 충동적이지 않고, 개방되어 있는 많은 선택지들(options)을 볼 수 있게 한다. 그래서 그는 과거의 프로그래밍들도 포함되어 있는 그 선택지들을 적절하게 판단해서 건설적이고 적합한 것은 선택하고, 파괴적이고 부적절한 것은 버린다(Thomas, 1978). 자발적인 사람은 자신의 선택에 대하여 책임을 지고 수용한다. 이러한 사람은 이미 결정된 생활양식으로 살아야 한다는 강박관념으로부터 벗어나서 새로운 장면에 직면하기를 배우고, 새로운 방식으로 사고하고, 느끼고, 응답할 수 있게 된다. 또한 자발적인 사람은 독립적으로 결정할 수 있는 능력을 사용하거나 회복한다. 이러한 사람은 가능한 행동의 목록들을 계속해서 수집, 증대시키고, 재평가한다. 자발적인 사람은 이러한 과정에서 그는 자주적으로 결정하는 능력을 발휘할 수 있다(James & Jongeward, 1971).

자발적(自發的)인 사람의 특징들을 요약해 보면 다음과 같다.

① 가능한 선택지(選擇肢)들 가운데서 독립적으로 취사선택할 수 있다(독립적 의사결정).
② 선택에 대하여 책임을 진다(책임성).
③ 자신의 감정을 자유롭게 표현할 수 있다(자유로운 감정표현).
④ 가능한 행동의 목록들을 계속 수집, 재평가한다(가능한 행동목록의 수집, 평가).
⑤ 게임 행동에로의 충동이나 강박관념들로부터 해방되었다(게임으로부터의 해방).
⑥ 자유로운 어른자아의 기능에 기초하고 있다(어른자아의 기능화).

이상의 기술들에서 자발성(自發性)은 앞서의 각성(awareness)의 기초 위에서 가능한 독립적 의사결정, 책임성, 자유로운 감정표현 및 가능한 행동목록의 수집, 평가, 게임으로부터 해방을 특성들로 하고 있으며, 이는 자유로운 어른자아(Adult ego state)의 기능화(機能化)로 가능하다.

3. 친밀성(intimacy)

Berne(1964)은 친밀성을 다음과 같이 기술하고 있다.

> "각성적인 사람의 자발적이고, 게임으로부터 해방된 솔직성을 의미하며, 여기-지금에 살고 있는 순수하게 직관적 지각을 지닌 혼합, 오염되지 않은 어린이자아의 자유를 의미한다" (p.180).

즉, 친밀성이란 혼합, 오염되지 않은 어른자아의 기능화로 숨김없이 다른 사람들과 사랑을 나누고, 친숙한 관계를 맺을 수 있는 수용능력을 말한다. 그런데 보통 부모자아의 영향력에 따르는 일방적 순응(adaptation)으로 친밀성이 파괴된다. 친밀성은 자연적 어린이자아의 기능이기 때문이다(Berne, 1964).

한편, James와 Jongeward(1971)에 의하면, 자율적인 사람은 그들이 적절하다고 판단할 때는 우정과 친밀성을 모험한다. 자신의 열정적인 감정들을 억제해 왔고, 또는 그 감정들을 표현하는 데 익숙해져 있지 않은 사람들에게 있어서 친밀성의 경험은 쉽지 않고, 가히 모험적인 것이라 할 수 있다.

친밀성에 관한 수용능력의 발달과정에 있는 사람은 보다 개방적이 된다. 즉, '해방하기'를 학습한다. 가면의 일부를 벗어버리고, 자신을 보다 많이 나타낸다. 그러나 그것은 항상 어른자아의 각성을 수반하고 있다. 그리하여 친근성을 방해하는 양식으로 다른 사람과 상응작용하는 것을 삼가고, 무시하는 교차적 상응작용(crossed tranaction)의 사용이나 게임 연기를 피한다. 대신에 그들은 과거의 경험들에 의해 왜곡됨이 없이 개방적이고, 진실되게 여기-지금에서 다른 사람들과 더불어 존재하며, 또한 독자성을 지닌 존재로서 다른 사람을 보려고 한다(James & Jongeward, 1971). Bennett(1976)는 이와 같은 친밀성은 본래적인 '진실된 만남(authentic encounter)'이라고 할 수 있는 것이라 했다.

이를 요약 · 정리해 보면, 친밀한 관계를 맺을 수 있는 사람의 특성은 다음과 같다.

① 각성적이고 자발적이다(각성과 자발성).
② 게임으로부터 해방되었다(게임 해방).
③ 자연적 어린이자아를 자유롭게 표현한다. 개방적이다(자기개방성).
④ 그러나 항상 어른자아의 각성이 수반된다(어른자아의 각성).
⑤ 진실된 만남을 경험한다(진실한 대인관계).
⑥ 상대방의 독자성을 인정한다(개인존중).
⑦ 여기-지금에서 다른 사람과 공존한다(현재 시간 지향성).

이상에서 살펴보면, 친밀성은 각성과 자발성을 전제로 하고 있는 진실하고 솔직한 대인관계를 뜻하고 있음을 재음미할 수 있다. 따라서 그 특성들도 각성과 자발성의 하위 특성들과 중복되는 부분이 많다. 구별되는 하위 특성으로 볼 수 있는 것으로는 대인관계에서 상대방의 독자성을 인정하는 개인존중과 진실성 등을 들 수 있다. 따라서 자율성의 하위 특성들은 기술된 순서에 단계적 논리성을 발견할 수 있다. 즉, 각성→자발성→친밀성의 순서로 단계적으로 보다 완숙한 자율성으로 성취되러 가는 것으로 보인다.

V. 자율적 인간: 승자

TA 창시자 Berne(1964)은 개인의 성장과정에서 상상하게 된 자율성의 회복이 바로 인간의 본래성(本來性) 회복으로 보고 자율성의 회복을 TA의 궁극목적으로 삼고 있다. 자율성의 성취 혹은 회복도 바로 인생의 승자의 길로 가는 것이다. 왜냐하면 인생의 승자는 자율적인 인간이기 때문이다. 인생의 승자의 특징 등은 다음과 같이 들 수 있다(James, 1971).

한 개인은 이전에 존재한 적도 없고, 앞으로도 존재하지 않을, 새롭고 독특한 존재로서 개인 각자의 본래성(本來性/authenticity)을 가지고 이 세상에 태어난다. 그래서 우리는 각기 자기 나름대로 보고, 듣고, 느끼고, 생각하는 독자적인 양식을 갖고 있으며, 우리는 각기 실현 가능한 잠재능력들을 가지고 있다. 이러한 개인은 다른 무엇으로도 대치될 수 없는 의미와 가치를 지닌 독특한 존재인 동시에 사고하고, 자각하며, 창의적이고, 생산적이며 자율적인 존재로서 인생의 승자가 될 수 있는 가능성을 가지고 태어난 존재이다. 그러나 성장과정을 거치면서 어떤 사람은 오히려 앞서 기술한 특성과는 반대되는 특성들을 발달시키게 되어 인생의 패자의 모습을 보인다 (Berne, 1973; James & Jongeward, 1971; Abell & Abell, 1976).

승자와 패자라는 말은 여러 가지 의미로 사용될 수 있다. 여기서 승자(winner)란 다른 사람을 패배시키고, 그 위를 딛고 올라선 사람을 의미하지 않는다. 그러므로 승자가 된다는 것은 경쟁적인 의미에서 다른 사람을 대항해서 이긴다는 개념에 기초된 것이 아니라 오히려 자신의 잠재능력을 실현함으로써 자신의 목표를 성취하는 것과 관련되어 있다. 진정한 승자란 다른 사람을 이긴 사람을 말하기보다는 오히려 각성적이고, 삶의 과정에서 응답적이고, 다른 사람과 친밀할 수 있는 사람을 말한다 (Berne, 1964; James & Jongeward, 1971). 바꾸어 말하면, 이러한 승자를 본래적이고, 자율적인 사람이라 할 수 있다.

그러므로 승자(勝者)란 한 개인으로서 그리고 사회의 한 구성원으로서 응답적이며, 본래적으로 반응하는 존재로서 신뢰할 수 있는 사람으로 정의할 수 있다. 그러나 패자(敗者)는 관계상황에서 응답적이지 못하고 본래적으로 반응하지 못하고 또한 자율적이지 못하다. 본래적(authentic)인 반응이란 내가 선망하는 어떤 '누구'처럼 행동하려고 하기보다는 오히려 다른 어느 누구와도 독특하게 구별되는, 타고난 본래의 '나'답게 행동하며 살아가는 것을 의미한다. 그래서 TA에서는 여러 단계의 분석과정을 통해서 언제, 어디서부터인가 왜곡되고 변조된 '나'의 본래 모습을 찾아갈 수 있도록 돕고자 한다.

물론 완전한 승자도 완전한 패자도 없다. 승자도 실패할 수 있고, 패자도 성공할 때가 있다. 정도의 문제다. 그러므로 "나는 승자인가 혹은 패자인가"에 관한 판단의 문제는 정도의 문제로 보아야 한다. 그 한 가지 방법의 예가 앞서 우리가 연습해 본 바와 같이 승자와 패자를 양극으로 하는 하나의 연속선 위에서 자신의 위치를 확인해 보는 것이다. 그래서 보다 승자 쪽으로 자신을 변화, 성장시켜 가는 것이 승자로 가는 한 방법이다. 이렇게 해서 누구든지 한 번 승자의 길에 들어서게 되면 그는 그만큼 승자가 될 승산이 높아지는 것이다.

사람들이 비록 승자가 될 수 있는 잠재적인 능력을 갖고 태어나지만, 독일의 발달 심리학자 Portman이 말한 것처럼, 갓 태어난 아기는 생리적 조산(早産)이라고까지 할 만큼 무능하여 타인과 환경에 전적으로 의존할 수밖에 없는 존재이다. 그럼에도 불구하고 어떤 사람은 자신의 전적인 무능성을 독립성으로 발달시킬 수 있어서 서로 영향을 주고받으면서 더불어 함께 살아갈 수 있는 상호 의존적이면서도 자율적인 존재로 성장, 발달한다. 그러나 어떤 사람은 여러 가지 연유로 인해서 독립성과 상호 의존적인 존재로의 발달에 실패함으로써 패자의 모습을 지니게 된다. 그래서 패자는 언제부터인가 자신의 행동과 생활에 대해서 책임지는 것을 회피하기 시작한다.

그러나 앞서 언급한 바 있듯이 완전한 승자도 완전한 패자도 없다. 대부분의 사람들은 그들의 생활의 어떤 영역에서는 승자의 특성들을 보이는가 하면, 다른 영역에서는 패자의 모습을 나타내기도 한다. TA의 목표는 우리가 갖고 있는 패자의 특성들을 감소시키고, 승자의 특성들을 증대시키려는 것이다.

승자와 패자의 특성들을 대비해서 보다 자세하게 기술해 보면 다음과 같다(James & Jongeward, 1971; 1975; Abell & Abell, 1976).

1-1. 승자는 자신의 본래성의 실현을 가장 중요하게 생각한다. 승자는 자신과 다른 사람의 독자성을 이해함과 동시에 자신의 독특성을 실현한다. 따라서 승자는 자신의 힘을, 체면 유지나 다른 사람을 조정하는 데 사용하지 않는다. 그러므로 승자는 가면 뒤에 숨을 필요가 없다. 그는 열등감이나 우월감이라는 비현실적인 자아상으로부터 벗어날 수 있다. 승자에게서 가장 중요한 것은 성취하는 것보다 오히려 진실하고 정직하며, 열린 마음으로 삶을 살아가

는 것이라 할 수 있다.

1-2. 반면에 패자는 자신의 본래성을 발견하고 그것을 실현해 나가려고 하기보다는 오히려 상상으로 '스스로 되어야만 하는 것'에 얽매여 있다. 그들은 속임수를 쓰고, ~인 체하고, 조작하고, 어린 시절의 산물인 옛 역할들을 그대로 보존하려고 하는 데 자신의 많은 시간을 소모한다. 그래서 패자는 자신이 사랑하고 있는 것과 사랑하는 체하는 것, 어리석은 것과 어리석은 체하는 것, 그리고 알고 있는 것과 아는 체하는 것 간의 차이를 자각(自覺)하지 못한다. 그들의 지각(知覺)은 부정확하고 불완전하기 때문에 자신과 다른 사람들을 프리즘을 통해서 보듯이 왜곡해서 보게 된다. 따라서 그들의 능력도 현실세계를 효과적으로 다루는 데 방해를 받게 되는 것이다. 현실적 자아는 자연히 시원찮고, 보잘것없는 존재로 여겨지게 마련이다.

2-1. 승자는 적시성(適時性, timing)에 대한 감각이 정확하다. 승자는 적극적이어야 할 때와 수동적이어야 할 때, 함께 있어야 할 때와 혼자 있어야 할 때, 말해야 할 때와 침묵해야 할 때, 놀 때와 일할 때, 그리고 서둘러야 할 때와 기다려야 할 때가 있듯이 모든 일에는 적절한 때가 있고, 모든 활동에는 적절한 시기가 있다는 사실을 안다. 그리고 그때그때 상황에 따라 적절하게 반응한다. 승자는 여기-지금에서의 시간을 소중하게 보낸다. 그러면서도 그는 자신의 과거를 알고 수용하면서 현재를 자각하며, 미래를 바라보면서 현재를 살아간다. 승자는 오늘을 자신의 남은 생애의 바로 첫날인 것처럼 살아간다.

"Today is the First Day of the rest of my life!"

2-2. 반면에 패자는 거의 현재에 살고 있지 않다. 과거의 기억들이나 미래의 기대에 초점을 두고 현재의 시간을 낭비한다. 그는 아직도 여전히 과거의 좋았던 시절의 환상이나 과거에 경험했던 불행 속에 매달려 있다. 과거에 살고 있는 패자는 "만약 내가 이러이러 했더라면" 하고 애통해 하고만 있다. 불행한 과거를 가지고 있는 자신에 대해서 스스로 불쌍히 여기고 그 책임을 다른 사람

에게 전가하면서 자기 자신을 스스로 더욱 불행한 사람으로 만들어 가고 있는 것이다. 한편, 미래에 살고 있는 사람은 "그때가 오기만 하면" 마치 저절로 행복하게 살게 될 어떤 기적이라도 나타날 것처럼 생각하고 있다. 또한 이와는 대조적으로 어떤 사람은 앞으로 갑자기 어떤 재난이 닥쳐올지도 모른다는 두려움에 계속 시달리며 살고 있는 사람도 있다.

3-1. 승자는 자신의 감정을 있는 그대로 인지하고, 수용하고 적절하게 통제할 줄 안다. 그래서 그는 자신이 지금 어떤 감정을 경험하고 있음을 알고, 자기가 경험하고 있는 감정의 성질들을 이해할 수 있어서 그 감정들을 두려워하여 부정하거나 왜곡하지 않는다. 그리고 그는, 감정은 영속적인 것이 아니라 일시적인 것이라는 사실을 안다. 증오가 사랑으로 바뀌고, 낙담이 갑작스럽게 희망으로 바뀔 수 있다. 그러므로 승자는 지금 경험하고 있는 감정을 무작정 두려워하거나 죄책감에 사로잡혀 자신을 억압할 필요가 없다. 또한 그는 사회적으로, 윤리적으로 용납될 수 없는 감정도 수용[1]하면서 오히려 그러한 감정을 적절하게 통제할 줄 안다. 그래서 그는 분노할 만한 때에는 분노할 수 있고, 반면 다른 사람이 그에게 화낼 때는 그것에 귀를 기울일 수 있다. 승자는 사랑할 줄 알고, 또 사랑을 받을 줄도 안다.

3-2. 패자는 자신의 감정을 있는 그대로 수용하고 적절하게 통제하기보다는 그것을 두려워하여 부정하거나 왜곡시켜 억압[2]하는 경우가 많다. 또한 그는 애정을 주고받는 데 어려움을 겪는다.

그래서 그는 다른 사람들과 친밀하고 정직하며 직접적인 관계를 맺지 못한

1) 수용은 허용이나 승인과는 다른 의미를 가지고 있다. 여기서 수용이란 비윤리적이고 부도덕한 생각이나 충동을 지닌 현재의 자신을 있는 그대로 시인한다는 뜻이다. 여기서는 자기수용을 말한다. 자신을 수용할 수 있을 때 진정한 타인수용이 가능하다.

2) 억압(repression): 우리는 사회적으로, 윤리적으로 용납될 수 없는 생각이나 충동, 혹은 감정들을 갖게 될 때 두려움, 불안 또는 죄의식을 갖게 된다. 이러한 두려움이나 불안 또는 죄의식으로부터 스스로를 보호하기 위해서 우리는 그러한 생각, 충동 혹은 감정을 자신에게는 없는 것으로 만들기 위해서 무의식 속으로 숨겨버리는 방어기제의 행동을 사용하는 경향이 있다. 이를 정신분석학에서 억압이라 한다. 억압을 포함하는 방어기제 행동들의 특징은 무의식적으로 일어나고, 현실을 왜곡시킨 상태로 나타난다.

다. 즉, 그들은 사랑할 줄도 사랑을 받을 줄도 모른다. 패자는 현재보다 미래에 초점을 두고 있기 때문에 애정관계나 질병 등에 관하여 앞으로 닥쳐올 것 같은, 단지 자신의 상상적인 예상에 고착되어 불안해한다. 불안은 현상을 왜곡시킨다. 그러므로 지나치게 상상하는 것에 밀착되어 있는 사람은 현재의 실제적인 가능성을 놓치게 된다. 그들은 현재의 상황에 대한 부적절한 자료에 사로잡힌다. 그래서 패자는 자기 마음대로 상상으로 만들어 놓은, 실현 불가능한 자기기대 상에 맞추어 살아가려고 하다 보니 자신과 타인을 그것에 맞게 조작하려 한다. 혹은 반대로, 자신의 에너지를 다른 사람들의 기대에 전적으로 맞추어 살려는 쪽으로 투자하는 사람도 있다.

4-1. 승자는 자신의 아이디어나 지식을 활용하는 데 두려움을 갖거나 주저하지 않는다. 자기가 모든 것에 대한 답을 갖고 있다고 생각하지 않으며 또한, 가지고 있어야만 한다고도 생각하지 않는다. 자신의 한계성을 알고 수용한다. 그러므로 어떤 질문에 대해서도 자신의 견해를 있는 그대로 밝힐 수 있다. 따라서 네 것이냐 내 것이냐에 따라 고집하지 않고, 평가와 판단에 따라 결론을 내리고, 그것을 활용할 줄 안다. 그러므로 다른 사람을 존중하면서도 전적으로 다른 사람에 의하여 규정되거나 얽매이지 않는다. 무조건 다른 사람을 두려워하지도 않는다.

4-2. 그러나 패자는 자신의 지식이나 아이디어를 가지고 있음에도 불구하고 그것을 효과적으로 활용하지 못한다. 지나친 완전주의로 실수나 실패를 두려워하기 때문이다. 또한 어떤 사람은 자신의 지성을 적절하게 사용하지 못하고, 대신에 합리화하거나 궤변에 자신의 지성을 오용(誤用)한다. 즉, 패자는 자신의 행위가 그럴싸하게 보이도록 하기 위하여 변명하거나 궤변을 늘어놓거나 현학화한다. 쓸데없는 많은 말로써 다른 사람을 압도하려고 한다. 결과적으로 그들의 많은 잠재력은 실현되지 못하고 인정되지 못하는 수면의 상태에 머물게 된다.

5-1. 승자는 융통성과 자기통제 및 책임성을 포함하는 자발성을 지니고 있다. 그래서 승자는 한 가지의 고정된 방법만 고집하지 않고 상황에 따라 필요하면 계획을 변경시킬 줄 안다. 그들은 가능한 많은 선택지들을 볼 수 있어서 스스로 선택하고 결정하고 실천하는 융통성과 책임성을 지니고 있기 때문이다. 승자는 생활에의 열정을 지니고 있다. 그래서 그들은 일을 즐기고, 노는 것과 먹는 것을 즐기며, 다른 사람과의 만남을 즐기고, 성(性)을 즐길 수 있으며 자연의 세계를 즐긴다. 그러면서도 미래의 더 큰 즐거움을 위해서 현재의 즐거움을 연기할 수도 있다.

5-2. 반면에, 패자는 가능한 행동의 수행능력들을 스스로 억압하고 있기 때문에 보다 생산적이고 자아를 실현, 성취할 수 있는 다른 가능한 방도의 선택지들을 알아차리지 못한다. 그는 스스로 규칙을 만들고 어떤 고정된 행동양식에 매달리고 있다. 언제부턴가 그들은 자신의 생활에 대하여 책임지는 것을 회피하기를 발달시켰다. 그래서 패자는 새로운 일들을 시도해 보기를 두려워하고 대신에 현상을 유지하려고 한다. 자신의 실수뿐만 아니고 자신의 가족들이나 문화적으로 물려받은 유산 가운데 포함되고 있는 실수들도 반복하게 된다. 그러므로 패자는 이미 부적절한 행동으로 보이는 행동양식으로부터 벗어나기 위하여 어떤 조처를 취하기보다 늘 그러한 행동양식을 반복하고 있는 것이다. 이들은 과거의 부적절한 경험에 바탕을 둔 행동양식에 도전하여 그것을 새롭게 하려는 노력을 포기하고 전적으로 그것에 의존하고 있기 때문이다.

연습

연습 1. 주요 개념의 요약

TA의 목적과 관련개념들의 이해와 정리를 돕는다.

1. 당신도 인생의 (   )가 될 수 있다.

2. 승자(winner)란 한 (   )으로서 그리고 사회의 한 (   )으로서 (   )이며, (   )으로 반응하는 존재로서 (   )할 수 있는 사람으로 정의할 수 있다.

3. 이러한 승자의 개념은 다른 사람을 (   )시키고 그 위를 딛고 올라선 사람을 의미하는 것이 아니다. TA 목적으로서 인생 승자의 개념은 경쟁적인 의미에서 다른 사람을 대항해서 이긴다는 개념에 기초된 것이 아니라 오히려 자신의 (   )을 실현함으로써 개인의 (   )를 성취하는 것과 관련되어 있다.

4. 본래적(authentic) 반응이란 내가 (   )하는 어떤 '누구'처럼 행동하기보다는 오히려 다른 어느 누구와도 (   )하게 구별되는 타고난 (   )의 '나'답게 행동하며, 여기-지금에서 성실하게 살아가는 것을 말한다.

5. 그래서 TA에서는 여러 단계의 분석과정을 통해서 언제, 어디서부터인가 (   )되고 (   )된 '나'의 (   )모습을 찾아갈 수 있게 돕고자 한다.

연습 2. 성격특성 검토하기

자신의 행동특성들을 살펴보고, 무엇을 변화시킬 것인가를 확인할 수 있게 돕고, 앞으로 TA학습과 연습을 통해서 변화의 구체적인 목표들을 설정하는 데 도움을 주고자 한다.

* 다음의 행동특성들에 대한 목록을 한 번 쭉 읽어 보고 자신의 모습과 일치하거나 유사하면 __에 ○표, 그렇지 않으면 ×표, 분명하지 않으면 ?표를 하십시오.

1. __ 나는 나 자신을 좋아한다.
2. __ 나는 다른 사람을 만나는 것이 두렵고, 그들에게 상처를 잘 받는다.
3. __ 사람들이 나를 신뢰한다.
4. __ 나는 다른 사람들 앞에서 잘 보이려고 애써 꾸민다.
5. __ 나는 항상 맞는 것만 말한다.
6. __ 나는 나 자신을 좋아하지 않는다.
7. __ 나는 다가오는 미래가 두렵다.
8. __ 나는 다른 사람의 아이디어에 의존한다.
9. __ 나는 시간을 낭비한다.
10. __ 나는 자신의 재능을 잘 활용한다.
11. __ 나는 독자적으로 아이디어를 개발해 낸다.
12. __ 나는 자신이 지금 느끼고 있는 감정이 무엇인가를 안다.
13. __ 나는 나 자신을 이해할 수 없다.
14. __ 나는 갇혀 있는 느낌을 갖고 있다.
15. __ 나는 시간을 잘 활용한다.
16. __ 나는 직장에서 잘 적응하지 못하고 있다.
17. __ 나는 나 자신을 신뢰한다.
18. __ 나는 항상 틀린 것만 말한다.
19. __ 나는 사람들을 만나는 것이 즐겁다.
20. __ 나는 나의 성(여성 혹은 남성)에 불만이다.
21. __ 나는 삶에 대해 절망을 느낀다.

22. __ 나는 사람들과 함께 있는 것을 싫어한다.
23. __ 나는 나의 재능들을 개발하지 못했다.
24. __ 나는 나의 성(여성 혹은 남성)에 만족한다.
25. __ 나는 자주 실수를 범한다.
26. __ 나는 지역사회의 문제해결에 참여한다.
27. __ 사람들은 나와 함께 있는 것을 좋아한다.
28. __ 나는 직장에서 잘 적응하고 있다.
29. __ 사람들은 나를 피한다.
30. __ 나는 지역사회의 문제에는 관심이 없다.
31. __ 나는 일을 즐긴다.
32. __ 나는 자연을 즐긴다.
33. __ 나는 일을 즐길 수 없다.
34. __ 나는 자신을 통제할 수 있다.
35. __ 나는 인생을 즐긴다.
36. __ 나는 자신을 통제하기가 어렵다.
37. __ 나는 나 자신을 좋아하지 않는다.

■ 이제 당신이 당신과 일치하는 것으로 표시한 행동특성들을 살펴보라.

1. 그것들은 승자의 특성들인가, 패자의 특성들인가, 혹은 혼합되어 있는가? 당신이 변화시키고 싶은 것들은 어떤 것인가?
2. 당신이 변화시키고 싶은 자신의 행동특성들을 생각나는 대로 다섯 가지 정도 적어 보십시오. 그런 다음에 그 중요성에 따른 순서로 번호를 매겨 보십시오. 가능한 한 행동으로 확인할 수 있게 구체적으로 기술하십시오. 예를 들면, 단순하게 "나는 인간관계를 개선하고 싶다"라고 기술하기보다는 "나는 __(누구)와의 관계를 개선하고 싶다"로, 또는 "나는 __(누구)와의 관계에서 __(어떻게) 행동하는 것을 중지하고, 대신에 __(어떻게) 행동하기를 원한다"로, 혹은 "나는 __하는 것을(를) 중지하고, 대신에 __하려고 한다"로 기술하는 것이 변화를 위한 자신의 노력을 보다 집중할 수 있게 할 것입니다.

   1)

   2)

3)

4)

5)

■ 우선, 앞으로 TA의 학습과 연습 및 활동과정에서 이들의 변화에 초점을 맞추어서 자신의 행동특성들이 지니고 있는 문제의 본질과 해결방안들을 찾도록 노력해 보자.

인 간 관 계 론

Human Relations

제 8 장

세 가지 모습의 나

상응작용 분석법 TA 창시자 Berne과 그리고 TA치료자 Harris(1969)는 내담자와의 치료면담 과정에서 내담자가 때와 상황에 따라서 다르게 변화하는 모습을 관찰할 수 있었다(이형득, 이성태 공역, 1973). Harris에 의하면, 한 부인 내담자는 치료면담과정에서 ① 감정에 지배된 작은 어린아이와 같은 모습(C)에서 ② 사실적이고 객관적이며 합리적으로 사고하는 성숙된 부인으로서의 모습(A)으로, 그리고 다시 ③ 독선적이고 비판적 부모와 같은 모습(P)으로 변화하는 모습을 보였다. 이렇게 세 가지 모습이었다.

TA에서는 이와 같은 세 가지의 모습으로 나타나게 하는 개인의 성격구조의 각각에다 어린이자아(C), 어른자아(A), 그리고 부모자아(P)라 명명한 것이다. 우리들의 행동은 이 세 가지 PAC 자아상태들의 기능에 의하여 그 특성들을 나타내게 된다. 따라서 자아상태(ego state)란 개인이 수시로 처하게 되는 어떤 상황에서 개인 나름의 독특한 대응행동 양식을 나타나게 하는 기능을 지닌 그 개인의 감정과 사고와 행동의 일관된 양식이라고 정의할 수 있다(Berne, 1964).

이러한 부모자아, 어린이자아, 그리고 어른자아는 개인이 경험하고 만났던 실재인물, 시간, 장소, 어떤 실제 결단, 그리고 실제 감정들을 포함하고 있는 과거의 사건들이 기록된 자료들의 재생으로 나타나는 것이다. 이 장에서는 이와 같은 상응작용 분석법 TA의 자아 상태들에 관해서 좀 더 자세히 살펴볼 것이다.

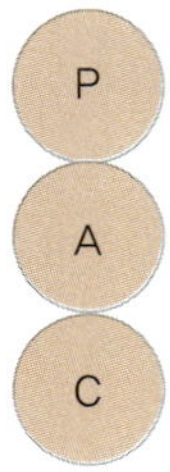

[그림 8-1] 성격의 구조

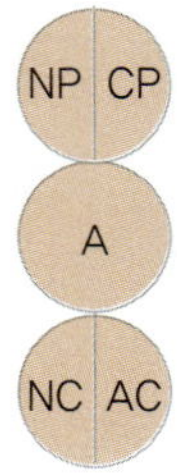

[그림 8-2] 기능적 자아 구조

NP: 양육적 부모자아(Nurturing Parent)
CP: 비판적 혹은 통제적 부모자아(Critical or Controlling Parent)
A: 어른자아(Adult)
NC: 자연적 어린이자아 혹은 자유 어린이자아(Natural or Free Child: NC 혹은 FC)
AC: 적응된 어린이자아(Adapted Child)

Ⅰ. 부모자아(Parent: P)

1. 부모자아란?

우리는 가끔 어린아이들이 놀이과정에서 인형을 안고 토닥여 주면서 잠재우는 모습에서나 음식을 먹이는 모습에서 또는 같이 놀던 친구를 나무랄 때의 모습에서, 그리고 그 밖의 보살핌이나 애정을 표시하는 언행에서 마치 그 아이의 아빠나 엄마의 모습이나 말투, 혹은 할아버지나 할머니의 말투나 모습과 매우 흡사하다는 사실을 발견하고서는 새삼스럽게 놀라곤 한다. 이러한 모습이나 언행은 남녀노소를 막론하고 우리 모두에게서 발견할 수 있다. 이것은 바로 어린아이들이 인생 초기에 부모 혹은 부모대리자의 언행의 모방을 통해서 그 어린아이의 내면에 형성된 부모자아(Parent: P)가 작용하고 있다는 사실을 말해 주고 있는 예들이다. 부모자아란 우리가 어렸을 때 부모님들이 우리들에게 훈계하고 꾸중하거나 지시 · 명령하고 또는 무시하거나 보살피고 격려하거나 애정을 표시하는 등의 부모님의 태도나 언행들이 우리의 내면에 저장되어 있어서 현재에도 우리가 그 당시와 유사한 상황에 처하게 되면, 우리들로 하여금 어릴 때에 우리를 대하던 부모님의 태도와 언행으로 반응하게 하는 성격구조의 일면을 말한다.

2. 부모자아의 발달

Berne(1964)에 의하면, 부모자아(P)는 출생에서부터 5년간 외계의 경험원(經驗源)들, 주로 부모를 통하여 모방 또는 학습하게 된 태도 및 기타 지각 내용과 그 행동들로 구성된다. 다시 말하면, 부모자아는 자신의 생활 가운데서 의미를 부여하는 타인들, 즉 부모나 그 밖의 성인 및 연장자들이 말하고 행동하는 것들을 듣고, 관찰하는 내용들이 부모자아라고 하는 고성능 테이프에 기록되어 내면화된 것이라 할 수 있다. 이러한 부모자아의 형성과정의 특징은 거의 무의식적으로, 비판에 의하여 교정됨이 없이 바로 받아들여져서 내면화된 것이라는 점이다. 출생에서 5세까지의 어린아이의 의존성과 언어로 의미를 구성할 수 없는 무능력으로 특징지어지는 때다. 그러므로 모방이나 학습의 과정에서 감지하는 자료들을 변동하거나 수정하거나 또는 설명할 수가 없는 것이다.

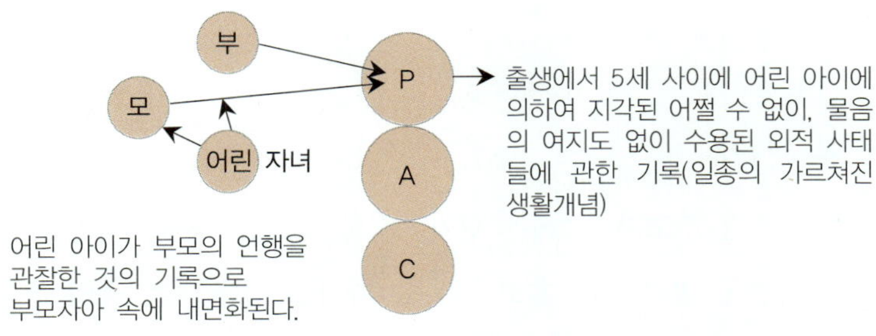

[그림 8-3] **부모자아의 발달**(Harris, 1969, p.41)

그렇기 때문에 무비판적으로 진정한 의미의 파악 없이 무조건 수용된 묵은 부모자아의 자료에 의한 우리들의 행동은 비현실적이고, 독선적이며, 무조건 금지적이며, 또한 부적절하게 나타나게 되는 경우가 많게 된다. 따라서 우리들의 행동 가운데서 융통성이 없는 무조건 금지적이고 독선적이며 비판적인 행동들은 이 부모자아의 기능 작용에 의한 것으로 분석할 수 있다.

3. 부모자아의 기능

부모자아는 기능상으로 다시 두 가지로 나누어진다. ① 양육적 부모자아(nurturing parent: NP)와 ② 비판적 혹은 통제적(critical or controling parent: CP) 부모자아이다.

1) 양육적 부모자아

양육적 부모자아(NP)는 다른 사람을 사랑으로 돌보고 보호하거나 격려하고 위로하고 편안하게 하는 행동특성들을 나타내도록 작용한다. 양육적이고 보호적인 기능에도 긍정적인 기능과 부정적인 기능의 두 가지 측면이 있다.

긍정적인 양육적 부모자아는 상대가 보호를 필요로 하고, 또 원하고 있을 때, "내가 너를 사랑한다."라고 하는 사랑의 방식으로 상대방을 보호한다. 부정적인 양육적 부모자아는 상대가 필요로 하지 않고, 또 요구하지도 않는데 "내가 너를 위해서 무엇인가를 해야만 한다."는 과잉보호형식으로 성장을 방해하는 것임에도 불구하고 상대방에게 무엇을 해주려고 한다.

2) 비판적 부모자아

비판적 혹은 통제적 부모자아(CP)는 평가, 통제, 그리고 훈육기능으로서 금지하고, 명령하고, 좋고 나쁨을 평가하고, 옳고 그름을 따지고, 징벌하는 등의 행동을 나타나게 한다. 이 비판적 자아의 기능은 어린 시절에 무조건적으로 무비판적으로 수용된 자료들에 근거하기 때문에 융통성이 없고, 독선적일 가능성이 높다. 따라서 다른 사람의 생각이나 감정이나 사정을 고려하지 않고 비현실적인 고집을 부리거나 또는 다른 사람의 자존심을 말살해 버리는 것과 같은 행동을 하게 한다. 그래서 비판적 부모자아를 자주 사용하는 사람은 상대방을 화나게 하는 일이 많고, 그들로부터 따돌림을 받게 될 수도 있다. 이 비판적, 통제적 부모자아 속에는 그 개인의 도덕률과 가치판단의 모체를 내포하고 있다(Woollams et al., 1974). 그러니까 부모자아의 자료 속에는 긍정적인 것도 있고 부정적인 것도 있다. 문제가 되는 것은 그 자료들이 독선적이고 편견적인 행동의 자료로 사용되느냐, 아니면 현실에 적절한 행동의 자료로 사용되느냐에 있다.

비판적 부모자아가 긍정적으로 기능하는 경우의 한 예로서 "그런 행동은 하지마라."라고 말하는 통제행위의 과정에서 다른 사람을 무시하는 언행은 삼가면서 자신이나 다른 사람의 권리도 지키면서, 굽히지 않고 결연한 행동을 보이는 경우를 그 한 예로 들 수 있다. 즉, 이것은 어른자아가 부모자아의 기능에 건강하게 관여하고 있을 때 가능하다.

반면에, 비판적 부모자아의 부정적 기능의 예로서는 "네가 그런 짓 하는 것은 당연하지"라고 하거나 "너는 왜, 언제나 그런 짓만 하고 다녀!"라고 하는 식으로 비난하는 경우를 들 수 있다. 부정적인 비판적 부모자아의 기능은 다른 사람의 자존심을 상하게 하는 것이 보통이다. 전적으로 비현실적인 부모자아의 묵은 부정적인 자료에 근거하여 기능하고 있는 경우이다.

이러한 부모자아에 내면화되어 있는 자료들에 의한 메시지들이 앞서 설명한 바와 같이 다른 사람들을 향하여 나타나기도 하지만 개인의 내면에서 내적 대화(dialogue)로서 작용할 수도 있다. 예컨대, 어떤 사람이 혼성 미팅에 관한 견해를 솔직히 말해보라는 요청을 받았을 때, 그는 묵은 부모자료 테이프로부터 "어리석게도 다른 사람들 앞에서 자신을 드러내어 놓지 마라"는 내면적 메시지(CP)를 들을 수 있다. 반면에 어떤 사람은 같은 상황에서 "한번 용기를 내어 솔직하게 말해 보라. 두려워하지 마라."라는 내면적 메시지(A)를 들을 수도 있을 것이다.

이처럼 부모자아는 직접 바깥으로 그 개인의 행동으로 나타날 때도 있고, 경우에 따라서는 그 개인의 어른자아나 어린이자아의 기능에 영향력을 미쳐서 간접적으로 개인의 내적 행동특성의 형성에 작용하기도 한다.

4. 부모자아 관찰단서

이와 같은 부모자아가 작용하고 있는 징후들을 얼굴표정이나 몸짓과 같은 여러 가지 비언어적 행위를 통하여 또는 언어적 행위를 통하여 관찰할 수 있다. 〈표 8-1〉은 부모자아의 관찰단서들이다(Harris, 1969; Woollams et al., 1974; Bennet, 1976). 우리가 관찰할 수 있는 단서의 예들이다.

〈표 8-1〉 부모자아 관찰단서

	성질	언어	소리 · 말투	자세 · 동작 · 표정 · 몸짓
CP	•편견적	•당연하지	•단정적	•전능자적(자신과잉)
		•격언, 속담 인용	•조소적	•준엄한
		•이론을 내세운다	•의심을 품는	•지적한다
	•봉건적	•말한 대로 해라	•독선적	•지배적
		•못쓰겠군	•강압적인	•잘난 척, 지휘관인 척
		•멍청하군		•도전적
	•비난적	•~하지 않으면 안 된다	•도와주는 척하는	•타인을 이용하는
	•징벌적	•나중에 후회할 걸		•주먹으로 책상을 치는 비난이나 경멸하는
	•비판적	•항상 ~하다	•교훈적	
	•배타적	•결코 ~하다	•설교적	•업신여긴다
		•틀림없이 ~하다	•비난하는	•눈살을 찌푸리는
				•특별취급을 요구하는
NP	•구원적	•해드리지요	•온화한	•손을 내미는
	•응석을 받다	•알겠어요	•안도감을 주는	•보호적
		•섭섭하다는 말이지요	•비징벌적	•미소를 띠는
	•보호적	•잘 되었어요		•수용적
	•위안	•할 수 있어요	•기분을 알아주는	•어깨에 손을 없는 배려가 가득한
	•배려	•불쌍히도		
	•동정	•참 잘 됐군요	•동정적	•돌보는 데 열중하는
		•힘을 내세요	•애정이 담긴	•천천히 귀를 기울이는
		•맡겨두세요	•따뜻한	•걱정스러워 하는
		•걱정 마세요	•부드러운	•격려하는
		•열심히 하면 된다		
		•최선을 다하는 것이다		
		•모든 것이 잘 될 것이다		
		•포기할 필요가 없다		

양육적 부모자아(NP)의 경우는 "열심히 하면 된다", "최선을 다 하는 것이다", "모든 것이 잘 될 것이다", "걱정할 필요 없다", "포기할 필요가 없다" 등의 격려하는 말이나 태도, 그리고 보호적 태도, 사랑스러워 하는 태도, 미소 짓는 행동, 잡아 주는 것, 걱정스러워 하는 태도, 껴안는 것 등을 들 수 있다.

비판적 혹은 통제적 부모자아(CP)의 경우 "해라", "하지 마라"는 등의 명령; "옳다", "그르다", "좋다", "나쁘다" 등의 비판적이고 평가적인 말이나 태도; "항상 ~하다", "결코 ~", "당연한 것이야", "틀림없이 ~하다"는 등의 단정적이고 융통성이 없는 말이나 태도, 관용성이 없고, 독선적이며, 머리를 가로젓는 것, 준엄한 응시, 비난이나 경멸의 동작으로 손가락을 까닥거리는 것 등을 들 수 있다.

이러한 관찰단서들을 통해서 우리는 상대방이나 나 자신의 행동들을 알아차릴 수가 있다. 이러한 자각(自覺)은 상대방을 이해하고 자신이 변화를 시작하게 되는 출발점이 될 수 있다.

Ⅱ. 어린이자아(Child: C)

1. 어린이자아란?

당신은 주위에서 성인이면서도 여전히 풀밭에서 뒹굴고, 언덕 위에서 내려 달리고, 아름다운 꽃을 보면 감탄을 연발하며 코를 갖다 대고 벌름거리며 향기를 맡으며 좋아하고, 깔깔대며 웃고, 장난치기를 좋아하는 사람들을 본 적이 있는가? 또는 화가 나서 발을 구르고, 주먹으로 벽을 치고, 입을 삐죽거리며 울거나 혀를 날름거리고, 말없이 시무룩해 있고, 다른 사람의 말을 무조건 따르거나 반면에 무조건 반항하거나 반대하는 사람을 본 적이 있는가? 그렇다면, 당신은 그들 속에서 작용하고 있는 어린이자아 상태를 관찰한 것이다. 이처럼 당신이 어렸을 때 보였던 어린아이 같은 모습을 지금도 나타내게 하는 것이 바로 당신이 세 가지 성격구조 중의 하나인 어린이자아 상태인 것이다. 성인이 된 지금도 당신이 어린이자아 상태로 행동하고 있다고 말할 때, 그것은 당신이 반드시 부정적으로 철없는 어린애 같다거나 어리석다는 것을 의미하는 것은 아니다. 그것은 당신이 지금, 당신의 어린 소년시절이나 소녀시절에 느끼고 행동했던 것처럼 느끼고 행동하고 있다는 것이다.

오히려 상황에 맞게 어린아이 같은 자연스럽고 솔직한 표현이나 행동은 다른 사람과 친밀관계 형성을 가능하게 하고, 더욱 자유로운 삶으로 행복해질 수 있다. 창의성의 발달도 자연적 어린이자아에 기반을 두고 있다.

2. 어린이자아의 발달

Woollams 등(1974)에 의하면, 어린이자아 상태는 ① 인간 개체 내에서 자연히 나타나는 생득적인 모든 충동과 감정들, 그리고 ② 그의 생의 초기에 경험하는 사태들에서 느끼게 된 감정들과 그러한 감정들에 대한 반응양식들로 구성된다. 다시 말해서 생의 초기에 경험한 감정들이란 주로 출생 후 5세경까지의 외적 사태들(주로 부모와 관련된)에 대한 느낌 차원의 반응, 즉 감정적인 반응으로서 외적 사태들에 대한 그 어린아이의 감정적 반응체제가 내면화된 것이다. 그런데 어린아이가 생의 초기에 갖게 되는 감정적 경험들은 그에게 있어서 결정적으로 중요한 의미를 갖게 된다. 이때 경험하게 되는 부정적 감정(예컨대, 만성 문제감정 : racket)은 그 어린아이로 하여금 그 후 자라면서, 성인이 되어서도 행동으로 나타나게 할 자기부정적 자아(I'm not OK)를 형성하도록 하기 때문이다.

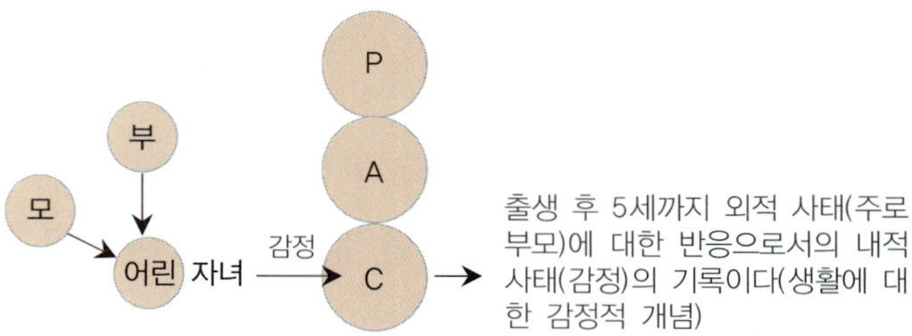

[그림 8-4] 어린이자아의 발달(Harris, 1969, p.47)

인생 초기의 어린아이들은 그의 감정들을 표현할 수 있는 언어적 능력이나 어휘를 거의 가지고 있지 못하기 때문에 그들이 갖는 경험사태에 대한 반응의 대부분이 내적인 감정적 반응이다. 이와 같은 내적인 감정반응의 경험들도 기억세포에 저장되었다가 후에 어린이자아의 행동으로 나타날 수 있다. 생의 초기에 어린아이들이 낯설고 서툰 환경에 던져진 상태에서 적응행동을 시행착오적으로 학습해 나가는 동안 불가피하게 당면할 수밖에 없는 다양한 욕구좌절의 경험들이 따르게 마련이다. 이때 많은 부정적 감정들을 경험하게 되고, 이러한 부정적 감정들이 기초가 되어 어린아이는 자기부정적인 자아를 형성하게 된다.

3. 어린이자아의 기능

어린이자아는 그 기능면으로 다시 1) 자연적 혹은 자유 어린이자아(natural or free Child: NC 또는 FC), 그리고 2) 어린이 교수자아(little Professor: LP), 3) 적응된 어린이자아(adapted Child: AC)로 나누어진다.

1) 자연적 어린이자아

자연적 어린이자아(NC)는 자유롭고 검열받지 않은 어린이자아의 한 부분이다. 그것은 마치 충동적이고, 호기심과 요구가 많고, 무엇인가 갈구하며, 터치에 민감하게 반응하는 어린아이와 흡사하다. 우리가 결과를 따져 봄도 없이 하고 싶은 대로 행동할 때 그것은 우리의 내면에서 자연적 어린이자아가 작용하고 있다는 것을 말해 주고 있는 것이다. 또한 당신이 좋다는 감정을 갖고 있다든지, 무엇인가 자주 캐묻고 있다든지, 자기중심적으로 행동하고 있다거나 또는 농담을 하고 있거나 반항하고 있다면, 그것 또한 당신의 자연적 어린이자아가 작용하고 있다는 증거다. 이 자연적 어린이자아는 부모나 상관이나 연장자들의 반응에 구애됨이 없이 자발적으로 자신을 자유롭게 나타낸다. 그래서 자유 어린이자아(free child: FC)라 불리기도 하는 것이다. 이것은 훈련받지 않은 있는 그대로의 어린아이라 할 수 있다.

2) 어린이 교수자아

어린이 교수자아(LP)는 모든 사람들의 내부에 존재하고 있는 재치 있는 작은 어린아이의 모습을 나타내는 것이다. 비록 훈련을 받은 바는 없지만, 어린아이들의 창의적이고, 직관적이며, 자신이 바라는 바를 얻을 수 있도록 자신과 다른 사람들을 대하는 법을 안다. 당신이 친구의 얼굴표정을 통해서 그가 지금 어떻게 느끼고 있는가를 알게 되는 것은 당신의 직관적인 어린이 교수자아가 작용하고 있다는 것을 말해 주고 있는 것이다. 당신이 바닷가에서 모래성을 쌓고 있는 것이나, 당신 주위의 사람들로부터 위로를 받을 수 있는 슬픈 표정을 짓는 것 등은 바로 당신의 어린이 교수자아의 작용에 의한 것이다. 다시 말해서, 어린이 교수자아는 어린아자아 속에 나타나고 있는 어른자아(A)라고도 할 수 있다(Jongeward & James, 1973).

3) 적응된 어린이자아

적응된 어린이자아(adapted Child: AC)는 성인들, 주로 부모들에 의하여 훈련되고, 영향을 받아 형성된 어린이자아의 한 부분이다. 즉, 자연적 어린이자아의 변용을 보여주고 있는 어린이자아의 한 부분이라 할 수 있다. 자연적 어린이자아의 자연적인 충동들이 적응적인 것으로의 변용은 외상적 경험이나 훈련에 의해서 일어나게 되고, 그 변용은 거의 대부분 중요한 권위인물들의 요구에 맞추려는 반응으로 인해서 나타나는 것이다. 예컨대, 어린아이가 배고플 때에 자연적으로 먹으려는 행동을 나타내도록 되어 있다. 그러나 출생 후 얼마 지나지 않아서 그 자연적 충동은 부모들에 의하여 결정된 수유시간에 따르도록 훈련된다. 이렇게 형성된 적응된 어린이자아가 때때로 다른 사람들이 자신을 보는 시각에 지나치게 민감하여 죄의식이나 부끄러움, 그리고 두려움 등으로 특징을 보이는 **순응적 어린이자아**(compliant Child: CC)의 모습으로 나타날 때가 있고, 반면에 때로는 화와 분노를 보이는 **반항적 어린이자아**(rebelious Child: RC)의 모습으로 나타나기도 한다(Abell & Abell, 1979). 적응된 어린이자아는 한 개인이 연장자나 권위인물들로부터 어떤 종류의 환심을 얻기 위하여 눈치 보는 행동을 보이기도 한다.

자연적 어린이자아는 자신이 하고 싶은 대로 행동하고서도 긍정적인 느낌을 가질 수 있는 반면에, 적응된 어린이자아는 부모가 그에게 바라는 바가 합리적이든 비합리적이든 간에 부모의 기대에 따라 행동하게 되고, 자신의 행동에 대하여 부정적인 감정을 경험하고 배우게 된다.

4. 순응, 철수, 연기행동과 적응된 어린이자아(AC)

적응된 어린이자아(AC)의 대표적인 적응된 행동양식들로서 ① 순응(順應)하기, ② 철수(撤收)하기, 그리고 ③ 연기(延期)하기를 들 수 있다(James & Jongeward, 1971).

1) 순응하기

어떤 어린아이들은 무난하게 지내기 위해서 무조건 순응하는 행동을 택한다. 그들은 질문 같은 것도 할 필요 없이 순응하는 편이 자신의 입장이나 생각을 관철하기 위해 싸우는 것보다 더 쉽고, 보다 실용적이고, 덜 불안하다는 사실을 알게 된다. 비록 많은 어린아이들이 부모의 요구에 순응하지만 고분고분하지 않을 때도 있다. 성인이 되어서도 비록 어린아이 때보다 더 교묘하게 내색하지 않으려고 노력하지만 마찬가지이다. 자주 어린아이들은 부루퉁해 있다. 그들은 반항하는 대신에 마지못해 분노를 참으면서 부모들의 요구에 응하는 것이다. 그러다가 나중에 일이 잘못되면 다른 사람에게 책임을 전가하고 비난한다.

2) 철수하기

유사한 상황에 있는 다른 어린아이들은 화가 나서 말도 하지 않고 부루퉁해 있는 것과는 다르게 반응을 보이기도 한다. 그러나 그들은 정면으로 적개심을 나타낼 때도 있으나, 두려워서 현실을 피해 버리는 철수행동(withdrawal)을 보이기도 한다. 철수행동으로 대처하는 사람들은 자신 속으로 물러선다. 그들은 직접적인 방식으로는 외적 세계에 대처할 수 없다고 느끼기 때문이다. 사람들은 잦은 병이나 그들이 혼자서도 추구할 수 있는 취미생활과 같은 활동들을 자주 자신을 다른 사람으로부터 격리시키는 방법으로 사용한다. 그들은 들이나 오솔길, 침실, 혹은 자신의 내적 환상세계 속으로 숨을 수도 있다.

극적인 신체적 철수행동의 한 예를 들어 보면, 어떤 남편이 아내와 싸운 뒤 이틀간 사라져 버렸는데 그의 아내가 자기 집 지하실 구석에 웅크리고 있는 남편을 발견한 일이 있다고 한다. 철수행동도 그 사람이 어렸을 때 사용했던 철수행동방식의 재연인 경우도 많다. 어떤 사람은 신체적으로보다는 오히려 정서적으로 철수하는 경우가 많을 수도 있다. 그들은 외적인 요구들을 피하기 위하여 마치 그들은 듣지 못하는 것처럼 행동하고 조정하는 경우도 있다.

3) 연기하기

꾸물거리거나 연기하는 버릇은 또 다른 하나의 적응된 어린이자아의 일반적인 반응양식이다. 한 개인 내에서 자연적 어린이자아는 반항하고 싶어 하고, 나는 그렇게 하고 싶지 않다고 말하고 싶어 한다. 그러나 적응된 어린이자아는 감히 그럴 수 없기 때문에 어린이교수자(LP)가 연기하기로 결정하고, 꾸물거린다. 연기함으로써 어린아이는 일상적이지만 권위인물들을 진정시킬 수 있고 동시에 반항하고자 하는 내적 바람을 만족시킨다. 결국, 연기하는 행동은 하나의 적응적 패턴이 될 수 있는 것이다. 예컨대, "식사시간이 됐어. 밥 먹자"라고 하는 어머니가 부르는 소리를 들은 한 소년은 "조금만 기다리세요, 어머니"라고 하면서 기분 좋게 대답한다. 이러한 아들의 반응기법은 어머니의 명령에 정면으로 반항하는 것도 아니고 또한 속이는 것도 아니다.

사람들이 연기하는 버릇을 갖게 되는데도 여러 가지 이유가 있다. 예를 들면 다음과 같다.

① 그들은 부모의 명령을 너무 많이 들었다.

② 만약 그들이 하는 일들을 너무 빨리 끝내면 또 다른 많은 할 일들을 떠맡게 될 것이다.

③ 너무 잘해내면, 친구들이나 형제, 자매들이 질투할 수도 있다.

④ 무엇을 해도, 또한 어떻게 해도 만족스러울 수가 없다.

⑤ 충분히 오래 끌기만 하면, 다른 사람이 그것을 해 줄 것이다.

이와 같은 연기버릇은 수업시간, 식사시간, 직장, 회합에 고정적으로 지각하는 사람에게서 볼 수 있다. 아침에 자명종이 울리는데도 "단 10분만 더 있다가 일어날 거야"라고 말하면서 꾸물거린다. 연기하는 버릇이 있는 많은 사람은 마감선(deadline)을 넘기고서는 자주 조금만 시간을 더 달라고 요청하는 버릇이 있다.

요약하면, 적응된 어린이자아 기능의 긍정적 측면은 순응이 필요할 때 순응하는 것이다. 사장의 지시를 따르고 적응하는 능력은 직장생활에서 생존하기 위한 필수적인 요건이다. 또한 반항할 만한 이유가 있을 때 반항하는 경우도 긍정적인 기능의 일부라 할 수 있다.

반면에 부정적 기능 측면으로서는 그렇게까지 할 필요는 없는데 순응하는 경우를 들 수 있다. 또한 정당한 사유 없이 반항하기 위해 반항하는 것은 적응된 어린이자아의 부정적인 기능의 측면이라 할 수 있다. 적응된 어린이자아의 감정은 일반적으로 부자연스럽고 불쾌한 것이다. 우울, 원한, 적개심, 불안, 열등감, 죄악감, 좌절감 등의 감정들을 포함하고 있다.

5. 어린이자아 관찰단서

어린이자아의 기능작용을 관찰할 수 있는 단서들은 다른 자아 상태에서와 마찬가지로 비언어적 또는 언어적 단서들이다(Bennet, 1976).

자연적 어린이자아의 경우는 "나는 ~원한다", "나는 할 수 있다", "나를 그냥 두세요" 등의 말이나 불안정한, 농담을 즐기는, 다정한 호기심 있는, 발명적인, 그리고 반항적인 행동들, 또한 웃음, 항변, 놀이, 눈물, 터치하기, 주시, 화내는 행동들을 통해서 알아볼 수 있다.

적응된 어린이자아의 한 부분인 (1) 순응적 어린이자아의 경우에는 "나를 떠나지 마세요", "나를 사랑해 주세요", "나를 도와주세요", "나에게 보여주세요", "나를 돌봐주세요" 등의 언어를 통해서 또는 불안정한, 의존적인, 두려워하는, 소중한, 다정한 행동특성들과 고분고분하고, 손을 꼬고, 움츠리며, 눈을 내리깔고, 입술을 물고, 또 손톱을 물어뜯는 행동들을 통해서 관찰할 수 있다.

(2) 반항적 어린이자아의 경우는 "아니오", "나는 그러고 싶진 않아요", "결코 하지 않을 거에요, 혹은 그렇지 않아요"와 같은 언어를 통해서 그리고 화내고 반항하는 행동특성들이나 또는 발끈하거나 공격하는 행동, 부루퉁해서 입을 삐쭉거리거나 철수하는 행동 등을 통해서 관찰할 수 있다.

〈표 8-2〉 어린이자아 관찰단서

	성질	언어	소리·말투	자세·동작·표정·몸짓
NC 혹은 FC	•본능적 •적극적 •창조적 •직관적 •감정적 •호기심 •자발적 •행동적	•감탄사 •깨끗하다!(더럽다! 아프다!) •좋아요, 싫어요, 갖고 싶어요 •해줘요 •못해요 •기뻐요 •그냥 두세요 •할 수 있어요	•개방적 •느긋한 모양의 •자연스러운 •큰 소리로 •자유로운 •감정적 •흥분적 •밝은 •싫증나지 않는 •티 없는 •즐거운	•자유로운 •활발한 •자발적 •잘 웃는 •장난꾸러기 같은 •유머가 풍부한 •낙관적인 •때로는 공상적 •이완적 •호기심 있는 •자연스럽게 요구하는

	성질	언어	소리 · 말투	자세 · 동작 · 표정 · 몸짓
AC	•순응적 •감정적 •억지부리는 •반항적 •소극적 •의존적 •착한 아이	•나를 떠나지 마세요 •~해도 괜찮습니까? •도와주세요 •잘 모르겠습니다 •~이 안 됩니다 •저 같은 사람이… •~할 작정입니다. •조금도 알아주지 않는다 •슬프다, 우울하다 •쓸쓸하다, 분하다 •이젠 좋아요 •결코 하지 않을 겁니다 •나는 그러고 싶지 않아요	•소곤소곤대는 •자신이 없는 •치근대는 •조심스러운 •여운이 있는 •강압적인 •한스러워하는 •때로는 격분하는	•솔직한 응석 부리는 •눈물 흘리는 •터치하는 •정면으로 못 보는 •눈치 보는 •의존적인 •무조건 따르는 •탄식 •동정을 구하는 •반항적 •겁에 질린 혹은 두려워하는 •고분고분한 •침울한 •도전적 •손톱을 물어뜯는 •눈을 내리까는 •입술을 무는 •손을 꼬는 •발끈하거나 공격하는 •부루퉁한 •입을 삐죽거리는

Ⅲ. 어른자아(Adult: A)

1. 어른자아란?

어른자아는 한 개인의 전체 성격 중에서 합리적이고 이성적인 부분이다. 어른자아는 생활의 사고적 개념(thought concept of life)이라 할 수 있다(Harris, 1969). 어른자아는 당면한 여기-지금의 현실적 상황에 가장 적절한 반응이 어떤 것인가를 선택하기 위해서 현실 상황과 부모자아, 어린이자아 그리고 어른자아를 함께 고려할 수 있는 객관적인 정보를 수집, 결단한다. 그 결단과 그 실행의 결과는 성공적일 수도 있고 실패할 수도 있다.

어른자아는 부모자아에 기록된 자료의 진실여부를 검정하고, 현재에도 적용할 수 있는가를 확인하며, 그 자료의 용납과 거부를 결정하는 기능을 수행하고, 또한 어린이자아에 기록되어 있는 감정들이 현재 상황에도 적절한 것인가, 아니면 부모자아의 고루하고 낡은 자료에 대한 반항 형식인가를 알아보는 검토기능을 가지고 있다. 즉, 어른 자아는 부모자아와 어린이자아의 자료들을 검토하여 부모자아에 의한 편견이나 독선, 그리고 어린이자아에 근거하는 현실적으로 부적절하고 유치한 부적응행동을 방지하고자 한다.

그러나 어른자아가 언제나 부모자아와 어린이자아의 행동을 거부하는 것은 아니고, 상황에 따라 적절하게 나타날 수 있도록 조정한다(Jongeward & James, 1973).

우리는 어른자아를 통해서 자신을 보다 현실적으로 검정할 수 있고, 결단할 수 있다.

2. 어른자아의 형성과 발달

어른자아는 생후 10개월경 신체이행능력의 발달과 함께 어린아이가 자기 자신에 대한 자각(自覺)과 독자적 사고가 가능해짐에 따라 자신이 혼자 어떤 일을 해낼 수 있다는 능력감을 갖게 되면서 서서히 형성되기 시작한다(Harris, 1969). 그러므로 어른자아는 부모자아나 어린이자아와는 달리 어떤 것을 혼자서 해낼 수 있는 어린아이의 능력감 위에 형성된다는 것이 특징이다(그림 8-5).

3. 어른자아의 기능

어떤 소년의 어린이 교수자아(LP)는 "나 오늘 머리가 아파서 학교에 갈 수 없다"고 엄살을 부리면서 일어나지 않는다. 그 소년 어머니의 양육적 부모자아(NP)는 "못 일어날 정도로 머리가 아프면 쉬어야지…"라고 말한다. 그런데 그 소년의 어른자아(A)는 "이 정도면 충분히 견디어 낼 수 있어. 하루 결석해서 보충공부를 하려면 더 힘들

거야. 그러니까 꾀병 부리면서까지 결석할 이유는 없지"라고 스스로에게 말한다.

어떤 아내의 어린이자아(AC)는 "내 결혼생활은 엉망이야! 이혼하는 것이 낫겠어!"라고 흥분한다. 한편 그녀의 비판적 부모자아(CP)는 "이혼이라니 말도 안 돼. 이혼은 우리 가문에 먹칠하는 짓이야!"라고 열을 낸다. 반면에 그녀의 어른자아(A)는 "결혼생활이 힘든 것은 사실이야. 그런데 우리의 결혼생활에서 무엇이 문제인가를 좀 더 알아봐야겠어! 그리고 정말 이혼을 했을 때, 진정 내가 원하는 것을 얻을 수 있을 것인가? 내가 진정 원하는 것이 무엇인가? 한번 따져 봐야겠지"라고 스스로에게 다짐한다.

10에 20을 곱하면 200이라는 답을 산출하는 과정에 어른자아가 작용하고 있는 것이다. 어린이자아는 감정들에 기초해서 감정적으로 어떤 결정을 하려고 하든가, 아니면 의사결정 자체를 아예 피하려고 한다. 부모자아는 자신 속에 자기도 모르게 남아 있는 어릴 때 학습된 행동패턴에 기초해서 판단하고 결정하고 행동한다. 반면에 어른자아는 사실들과 현실적인 정보에 근거해서 합리적, 객관적으로 자신의 견해나 감정 상태를 점검해 보고, 자신의 행위결과를 예측해 본다.

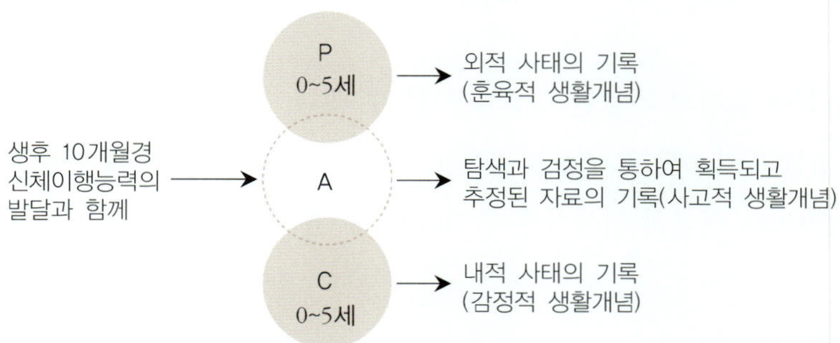

[그림 8-5] 어른자아의 점진적 출현(Harris, 1969, p.52)

이러한 어른자아의 기능은 일종의 컴퓨터와 같은 기능을 갖고 있는 것으로 볼 수 있다(그림 8-6). 즉, 어른자아는 추리하고, 외부의 자극들을 평가하고, 정보들을 모아서 미래의 행동 수행에서 참고자료로 사용할 수 있게 저장한다. 나아가서 어른자아는 이미 수집, 저장된 자료들과 새로이 현재 수집되는 자료들을 근거로 하여 자신의 세 가지 자아 상태들의 현실검정 기능을 수행한다. 예컨대, 어른자아는 부모자아와 어린이자아의 자료들을 검토하여 부모자아에 저장되어 있는 묵은 자료들에 의한 편견이나 독선을, 그리고 어린이자아에 저장되어 있는 묵은 자료들에 근거하는, 현실적으로 부적절하고, 유치한 부적응행동을 방지하는 기능을 수행한다. 그러나 어른자아의 기능이 언제나 부모자아와 어린이자아의 행동을 거부하는 것은 아니고, 상황에 맞추어 적절하게 행동할 수 있게 조정한다.

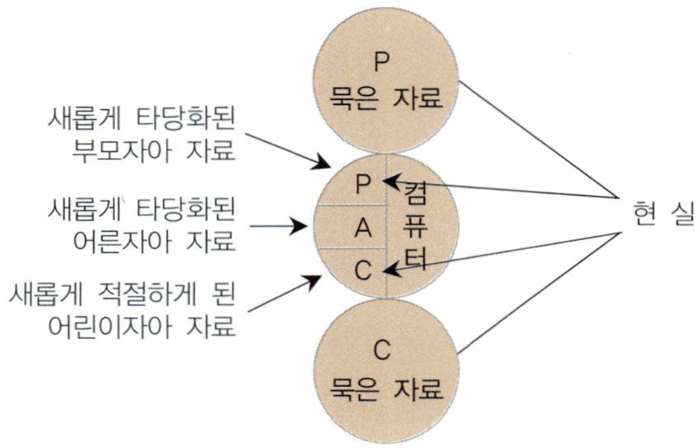

[그림 8-6] 어른자아의 기능

한 개인이 여러 가지 가능한 행동들을 할 수 있다. 그때 그의 어른자아는 여러 가지 행동과정들의 가능한 결과들을 예측할 수 있어서 후회나 실패의 가능성을 최소화하고, 창의적으로 성공의 가능성을 증대시킬 수 있게 한다.

4. 어른자아 관찰단서

이와 같은 기능을 하는 어른자아의 상태를 우리는, 눈을 깜박이며 골똘히 사고하고 있는 표정, 적극적으로 경청하는 자세, 여러 가지 가능성을 탐색하는 행동에서, 그리고 "비교적 ~하다", "생각컨대", "내가 알기로는" 등과 같은 언어들이 포함되는 언어적 표현들을 통하여 알 수 있다(Harris, 1969; Bennet, 1976).

〈표 8-3〉 어른자아 관찰단서

	성질	언어	소리 · 말투	자세 · 동작 · 표정 · 몸짓
A	•정보 •수집 지향 •평가적 •객관적 •합리적 •지성적 •분석적	•잠깐! 기다려 •누가? •왜? •언제 •얼마 •어디에서 •~라고 생각한다 •구체적으로 말한다 •생각해 봅시다 •나의 의견으로는… •비교적 ~하다 •내가 알기로는	•차분한 낮은 목소리의 •단조로움 •일정한 음조(흐트러지지 않음)의 •상대편의 입장에서 보는 •명료한 •상대편이 내용을 이해하는	•주의 깊게 듣는 •냉정한 •관찰적 •기계적인 •안정된 •상대편의 눈과 마주치는 •때로는 타산적 •생각하는 •대등하게 대하는 •기능성을 탐색하는 •골똘히 사고하고 있는

Ⅳ. 부적응행동과 어른자아의 기능화

상황에 따라 우리들의 내면에서 작용하는 세 가지 자아상태들 가운데서 어느 한 자아상태가 선택적으로 개인의 행동을 주도하게 되는 것은 세 가지 자아 상태들 간의 경계선이 반투성(半透性)을 지니고 있어서 정신적 에너지가 한 자아상태에서 다른 자아상태로 옮겨갈 수 있다는 것을 뜻하기도 한다(이형득, 이성태 외, 1984). 그러므로 우리가 원하는 바에 따라서 자신의 자아상태의 기능작용을 바람직한 것으로 조절할 수 있다. 이와 같은 자아상태의 기능작용을 조절하는 능력은 연습에 의하여 개발될 수 있는 것이다(James & Jongeward, 1975).

1. 혼합현상

자아상태의 경계선이 지나치게 이완되어 한 자아상태가 다른 자아상태의 경계선을 넘어 침식한 상태를 혼합현상(contamination)이라 한다. 편견이나 망상은 혼합현상에 의한 것이다. 편견(prejudice)은 어른자아의 경계를 부모자아가 침식한 것이고, 망상(delusion)은 어린이자아가 어른자아를 침식한 혼합현상이다(그림 8-7). 다른 자아상태에 의하여 침식된 영역만큼 어른자아가 정상적인 기능작용을 할 수 없게 되는 것이다.

대부분의 경우 어른자아는 부모자아와 어린이자아의 각각에 의해 혼합되는 것이 보통이다. 그런데 어떤 사람은 부모자아와 어린이자아가 함께 이중으로 혼합되는 경우가 있다. 이중혼합 현상이다. 이중혼합 상태에 있는 사람의 어른자아는 사실들을 그대로 이해하고 받아들이지 못하고, 혼합현상을 합리화하려고 한다. 예를 들면, 밖에서는 여성 존중을 외치면서 집안에서는 아내와 딸을 학대하는 이중성을 보인다. 그러면서도 자신은 전혀 모순을 느끼지 않는다. 다른 사람이나 사물에 대한 평가를 금방 극단적인 긍정적인 평가로부터 극단적인 부정적인 것으로 바꾸면서도 아무렇지도 않게 여기는 것과 같은 사고와 태도의 역전 경향을 보이기도 한다. 또한 어른자아의 기능 마비로 인하여 어린이자아와 부모자아에 의한 엉뚱한 감정의 억제, 그리고 어린이자아, 부모자아에 의한 사소한 일로 감정의 폭발 등을 보이는 특성을 나타낼 수 있다.

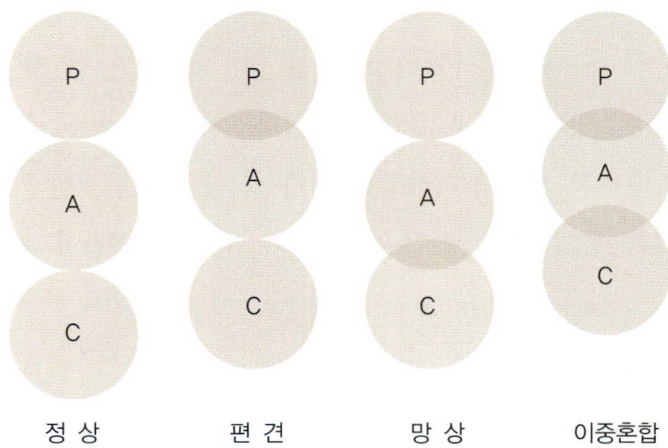

[그림 8-7] 혼합현상

2. 배타현상

한편, 성격구조 간의 경계가 지나치게 경직화되어서 심적 에너지의 이동이 전혀 불가능하게 고착되어 있는 상태를 배타현상(exclusion)이라 한다(그림 8-8).

이 경우는 각 자아상태의 경계가 마치 두꺼운 벽과 같아서 정신적 에너지를 한 자아상태에 가두어 둠으로써 다른 두 자아의 기능을 억압하는 것이다. 그리하여 어떤 사람들은 계속해서 다른 사람에 대하여 비평하고 충고하고 보호하려고만 한다. 이들은 배타적 부모자아 상태로 고착된 부모자아를 발달시킨 사람들이다. 또 다른 사람들은 대부분의 시간을 계속해서 사실들을 수집하고, 평가하고, 분석하고, 결정하고, 활용하는 데 보낸다. 이들은 배타적 어른자아 상태로 고착된 어른자아를 발달시킨 사람들이다. 이들에게서 감정을 발견할 수 없고, 숨 쉬는 컴퓨터와 같은 사람들이다. 그리고 고착된 어린이자아를 발달시킨 사람은 비양심적이며 다른 사람들은 안중에 없고, 자기가 하고 싶은 대로 한다. 이들은 대부분의 시간을 그들의 감정의 표출로 보낸다. 배타적 어린이자아 상태이다.

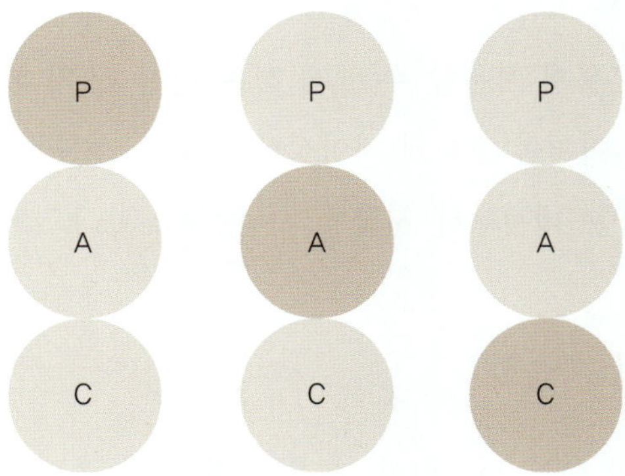

[그림 8-8] 배타현상

3. 혼합해제

어른자아를 혼합(混合)으로부터 해방시키기 위해서는 현실에 근거하여 검토되지 않은 묵은, 그리고 양육적이고 비판적인 부모 같은 견해나 어린이자아의 감정들에 대한 어른자아의 각성으로부터 시작될 수 있다. 어느 정도의 각성이 일어나면, 자아상태의 경계들이 재정비되고, 어른자아의 사고가 특정 주제에 대하여 분명해진다. 그 다음 단계가 묵은 부모자아나 어린이자아 테이프의 모순을 밝힐 수 있는 새로운 행동을 연습하는 것이다. 많은 사람들은 주로 그들의 어린이자아의 감정들이나 혹은 부모자아의 전통의 가치를 인정하면서도 그들에 얽매이지 않고 시간이나 상황에 따라 융통성 있게 현실에 근거하여 기능작용을 할 수 있다(James & Jongeward, 1975).

4. 배타해제

배타적(排他的)인 자아상태를 가진 사람들은, 앞서 설명한 것처럼, 지속적으로 기호(嗜好)하는 특성의 한 둘의 자아상태만을 사용하고, 나머지의 한 둘의 자아상태는 억압하고 있다. 이와 같은 고착된 자아상태들을 해방시켜서 억압되고 있는 자아상태를 필요에 따라 보다 자유롭게 사용할 수 있게 하는 것이 TA의 한 목표이다. 이러한 해방 또는 변화는 먼저, 이처럼 고착된 자아상태가 우리 자신에게 있어서 문제가 되고 있다는 사실을 이해하는 데서부터 시작될 수 있다(James & Jongeward, 1975).

5. 적응: 어른자아의 기능화

예컨대, 만약 당신이 화가 난다든지, 혹은 눈물을 잘 흘린다든지, 말할 때 목소리가 자주 기어든다든지 한다면 당신의 어린이자아에 문제가 있는 것이다. 이럴 때, 당신은 당신의 어른자아를 사용해서 일단 멈추어서 사고하고, 달리 행동할 것을 결단하는 것을 배울 필요가 있다. 그렇게 쉽지는 않을 것이다. 정서적으로 깊이 연대되어 있는 사람일수록 더욱 어렵다. 그러나 단순한 몇 가지 절차를 따르는 것에 의한 방법이 도움될 수도 있다. 당신이 당신의 어린이자아로 인해서 감정이 폭발하려고 하거나 혹은 부모자아로 인하여 잔소리를 하려고 할 때 잠깐 멈추고 열을 세어라. 그리고 깊은 숨을 몇 번 들이쉬어 보라. 그러면, 당신의 어른자아를 작동시킬 수 있는 여유를 갖게 될 것이다. 여기서 어른자아의 주도적 기능이 필요하다. **어른자아가 주도적이 되어야 한다는 것**은 항상 어른자아에 의해서 행동이 이루어져야 한다는 것을 말하는 것은 아니다. 각 자아상태는 그 나름으로 전체 성격의 통합에 공헌하고 있으므로 어른자아에 의하여 모든 자아상태가 적절한 때에 적절하게 표현될 수 있도록 조절되어야 한다는 것을 뜻하는 것이다. 이것을 **어른자아의 기능화**라 부른다.

당신은 학습을 통하여 지금, 자신의 어느 자아가 작용하는지를 알 수 있다. 그것은 점검하는 데 다음 네 가지 방법을 적용해 볼 수 있을 것이다.

1) 당신 자신의 행동을 관찰해 보라

당신의 자세들, 예컨대 선 자세, 앉은 자세, 걷는 자세, 목소리, 그리고 자주 사용하는 단어 등을 관찰해 보자. 예를 들어 귀여운, 신기한, 맹랑한, 철없는, 타락한 등과 같은 단어는 부모자아가 쓰는 단어들이고 우와!, ~안 할 거야!, ~할 수 없어 등은 어린이자아가 보통 사용하는 단어들이다.

2) 당신 자신이 사람들과 어떻게 어울리나 지켜보라

당신의 부모자아가 거만하다든지, 모든 걸 안다고 생각하는 타입이라면 그 부모자아는 다른 사람들의 어린이자아를 자주 건드릴 것이다. 만약 당신의 어린이자아가 행복하고 사랑으로 가득 차 있다면 다른 사람들의 어린이자아는 당신과 어울리면서 같이 즐거워 할 것이다. 당신이 어른자아로서 행동할 때, 당신 주위의 다른 사람들도 당신을 향해 어른자아로 반응해 주는 경우가 많을 것이다.

3) 당신의 어린 시절을 검토해 보라

당신은 어릴 때 어떻게 말했으며, 어떻게 얘기했던가를 기억할 수 있다. 때로는 어릴 때 했던 방식 꼭 그대로 얘기하고 있음을 발견할 것이다. 그러면 그것은 어린이자아로서 말하고 있을 가능성이 많다. 혹은 때로는 부모들이 하던 방식 그대로 당신 자신이 무엇을 말하고 있음을 알아차릴 수가 있을 것이다. 그것이 바로 당신의 부모자아로서 말하는 것이다.

4) 당신 자신의 감정들을 검토하라

이것은 가장 중요한 검사이다. 당신은 어떤 주어진 순간에 당신의 내면에서 작용하고 있는 당신의 어떤 부분이나 혹은 상태를 실제로 느껴 볼 수 있다.

V. 자아기능도와 성격특성의 이해

1. 자아기능도란

자아기능도(egogram)는 TA의 창시자 Berne 박사의 제자이자 함께 TA를 발전시킨 동료이기도 한 미국의 정신과 의사 John M. Dusay 박사가 그의 임상과정에서 개발한 것이다. 그는 자아기능도를 "성격의 부분들 간의 상호관련성과 외부로 발산하는 심리적 에너지의 양을 나타내는 막대그림이다"라고 정의하고 있다(1977, p.3).

그러니까 TA의 세 가지 자아상태를 나타내는 3개의 원들은 성격의 구조를 시각적으로 상징화하여 나타낸 것이고, 자아기능도는 3개의 성격구조를 다섯 가지 기능으로 세분하여 그 자아상태들에 내재하여 작용하고 있는 심리적 에너지의 양을 그 기능의 활성화 정도에 따라 상대적인 막대의 높이로 나타낸 막대그림이다.

자아기능도의 5개의 막대그림의 높이는 그 개인이 어떤 행동을 보이고 있을 때, 자아상태의 세분된 다섯 가지 기능들의 각각에 어느 정도의 심리적 에너지가 투여되고 있으며, 따라서 그들 중 어느 부분의 기능이 약하고, 어느 부분이 강한가를 보여주는 것이다. 다시 말해서, 자아기능도는 비판적 부모자아(CP), 양육적 부모자아(NP),

어른자아(A), 그리고 자유 어린이자아(PC)와 적응된 어린이자아(AC)를 나타내는 5개의 막대그림으로 구성된다. 막대의 높이가 높을수록 이 자아상태에 의하여 소비되는 시간과 에너지의 양이 더 많고, 낮으면 낮을수록 사용되는 시간과 에너지의 양이 더 적다는 것을 나타낸다. 이와 같은 자아기능 이론은 우리가 한 자아상태에서 시간과 에너지를 많이 사용하게 되면 다른 자아상태의 에너지는 그만큼 감소될 것이라는 '항상성 가설(constancy hypothesis)'에 기초하고 있다.

이러한 자아기능도는 한 개인의 인간유형, 가능한 문제유형, 한 개인의 성격의 장점과 단점을 보다 쉽게 파악할 수 있게 해주고, 성장과 변화에 대한 안내도로 활용되고 있다. 동시에 개인이 자아상태들에 투여하고 있는 에너지의 불균형을 변화시키고자 능동적으로 결단만 하면 개인행동을 변화시킬 수 있다는 행동변화의 가능성과 성장모형을 제시해 주고 있다(Dusay, 1977; 1989).

Dusay(1977)에 의하면, 자아기능도는 심리적 지문(指紋)과 같다. 각 개인은 우리가 관찰할 수 있고, 또 추정할 수 있는 독특한 자아기능도를 보인다. 이것은 다른 사람의 자아기능도와 공통적인 유사성은 보일 수 있으나 똑같은 자아기능도는 없다는 것을 뜻한다. 똑같은 지문이 없듯이 똑같은 성격을 가진 사람도 없다는 것과 같은 뜻이기도 하다. 다시 말해서 자아기능도를 구성하고 있는 CP, NP, A, FC, AC의 다섯 가지 심리적 에너지들은 개개인에게 있어서 각기 다른 양(量)을 지니면서도 균형을 이룸으로써 개개인 저마다 구별되고 독특한 성격적인 특성들을 보이는 것이다.

다음에는 자아기능도 창시자 Dusay의 임상적 체험들을 토대로 하여 정리한 자아기능도에 근거한 행동특성들을 몇 가지 예로 소개한다(Dusay, 1977).

2. Dusay(1977)가 예시하고 있는 자아기능도들 중 몇 가지 예:

1) 자유 어린이자아(FC) 우위형

FC는 자발적이고, 자유롭고, 호기심이 많고, 놀이를 즐기고, 성을 즐기고, 경박함도 개의치 않는다. 그래서 마음 놓고 웃기도 하고, 울기도 한다. 또한 열정적이고, 직관적이다. 여기에 천재와 미친 사람 사이의 유사성이 존재한다. 문제는 FC가 다른 자아상태들과의 균형이 깨어질 때 일어난다. 대부분의 창의적인 천재들은 높은 A와 균형을 이룬 FC를 가지고 있다(Dusay, 1977). 지나친 FC를 가진 사람은 통제 불가능한 말썽꾸러기로 보인다.

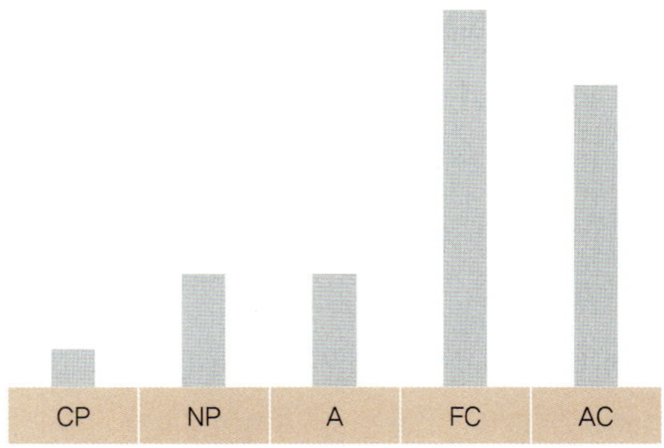

[그림 8-9] **모험을 좋아하는 사람**
(Dusay, 1977, p.43)

[그림 8-9]는 모험을 좋아하는 사람의 자아기능도이다. 가장 높은 FC를 갖고 있는 그는 스릴 있는 것이나 신비한 것에 강한 호기심을 갖고서 단호하게 포기하거나 거부하지를 못한다(낮은 CP). 그는 사리를 분별함도 없이(낮은 A), 또한 상대방의 입장도 배려함이 없이(낮은 NP), 쾌락을 줄 수 있는 것이면 약물이나 그 밖의 어떠한 방법도 사용할 수 있다.

2) 적응된 어린이자아(AC) 우위형

AC가 높은 사람은 동조를 잘하고, 타협도 잘하고, 순응적이며, 의존적이고, 함께 지내기가 편하고, 고분고분하다. 이 경우는 AC 중에서도 순응적 어린이자아가 작용할 때다. 다른 경우에는 AC가 반항적인 행동으로 나타나기도 한다. 권위인물이나 부모들에게는 항상 "아니요"라고 반응함으로써 반항적인 반응을 보이는 경우를 한 예로 들 수 있다. 이때는 AC에서 반항적 어린이자아가 가능할 때이다. 이때의 반항은 FC가 어떤 상황에서 자유가 구속될 때 나타나는 반항과는 다르다. AC에 의한 묵은 감정이 밑바탕에 깔려 있는 P에 대한 도전으로서의 반항을 의사반항(pseudo-rebelion)이라고 한다면 FC의 반항은 그 상황에 대한 순진한 반항이며, 본래적 반항(authentic rebelion)이라 할 수 있는 것이다. 지나치게 높은 AC는 죄책감과 우울에 빠진다든가, 혹은 어린아이가 의외의 격렬한 투정을 부리는 것과 같은 다양한 양태의 행동을 보일 수도 있다. AC가 지나치게 높으면 자기주장이 없고, 자신의 권리를 지키지 못한다. 타인의 마음에 들도록 행동하는 데 신경을 많이 쏟는다.

AC 우위형인 사람의 자아기능도의 한 예로서 이용당하기 쉬운 사람의 그림을 소개하면 [그림 8-10]과 같다. 이 사람의 가장 높은 AC와 낮은 FC로 인해 항상 자기 자신의 기쁨이나 즐거움을 마음에 둘 여유 없이 다른 사람의 마음에 들도록 행동하려고 애쓰게 된다. 그래서 어떤 일이나 행동을 한 후에는 그것에 대한 자신의 성취감이나 만족 여부와는 관계없이 다른 사람이 어떻게 생각하고 있을 것인가에 온통 신경을 곤두세우게 된다. 이 사람은 심리적 노예인 것처럼 지구 끝까지라도 맹목적으로 다른 사람에 맞추어 따라가야 마음이 놓이는 사람이다. 앞서의 다른 자아기능도의 특성과 더불어 그의 가장 낮은 CP는 자기주장은 전혀 할 수 없고, 자신의 권리를 지킬 수 없는 사람으로 행동하게 한다.

격렬한 투정을 잘 부리는 사람의 자아기능도의 한 예는 [그림 8-11]과 같다. 요구적이고 불안정한 상태를 보이는 이 사람은 가장 높은 AC를 가졌기 때문일 수 있고, 그래서 자신의 의존적 욕구가 충족되지 못할 때 곧잘 역정을 내게 된다.

그는 어떤 일이 있어도 자기에게로 관심을 돌리게 하려 하고, 그것이 안 되면 크게 항의한다. 남을 헤아리는 마음이 없는(가장 낮은 NP와 두 번째로 높은 CP 그리고 상당히 높은 편인 FC) 이 사람의 대화에는 자기중심적인 것이 특징이다. 그래서 '내가', '나를'이라는 단어를 가장 많이 사용한다.

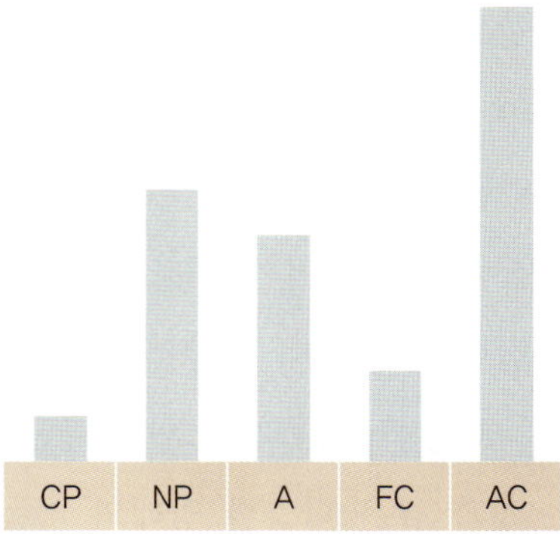

[그림 8-10] 어수룩한 사람
(Dusay, 1977, p.46)

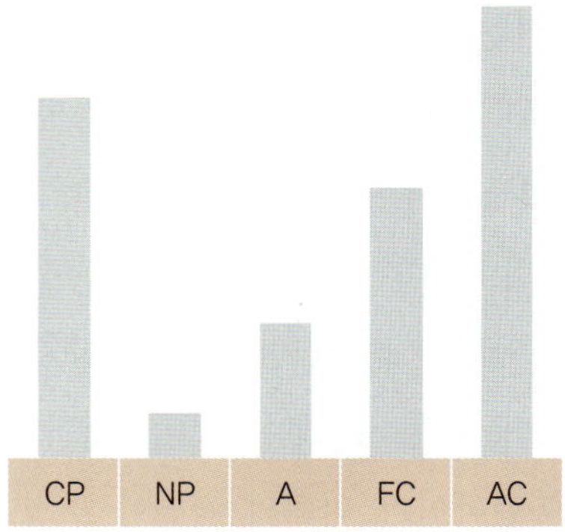

[그림 8-11] 격렬한 투정을 잘 부리는 사람
(Dusay, 1977, p.46)

3. 자아상태들의 조합된 자아기능도

한 사람이 두 개 이상의 같은 높이의 자아상태들을 가질 수도 있다. 이때 그 사람은 어떤 문제를 갖게 될 수도 있고, 혹은 만족스러운 상태일 수도 있다. 그 한 예로서, 가장 높은 NP와 A를 함께 가진 한 교사의 자아기능도를 들 수 있다(그림 8-12). 이 사람은 특별히 다른 사람의 발달과 번영을 돕는 데 관심을 가지고 있다. 이러한 사람은 높은 NP를 사용하고, 건전하고, 사려 깊은 태도를 가진 훌륭한 교사임을 보

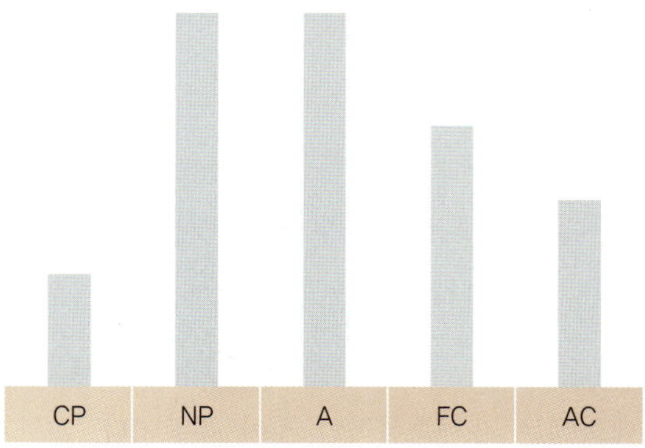

[그림 8-12] 좋은 교사, 상담자
(Dusay, 1977, p.55)

증받을 수 있다. 이러한 사람들은 자기 자신의 즐거움을 조절하고, 오히려 다른 사람들을 돕는 것을 통해서 기쁨을 누리는 상담자나 교사, 그리고 그 밖의 지도자들로서 쓰임받게 될 것이다.

4. 자아기능도의 균형화

이처럼 각 개인은 저마다 성격의 독특한 심리적 에너지의 초상화라고 할 수 있는 자아기능도를 갖고 있기 때문에 각자의 자아기능도를 통해서 그 개인의 성격의 특성들을 이해하고 행동들을 예측해 볼 수 있다.

Dusay(1977)에 의하면 정신장애, 특별히 정신병(psychosis)의 연구에 있어서도 이 자아기능도를 이용해서 개인 내면의 기능에 관한 연구가 가능하다고 한다. 또한 그에 의하면, 어떤 자아기능도가 '좋은 자아기능도'이고, 어떤 것은 '나쁜 기능도'라고 분명하게 구분할 수 있는 기준은 없다. 그러나 자아기능도의 균형, 즉 각 자아상태에 사용되는 심리적 에너지가 균형을 이룰 때 그렇지 못한 것보다는 더 바람직한 것으로 일반화할 수 있다고 그는 기술하고 있다. 따라서 일반적으로 종모양(bell-shaped)의 자아기능도나 평평한 대(flat-top)를 이루는 자아기능도를 상당히 잘 균형 잡힌 에너지 체계를 지닌 성격유형으로 볼 수 있다고 한다.

그러나 Dusay는 무엇이 바람직한 것인가에 대한 답은 보는 사람에 따라 다를 수 있기 때문에 우리가 정작 추구해야 할 본질적인 질문은 이것보다는 오히려 "우리 자신은 어떤 사람이 되고 싶은가? 혹은 우리는 어떤 사람과 함께 하고 싶은가?"에 관한 것이라고 주장하고 있다. 왜냐하면 모든 사람에게 통용될 수 있는 가장 이상적이거나 혹은 정상적인 자아기능도란 이 세상 어느 곳에서도 찾아볼 수 없기 때문이다.

비록 이상적인 자아기능도에 의한 표준을 사용할 수 없다 해도 하나의 자아상태가 지나치게 낮고, 상대적으로 다른 자아상태가 불균형적으로 높을 때, 그 개인은 문제를 느끼고 어려움을 경험하게 된다는 사실을 우리는 알 수 있고, 그 불균형을 균형화해 가는 것이 적응해 가는 길임을 확신할 수 있다.

Dusay(1977)에 의하면, 균형화해 갈 때 지나치게 높은 자아상태를 내리기보다는 낮은 자아상태를 높이는 것이 보다 쉽다. 그의 저서 『자아기능도(Egogram)』 제7장에서 낮은 자아상태를 높이는 방법들을 성격성장을 위한 실제적인 기법들로 제시하고 있다. 심리적 에너지의 '항상성 가설'에 따라 낮은 자아상태를 높이는 연습을 하면 자동적으로 높은 자아상태는 낮게 조정된다는 것이다.

Dusay와 Dusay(1989)가 제시하는, 문제가 되는 낮은 자아상태의 부분들을 높이는 연습의 요점들을 다음과 같이 요약할 수 있다.

개개인은 저마다 여러 가지 자아상태들의 불균형의 문제들을 가지고 있으며, 낮거나 약한 자아상태들을 육성하고 활성화하고 강화할 필요가 있다.

① CP가 낮은 사람들은 주장기법을 사용하도록 격려되어야 한다.
② NP가 낮은 사람은 공감과 다른 사람들을 배려하는 기법들이 훈련되어야 한다.
③ A가 낮은 사람들에게는 사고하는 연습의 기회들이 제공되어야 한다.
④ FC가 낮은 사람들에게는 자발성의 연습과 창의적이고 직관적인 활동들에 참여할 기회들이 제공되어야 한다.
⑤ AC가 낮은 사람들에게는 타협의 기술과 다른 사람들과 잘 어울릴 수 있는 연습의 기회들이 주어져야 한다.

여기서 중요한 것은, 낮은 자아상태를 높이는 기법을 적용할 때 개개인에게 보다 적절한 기법들을 분별해서 적용해야 한다는 것이다. 어떤 사람에게는 효과적인 기법이 다른 사람에게는 효과적인 기법이 아닐 수 있기 때문이다.

연습

연습 1. 세 가지 자아상태

다음과 같은 내용을 프린트한 용지를 집단원들에게 나누어 주고, 자신의 느낌이나 생각들을 기록하게 한 후, 한 사람씩 집단 앞에서 발표하게 한다.

1) 당신의 부모자아 상태

(1) 부모로부터 이어받았다고 생각되는 것으로서 당신의 친구나 선생님, 그리고 그 밖에 자주 대하는 사람들에게 지금도 반복해서 나타내고 있는 행동특성들을 생각해 내어 보시오.

(2) 지금도 당신의 귀에 쟁쟁해서 복종해야 한다고 생각되든지, 저항해서 싸우고 싶다든지 혹은 골치를 아프게 하는 부모의 언행들을 생각해 내어 보시오.

2) 당신의 어린이자아 상태

(1) 당신이 어렸을 때 효과를 보았기 때문에 지금도 여전히 사용하고 있는 다른 사람들을 대하는 방법 혹은 태도들을 생각나는 대로 적어 보시오.

(2) 당신이 어렸을 때 재미가 있어서 해보았던 행동들 가운데 지금도 여전히 하고 있는 행동들을 생각해 보시오.

3) 당신의 어른자아 상태

(1) 최근에 당신이 사실들을 수집해서 그것에 기초해서 어떤 합리적인 결정을 했다고 기억되는 일들을 생각해 내어 보시오.

(2) 최근에 당신이 적개심과 공격하고 싶은 마음이 생겼지만 당신의 그러한 감정 대신에 이성적으로, 합리적으로 적정하게 행동할 수 있었던 일들을 생각해 내어 보시오.

연습 2. 자아상태 퀴즈

다음에 각 사태들마다 각기 다른 세 가지의 반응들을 기술하고 있다. 각 반응이 P-A-C 자아 가운데 어느 자아의 반응인가를 답해 보시오.

(1) 회의가 정해진 시간보다 오래 계속되고 있다.

___ 가. 중요한 의제가 토의되다 보니 어쩔 수 없이 늦어지는군.
___ 나. 아이 배고파!
___ 다. 의장의 사회가 시원찮아.

(2) 사무원이 중요한 서류를 잃어버렸다.

___ 가. 왜 당신은 그런 중요한 서류를 아무렇게나 취급했소!
___ 나. 최근의 상황을 체크해 보고 어떻게 된 것인가를 차근차근 생각해 보시오.
___ 다. 나는 도대체 무엇이 어떻게 되었는지 모르겠다. 골치가 아프다.

(3) 시설물이 부서졌다.

___ 가. 수리공이 지금 올 수 있는지 알아보자.
___ 나. 이렇게 잘 부서지는 것은 아예 버리는 것이 낫겠다.
___ 다. 기사들이 조심하지 않아서 그렇게 되었어.

(4) 비서가 한 서류작성에 대하여 사장이 못마땅해 한다.

___ 가. 그래, 아직 공문회신도 제대로 작성하지 못하다니. 될 말인가?
___ 나. 공문회신은 늘 하는 일인데 왜 그랬을까?
___ 다. 사장의 마음에 들지 못했다니, 혼이 나겠군!

(5) 여비서가 지나칠 정도로 꽉 죄는 스웨터를 입고 출근했다.

___ 가. 아! 저것 봐라.

___ 나. 저런 옷은 사무실에서는 입어서 안 되는데.

___ 다. 왜 그녀가 이런 사무실에서 일하면서 그런 옷을 입고 왔을까?

(6) 직원감축이 발표되었다.

___ 가. 만약에 해고를 당한다면, 나는 무엇을 할 것인가?

___ 나. 이놈의 지긋지긋한 회사는 어차피 그만두어야 할까 보다.

___ 다. 도대체 사장이란 사람은 바보같이 직원감축만 하면 해결되는 줄 아는 모양이지.

(7) 어떤 고등학교에서 학생이 화장실에서 담배 피우는 것을 교사가 발견했다.

___ 가. 너는 도대체 어떻게 생겨 먹었니. 학생이 담배를 피우다니. 말이 되니!

___ 나. 학칙을 어기면 자네는 어떤 벌을 받게 되는지 알고 있는가?

___ 다. 아! 나도 한 대 피웠으면 좋겠다.

연습 3. 자아기능도 그리기

1. 먼저 자아기능 체크리스트를 활용해서 자신의 자아기능도를 그려 본다. 다음으로는 집단원들이 돌아가면서 자신의 자아기능도를 설명하고 자신의 성격특성들과 비교해 보고 집단원 간에 서로 피드백 주고받기를 한다.

자아기능 체크리스트

다음의 질문을 하나씩 읽으면서 당신의 특성에 맞거나 가장 가까우면 ①번에, 어느 편도 아니면 ②번에, 맞지 않거나 멀면 ③번에 ✔표를 해 주십시오. 우리들에게는 무의식적으로 자기가 바라거나 바람직하다고 생각되는 쪽으로 응답하려는 일반적인 경향이 있습니다. 현재 자신의 모습에 초점을 맞추어 있는 그대로 성실하게 응답하시면 자신의 모습을 보다 정확하게 알 수 있습니다.

① 그렇다 ② 어느 편도 아니다 ③ 그렇지 않다

I

1. 다른 사람이 잘못했을 때 좀처럼 용서하지 못합니까?	① ② ③
2. 자신을 책임감이 강한 사람이라고 생각합니까?	① ② ③
3. 자신의 생각을 양보 없이 끝까지 주장하는 편입니까?	① ② ③
4. 당신은 예의, 태도에 대해서 엄격한 훈련을 받았습니까?	① ② ③
5. 한번 착수한 일을 끝까지 해내지 못하면 마음이 편치 않은 편입니까?	① ② ③
6. 당신은 약속을 엄격하게 지키는 편입니까?	① ② ③
7. 당신은 아이들을 엄격하게 길러야 한다고 생각합니까?	① ② ③
8. 당신은 무엇이든 깔끔해 보이지 않으면, 계속 그것에 신경이 쓰입니까?	① ② ③
9. '잘못됐다', '~하지 않으면 안 된다'라는 등의 표현을 잘하는 편입니까?	① ② ③
10. 당신은 시간이나 금전에 대해서 반드시 분명한 태도를 보여야만 한다고 생각합니까?	① ② ③
점수계(　　)	(　)(　)(　)

Ⅱ

1. 타인이 길을 물으면 친절히 가르쳐 주는 편입니까?	① ② ③
2. 친구나 나이가 어린아이들에게 칭찬해 주기를 좋아하는 편입니까?	① ② ③
3. 남을 돌보는 일을 좋아합니까?	① ② ③
4. 남의 나쁜 점보다는 좋은 점을 더 많이 보는 편입니까?	① ② ③
5. 낙담한 사람이 있다면 위로하거나 격려해 주기를 좋아합니까?	① ② ③
6. 친구들에게 무엇이든 사주는 것을 좋아합니까?	① ② ③
7. 도움을 요청받으면, 기꺼이 알아서 처리해 주기를 좋아합니까?	① ② ③
8. 누구든 실패해도 책망하지 않고 용서하는 편입니까?	① ② ③
9. 남동생, 여동생, 또는 자신보다 나이가 적은 사람을 예뻐하는 편입니까?	① ② ③
10. 없는 사람을 보면 도와주는 편입니까?	① ② ③
점수계( )	( ) ( ) ( )

Ⅲ

1. 당신은 여러 가지 책을 잘 보는 편입니까?	① ② ③
2. 어떤 일이 잘되지 않아도 화를 내지 않는 편입니까?	① ② ③
3. 어떤 일을 결정할 때, 여러 사람의 의견을 듣고 정합니까?	① ② ③
4. 처음 접하는 일일 때, 그 일을 잘 알아본 후에 행동합니까?	① ② ③
5. 어떤 일을 할 때, 그 결과를 충분히 생각해 봅니까?	① ② ③
6. 모르는 것이 있으면 남에게 묻거나 상의해 보는 편입니까?	① ② ③
7. 몸에 이상이 생기면 조심하거나 무리하지 않도록 배려합니까?	① ② ③
8. 부모님과 감정의 상함 없이 대화를 잘하는 편입니까?	① ② ③
9. 자신이 해야 할 일들을 사리에 맞게 처리해 나간다고 생각합니까?	① ② ③
10. 궁합을 본 후 결혼해야 한다는 말이나, 점치는 것 등을 믿지 않는 편입니까?	① ② ③
점수계( )	( ) ( ) ( )

Ⅳ

1. 당신은 멋 내는 것을 좋아하는 편입니까?	① ② ③
2. 여럿이 어울려 신나게 이야기하거나 노는 것을 좋아합니까?	① ② ③
3. 당신은 호기심이 많은 편입니까?	① ② ③
4. 당신은 말하고 싶은 것을 어려워하지 않고 말하는 편입니까?	① ② ③
5. 기쁘거나 슬플 때, 그 감정을 자유롭게 나타내는 편입니까?	① ② ③
6. 갖고 싶은 것을 가져야만 마음이 편안합니까?	① ② ③
7. 이성의 친구에게 자유롭게 말을 할 수 있습니까?	① ② ③
8. 남에게 농담을 하거나 장난으로 집적거리는 것을 좋아하는 편입니까?	① ② ③
9. 그림 그리기나 노래 부르기 모두나 혹은 어느 하나를 좋아합니까 ?	① ② ③
10. 당신은 싫은 것은 싫다고 말하는 편입니까?	① ② ③
점수계( )	( ) ( ) ( )

Ⅴ

1. 당신은 남의 표정을 보고 행동하는 버릇이 있습니까?	① ② ③
2. 싫은 것은 싫다고 말하지 않고 참는 일이 많습니까?	① ② ③
3. 당신은 열등감이 강한 편입니까?	① ② ③
4. 어떤 일을 부탁받으면 곧 하지 않고 미루다가 하는 편입니까?	① ② ③
5. 무리를 해서라도 남에게 항상 잘 보이려고 애씁니까?	① ② ③
6. 진실된 자신의 생각보다는 부모나 남의 말에 영향받기 쉬운 편입니까?	① ② ③
7. 슬프거나 우울한 기분을 느끼는 일이 흔한 편입니까?	① ② ③
8. 당신은 사양하는 편이며 소극적인 편입니까?	① ② ③
9. 부모의 비위를 맞추려고 애쓰는 편입니까?	① ② ③
10. 속으로는 불만이지만 겉으로는 만족한 것처럼 행동합니까?	① ② ③
점수계( )	( ) ( ) ( )

2. 채점방법

1) 먼저, 체크리스트에 로마숫자 Ⅰ, Ⅱ, Ⅲ, Ⅳ, Ⅴ로 표시된 10개 문항식 다섯 묶음별로, 설문에 체크(✔)한 수를 ①, ②, ③별로 세어서 10개 문항 아래의 (　), (　), (　)에 각각 기록한다.
2) ①에 체크한 수 × 1점 = (나), 그리고 ③에 체크한 수 × 0점 = (다)로 배점, 계산한다.
3) 다음으로는 채점방법 2)의 묶음별(Ⅰ, Ⅱ, Ⅲ, Ⅳ, Ⅴ별)로 가+나+다(0점)의 합산점수를 Ⅰ의 점수 계: (　), Ⅱ의 점수 계: (　), Ⅲ의 점수 계: (　), Ⅳ의 점수 계: (　), 그리고 Ⅴ의 점수 계: (　)에 적는다.
4) 그리고 Ⅰ, Ⅱ, Ⅲ, Ⅳ, Ⅴ의 점수계를 225쪽의 〈자아기능도〉 표의 CP, NP, A, NC (혹은 FC), AC 밑의 (　)에 로마숫자 번호순으로 옮겨 기록한다.
5) 옮겨 적은 점수에 따라 선 위에 해당되는 점수의 위치에 점을 찍고, 점을 따라 선을 그어 꺾은 선 그림을 그린다. 이것이 자신의 성격특성을 나타내는 자아기능도 (egogram)이다.

3. 해석하기

1) 우선 개인별로 다섯 가지 자아상태 가운데서 가장 높은 점수의 자아상태와 가장 낮은 점수의 자아상태를 중심으로 그 특성들을 살펴본다. 가장 높은 점수와 가장 낮은 점수의 자아상태의 특성들을 그 개인의 가장 두드러지게 나타나는 행동특성들로 볼 수 있기 때문이다. 여러 개의 자아상태가 함께 가장 높은 점수를 보일 때도 있다. 가장 높거나 낮은 점수의 의미해석은 이 책에서 소개되고 있는 다섯 가지 자아상태 관찰 단서들을 참고하고, 더 자세히 역동적인 해석을 하고자 하면 이 장(章)의 Ⅴ절: 「자아기능도와 성격특성의 이해」를 참고하면 도움이 될 것이다.
2) 자아기능 체크리스트는 표준화 검사가 아니므로 신뢰도나 타당도를 알아볼 수가 없다. 가장 높은 점수와 가장 낮은 점수의 자아상태를 중심으로 간이해석을 하더라도 해석결과가 그 개인의 실제와 일치하느냐에 관해서 피검자와 일대일이나 집단일 경우도 질의 · 응답을 통해서 확인해 보는 것이 바람직하다.
3) 어떤 심리검사라도 검사점수가 개인의 행동특성을 결정하는 것이 아니고, 개인의 검사결과가 그 개인의 특성을 얼마나 잘 설명해 주고 있느냐의 관점에서 점수는 참고자료로 활용되어야 한다.

자아기능도(Egogram)

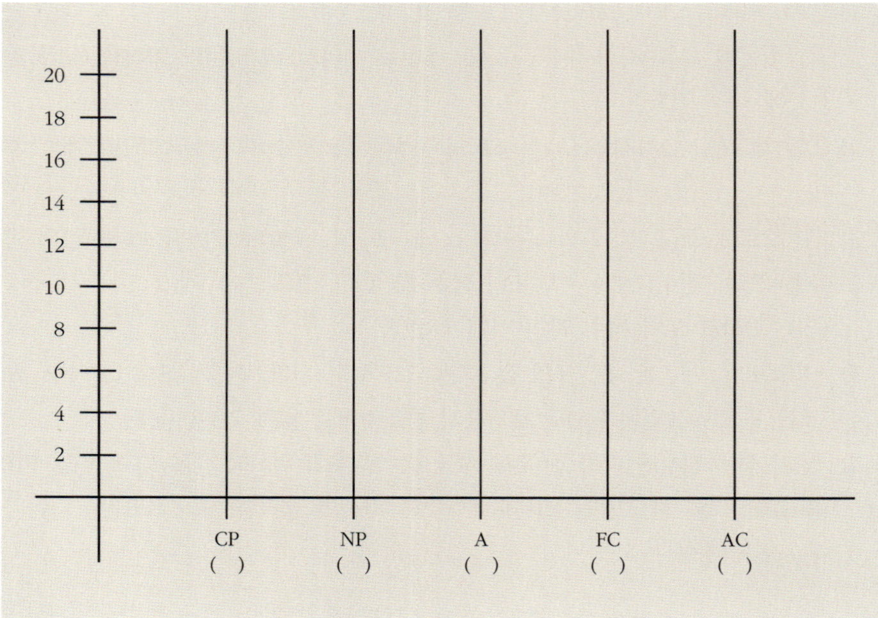

4. 다음으로는 가족들이 함께 자아기능 체크리스트를 실시하고 그 결과를 서로 나누면서 서로 간의 성격과 행동특성들에 대하여 피드백을 주고받는다. 그런 다음 소감을 함께 나눈다.

연습 4. 부적응의 원인: 혼합현상

1. 혼합현상으로부터 어른자아를 해방시키는 효과적인 방법 중의 하나는 당신의 기본 가정(假定)들을 뒤집어 보는 것이다.

① 당신이 남자, 여자, 교사 그리고 부모 등에 관해서 말할 때 사용하는 형용사를 각각 다섯 가지 정도 써보시오

- 남자는 이다.
- 여자는 이다.
- 교사는 이다.
- 부모는 이다.
- 자식은, 남편은, 부모는 … 이다.

가. 당신의 이러한 관점을 증명할 수 있는 충분하고도 정확한 자료를 가지고 있는가?
나. 어느 때, 어떤 경험에 근거해서 이와 같은 관점을 갖게 되었는가?
다. 당신이 기술한 것과 반대되는 형용사들을 사용해서 당신의 가정들을 뒤집어 보라.

➡ 이상의 과정에서 갖게 된 느낌이나 경험들을 집단원들이 서로 나누어 갖도록 한다.

② 다음의 문장들을 완성해 보시오.

- 만약 그가 (혹은 그녀가) 변화하기만 하면…
- 만약 내가 졸업하기만 하면…
- 만약 내가 좋은 직장만 갖게 되면…
- 만약 내가 결혼만 한다면…
- 만약 내가 부모라면…
- 만약 내가 자식이라면…
- 만약 아이들만 다 자라고 나면… 등
- 나는… 을 도울 능력이 없다.
- 나는… 할 만큼 바보스럽다.
- 나는… 할 만큼 혼란스럽다.
- 나는… 할 만큼 … 하다.

➡ 이상에서 완성한 문장들을 역으로 바꾸어 보라. 이렇게 하는 과정에서 갖게 된 집단원 각자의 느낌이나 경험들을 함께 나누도록 한다.

연습 5. 부적응의 원인: 배타현상

다음 ①, ②, ③번에 기술되고 있는 항목들은 각각 부모자아, 어른자아, 그리고 어린이자아의 배타현상의 여부를 검토해 보는 내용들이다. 먼저 지도자가 집단원들의 눈을 감게 하고 조용히 명상하는 분위기에서 번호순으로 천천히 읽어 준다. 그런 다음 집단원 각자에게 용지를 나누어 주고, 집단원 각자가 다시 한 번 읽게 하고, 자신의 느낌이나 자아상태를 듣고, 읽은 내용과 관련하여 집단 앞에서 이야기하게 한다.

① 부모자아의 고착 여부 검토 : 내가 너무 자주 그리고 부적절하게 부모자아를 사용하지 않았는가를 검토해 본다.

- 당신은 다른 사람들이 그들 스스로가 생각하고 말하지만, 대답해야 할 것들을 당신이 도맡아서 하기 때문에 그들의 설 자리가 없다는 비난을 듣고 있지는 않는가?
- 당신은 다른 사람들을 무조건 설득시키려 하고, 막무가내로 밀어붙이는 것은 아닌가?
- 당신은 동료나 가족들에게 그들이 할 일을 미리 정해서 말해 버리는가? 아니면, 그들 스스로가 생각해서 행동하도록 권장하는가?
- 당신은 얼마나 자주 다른 사람들에게 '반드시', '당연히' 혹은 "틀림없이"라는 말을 사용하는가? 이때의 '반드시'는 객관적인 근거에 의하는 어른자아에 의한 것인가 아니면, 막연한 습관에 의한 부모자아에 의한 것인가?
- 당신의 다른 어떤 사람의 가치판단을 그것에 대한 당신 나름의 생각이나 검토함이 없이 그대로 받아 표현하고 있는 일은 없는가?

② 어른자아의 고착 여부 검토 : 내가 너무 자주 그리고 부적절하게 어른자아를 사용하지 않았는가를 검토해 본다.

- 당신은 대부분의 시간을 지나치게 분석적이고, 합리적이고 부자유스럽게 기계처럼 생활하고 있지는 않는가?
- 당신은 언제나 매정한 컴퓨터처럼 행동하고, 부모 같은 관심이나 어린아이 같은 즐거운 행동은 거의 표현하지 않는 것은 아닌가?

- 사람들이 모여 노는 곳에 갔을 때도 자료나 구입하고 잡지나 뒤지면서 혹시 좋은 정보가 있는가 하고 찾고 있지나 않는가?
- 사람들이 당신을 보고 재미없는 사람이라고 하지 않는가?
- 어른자아를 동원해서 자신의 잘못이나 편견을 합리화하고 있지는 않는가?

③ 어린이자아의 고착 여부 검토 : 내가 지나치게 자주 그리고 부적절하게 어린이자아를 사용하고 있지 않는가를 검토해 본다.

- 어떤 형태로든 당신은 다른 사람의 권위를 인정해 주는가?
- 다른 사람들이 당신 대신에 생각해 주고, 말해 주고, 감싸 주고, 당신에게 답해 주고, 구원자가 되어 주고, 또는 당신을 지켜주는가?
- 등을 돌리자니 두렵고, 문제에 맞서거나 결정을 내리자니 너무 허약한 자신의 모습에 불안을 느끼고 있는가?
- 당신은 자신을 계속 인정해 주고, 비평해 주고, 또 지원해 줄 사람을 찾고 있는가?
- 당신과 가장 친한 친구 열 사람을 마음속으로 꼽아 보라. 그들과 공통점을 갖고 있는가? 그들은 놀이 친구들인가? 당신에게 부모와 같은 존재들인가?

연습 6. 자아기능도(egogam) 그리기

2. 개인의 각 자아상태들이 어느 정도 사용되고 있는가를 분석하는 방법이다. 그것은 일정한 시간 동안 자아상태들이 각각 몇 %의 비율로 작용하는가를 알려준다.
자아기능도를 그리기 위해서는 먼저 평가시간을 결정해야 한다. 예컨대, 오늘 아침 일어나서 등교 혹은 출근하기 전 한 시간 혹은 두 시간 동안이라든가, 또는 학교나 직장에서 어떤 특정 시간대를 정하도록 하라. 참고로 학교에서 한 시간 동안의 자아기능도의 예를 들어보면 다음과 같다(그림 8-13).

① 5분간, 어떤 친구를 도와줌
② 15분간 친구와 이야기하면서 남을 비판함
③ 20분간 공부
④ 10분간 기분이 우울함
⑤ 5분간 데이트 방법의 착안에 몰두
⑥ 5분간 간단한 식사

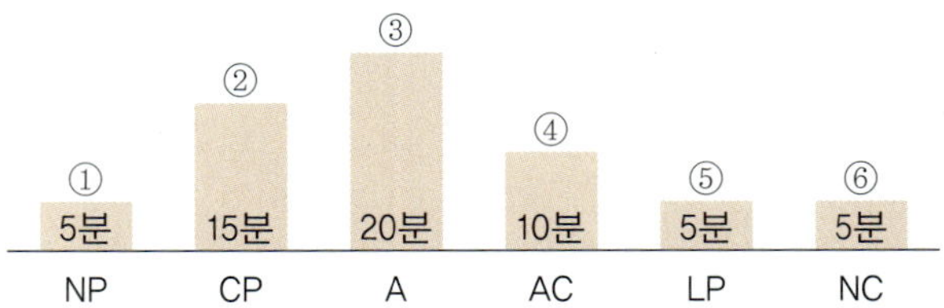

[그림 8-13] 자아기능도 그리기 예

- 이 예를 참고로 하여 집단원 개인의 자아기능도를 그리면서 지난 시간 혹은 어제 무엇을 했으며, 누구와 함께 있었고, 어떤 행동을 했는가를 생각해 보게 한다. 그리고 그림에서 어떤 면에 변화가 있어야 한다고 생각하는가? 만약 그렇다면, 어떻게 할 것인가? 등을 이야기해 보게 한다.

- 활동이 끝나면, 이 활동과정에서 갖게 된 느낌들이나 특별한 경험들이 있으면 함께 나눈다.

연습 7. 자아기능도 그리기 II

3-1. 이 장(章)의 247쪽에 제시되고 있는 방법과 절차에 따른 직관적인 방법으로 가족 구성원이나 집단원 간에 서로 상대방의 자아기능도를 그려주고 그렇게 그린 이유를 설명하면서 서로 피드백을 함께 나눈다.

3-2. 이때 참여자 각자 자신의 기능도를 함께 그려서 자신이 그린 것과 상대방이 그려 준 것을 비교하여 보면서 보다 객관적인 자신의 성격적 특성 혹은 행동특성을 이해하는 데 도움이 될 것이다.

CP	NP	A	FC	AC

자아기능도

4. 이 장(章)의 마지막 부분에 소개된 낮은 자아기능을 높이는 방법들의 연습을 실행해 본다.

인 간 관 계 론

Human Relations

제 9 장

우리는 인정자극을 필요로 한다

• 사례 1 •

41세의 어머니와 58세의 아버지 슬하에 태어난 외동아들인 김 씨는 어렸을 때 이웃과는 매우 멀리 격리된 곳에 있는 14개의 방이 있는 저택에서 자랐다. 그는 자신의 부모들이 냉정하고 무관심한 분들이었다고 말했다. 부모들은 김 씨가 어렸을 때 부득이한 상황에서만 신체적인 터치를 했지 자발적으로 적극적으로 애정을 표시한다든가 팔로 껴안아 주는 법은 없었다고 했다.

이제 성인이 된 김 씨는 결혼을 하고 자녀들을 갖게 되었다. 그러나 그가 아내나 자녀들을 자신의 아버지가 그에게 한 것처럼 대하였다. 자신의 아버지처럼 "애정의 공개적 표현은 천한 취미"라고 몰아붙이며 자신의 냉정함을 정당화하곤 했다. 그는 교사였다. 그런데 그는 다른 사람들과 어울리는 것이 불안했다. 그래서 그는 할 수만 있으면 사람들을 피했다. 방과후에 학생이나 학부모들과 만나는 것을 거부했고, 직원모임에도 참여하지 않았다. 그는 스스로를 실패자로 표현했다.

그가 인정자극을 주고받는 법을 배우기까지는 정말 어느 곳에서도 적응하기가 어려웠다. 인정자극을 주고받는 법을 학습한 후로 그의 가정생활과 직장생활이 개선되었다. 그의 어린 시절의 터치의 결핍이 그로 하여금 비생산적인 생활각본을 형성하게 했던 것이다(p.51).

• 사례 2 •

선혜는 어릴 때 뜨거운 커피에 화상을 입는 등 많은 화상을 당한 경험들이 있고, 엄마가 어린 딸이 칼에 접근하는 것을 막기 위해서 어린 딸을 칼로 베기도 하고, 전원 소켓을 건드리지 못하도록 하기 위해서 어린 딸의 손가락을 소켓에 집어넣는 엄마 슬하에 자라면서 많은 신체적인 잔인성을 경험했다.

그녀가 엄마가 된 후 자신도 모르게 자기 엄마처럼 자신의 자녀들을 그렇게 다루고 있었다. 더군다나 그녀는 누군가가 자신에게 친절하면 지나치게 의심했다. 만약에 일어날 최악의 경우를 지레 짐작하여 걱정했던 것이다.

그런데 그녀는 TA훈련을 받으면서 자신의 어머니가 자기한테 왜 그렇게 했는지를 이해하게 되었고, 자기도 엄마처럼 자신의 아이들에게 마찬가지로 그렇게 양육하고 있음을 깨닫게 되었다. 그녀는 자신의 부모자아로부터 오는 파괴적인 행동을 사용하지 않을 수 있게 학습했고, 대신에 어른자아를 사용해서 자녀를 양육하게 되었다. 잔인한 방법을 사용하지 않고 긍정적인 인정자극을 주는 방법을 학습할 수 있었다(p.54).

Ⅰ. 인정자극의 의미와 종류

앞의 두 사례는 James와 Jongeward(1971)의 『Born to win』에서 인용한 것이다. 모든 사람들은 다른 사람들로부터 터치되고 인정받고 싶은 욕구를 가지고 있다. Berne(1963)에 의하면, 이러한 터치와 존재인정의 욕구들은 다른 사람들에 의하여 여러 가지 형태로 주어지는 존재인정의 의미를 담고 있는 자극들을 통해서 충족된다. 인정자극(stroke)이란 신체적인 터치나 바라봄, 제스처나 말, 그리고 그 밖의 "네가 존재하고 있다는 사실을 내가 안다"는 뜻을 전해 주는 여러 가지 상징적인 형태의 행위 혹은 반응을 말한다. 즉, 인정자극이란 다른 사람으로부터 당신이 받게 되는 관심이다. 만약 누군가가 "당신이 좋습니다"라고 말한다면, 그것은 긍정적 인정자극이다. 만약 그가 "당신은 지독한 사람으로 보입니다"라고 말한다면, 그것은 부정적인 인정자극이다. 만약 그가 "당신은 그 일을 잘 해냈었군요"라고 말하면 그것은 긍정적 인정자극이고, "당신은 못쓰게 되었군"이라고 한다면 그것은 부정적 인정자극이다.

여기서 우리는 두 가지 종류의 인정자극을 볼 수 있다. 즉, 긍정적 인정자극과 부정적 인정자극이다. 부드럽게 터치하는 것, 사람들이 당신을 좋아하는 것, 인정받는 것, 경청되고 있는 것, 칭찬받고, 수용되는 것 등의 긍정적 인정자극은 당신의 기분을 좋게 하고, OK감을 갖게 한다. 한편, 때리고, 속상하게 하는 것, 사람들이 당신을 좋아하지 않는 것, 놀림받는 것, 멸시당하는 것, 관심의 대상이 되지 못하는 것 등의 부정적 인정자극은 당신의 기분을 나쁘게 한다. 즉, not-OK감을 갖게 된다.

만약 당신이 어린 시절에 긍정적인 인정자극들을 받지 못했다면, 당신의 내면에는 부정적인 인정자극들이 자리 잡고 있을지도 모른다. 그래서 자신을 부정적으로 보는 자기관(自己觀)을 형성하고 있을 가능성이 많다.

긍정적 인정자극과 부정적 인정자극 외에도 인정자극이 주어지는 양식이 언어적인 것이냐 혹은 비언어적인 것이냐에 따라서 언어적 인정자극과 비언어적 인정자극으로 분류해 볼 수 있으며 또한 그것이 어떤 조건이 충족될 때 주어지는 것이냐 아니면 무조건으로 주어지는 것이냐에 따라서 조건적 인정자극 또는 무조건적 인정자극으로 구별해 볼 있다.

이러한 인정자극은 신체 및 정신건강에 필요하다. 영아들은 다른 사람으로부터 터치 없이는 정상적으로 성장할 수 없다. 터치는 영아의 정신적인 그리고 신체적인 성장에 필요한 화학적 성질을 자극한다. James와 Jongeward(1971)는 그들의 저서 『Born to win』에서 이와 같은 인정자극의 충족 여부가 유아의 성장과 발달에 미치는 영향을 설명해 주는 사례로서 '제2의 기회'라는 기록 필름의 내용을 소개하고 있다. 요약 소개하면 다음과 같다.

> 아버지가 22개월 되는 딸 수잔을 소아과 병원에 맡기고 갔다. 당시 수잔의 체중은 6.7kg으로서 생후 5개월 유아의 평균 체중 정도에 불과했고, 신장은 71cm로 10개월 유아의 평균 신장밖에 되지 않았다. 수잔의 운동기능은 거의 발달하지 못했고, 길 수도 말할 수도 없었다. 누가 그에게 다가가면 울어버리곤 했다. 병원에 맡겨진 지 3주가 지나도록 수잔을 찾아오는 사람은 아무도 없었다. 부득이 사회사업가(social worker)가 그 아이의 어머니에게 연락했다. 수잔의 어머니와 아버지는 보통 이상의 교육을 받은 사람들이었다. 그런데 수잔의 어머니는 수잔에 대한 불평만 늘어놓았다. "젖먹이들이란 명색만 인간이지 인간이라 그럴 수도 없어요"라고 하면서 그녀는 "수잔은 안기기를 싫어하고, 혼자 있기를 원하는 아이"라고 했다. 그래서 그녀는 수잔과 가까워지려는 노력을 아예 포기했으며, 그 아이를 돌보는 일에는 손을

들었다고 했다.

병원에서 실시한 여러 가지 의학적 검사결과로서는 수잔의 극단적인 정신적 · 신체적 발달 지체의 원인을 찾아볼 수가 없었다. 결과적으로 수잔의 사례는 '모성결집증후군'으로 진단되었다. 이에 따른 엄마에 대한 처방은 엄마를 대신해 줄 수 있는 자원봉사자를 고용하여 일주일에 5일간, 하루 6시간 동안 수잔을 관심과 사랑으로 돌보게 하고 병원 직원들도 많은 관심을 기울여서 손을 잡아 주고, 안아 주고, 함께 놀아 주기도 하며, 신체적 접촉을 하면서 먹여 주는 등으로 많은 관심을 갖고 보살피는 것이었다.

그렇게 한지 2개월이 지났다. 비록 발달지체 현상은 여전히 보이기는 해도 이제 수잔은 상당히 발달된 애정 반응을 보일 수 있게 되었다. 그녀의 체중은 약 2.7kg 정도, 신장도 2.5cm 정도 더 컸다. 그녀의 운동기능도 매우 개선되었으며, 기는 것이 가능해졌으며, 잡아 주면 걸을 수 있고, 비교적 낯선 사람을 보아도 무서워하지 않고 대면할 수 있게 되었다(p.45).

애정 어린 사랑의 돌봄이 이처럼 수잔에게 현저하게 효과를 보일 수 있게 작용한 것이다. "만약 영아가 인정자극을 받지 못하면 척수가 오그라든다"고 한다(Berne, 1964). 소홀히 취급되고 무시되고, 또한 어떠한 이유로서든지 충분한 터치를 경험하지 못한 영아들은 정신적으로나 신체적인 악화로 고통을 당하고 죽음에까지 이른다.

사람들은 아무런 인정자극을 받지 못하는 것보다는 그래도 부정적인 인정자극이라도 받기를 원한다. 그러므로 인정자극은 인간의 생존을 위해서 반드시 필요한 것이라고 할 수 있다.

어린아이가 성장함에 따라 처음에는 원초적이고 실제적인 신체적 터치였던 인정자극이 변용되어 많은 상징적인 것들로 대치된다. 즉, 미소, 고개 끄덕임, 말, 찡그림, 제스처가 이전의 어떤 터치에 의한 인정자극들을 대신하기 시작한다. 터치와 마찬가지로 상징적인 인정자극들도, 그것이 긍정적인 것이든 혹은 부정적인 것이든 그 자극들을 받는 사람의 뇌를 자극한다. 즉, 상징적인 인정자극들 역시 신경체계를 오그라드는 것으로부터 방지한다(Jongeward & James, 1973).

개인에게 있어서 각 자아상태는 다른 종류의 인정자극들을 원할 수 있다. 각 개인의 자아상태들은 개개 자아상태를 구성하고 있는 내용들이 각기 다르기 때문에 한 개인의 부모자아, 어른자아 그리고 어린이자아는 각각 다른 인정자극을 바랄 것이다.

〈표 9-1〉 **인정자극의 유형**

	신체적	언어적	조건적	무조건적
긍정적(쾌감)	•머리를 쓰다듬는다. •악수한다. •업어 준다. •볼을 맞춘다. •껴안아 준다. •등을 두드려 준다. •어깨를 툭툭 쳐준다. •빙그레 웃어 준다. •경청하는 태도를 보인다.	•남을 칭찬한다. •친근하게 이름을 부른다. •인사말을 건넨다. •인정하는 말을 한다. •인정한다(의견 등을 언어적으로). •고맙다고 말한다. •대답을 잘한다.	•100점 맞았으니 한 턱 내겠다. •네가 내 말을 잘 들으면 자전거를 사 주마. •아빠는 네가 부지런해서 좋단다.	•돈은 얼마든지 들어도 좋다. 네가 낫기만 해라. •누가 뭐라 해도 엄마는 너를 믿는다. •좋은 대학에 들어가든 못하든 너는 엄마 아빠의 소중한 아이야!
부정적(불쾌감)	•때린다. •무시하는 태도를 보인다. •식사를 주지 않는다. •두꺼운 옷을 억지로 입힌다. •침을 놓는다. •복도에 내세워 벌을 준다.	•욕을 한다. •험담을 한다. •비웃는다. •질책한다. •비꼰다. •잔소리를 한다. •아이들은 싫어!	•공부 안 하는 아이는 엄마는 좋아하지 않아요. •너 같은 멍청이는 못난 아이야! •너는 잘 비뚤어져서 엄마는 싫어! •거짓말하는 아이는 내가 좋아할 수 없어.	•너한테는 좋은 구석이란 도대체 찾아볼 수가 없다. •너 같은 자식은 태어나지 않는 편이 좋았을 것이다. •죽어버려라! •나가버려! •밥벌레 같은 놈 •꼴도 보기 싫다!

Ⅱ. 어린이자아와 인정자극

개인의 어린이자아 상태에서 원하는 인정자극들은 그가 어린 시절에 받았던 인정자극들과 관련되어 있다. 어린 시절에 다정스럽게 안기고 행복하게 자란 어린아이와 칭찬과 인정을 받으면서 자란 아이는 그 후의 인생살이에서도 계속적으로 그런 자극들을 기대할 것이다.

반대로, 유아기에 부정적인 비방이나 신체적인 학대 속에서 자란 어린아이들이 그 후에도 계속해서 유사한 부정적인 인정자극들을 받거나 격리상태에서 자라게 되면, 그들은 생의 후기에 와서도 유사한 격리와 부정적인 인정자극들을 받게 될 것으로 예상하기 쉽다. 따라서 이들은 다른 사람들에게 긍정적인 인정자극들을 주는 것이 어렵고, 흥분이나 열정을 보일 만한 때임에도 불구하고 냉담하거나 거리가 먼 행동을 하는 경향이 있다. 당신은 자신의 어린 시절과 그때에 어른들이 당신을 두고 한 말들 가운데서 가장 좋았던 것으로 생각되는 것들을 회상해 봄으로써 언어적인 긍정적 인정자극들에 대한 당신의 어린이자아의 욕구들을 각성할 수 있다. 만약 이와 같은 자신에 관한 어린 시절의 경험들을 전혀 기억할 수 없으면, 그때에는 자신이 어렸을 때 사람들이 당신에게 그렇게 말해 주거나 대해 주었으면 하고 당신이 바랐던 바들이 무엇인지를 회상해 보라. 또한 당신은 자신에게 특별히 좋은 것으로 느껴졌던 터치(예컨대, 등을 쓰다듬어 주던 일)의 종류들을 기억해 내어 봄으로써 비언어적 인정자극들에 대한 자신의 어린이자아의 욕구들을 각성해 볼 수 있다. 혹은 당신에게 특별히 좋게 느껴졌던 당신에게 베풀어졌던 일들(예컨대, 생일잔치)을 회상해 봄으로써 또한 이것이 가능하다. 사람들이 성장하면, 그들에게 있었던 혹은 어린 시절에 그들에게 일어나기를 바랐던 즐거운 일들을 소망한다.

III. 부모자아와 인정자극

개인의 부모자아 상태에서 바라던 인정자극들은 그 개인의 부모들이 원했던 인정자극들의 종류와 유사하다. 만약 어떤 사람의 부모들이 사람들에게 예의 바르고 겸손하게 "미안합니다", "감사합니다" 하고 말하기를 원했다면 그 사람 역시 다른 사람들로부터 그와 같은 예의바른 인정자극들을 기대할 것이다.

당신의 어린 시절에 당신이 부모들을 기쁘게 했던 일들(예컨대, 좋은 성적, 청결, 시간 엄

수 등)을 회상해 보라. 그러면 지금 당신이 받고 싶어하거나 주기를 원하는 부모자아의 인정자극들이 어떤 것인가를 각성할 수 있을 것이다. 이와 유사한 자극들이 지금 당신의 부모자아를 기쁘게 하고 있을 수도 있다. 다시 말해서 당신이 원하는 것들 가운데 어떤 것들은 바로 당신의 부모들이 원했던 것과 일치한다는 것이다.

Ⅳ. 어른자아와 인정자극

어른자아의 주된 기능은 정보를 수집해서 현실적인 정보들에 근거한 합리적인 사고과정을 거쳐서 행동하도록 하는 것이다. 그러므로 어른자아가 필요로 하는 인정자극의 종류는 부모자아나 어린이자아가 필요로 하는 것과 아주 다르다. 좋은 기계도 사용하지 않으면 녹슬 듯이, 표면상으로 어른자아의 주된 욕구는 녹슬지 않도록 유연하게 기능할 수 있도록 활용할 기회를 자주 갖는 것이 필요하다.

그러나 만약 어른자아의 합리적인 기능작용이 계속해서 다른 사람들로부터 인정을 받지 못하게 되면, 그의 어린이자아가 분노하게 될 것이고, 어른자아로 하여금 존재 인정의 자극들을 얻어 낼 수 있도록 강요하게 될 것이다. 당신은 자신의 사고과정들을 곰곰이 생각해 봄으로써 당신이 어른자아의 인정자극의 욕구를 각성할 수 있다. 만약 당신이 당신의 지성을 사용한 것으로 인하여 다른 사람들로부터 인정을 받고 있다면, 당신은 당신의 어른자아를 위한 인정자극을 얻고 있는 셈이다.

보통, 우정(友淸) 혹은 사랑은 관여된 두 사람이 각자가 기대하는 긍정적인 인정자극을 제공하는 상보적인 상응작용들을 사용하기 때문에 발달한다. 그들은 함께 웃는다(C 대 C). 그들은 함께 공부한다(A 대 A). 그들은 서로 돌봐준다(P 대 P). 친밀한 관계에서 사람들은 자신이 인정자극들을 각자에게 말로 표현할 수 있고, 각자가 서로 인생의 승자(winner)처럼 느낄 수 있게 돕는 인정자극들을 주는 연습을 할 수 있다. 어떤 사람은 곁에 있는 것이 편하고 좋다는 느낌을 갖게 하는가 하면, 어떤 사람은 가까이 있는 것이 불편한 느낌을 갖게 하는 사람들이 있다. 그것은 바로 그들이 내보내는 인정자극들과 그들이 바라는 인정자극들 간의 차이 때문이다. 어떤 사람은 다른 사람에 대하여 따뜻한 감사의 감정들을 잘 표현한다. 반면에 어떤 사람은 매우 인색하다. 모든 사람은 인정자극들의 주고받기를 더 잘할 수 있도록 배울 수 있다.

사람들이 서로 매력을 갖게 되는 이유들 가운데 하나는 그들의 각자가 가지고 있는 인정자극의 욕구들과 상대방의 욕구에 맞는 인정자극들을 줄 수 있는 능력이 서로 맞기 때문인 것 같다. 만약 인정자극의 욕구들이 자동차의 기어들처럼 맞물리면 두 사람은 오랫동안 함께 친밀한 관계를 유지할 수 있는 것이다. 여기서 중요한 것은 각 상대가 가장 만족해하는 인정자극의 종류가 무엇인가를 발견해 내는 일이다.

V. 인정자극과 시간 구조화

사람들은 인정자극을 얻기 위하여 서로 관계를 맺으면서 살아가고 있으며, 또한 자신에게 주어진 일상생활의 시간을 보다 많은 인정자극들을 얻을 수 있는 방향으로 구조화 혹은 조직하려고 한다. 그러나 어떤 때는 자신의 의도와는 다른 방향으로 구조화되는 경우도 있다.

이처럼 시간을 구조화하려는 개인의 욕구를 Berne(1964)은 구조의 욕구(structure hunger)라 불렀다. 시간을 어떤 방식으로 구조화하는가 하는 것은 그 개인이 자신과 타인들에 대하여 얼마만큼의 긍정감(okness)을 가지고 있느냐에 따라 달라지며, 또한 그가 어떤 인정자극을 받기를 원하고 있는가에 의하여 좌우된다. 사람들은 다음의 여섯 가지의 방식으로 시간을 조직한다(Berne, 1966). ① 철수, ② 의식, ③ 소일담, ④ 활동, ⑤ 게임, ⑥ 친밀관계이다.

이러한 시간의 구조화 방식은 각기 정도가 다른 정서적 위기감을 경험하게 한다. 다음에 열거된 구조화 방식들은 경험되는 정서적 위기감의 정도가 가장 낮은 것으로부터 가장 높은 정도의 순서 방향으로 차례가 기술되어 있다(Wollams et al., 1974).

1. 철 수

철수(withdrawal)는 신체적으로나 심리적으로 또는 동시에 양자 모두의 측면으로 다른 사람들과 관계상황에서 물러나서 혼자 시간을 보내는 시간 구조화 방식이다. 즉, 이것은 타인과 격리시키는 시간의 방식인 것이다. 그렇다고 해서 모든 철수방식의 시간 구조화가 부정적인 것만은 아니다.

때때로 사람들은 어른자아의 결단에 의하여 스트레스를 해소하거나 자신의 생각들을 정리해 보고 사실을 한 번 조용히 돌아보기 위해서 신체적으로 타인과 떨어져서 혼자 있는 시간을 가질 때도 있기 때문이다.

앞서 경우와는 달리 철수의 시간 구조화는 대부분 어린이자아 상태로부터 이루어진다. 그래서 이것은 고통이나 갈등 혹은 어떤 위협상황으로부터 자신을 보호하고자 하는 필요성 때문에 나타나는 개인의 어린 시절에 훈련된 순응방식의 재현일 수 있다. 예컨대, 어린아이가 어떤 일로 화가 나서 울 때, 부모들에 의하여 "방에 들어가서 문 닫고 울어라. 웃는 얼굴이 되기 전에는 아예 문 밖에 나올 생각하지 마라!"라는 식의 훈계로 훈련받은 어린아이는 강제된 억지 미소 이면으로 철수하는 행동양식을 배우게 되고, 이것에 익숙해져서 그 후로는 그와 비슷한 상황에서는 그렇게 익숙해진 방식으로 행동을 취하게 되는 것이다.

또 다른 한 예로서는, 자신을 억울하게 만든 상사와 함께 있거나 지나치게 이기적인 사람으로 보이기 때문에 아예 함께 앉아 있기조차도 싫은 동료와 함께 식사를 하고 있을 때, 그들과 함께 어울리기보다는 오히려 자신의 공상의 세계로 빠져들 때도 있다. 그의 몸은 식탁 앞에 앉아 있지만 이미 그는 그 자리에 없는 것이나 마찬가지이다. 또한 화창한 봄날 교실에 앉아 있는 학생들의 생각은 재미있게 놀던 시냇가나 들이나 산으로 줄달음치고 있을 수도 있다.

이 밖에도 심리적으로 철수할 때는 자주 상상의 세계로 빠져드는데 이 환상들은 사회적으로 허용되지 않는 쾌락이나 폭력 또는 창의적 상상이나 공포나 과대망상의 세계와 같은 것일 수도 있다.

때로는 철수의 방식으로 시간을 구조화한 행동양식이 부모들의 행동을 모방한 것이라는 사실을 발견하게 될 때가 있다. 예컨대, 부부싸움을 한 남편이 그의 아버지가 어머니와 싸운 후에 취했던 행동처럼 집을 훌쩍 나가 버린다거나, 가게로 나가 버리거나 혹은 연구실로 나가 버리는 철수방식을 취하거나 아니면 집 밖으로 나가는 대신에 이불을 뒤집어쓰고 잠을 청하거나 아내의 언행에 전혀 상관하지 않으려고 자신의 눈과 귀를 막아버리는 행동 등을 취하는 경우도 발견할 수 있다. 그러므로 철수는 인정자극의 공급원을 자신의 내면에서만 구하는 것이라고 할 수 있다.

2. 의 식

의식(ritual)은 사람들이 어떤 정형화되고, 고정된 방식으로 서로를 대할 수 있는 안전하고, 또한 예측 가능한 인정자극을 주고받을 수 있는 행동양식이다. 여기에는 "안녕하세요?"라고 하는 아침인사처럼 비교적 간단하고 단순한 것들이 있는가 하면, 종교의식과 같은 길고 복잡한 것들도 있다. 의식이 이미 정해져 있는 규범이나 원칙 또는 절차에 따른 시간 구조화 방식이라는 의미에서 볼 때, 어떤 집단에서 발표나 의견 제시 순서를 정할 때 "시계 방향으로 돌아가면서 이야기하도록 합시다"라든가 "출석번호 순서대로 합시다"라고 해서 이런 방식으로 단순화해서 정하게 되는 것도 의식에 의한 시간의 구조화에 포함된다.

이처럼 의식은 관습이나 정해져 있는 규례에 의해 이미 정해져 있는 절차에만 따르면 되기 때문에 다른 사람과 복잡하게 서로 깊이 관련되는 일이 없으므로 보다 편하게 안전하게 시간을 보낼 수 있고, 그러면서도 피상적인 만남이기는 해도 인간관계에 필요한 최소한의 인정자극을 획득, 유지할 수 있다는 것이 의식에 의한 시간 구조화의 특징이다.

그러나 친밀감을 경험하지 못한다. 편하다는 것 때문에 의식에 의해 시간을 구조화하기를 선호하게 되면 오히려 친밀한 관계 형성을 방해하는 것이 될 수도 있어서 진정으로 바라는 친밀관계 형성에 직면해야 하는 현실을 피하게 만든다.

다른 한편으로는 교회, 클럽, 가족에서 이루어지는 많은 의식들은 소속감과 동료의식을 함양시킬 수도 있다. 예컨대, 성탄절이나 추수감사절과 같은 절기에 가족들이 함께 하는 의식들은 참여하는 가족 구성원들이 자유 어린이자아(FC)로 반응하느냐 혹은 적응 어린이자아(AC)로 반응하느냐, 비판적 부모자아(CP)로 반응하느냐 혹은 양육 부모자아(NP)로 반응하느냐에 따라 친밀관계를 형성할 수도 있고, 그렇지 못할 수도 있다.

의식 자체는 본질적으로 단지 관계형성의 습관적 방식이기 때문이다. 따라서 의식은 개인적인 의미와 감정들을 전달하는 데 사용될 수도 있고, 아니면 관계성의 결핍을 가리거나 부정적 감정을 덮는 허울로 사용될 수도 있는 것이다.

3. 소일담

우리는 흔하게 슈퍼마켓에서 만난 친구 아주머니들끼리, 결혼식장에서 오랜만에 만난 친구들이, 어떤 행사에 참석한 사람들이 행사가 시작되기 전까지 친지들 간에, 또는 기찻 간에서 정치에 관해서, 자녀양육에 관해서, TV에서 본 드라마에 관해서, 날씨에 관해서, 취미에 관해서 기타 등등에 관해서 이야기 내용의 사실 여부에는 별 상관없이 서로 이야기를 주거니 받거니 하면서 즐겨 대화하고 있는 장면들을 볼 수 있다. 그들은 그런 소일담 방식으로 현재 자신에게 주어진 시간들을 구조화하고 있는 것이다. 즉, 소일담(pastime)의 시간 구조화 방식은 무난한 화제 중심의 대화양식으로 시간을 조직하는 것이다.

흔히 사람들은 친밀감 형성을 피하는 수단으로, 혹은 깊이 관여하지 않고 사교적 상황에서 단지 서로 시간을 즐겁게 보내기 위하여, 혹은 반면에 서로의 관심과 보다 깊은 관계형성을 위한 가능성의 발견을 바라는 마음으로 현재 함께 시간을 보내고 있는 사람이 무엇에 관심을 갖고 있는지 알아보기 위해서 소일담 형식의 시간 구조화 방식을 이용하기도 한다.

소일담에 의한 시간 구조화는 서로 잘 알지 못하는 사이에도 사용될 수 있을 만큼 안전한 시간 구조화의 방법이다. 그러나 그 대화는 피상적이라는 것이 특징이다. 소일담 역시 진정한 만남과 친밀감의 결여로 개인에게 찾아드는 절망감이나 점차로 깊어 가는 권태감을 해결해 줄 수 없다. 이러한 소일담은 앞서 기술한 철수나 의식과 마찬가지로 현실에 직면시키기보다는 현실로부터 격리시키는 면이 있다.

4. 활 동

이것은 외적 현실을 다루는 시간 구조화 방식이다. 보통 일(work)이라고 불리는 것이기도 하다. 활동(activities)은 사람들이 하고자 하는 것, 할 필요가 있는 것, 개인으로나 공동으로 해야만 히는 것들이다. 그러므로 활동은 주어진 과업을 성취하는데 사용되는 일련의 절차라고 할 수 있다(Abell & Abell, 1976).

활동은 여러 면에서 인정자극을 제공한다. 직장 일이 잘되면 친구나 친척들로부터 긍정적인 인정자극이 주어진다. 또는 그 사람 자신 내의 부모자아로부터 칭찬의 형태로 긍정적인 인정자극이 주어진다. 결과가 잘못될 때는 사람들에 의하여 부정적 인정자극이 주어질 수도 있다. 자기비판 형식의 부정적 인정자극도 받게 된다.

만약 활동이 신체적 운동이나 창의적이고 재미있는 사고를 포함하고 있으면 어린이자아가 이들을 긍정적인 인정자극으로 경험할 수도 있다. 그러나 일반적으로 활동을 지배하고 있는 것은 어른자아 상태이다. 어른자아에 의해 이루어지는 '활동'의 시간조직은 지금-여기서 목표들을 성취하는데 관심이 집중되는 현실지향적인 시간 구조화의 방식이다.

이러한 목표 달성에 초점을 둔 시간 구조화인 활동에는 몇 가지 위험이 따를 수 있다. 예컨대, 지금-여기에 집중해서 대부분의 시간을 가사와 자녀양육에 전념해 온 어머니가 자녀가 성장하여 집을 떠나게 될 때, 찾아오는 쓸쓸함과 무력감으로 인하여 우울 증세가 올 수도 있다. 그리고 한평생 봉사한 직장을 은퇴한 직후 급속한 쇠

퇴로 세상을 떠나는 사례 등은 활동의 시간 구조화에 따르는 문제들이라 할 수 있다.

5. 게 임

게임(game)은 무의식 속에 숨겨져 있는 만성 문제감정(racket)에 의해 이루어지는 갚음하기를 동반하는 일련의 이중적 대화 혹은 상응작용(transaction)이다. 여기서 게임이란 용어의 개념은 일상적으로 사용되고 있는 재미있고 즐거운 게임을 의미하지 않는다.

Harris(1969)에 의하면, 만성 문제감정에 의해 시작되는 게임은 기본적으로 솔직하지 못하며, 게임 결과는 관련된 두 사람 모두 불쾌한 감정을 갖고 끝난다는 것이 특징이다. 게임의 동기가 되는 만성 문제감정을 게임 상대자를 통해서 다시 한 번 더 경험하고 확인하는 것으로 게임은 끝나게 되는 것이 보통이다. 게임 상응작용은 친밀관계 형성에 장애가 된다. 그러나 전혀 아무런 대인관계를 갖지 않는 것보다는 고통스럽지만 형식으로라도 갖는 것이 그래도 살맛나게 한다는 것이 인간의 심리인 것 같다.

6. 친밀관계

자극의 욕구와 인정의 욕구 그리고 구조의 욕구를 가장 만족스럽게 충족시켜 줄 수 있는 시간 구조화의 방법이라는 점에서 친밀관계(intimacy)는 앞서 서술한 다섯 가지와는 다르다고 할 수 있다. 이에 관련되는 두 사람 모두 자기와 타인을 수용하는 자기관과 세계관을 가지고 있으며 방어적 자세가 필요 없는 수용적 사랑에 근거하고 있다(Harris, 1969). 다시 말해서 친밀관계에 관여된 사람들은 개방적이고 신뢰롭고 공유적이며 서로 보살피는 관계로 시간을 구조화해서 보낸다(Clements, 1980).

주는 것이나 공동으로 나누어 갖는다는 것은 사회적으로 제도화되어 있는 의식에 따르는 반응이라기보다는 오히려 자발적인 기쁨의 표현이다. 친밀관계는 그것의 목표가 이중적인 것이 아니기 때문에 게임과는 다른 관계 상태이다. 친밀관계에서는 공포 없이 충분한 지각이 가능하고, 유용성(有用性)과는 별개의 것이며, 소유도 현실적으로 불필요하게 된다.

그것은 각 상대편의 양자 모두에 어른자아가 활동 중이며 자연적인 어린이자아의 출현을 허용하는 관계 상태이다. 이러한 점에서 어린이자아는 두 가지 성질을 갖고 있는 것으로 생각할 수 있다. 자연적 어린이자아와 적응적 어린이자아의 두 가지이다. 자유화된 어른자아는 자연적 어린이자아의 출현을 허용한다. 어른자아는 있는 그대로 묵은 부모자아의 요구들을 확인하고, 자연적인 어린이자아가 나타날 수 있도록 허용한다. 이때, 이 자연적(혹은 자유) 어린이자아는 초기에 갖게 되었던 공포를 느끼지 않고 나타날 수 있다. 그것은 공격적인 반사회적인 행동을 낳게 할 수도 있지만 자신의 기쁨과 창조성도 나타날 수 있게 한다. 이것은 그를 자유롭게 하는 진리이다. 즉, 자신 나름으로 자유롭게 지각하고 자유롭게 듣고 느끼고 볼 수 있게 한다. 이것은 친밀관계 현상의 일면이다. 그래서 한 줌의 국화꽃의 선물이 향수보다 더 나은 사랑과 기쁨의 자발적인 표현일 수 있다. 또한 중요한 기념일을 잊어버린다 해도 친밀한 관계로 맺어져 있는 부부과계에서는 별 문제가 되지 않지만, 그 관계가 의식적인 미덕에 의해서 유지되고 있는 관계에서는 문제가 될 수 있다.

연습

연습 1. 인정자극

1. 당신은 어린 시절에 부모로부터 충분하게 인정자극을 받았다고 생각합니까?

   1) 예 ________ 2) 아니오 ________

2. 당신이 부모로부터 이어받았다고 생각되는 당신의 인정자극 패턴에는 어떤 것들이 있습니까?

   1) 긍정적인 것:

   2) 부정적인 것:

3. **당신에게 있어서 관계개선을 해야 할 중요한 사람이라고 생각되는 사람을 한 사람 정해서 다음의 과제에 응답해 보십시오.**

1) 당신이 그에게 주고 싶은 인정자극은?

2) 상대가 당신에게 요구하는 인정자극은?

3) 당신이 원하는데 받지 못하고 있다고 생각되는 인정자극은?

4) 상대방이 원하는데 당신이 주지 못하고 있다고 생각되는 인정자극은?

5) 당신 생각에 두 사람의 더 좋은 관계로의 발전을 위해서 당신이 상대방에게 주어야 한다고 생각되는 인정자극은?

6) 당신이 상대로부터 꼭 받고 싶은 인정자극은?

7) 당신이 인정자극을 주는 특징은?

① 긍정적 인정자극과 부정적 인정자극을 주는 비율은? ( )% ( )%
② 언어적 인정자극과 비언어적 인정자극이 주는 비율은? ( )% ( )%
③ 조건적 인정자극과 무조건적 인정자극이 주는 비율은? ( )% ( )%
④ 상대방에게 주는 자신의 인정자극 패턴에 관해서 어떻게 생각하십니까?

8) 바꾸어야 할 점이 있다면 어떤 면입니까?

연습 2. 시간의 구조화

1. 당신이 지난 주 중 1일을 선택해서 하루 깨어 있는 전체 시간을 100%로 하고, 하루 동안 일들에 사용한 시간의 비율을 %로 나타내고 그것을 막대 그림으로 그려 보시오.

2. 앞서 그린 막대 그림을 보고 당신의 시간 사용에 있어서 변화시켜야 할 것이 무엇인가를 적어 보시오.

철수	의식	소일담	활동	게임	친밀관계

3. 적당한 날과 대상자를 정해서 그 기간 동안에 사람들이 시간에 관해서 말하는 내용들을 관찰 · 기록하라. 그들은 시간을 잘 사용했다고 말하는가? 아니면 낭비했다거나 시간을 파괴했다고 말했는가? 여섯 가지 시간 구조화 방식의 어느 것에 속하는가? 다음과 같은 표로 정리해 본다.

이야기 내용	시간 구조화 방식	이야기 내용의 평가 건설적/파괴적/어느 것도 아님

인 간 관 계 론

Human Relations

제 10 장

당신의 인생태도는

I. 인생태도: 심리적 생활자세

Berne(1964)은 인간 행동의 동기로서 음식, 물, 공기에 관련된 기본적인 생리적 욕구와 그리고 자극의 욕구, 구조의 욕구, 자세의 욕구와 같은 심리적 욕구들을 가정하였다. 이 중 자세의 욕구는 한 개인이 전 생애를 통하여 어떤 확고한 삶의 자세를 갖게 하는 욕구이다. Berne(1966)에 의하면, 6세 이전에 어린아이들은 자세의 욕구에 따라 부모 혹은 부모대리자들의 양육태도, 즉 금지명령(injunction)과 허용(permission)에 영향을 받아 생활자세를 형성하게 되는데, 이것은 한 어린아이의 자기관(自己觀) 및 세계관(世界觀)이라 할 수 있는 것이다. 생의 아주 초기에 어린아이는 자신과 타자에 대하여 어떤 결단을 내리게 하는 경험들을 하게 되고, 이 결단이 그 어린아이 자신과 타인 및 주변 환경에 대하여 긍정적(OK) 또는 부정적(not-OK)인 자기 나름의 기본적 생활자세를 형성하는데 적용된다.

인생 초기에 신체적으로 소홀하게 양육된 어린아이들은 영양실조나 질병으로 고통을 당한다. 잔인하게 다루어진다거나, 혹은 계속적으로 꾸중만 들으면서 자란 아이들은 생의 초기에서부터 자신을 평가절하하기 시작한다. 결국, 이러한 아이들은 "나는 쓸모없는 놈이다", "나는 좋지 못한 놈이다", "나는 살아 있을 가치가 없는 놈이다", "나는 다른 사람들을 불행하게 만드는 사람이다", "나는 바보다"라고 결단하게 된다.

그와 같은 결단들은 그 어린아이들로 하여금, 일반적인 부정적 자기존재감을 경험하게 한다. 그래서 그들은 자기부정적인 심리적 생활자세를 취하게 되는 것이다. 반면에, 따뜻하고 애정이 담긴 보살핌과 좋은 영양, 적절한 보호, 그리고 존중과 수용으로 양육된 아이들은 자신감을 발달시킨다. 그들 역시 행동에 있어서는 상당한 제약을 받고, 또 의존적인 존재로부터 독립적인 존재로 성장하도록 격려를 받을 때도 있지만 그들은 자신에 대한 존중감을 잃지 않고, "나는 많은 것들을 할 수 있다", "내가 존재할 만한 가치가 있다"고 자기에 관한 결단들을 하게 된다. 이와 같은 그들의 초기 결단들은 그들로 하여금 일반적인 긍정적 자기존재감(a general sense of being OK)을 갖게 한다. 따라서 그들은 자기긍정적인 심리적 생활자세를 취하게 되는 것이다.

그런데, 어떤 사람들은 자신의 어떤 측면들에 관해서는 긍정감(OK)을 학습하고, 다른 측면에 관해서는 부정감(not-OK)을 느끼도록 학습한다. 그러므로 개인적 긍정성(OK-ness)은 상황에 따라 다양하다. 부정적 감정들(not-OK)은 보통 적응된 어린이자아(the adapted child)의 한 부분이다(James & Jongeward, 1975).

다른 사람들을 냉정하고, 무관심하고, 비난하기가 일쑤이고, 잔인하고, 노하고, 거친 사람들로 경험한 어린아이들은 "사람이란 믿을 수 없는 존재다", "사람은 위험한 존재다", "다른 사람은 좋지 못하다"고 단정하는 결단을 내릴 수 있다. 그 결과로 그들은 타인부정(You're not-OK)적인 심리적 생활자세를 취하게 된다. 반대로, 그들에게 중요한 부모나 부모대리자들을 강하고 지식이 많고, 애정이 있고, 존경스러운 존재로 지각하는 어린아이들은 결국, "사람은 공정하다", "사람은 믿을 수 있는 존재다", "사람들은 나를 도울 수 있을 것이다", "다른 사람들은 무엇을 할 것인가를 안다" 등과 같은 타인긍정(You're OK)적인 생활자세를 갖게 되는 것이다(James & Jongeward, 1975).

자신에 관한 자세와 마찬가지로 상황이나 대상에 따라 타인에 관한 결단들이 달라질 수 있다. 예컨대, 아버지로부터 잔인하게 당하고 있는데 어머니에 의하여 구출된 어린아이들은, 여성은 긍정적인 존재로, 남성은 부정적인 존재로 그들의 생활자세를 취하게 될지도 모른다. 그 반대의 경우도 성립될 수 있다.

Ⅱ. 생활자세의 유형

이와 같은 자신과 타인에 관한 심리적 자세들은 사람들이 어떤 방식으로 행동하도록 동기화하는 기본적인 정신적 장치(mind-set)를 제공한다(James & Jongeward, 1975). 네 가지 심리적 생활자세는 다음과 같다.

1. 자기긍정—타인긍정(I'm OK—You're OK)

이 심리적 자세를 가지고 있는 사람은 자신을 포함하는 모든 사람들의 중요성을 기본적이고도 현실적인 것으로 수용한다. 그들은 자신의 문제들을 건설적으로 해결할 수 있으며, 그들의 삶에 대한 기대는 타당하다. 이 자세는 정신적으로 건강한 자세이다.

2. 자기긍정—타인부정(I'm OK—You're not OK)

이 자세는 자신이 희생되고 있으며, 박해를 받고 있는 것으로 느끼고 있으면서, 결과적으로 다른 사람들을 실제로 희생시키고 박해하고 있는 사람들이 가지고 있는 자세이다. 이 자세를 가지고 있는 사람들은 자기가 불행하게 된 것은 다른 사람의 잘못으로 돌려 원망하고 비난한다. 비행청소년들이나 범법자들이 이 자세를 흔히 가지고 있다. 어떤 사람들은 피해망상과 같은 극단적인 의심을 갖는가 하면 심하면 살인하는 경우도 있을 수 있다.

3. 자기부정—타인긍정(I'm not OK—You're OK)

이 자세는 자신을 다른 사람들과 비교할 때, 무력감을 느끼는 사람들이 가지고 있는 공통적인 자세이다. 그들은 다른 사람들로부터 달아나려고 하면서도 강한 사람들에게 기식하려고 한다. 경우에 따라서 이 자세는 심리적으로 또는 신체적으로 우울하게 되며, 심할 경우에는 자살할 수도 있다.

4. 자기부정-타인부정(I'm not OK–You're not OK)

이 자세는 사람들로 하여금 절망을 느끼게 하며, 삶의 흥미를 잃게 한다. 그들은 혼돈된 행동을 보이며, 심하게 우울하고 권태롭고 예측할 수 없는 행동을 나타낸다. 심한 경우에는 자살하거나 살인할 수도 있다.

이러한 생활자세는 한 개인에게 있어서 상황이나 시간의 흐름에 따라 바뀌어 가면서 그의 행동을 지배하고 그 생활자세에 따른 행동특성을 나타낼 수 있다. 문제는 2, 3, 4의 자세들 가운데 어느 것이 지속적으로 지배하고 있는가에 있다.

〈표 10-1〉 **성인기의 생활자세**

나-너 긍정(Ok)

너-긍정 / 너-부정

너-긍정	너-부정
•작동: 공존적(Get-On-With: GOW) •결과: I'm OK-You're OK •건강한 자세	•작동: 제거적(Get-Rid-Of:GRO) •결과: I'm OK-You're not OK •편집적 자세
•작동: 도피적(Get-Away-From: GAF) •결과: I'm not OK-You're OK •우울한 자세	•작동: 당황하는(Get-Nowhere With: QNW) •결과: I'm not OK-You're not OK •무력한 자세

나-너 부정(Not Ok)

생활자세와 삶에 관한 태도의 관계를 다음과 같이 요약해 볼 수 있다.

- 자기긍정-타인긍정: 인생은 살아갈 만한 가치가 있는 것이다. "잘 해 보자."
- 자기긍정-타인부정: 너의 인생은 그렇게 가치가 있지 못하다. "자신의 길로부터 벗어나라."

• 자기부정−타인긍정: 나의 인생은 그렇게 가치가 있지 못하다. “나는 네 것과 비교할 만한 가치 있는 것은 아무 것도 없다.”

• 자기부정−타인부정: 인생은 아무런 가치가 없는 것이다. “쓸 만한 것은 아무 것도 없다.”

생활자세와 행동의 관계를 기술해 보면 다음 표와 같다.

〈표 10-2〉 **생활자세와 행동특성**

상황 / 생활자세	타인과의 관계	자기와의 관계	노여움의 감정	인생에의 지향	의사 소통	타자에 대한 감정	타자와의 불일치의 처리	문제 해결
1 자기긍정 − 타인긍정 I+ Y+	•사이좋게 함께 해 나간다.	•자기를 존중하고, 스스로를 소중히 여긴다.	•화를 낼 수도 있다고 생각한다.	•지금, 여기에 산다. •성공을 겨냥한 승자 •자유와 자기변용을 목표로 한다.	•개방적	•평등	•불일치 점을 명확히 하려고 하고 쌍방의 해결을 구한다.	•스스로를 타자와 서로 이야기한다.
2 자기긍정 − 타인부정 I+ Y-	•다른 사람을 지배한다. •나무란다. •내쫓는다. •남과 가까이 하지 않는다.	•다른 사람을 진정으로 받아들인 경험이 없다.	•한(恨)을 품는다.	•흑백논리를 편다.	•자기방어적 •공격적	•자신이 우수하다.	•타자를 나무란다.	•일방적으로 타자의 생각을 거부한다.
3 자기부정 − 타인긍정 I- − Y+	•다른 사람으로부터 도망간다.	•스스로 자신이 없다. •자신은 강력하지 않고 무능하다고 생각한다.	•욕구불만에 대하여 노여움을 품는다. •노여움을 내면으로 모은다.	•무엇을 원하는지 스스로도 알 수 없다. •자기의 몫을 잡지 못한다. •문제, 책임으로부터 도망친다. •낙담하도록 시도한다.	•타인비난 •자기방어 •자기변명	•자신이 열등하다고 생각한다.	•불일치는 자기가 적절하지 못한 증거라고 느낀다.	•타자를 의지하고 일에 착수한다.

생활자세 \ 상황	타인과의 관계	자기와의 관계	노여움의 감정	인생에의 지향	의사 소통	타자에 대한 감정	타자와의 불일치의 처리	문제 해결
4 자기 부정 – 타인 부정 I- – Y-	•다른 사람을 믿지 않는다. •다른 사람에게 대든다.	•자기를 인간으로서 받아들이지 않는다. •이 세상에 존재할 가치가 없다고 생각한다.	•반항의 노여움을 품는다. •희망 없는 체제, 세상에 대하여 노여움을 품는다.	•인생의 목표도 없고 어찌할 방도도 없는 인생	•적의를 갖는다. •반항적	•낙담 •소외	•불일치를 증대시킨다.	•문제에 압도된다.

III. 생활자세 형성의 요인: 금지명령과 결단

아기가 태어나면서부터 주위 환경으로부터 받은 다양하고도 반복되는 수많은 긍정적, 부정적 혹은 언어적, 비언어적 그리고 조건적, 무조건적 인정자극들을 통해서 인생 초기에 경험들을 하게 된다. 그러한 경험들 중에서 특별히 개인의 성격 발달에 중요하게 영향을 미치는 요인들이 금지명령(injunction)과 결단 그리고 이 경험의 과정에서 갖게 되는 만성 문제감정(racket)들이다. 생활자세는 이러한 경험들에 기초해서 형성된다. 이 절에서는 생활자세 형성에 기초 요인이 되는 금지명령과 결단에 관해서 알아보고, 만성 문제감정과 그 기능에 관해서는 11장에서 좀 더 자세히 알아보기로 한다.

금지명령(injunction)이란 아버지나 어머니의 어린이자아(C)로부터 어린 자녀들의 어린이자아에 주어지는 부정적 인정자극인 비언어적 메시지를 말한다. 이 금지명령은 부모 자신들의 불안과 고통, 절망감 등으로부터 연유되는 것이다. 이러한 메시지들이 어린아이 측면에서 보면 불합리한 메시지들이다. 그러나 부모 측면에서는 전적으로 그럴 만한 것으로 여기고 있는 것이 특징이다. 이 메시지를 반복해서 듣게 될 때 어린아이는 어떤 결단을 하게 되고, 이 결단을 바탕으로 생활자세가 형성되고 생활각본이 쓰여지게 된다. 결단할 때에 경험하는 감정적 경험이 만성 문제감정인 라켓(racket)이 될 수 있으며, 이 만성 문제감정은 감정의 갈색 경품권을 모으게 한다(Gouldings, 1978; Abell & Abell, 1976; James, 1985).

1. 존재하지 마라(Don't exist!)

원하지 않던 아기를 낳게 되었을 때, 자신의 감정 때문에 아기를 비난하고, 언어적 · 비언어적으로 사랑하지도 바라지도 않았다고 그 아기에게 말한다. 예컨대, "너만 아니었다면 나는 너의 아버지와 결혼하지 않았을 텐데…"와 같이 말할 수도 있다. 이 말이 아이에게는 "너만 없으면 내가 더 행복할 텐데…"로 들릴 수 있다. 그 아이에게 "존재하지 마라"라고 하는 금지명령을 주게 된다. 몇 가지 예를 더 들어 보면 다음과 같다.

- "너만 아니었다면 아버지는 대학 공부를 마칠 수 있었을 텐데…"
- "너만 아니었더라면 나는 오페라 스타가 되었을 텐데…"
- "너를 낳게 된 것은 우리들의 실수다."
- "우리는 결코 둘 이상 낳고 싶지 않았는데, 우리는 천주교인이었어…"

많은 부모들은 사실상 이러한 말들을 어린아이들의 행동을 변화시키기 위해서, 혹은 그들이 감사한 마음을 갖게 하기 위해서, 혹은 어릴 때 자신의 부모들로부터 들은 말을 별 뜻 없이 하다 보니 그렇게 나올 수도 있다.

그러나 이러한 부모 혹은 양육자의 금지명령은 자녀들에게 비애감과 절망감을 갖게 하고, 자신은 타인에게 방해거리가 되고 있는 존재라는 의식을 갖게 한다. 이러한 의식 이면에는 우울 심리 등 여러 가지 부정적 감정들이 형성될 수 있다.

이러한 금지명령을 받게 된 어린아이들은 다음과 같은 결단(decision)을 할 수 있다.

- "내가 죽으면, 그때는 당신이 나를 사랑해 주겠지."
- "만약 당신이 달라지지 않으면 내가 죽을 것이다."
- "만약 일들이 제대로 되지 않으면 나는 죽어버릴 것이다."
- "죽일 테면 죽여라."

이때 절망감, 슬픔, 우울, 분노, 부적절감의 감정이 만성 문제감정으로 형성된다.

2. 너는 남자(혹은 여자)아이로 존재하지 마라(Don't be you!)

이성에 대한 부정적인 감정에서 해방되지 못한 부모들에 의해서 주어지는 금지명령이다.

- **여성의 경우**

  딸아이를 낳고 절망할 때 일어날 수 있다. 어머니는 딸에게 아들 이름을 지어 주고 남자아이처럼 행동하도록 기대한다. "네가 태어날 때 딸이라서 낙심했다. 네가 아들이었으면…", "여자는 항상 손해다." 이런 금지명령을 받은 여성들은 "남자라고 별 것 아니라는 사실을 보여주자", "남자 아이처럼 되자", "나는 여자라서 별 수 없다", "여자로 태어난 것이 부끄럽다"라고 결단할 수 있다.

이때 그 딸은 슬픔, 우울, 분노, 혼란, 부적절감 등의 만성 문제감정을 갖게 된다.

- **남성의 경우**

  딸아이를 바랐는데 남자아이를 낳고 실망할 때 일어날 수 있다. 어머니는 태어나는 아이가 딸이기를 원했다. 그런데 아들이 태어났다. 그 아들에게 딸아이 옷을 입히고 인형을 갖고 놀도록 하고 부엌에서 함께 요리하면서 놀았다. 이때 아들은 다음과 같이 결단할 수 있다. "여자아이답게 보이자. 나는 고추 달린 여자에 불과하다."

이때 슬픔, 우울, 분노, 혼란, 부적절감 등의 만성 문제감정을 갖게 된다.

3. 어린아이가 되어서는 안 된다(Don't be child!)

놀고 즐기는 것을 죄악시하는 부모나 타인에게 의지한 적이 없는(응석을 부려 보지 못한) 자수성가 부모들에 의해서 주어질 가능성이 많다. 어떤 엄마는 5살짜리 아이에게 "어린 여동생을 돌봐라", "울지 마라", "놀지 마라", "해야 할 일이 많이 있다" 등으로 훈계한다. 또 다른 예는 어떤 남성은 아버지가 임종하면서 "남은 식구들을 돌봐라"라고 말한 것을 12살 때부터 지금까지 형제들과 어머니와 그 밖에 그로부터 무언가를 필요로 하는 모든 사람들을 돌봐주고 있다고 했다. 때로는 이것은 "자신의 욕구를 갖지 마라"라는 것이 되어서 언제나 어른처럼 되어야 한다고 결단하고 부모의 기대에 맞추어 살려고 한다. 자신은 하고 싶은 대로 해서는 안 된다는 것이 될 수도 있다. 이런 사람은 또래친구보다는 어른들과의 상호작용이 더 편할 수 있다.

이때 인정자극의 결핍에 대한 분노와 원한 그리고 공격적인 감정에서 생기는 죄책감의 만성 문제감정이 형성될 수 있다.

4. 성장하지 마라(Don't grow!)

이것은 아이들이 언제까지나 자신들에게 의존하고, 자신들의 지배 하에 있어 주기를 바라는 부모가 내리는 금지명령이다. 어린 자녀와 공생관계에서 벗어나지 못한 아버지의 경우는 어린 딸이, 그리고 어머니의 경우는 어린 아들이 징그럽게 크는 것보다 그대로 있는 것이 좋다고 생각하고 있을 수 있다. "너는 너무 어려서 그것을 할 수 없다." 자녀들은 부모나 혹은 나이 많은 형제, 자매들로부터 이런 말을 반복적으로 들을 수 있다. 엄마는 "내가 너를 위해서 과자를 만들어 줄게. 너는 항상 부엌을 엉망으로 만들어. 어쨌든 내가 더 잘 구울 수 있고 너는 즐겁게 먹어만 주면 돼."라고 말한다.

이 금지명령이 소녀들에게는 성적으로 성장하지 않도록 말하는 금지명령일 수도 있다. 그것은 아버지가 자신에 억압된 성적 충동을 두려워하기 때문일 수도 있다. 또는 아버지가 아내를 증오하고 딸은 사랑스럽기 때문에 현재 상태로 있기를 바라는 마음일 수도 있다(Gouldings, 1979).

이럴 경우 자녀들은 "알았다. 아이로서 있자", "무능한 상태로 있자", 어떤 사람은 수용해서 보호받는 사람으로 남는 경우도 있지만 또 다른 사람은 "나도 먼저 태어났더라면 나도 해낼 수 있을 것이다"라고 하면서 반격하기도 한다. 무력감, 우울, 분노와 같은 만성 문제감정을 가질 수 있다.

5. 성공하지 마라(Don't make it or Don't succeed it!)

이 금지명령은 자기파괴적인 인생을 살아온 사람들이 자신 내면의 금지명령을 자녀들에게 보내는 것이다. 그래서 그 부모의 질투하는 어린이자아(C)에 의해서 주어지는 것이다. 그것은 "만약 네가 나보다 더 성공적이고 재능이 있고, 지성적이면 나는 너를 사랑하지 않을 것이다"를 의미하고 있다. Gouldings(1979)는 자신들의 임상 경험에 기초해서 이 금지명령은 아버지에 의해서 주어지는 것으로 본다.

이 경우에 자녀들은 "나는 그에게 보여줄 것이다", "나는 당연히 아버지에 비하면 훌륭하지 못하다" 또는 "아버지가 옳아. 나는 어느 것도 제대로 해낼 수가 없는 사람이다"라고 결단할 수 있다. 분노, 좌절, 우울 그리고 열등감의 만성 문제감정을 가질 수 있다.

6. 하지 마라 혹은 해선 안 돼!(Don't!)

이 금지명령은 겁이 많은 부모에 의하여 주어진다. 아무 것도 하지 마라. 네가 하는 어느 것도 잘못될 수 있다. 여기에는 "고장 낸다. 건드리지 마라. 위험하니까 하지 마라" 등의 금지명령이 포함된다.

어떤 어린아이는 그래도 "하기"로 결단할 수 있다. 그러나 어떤 마술적인 희망 가운데서 겁먹고 있다. 아니면 그 사람은 결단을 피하려고 강박적인 상태로 남아 있거나 혹은 다른 사람이 그를 위해서 결단해 주도록 성장하지 않기로 결단할지도 모른다. 이런 사람은 실천하지 못하고 남에게 뒤처지고, 연기를 잘한다. 새로운 기술에 접해도 언제나 구태의연한 상태를 못 벗어난다. 이때, 어린아이는 "나는 실수할지도 모르는 사람이다", "나는 다른 사람보다 못하다", "나는 어떻게 해야 될지 모르는 사람이다"로 결단할 수 있다. 열등감, 부적절감, 혼란 등의 만성 문제감정을 가질 수 있다.

7. 중요한 인물이 되지 마라(Don't be important!)

"너는 어리니까 가만히 있어"라는 말을 들으면서 자기주장이 금지된 상황에서, 혹은 집안에서 어떤 책임 있는 역할이 주어지지 않는 가정에서 자랐을 때 또는 공부 잘하는 형이나 누나가 부모를 비롯한 주변 사람들로부터 인정과 칭찬을 받는데 자기는 그렇지 못할 때 이런 금지명령의 메시지가 묵시적으로 주어질 수 있다. 이것은 자신이 중요한 사람으로 인정받는 경험을 못했다는 것을 의미한다.

이런 경우 "나는 중요한 인물은 되지 못한다", "내가 두각을 나타내는 일은 절대로 없을 것이다"라고 결단할 수 있다. 열등감, 무가치감, 우울의 만성 문제감정을 가질 수 있다.

8. 소속되지 마라(Don't belong!)

이 금지명령은 친부모가 아닌 사람들 예컨대, 양부모, 외가 등에서 자라면서 양부모나 대리부모 슬하에서 가족의 일원이 아니었으면 좋았을 텐데…라고 생각하는 거부심리를 느끼면서 자랐을 때, 혹은 특수 종교교육을 받아 고립된 삶의 방식이 장려된 경우 등에 주어질 수 있다. 결과적으로 이들은 '고독한 방랑자'의 길을 택한다. 아무 것에도 속하지 않을 수 있다. "누구에게도 소속하지 않을 것이다"라고 결단한 것이다. 분노, 부적절감, 우울의 만성 문제감정을 가질 수 있다.

9. 가까워지지 마라, 믿지 마라, 사랑하지 마라

이 금지명령은 자신들은 너무 바빠서 아이들의 말에 경청할 수도 없고 함께 놀아 줄 수도 없다고 생각하는 부모들에 의해서 흔히 주어진다. 자녀와 신체 접촉이 거의 없는 부모들에 의해서 혹은 어린아이를 옆으로 밀쳐놓는 부모들에 의해서 주어지는 금지명령이다. 그리고 우연한 죽음에 의해서 혹은 별거에 의해서 주어질 수도 있다. 잦은 부부싸움으로 친근한 인간관계가 부서지는 모습을 많이 목격한 아이들에게도 주어질 수 있다. 어린 시절의 사랑의 배반 경험이 상처로 남게 된다. 버려진 아이는 "결코 다시는 사랑하지 않을 거야", "떠나버린 부모와 같은 성의 사람과는 가까이 하지 않을 거야", "나는 결코 다시는 남자에 관심을 갖지 않을 것이다", "나는 결코 여자를 믿지 않을 것이다", "나 혼자서 모든 것을 할 것이다", "나는 자라서 결혼하지 않을 것이다"라고 결단할 수 있다. 슬픔, 분노와 원망, 불신감, 고립감, 좌절감의 만성 문제감정을 가질 수 있다.

10. 건강해서는 안 된다(Don't be well!)

질병을 앓고 있을 동안에만 부모들로부터 보살핌과 사랑을 받은 경험을 가진 아이들은 이 금지명령의 메시지를 받을 수 있다. 그들은 긍정적인 인정자극을 받기 위해서 병들기를 결단한 것이다. 그의 어린이자아(LP)는 주위로부터 내가 원하는 관심을 얻기 위해서는 나는 아파야만 한다는 전략을 사용한 것이 습관화된 것이다. 직장에서나 일반 인간관계에서 일이 잘못될 때마다 아프게 되는 사람들에게서 이러한 금지명령을 발견할 수 있다. 내가 원하는 관심과 사랑을 받기 위해서는 내가 아파야만 한다고 결단한 것이다.

11. 생각하지 마라(Don't think!)

예컨대, "애야, 너 숙제를 내가 대신해 줄게. 그 숙제가 네게는 너무 어려워"라고 말할 이 금지명령이 주어질 수 있다. 이들은 생각 없이 행동하기, 생각을 피하기를 결단하게 된다.

12. 느끼지 마라(Don't feel!)

자신의 감정을 느끼지 않으려고 억누르는 부모들이 자녀들에게 주는 금지명령의 메시지이다. 그리고 어떤 감정을 보인다는 이유로 자녀들을 벌주는 부모들에 의해서 주어진다. 넘어져서 아파하는 자녀에게 "괜찮아 아프지 않지?"라고 말하는 부모들에 의해서 주어진다. 아파하거나 느낌을 가져서는 안 된다고 결단할 것이다. 감정을 숨기는 사람이 될 것이고 울고 싶을 때 마음 놓고 울지 못하는 사람이 된다. 혼란, 부적절감 등의 만성 문제감정을 가질 수 있다.

이와 같은 인생 초기의 금지명령들은 생활자세와 생활각본을 결정하는 데 결정적인 요인이 된다. 어린아이가 하나 혹은 그 이상의 금지명령을 받을 때 일상적인 반응을 생존의 한 방편으로, 인정자극을 받는 한 방도로 전 생애를 통해서 그것들을 따르게 된다. 비록 다른 인정자극을 다른 사람들로부터 받을 수 있다 하더라도 부모들로부터 받은 인정자극들은 가장 효과적인 것이 된다. 그것들은 어린아이가 생존을 위해서 필요로 하는 인정자극들이기 때문이다. 부모들은 그 어린아이들의 세계에 있어서는 위대한 존재들이다.

경우에 따라서는 어떤 아이들은 부모의 금지명령을 따르지 않기로 결단할 수도 있다. 어린아이가 받는 금지명령과 그에 근거하여 자신에 대한 초기의 결단들에 기초해서 생활자세를 형성하고 생활각본을 입안한다.

연습

연습 1. 생활자세

* 다음의 내용은 어떤 생활자세를 나타내고 있습니까?

1. 나는 대학에서 이론적인 기초를 확실히 다졌다네. 내가 하라는 대로만 하면 될 걸세. 자네는 현장에서 수많은 경험을 쌓았다고 하지만 이론적인 바탕이 없이는 안 되네.

자기 (　　), 타인 (　　)

2. 이론이 최대의 강점이라고 주장했지만 그것만으로는 안 된다는 것을 알게 되었네. 기술 혁신의 시대에는 자네와 같은 풍부한 현장 경험이 있어야지 그렇지 않으면 해나갈 수가 없을 것이야.

자기 (　　), 타인 (　　)

3. 내가 대학에서 배운 최신의 이론이나 자네의 오랜 세월을 통해 체득한 기술도 별게 아닐세. 이용할 수 있을 때만 이용당하고 그 결과는 때가 되면 버려지는 소비재에 지나지 않으니 말이야.

자기 (　　), 타인 (　　)

4. 나는 대학에서 공부를 했으니까 기초이론이 잘 되어 있지만 현장 경험은 전혀 없네. 그러나 자네는 풍부한 현장 경험과 손재주가 있지. 자네와 내가 손잡고 일을 한다면 성과가 있을 것이라 확신하고 있네.

자기 ( ), 타인 ( )

5. 내가 못보고 있는 것은 내가 태만해서가 아니라 사회제도가 잘못되어서야.

자기 ( ), 타인 ( )

6. 나 같은 사람이 사회제도를 개혁한다고 해봤자 별 수 없지. 자네와 같은 능력 있는 사람들이 뛰어 주지 않으면 안 될 거야.

자기 ( ), 타인 ( )

7. 사회제도란 되는 대로 할 수밖에 없지. 개혁해 보아도 별 수 없을 걸.

자기 ( ), 타인 ( )

8. 사회제도는 능력 있는 새 지도자에게 맡기고 나는 그의 개혁에 실천자가 되어야지. 그래야 내 자신도 승자의 생활을 할 수 있을 것이다.

자기 ( ), 타인 ( )

➡ 다음의 질문에 개인적으로 응답한 후 그 내용을 그룹별로 토의한다.

1. 당신 주변의 사람들 중에서 아래 유형별 경향이 강하다고 생각되는 사람을 1명씩 선정하고 그 사람의 특성을 기록해 보세요.

   1) 자타긍정의 경향이 강하다고 생각되는 사람:
   2) 자기부정 · 타인긍정의 경향이 강하다고 생각되는 사람:
   3) 자기긍정 · 타인부정의 경향이 강하다고 생각되는 사람:
   4) 자타부정의 경향이 강하다고 생각되는 사람:

2. 당신이 자기 자신을 Not－OK라고 느낄 때는 어떤 경우입니까?

   1) 학교나 사회생활에서:
   2) 가정에서:

3. 당신은 자기 자신을 OK라고 느낄 때는 어떤 경우입니까? 구체적인 상황을 적어 보세요.

   1) 학교나 사회생활에서:
   2) 가정에서:

4. 당신은 자기 자신을 OK라고 느낄 때와 Not－OK라고 느낄 때를 비교해 보면 어느 쪽이 많습니까? 아래 표의 연속선상에서 어느 위치쯤에 속하는지 체크해 보십시오.

OK 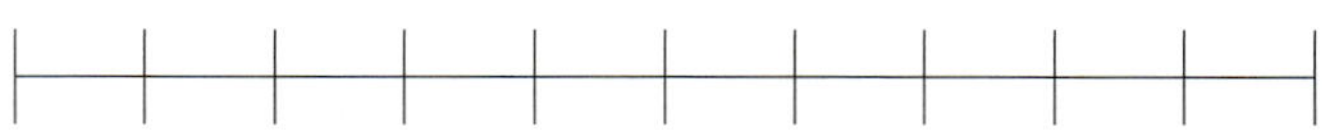 Not OK

5. 당신은 네 가지 생활자세 중에 어느 자세를 갖기를 원하십니까?
그 이유는 무엇입니까?

➜ 당신은 자신을 긍정적(OK)으로 봅니까? 아니면 부정적(Not-OK)으로 봅니까?

➜ 생활자세는 상황이나 시간에 따라 변할 수가 있습니다. 그러나 당신의 삶의 과정에서 보다 당신의 특성을 드러내게 하는 당신의 중심 되는 하나의 생활자세가 있습니다. 어느 생활자세입니까? (pp.291~292 〈표 10-2〉 참고)

인 간 관 계 론

Human Relations

제 11 장

당신은 어떻게 대화하고 있는가

Ⅰ. 상응작용의 의미와 기본 유형

TA에서는 대인의사소통 혹은 대화의 과정을 일련의 상응작용들로 보고 있다. Berne(1964)에 의하면, 상응작용(transaction)이란 사회적 상호교섭(social intercourse)의 한 단위다. 만약 두 사람 혹은 그 이상의 사람들이 만나게 되면, 즉시 혹은 시간이 조금 지나서든지 어느 한 사람이 말을 하거나 혹은 다른 방법으로 상대방의 존재를 시인하는 의사표시를 하게 된다. 이를 상응작용적 자극(transactional stimulus)이라 한다. 이 자극에 대하여 상대방이 말이나 다른 방법으로 응대한다. 이를 상응작용적 반응(transactional response)이라 부른다.

그러므로 TA에서는 대인의사소통의 과정을 각 송신자는 이어서 바로 수신자가 되고, 또한 수신자는 이러한 바로 송신자가 되는 상호반응적인 작용으로 끊임없이 발전해 가는 하나의 과정으로 보고 있는 것이다. 이러한 과정에서 한편의 사람이 송신자로서 어떤 성질의 상응작용적 자극을 보내고, 그러한 자극에 대하여 반응으로서 어떤 상응작용적 자극을 보내느냐의 문제로 연결된다. 송신자가 어떤 자극을 보내고, 수신자가 각자의 자아상태들, 즉 P-A-C 가운데 어느 것에 의하여 상응작용적 자극이 주어지고, 반응하느냐에 따라 달라질 수 있는 것이다.

상응작용 분석법은 개인의 세 가지 자아상태의 내용과 기능을 분석하는 구조분석

(構造分析)을 기초로 하여 한 개인이 다른 사람과의 의사소통의 과정, 즉 상응작용의 과정에서 각자의 어떤 자아상태가 관여, 작용하고 있으며, 또한 어떤 유형의 상응작용을 하고 있는가를 확인함으로써 그러한 상응작용이 의사소통이나 인간관계의 과정에서 일으키고 있는 문제점이 무엇인가를 분석, 확인하여 그 문제의 해결을 돕고자 한다. Berne(1964)이 분석해 낸 상응작용의 기본유형들이 ① 상보적 상응작용, ② 교차적 상응작용, 그리고 ③ 암시적 상응작용이다.

II. 상보적 상응작용

상보적 상응작용(complementary transaction)은 두 사람 간에 서로 죽이 맞는 대화가 오가는 경우를 말한다(그림 11-1, 그림 11-2).

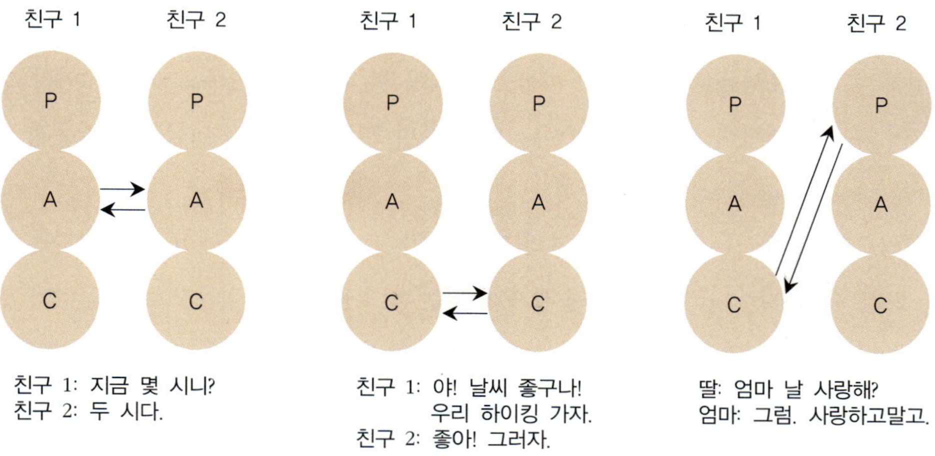

[그림 11-1] 상보적 상응작용

그래서 상보적 상응작용은 상응작용의 자극과 반응의 방향관계(의사소통의 통로)가

평형을 이룬다. 이러한 상응작용은 두 가지의 기본 조건을 갖추고 있다. 하나는 자극이 방향지어진 것과 같은, 상대편의 자아에서 반응한다는 것이고, 다른 하나는 그 반응 또한 마찬가지로 자극이 출발한 자아를 향하여 주어진다는 것이다. 그러므로 이 상보적 상응작용에서는 두 개의 자아상태만 관여하고 있다. 다시 말해서 상보적 상응작용은 관련된 두 사람의 의사방향이 서로 일치한다. 의사소통의 방향관계가 평행적으로 유지되는 상보적 상응작용일 경우 그 두 사람 간의 관계작용은 계속될 수 있다. 이것을 의사소통의 제1법칙이라 한다(Woollams et al., 1974). 그러나 대인상응작용이 계속될 수 있다고 해서 상보적 상응작용이 반드시 유용하다거나 바람직한 것은 아니다.

친구 간이나 교사-학생, 부모-자녀, 그리고 아내와 남편과 같은 관계에서는 대체로 비교적 많은 상보적 상응작용을 하게 된다(James & Jongeward, 1975).

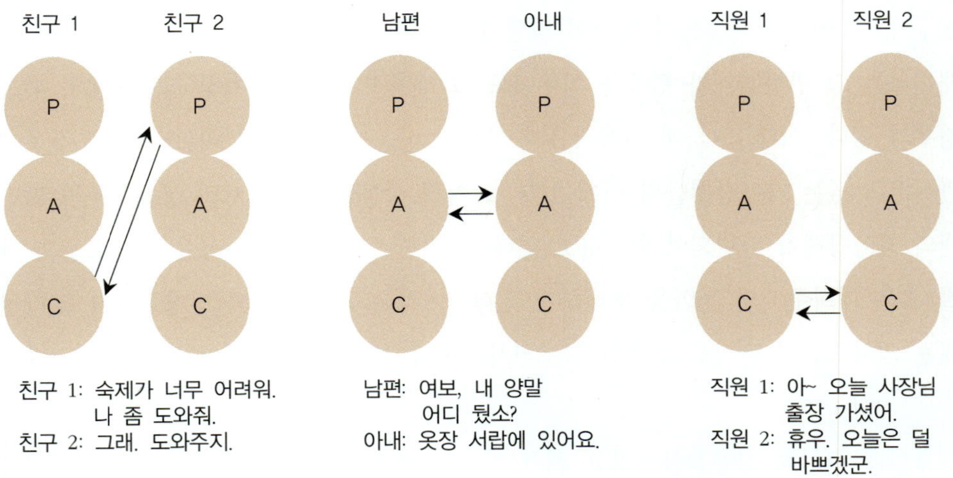

[그림 11-2] **상보적 상응작용**

다양한 상보적 상응작용을 할 수 있는 관계에서는 흔히 많은 보상을 받을 수 있다. 두 사람 중 어느 한 사람이 좌절을 경험할 때 서로 격려할 수 있고, 또한 공동사고

(共冊思考)를 통하여 문제를 해결할 수 있으며, 그리고 그들이 함께 웃고 즐길 수 있다면, 그들은 각자 자신의 자아상태들을 충분히 골고루 사용하고 있는 셈이다. 때때로 그들이 동정적이고 보호하는 관계상태일 때에는 그들의 양육적 부모자아에 의한 상응작용이 이뤄질 것이고, 문제해결을 위해 정보를 수집하고 활용하는 관계작용일 경우에는 그들의 어른자아들에 의한 상응작용이 이루어지고 있는 것이다. 그때그때의 욕구들을 충족시킬 수 있는 적절한 방법으로 자아상태들을 바꿀 수 있는 능력은 만족스러운 관계를 형성할 수 있게 한다.

III. 교차적 상응작용

교차적 상응작용(crossed transaction)은 두 사람 간의 대화가 서로 마찰을 가져오는 경우다. 그래서 의사소통의 방향이 평행이 아니고 교차된다. 그런데 가끔 도식의 형태에서는 그 방향관계가 평행을 이루어도 그 내용상으로는 교차적 상응작용이 되는 경우가 있다. 이때, 교차적 상응작용과 상보적 상응작용 간의 차이는 그 상응작용에 관여하고 있는 자아상태들의 수에 있다. 교차적 상응작용은 상보적 상응작용과 달리 넷의 자아상태가 관련되어 일어나고 있다. 이러한 교차적 상응작용은 의사소통의 단절 혹은 대화주제의 전환을 초래하게 된다. 이것은, 의사소통의 방향관계가 교차될 때는 의사소통의 단절을 초래한다는 의사소통의 제2법칙을 말해 주고 있다(Woollams et al., 1974).

그런데 교차적 상응작용이라고 해서 반드시 부정적인 면만 갖고 있는 것은 아니다. 일반적인 사교 대화에서는 상보적 상응작용이 유용하다고 할 수 있지만, 교육 장면이나 치료 장면에서는 상응작용을 효과적으로 교차시킬 필요가 있으며, 그것이 오히려 더 바람직할 때가 있는 것이다.

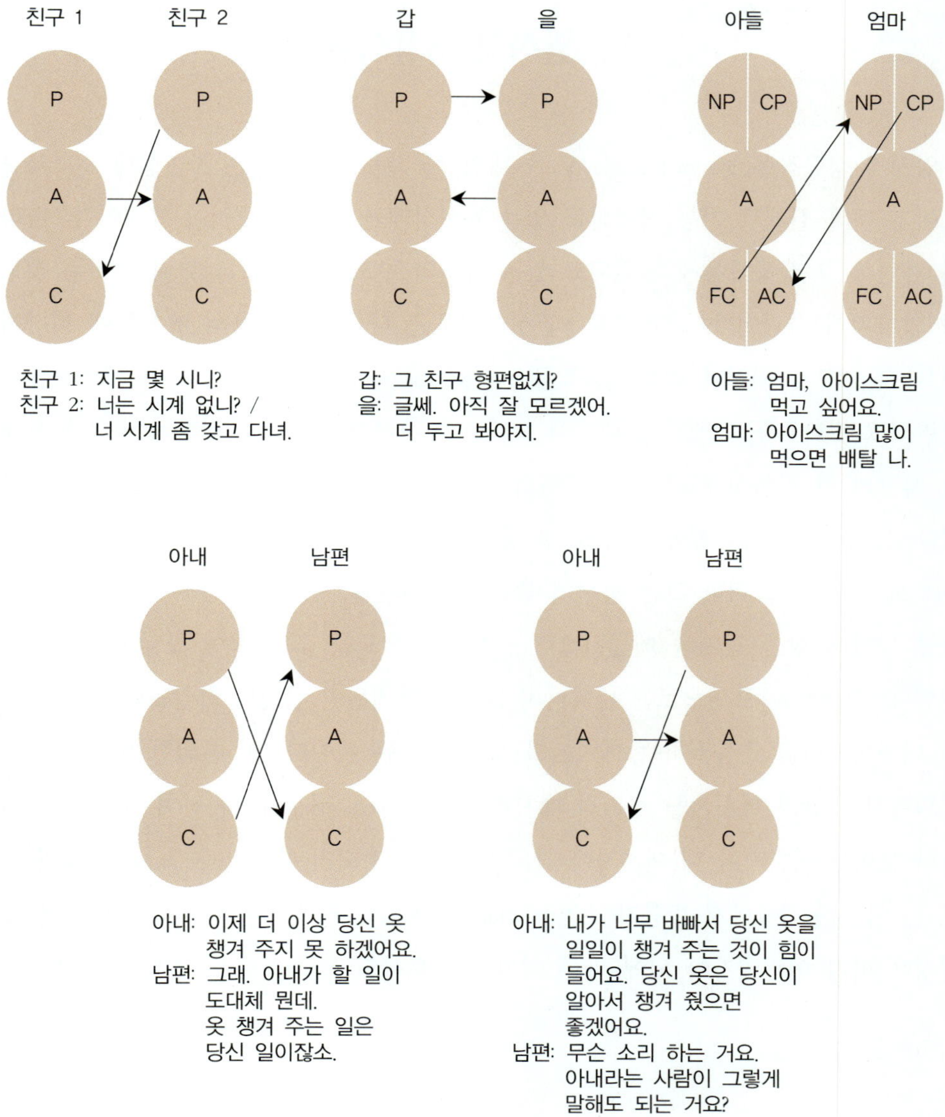

[그림 11-3] **교차적 상응작용**

IV. 암시적 상응작용

암시적 상응작용(ulterior transaction)은 대인상응작용에 관계되는 자아상태가 나타나 보이는 것과 실제로 기능 작용하고 있는 자아상태가 다르다는 것이 특징이다. 따라서 자연히 그 상응작용에 관련되고 있는 자아의 수도 바깥으로 나타나 보이는 것보다 많아지게 마련이다. 그러므로 이 상응작용은 다른 상응작용의 유형들에 비하여 매우 복잡하다. 이러한 **각적 상응작용**(angular transaction))에서는 세 가지 자아상태가 관련되고 있다. 즉, 그것은 상대편에 보내는 메시지가 처음 상응작용적 자극을 보내는 사람의 한 자아상태로부터 상대편의 두 자아에게로 보내어지는 상응작용의 향상이다. [그림 11-4]의 예에서는 볼 수 있듯이 겉으로는 단순히 판매원(판매원의 어른자아)으로 보인다. 그러나 그는 동시에 충동적인 성질을 지니고 있는 주부의 어린이자아를 낚아서 상품 판매를 매듭지으려는 은밀한 의도를 그 정보에 포함시키고 있는 것이다. 그러므로 표면으로는 나타나지 않지만 판매원이 점선의 화살표와 같이 주부의 어린이자아를 충동질하는 메시지를 보내고 있는 것이다. 이 은밀한 어른자아 대 어린이자아 간의 메시지를 심리적 메시지(psychological message)라 하며, 표면으로 나타나 보이는 어른자아 대 어른자아 간의 메시지를 사회적 메시지(social message)라 부른다. 이 상용작용에서 반응자([그림 11-4]에서는 주부)의 편에서는 사실상 자신의 선택, 결정에 따라 어린이자아 외에 다른 어떤 자아로서도 응답할 수도 있는 것이다.

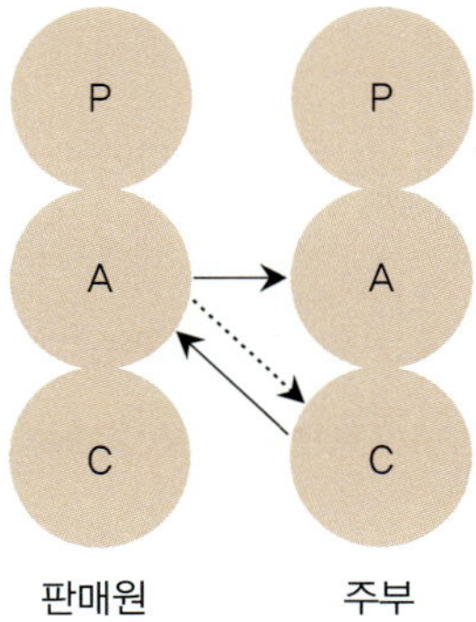

판매원(A→A): 이 상품의 판매는 내일로 끝납니다.
(A→C): (심리적 메시지) 빨리 사 두는 것이 좋을 거요. 기회를 놓칩니다.
주부(C→A): (심리적 메시지: 기회를 놓쳐서 못 사면 어떡하지, 지금 사야겠다) 사겠습니다.

[그림 11-4] **각적 상응작용**

그러나 이 예시에서는 판매원이 주부의 어린이자아를 낚는 데 성공한 셈이다.

이중적(duplex) **상응작용**에서는 대인상응작용에 관여하고 있는 각 사람의 두 자아가 서로 관련되어 모두 넷의 자아상태가 관여하는 복잡한 양상을 띠고 있는 상응작용이다. 이중적 상응작용의 과정에서는 [그림 11-5]에서 볼 수 있듯이, 두 사람의 대화가 하나는 사회적 수준에서, 또 다른 하나의 심리적 수준에서 동시에 이루어진다.

그런데 상응작용의 결과는 심리적 수준에서 결정된다. 이것이 의사소통의 제3법칙이다(Woollams et al., 1974).

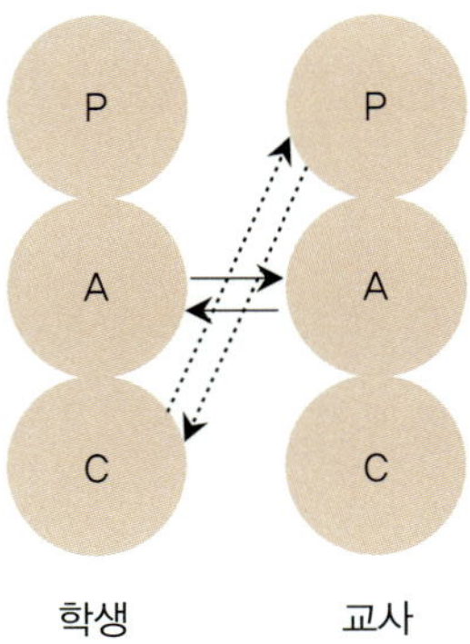

학생(A→A): 어제 밤에는 너무 늦도록 할 일이 많아서 그만 숙제를 못했습니다.
[심리적 메시지(C→P): 나는 이렇게 못난 학생입니다. 나에게 벌을 주세요.]
교사: 오늘이 이 과제에 점수를 줄 수 있는 마지막 날일세. 어쩔 수 없게 되었네.
[심리적 메시지(P→C): 그래. 자넨 못난 놈이야. 벌 받아라.]

[그림 11-5] **이중적 상응작용**

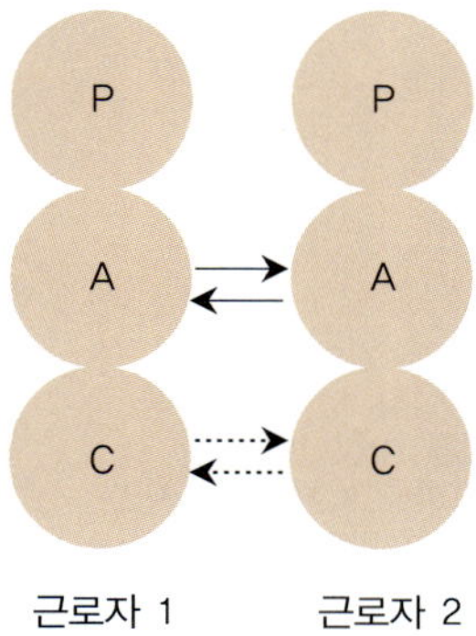

근로자 1: (A→A) 당신 지난 주 또 생산율을 높였다더군.
감독이 좋아하겠네?!!
(C⋯→C) (심리적 메시지: 너는 동료들은 생각지도 않는구나. 혼자 잘난 체냐!)

근로자 2: (A→A) 나는 현상 유지로는 만족하지 못하는 성미야!
(C⋯→C) (심리적 메시지: 너 같은 것이 날 질투해. 내가 그걸 모를 줄 알아!)

[그림 11-6] 이중적 상응작용

연습

연습 1. 상보적 상응작용

1) 다음의 자극들에 따라 상보적 상응작용의 반응을 기술하고, 그림을 완성해 보시오.

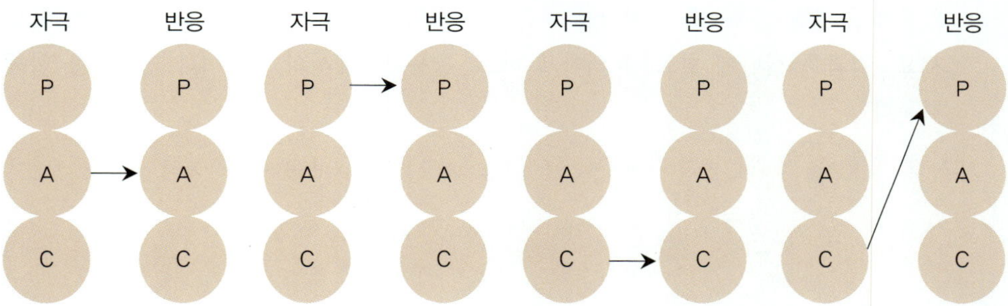

자극:
이 일을 한 달 하면 보수는 얼마나 됩니까?

반응:

자극:
자네가 그러면 아이들이 아빠에 대해 섭섭해 할 수밖에….

반응:

자극:
나 정말 너를 좋아한다.

반응:

자극:
병원에 있는 아들이 걱정이 되어 일이 손에 잡히지 않는다.

반응:

2) 여러분이 직장이나 혹은 학급, 또는 가정에서 이루어진 대화들 가운데서 서로 죽이 맞게 주고받는 대화, 즉 상보적인 상응작용의 예를 찾아서 기록해 보세요. 다음의 그림에 맞는 대화를 엮어 보세요.

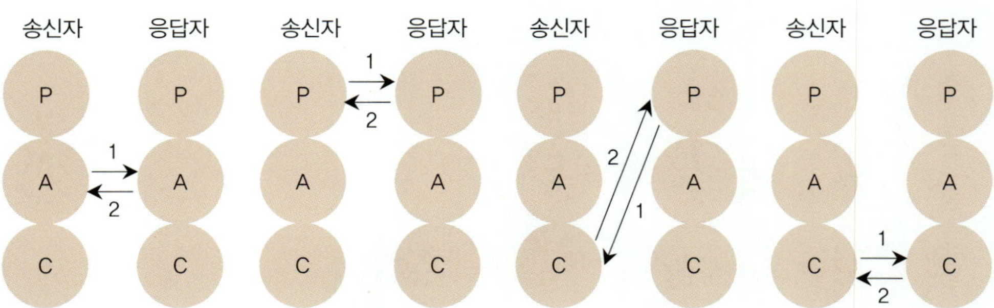

1.
2.

1.
2.

1.
2.

1.
2.

3) 지난 두 주 동안 당신이 가졌던 상응작용들을 돌이켜 보고, 그 중에서 특별히 당신으로 하여금 흐뭇하게 느끼도록 한 상응작용이 있으면, 그것을 자아상태 간의 상호작용 그림으로 표시해 보고 아래 물음에 응답해 보세요.

(1) 어느 자아상태가 관여되었는가? (2) 왜, 그것이 흐뭇했는가?

연습 2. 교차적 상응작용

1) 다음에 주어진 상응작용의 자극에 따라 교차적인 반응을 기술하고, 그림을 완성해 보세요. 결과를 집단에 발표, 토의하게 하고, 활동과정에서의 느낌이나 경험들을 함께 나눈다.

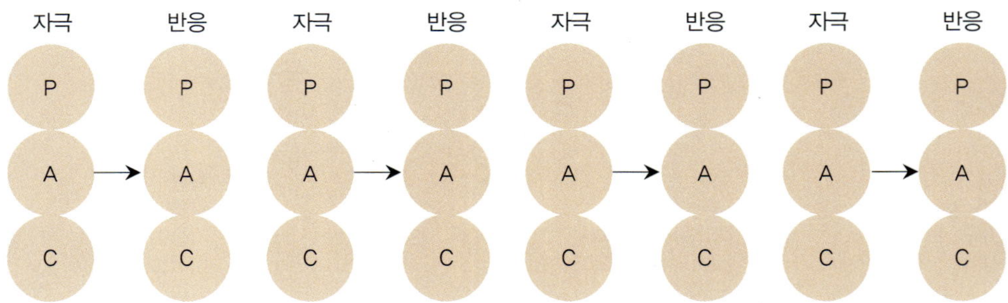

자극:
사전 어디 있는지
아니?
반응:

자극:
내 숙제 좀
도와줘.
반응:

자극:
나 오후 세시에
출발한다.
반응:

자극:
지금 몇 시지?
반응:

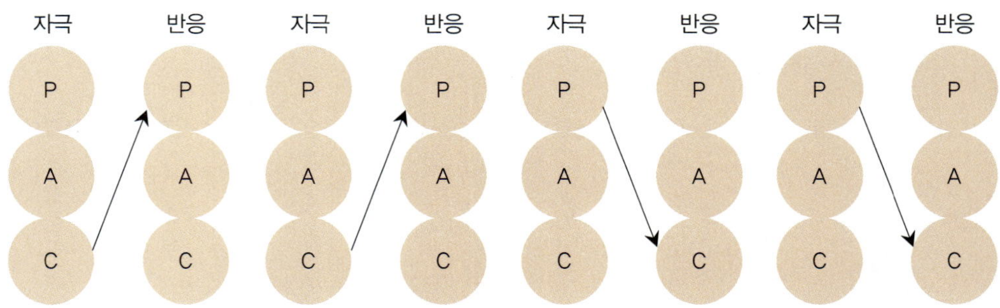

자극:
머리가 심하게
아프다. 빨리
낫지 않아.
반응:

자극:
엄마, 나
아이스크림
먹고 싶어.
반응:

자극:
아이스크림 많이
먹으면 배탈 나!
그만 먹어라.
반응:

자극:
TV 그만 보고
이제 자러 가야지.
반응:

2) 지난 2주 동안을 돌이켜 보고, 당신이 경험한 최소한 네 가지 정도의 교차적 상응작용을 메모해 보라. 그 상응작용들은 긍정적인 것들이었는가? 혹은 부정적인 것들이었는가? 그 부정적인 상응작용들을 어떻게 보다 원만한 것으로 해결될 수 있었는가?

연습 3. 암시적 상응작용

1) 다음의 그림에 따라 이중적 상응작용에 의한 대화를 꾸며 보라. 먼저 표면적으로 나타나는 사회적 메시지를 기술하고, 그 메시지가 내포하고 있는 심리적 메시지를 기술해 보라.

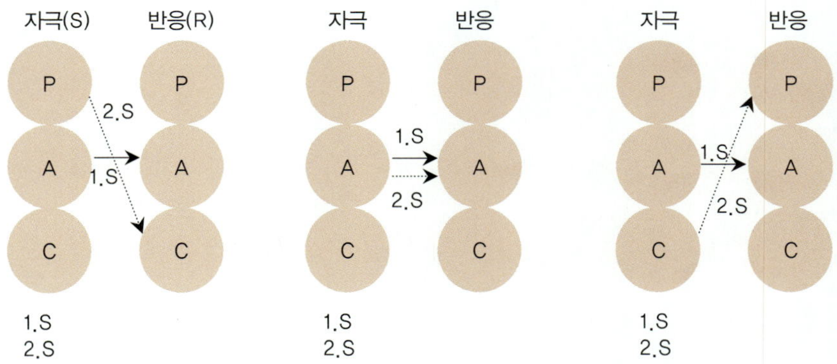

인 간 관 계 론

Human Relations

제 12 장

감정의 경품권 모으기와 만성 문제감정

Ⅰ. 감정의 경품권 모으기

백화점에서 물건을 사면, 경품권을 주는 경우가 있다. 그 경품권을 일정한 수만큼 모으면, 그것들을 가지고서 정해진 범위 내에서 필요한 물건으로 바꿀 수 있다. 우리의 감정도 이러한 경품권과 유사한 면을 지니고 있다. TA에서는 이를 경품권의 현금화라고 부르는데, 이것은 감정들을 일정한 양만큼 모으게 되면, 언젠가는 그것들이 어떤 행동이나 말로 나타나게 된다는 것을 의미한다.

예컨대, 어떤 사람이 그럴 만한 상황이라고 생각되는데도 "고맙다"라는 표현을 하지 않으면 당신은 감정의 경품권을 모으게 된다. 또한 당신은 다른 사람들로부터 받은 모욕감이나 상처에 대한 경품권들을 모은다. 그러나 경품권들을 어느 정도 모으게 되면, 당신은 그 상대방에 대하여 거리낌 없이 공격할 수 있는 근거나 혹은 정당성을 확보한 것으로 생각한다. 즉, 보복행위에 대한 죄의식에서부터 자유로워지기 위해서 경품권들을 계속 모아 두었던 것이다.

나쁜 감정에 대해서는 **갈색 경품권**을, 좋은 감정들일 경우에는 **황금색 경품권**을 모은다. 짜증을 한 번 시원하게 내기 위해서는 책 한 페이지나 한 권 정도의 갈색 경품권들이 필요할지 모른다. 이혼을 과감하게 하기 위해서는 수십 권의 갈색 경품권의 책들을 필요로 할지 모른다. 여기서 자유란 "자유로워지기 위해서" 잠시 동안만이라도 죄의식으로부터 해방되는 것을 의미한다. 그것은 당신이 평상시에는 하지 않던 행동을 지금은 할 수 있는 정당성을 갖게 되었다고 느끼고 있음을 의미하는 것이다.

> 어떤 엄마는 하루 종일 어린 아들이 더러운 흙발로 방에 들어오는 것을 그냥 묵인했다. 그 엄마는 참을성 있게 아무 말 없이 아들을 다시 밖에 나가서 놀게 하였다. 그 아이는 눈치도 없이 새로 사들인 의자에도 크레용 칠을 했다. 그런데도 역시 벌을 주지 않고, 그 엄마는 의자의 크레용을 깨끗이 닦아내었다. 어린 아들은 계속해서 장난이고 엄마는 아들의 장난을 받아들이기를 계속했다.
>
> 이윽고, 저녁이 되었다. 이제 감정의 경품권의 양이 찰 만큼 충분하게 채워졌다. 그 엄마의 마음이 "내가 참을 만큼 참았다"는 기분이 되었다. 아들이 저녁식사를 하러 왔을 때 역시 발이 온통 흙투성이였다. 그 엄마는 화가 솟구쳐서 소리치면서 아들을 때리고 난 후 그의 방에 가두었다.

이 사례에서도 볼 수 있듯이 갈색 감정의 경품권을 모으기 시작해서 그 감정의 분출행동을 나타낼 때까지의 과정을 요약해서 보면 다음과 같다.

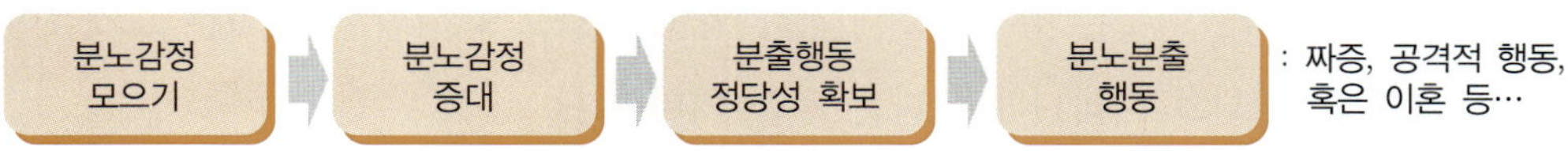

다른 한편 우리는 황금색 경품권으로 사용하기 위해서 좋은 감정들을 모을 수도 있다. 만약 당신이 어떤 일을 잘해 내면, 그때 갖게 된 좋은 감정을 당신이 쉬거나 즐거운 시간을 갖기 위한 핑계거리로 사용할 수도 있다. 다시 말해서 황금색 경품권도 충분히 모으게 되면 스스로 좋아하는 것, 혹은 어떤 원하는 것을 실행하기 위한 정당성을 확보한 것으로 생각하는데 사용된다. 예컨대, 외식을 한다거나, 새 옷을 사거나, 주말여행을 떠난다거나 하는 등의 자신의 행위를 정당화하는 이유로 사용될 수 있다는 것이다. 당신이 만약 그렇다면, 당신은 '황금색 경품권' 수집가라 불릴 수 있다. 어린이자아가 자신이나 타인 모두에 대해서 OK로 느끼고 있는 사람들은 갈색이나 황금색 경품권 중 어느 것도 수집하지 않는다. 그들은 자신의 행위나 느낌에 대

하여 변명을 필요로 하지 않기 때문이다.

여기에 갈색 경품권을 모으는 또 다른 한 예가 있다. 어린 딸은 갈색 경품권을 애써 모으려 하고 있고, 엄마는 딸을 애써 무마하려 하고 있다.

> 딸 : 엄마, 나는 엄마가 나를 진정으로 사랑하지 않는 것 같아요.
> 엄마: 어리석은 생각하지 마라.
> 딸 : 내게 그렇게 화를 내는 것을 보면 어떻게 나를 사랑한다고 할 수 있겠어요?
> 엄마: 너를 사랑하기 때문에 화를 낸단다. 나는 네가 옳게 행동하는 것을 배우게 하고 싶다.
> 딸 : 그것은 엄마가 원하는 대로 내가 행동할 때만 나를 사랑한다는 말이죠?
> 엄마: 그건 그렇지 않아. 너도 알잖아.
> 딸 : 그게 그 말이잖아요. 엄마 미워요.
> 엄마: 얘야, 이제 잘 알았다. 그만 하자.
> 딸 : 나도 알았어요. 엄마는 나를 사랑하지 않아요. 아무도 나를 사랑하지 않아요.
> 엄마: 나는 너를 사랑해 왔다. 네가 하는 태도를 보면 누가 너를 사랑하겠느냐?

이 어린 소녀의 어린이자아는 사랑받지 못한다는 느낌들을 수집하기 위해 애쓰고 있다. 그 결과 성공한 셈이다.

경품권 수집가, 특히 갈색 경품권을 수집하는 사람들은 힘들어 한다. 어린이자아는 경품권으로 현금을 만들고 싶어 하며 결코 없애고자 하지 않는다. 다음과 같은 질문들은, 당신이 경품권 수집가인지 아닌지를 알 수 있게 한다.

- 당신은 제 마음대로 행동하지 못할 때 자주 짜증을 내는가?
- 어떤 일을 미루고서 그 일을 하지 못하고 있는 것에 대해 자책감을 느끼는가?
- 빈번히 자신이 그르다고 생각이 드는 행동을 하고 나서는 후회하는가?
- 빤히 알면서도 바보처럼 행동할 때가 있는가?
- 당신은 스스로 '나는 휴식을 취할 만한 가치가 없는 사람'으로 생각하고 있기 때문에 좀 쉬려 하다가도 마음 놓고 쉴 수 없게 되는가?

당신의 어린이자아가 우울 경품권(가라앉은 느낌)을 많이 모으다 보면 자포자기하거나 혹은 자살시도에 이용되기도 한다. 분노에 대한 경품권은 폭력으로 연결될 수 있고, 신경질적 경품권을 많이 모으게 되면 정신병원에 자주 들락거리게 된다. 감옥생활을 하고 있는 사람들의 어린이자아는 갈색 경품권을 수집했다고 볼 수 있다.

이때까지 아무리 갈색 경품권이나 나쁜 감정들만을 수집해 왔다 하더라도 변화는 가능하다. 나쁜 감정들은 좋은 감정으로 대치시킬 수 있다. 아무리 자주 갈색 경품권이 당신에게 건네진다 해도 그 갈색 경품권을 받아들일 필요가 없다. 그리고 좋은 것을 느끼기 위한 황금색 경품권도 필요로 하지 않는다.

II. 만성 문제감정

경애 엄마는 퇴근한 남편이 TV를 보고 있는 모습을 보면 우울해지고 불안하다. 남편은 부지런하며, 가족과 자녀들에 대해서 성실하며 책임을 다하는 모범적인 아빠이고, 가장이다. 남편은 나무랄 것이 없는데도 그런 감정을 갖게 되는 자신을 이해할 수가 없다.

어느 날 역시 우울하고 불안해졌다. 얼굴이 일그러질 정도로 기분이 상했다. 침실로 들어갔다. 그녀는 상담에서 배운 대로 한 번 해보기로 했다. 두 가지 물음에 대해서 자문하면서 자신의 내면을 탐색해 가기 시작했다. 내 속에 이러한 감정을 갖게 하는 무엇이 있는가? 이런 감정을 느껴 본 적이 있는가?

잠시 후 그녀는 어린 시절의 아버지에 대한 기억이 되살아났다. 자신이 어렸을 때, 아버지는 정신병으로 직장을 그만두고 집안에 있었다. 아버지는 하루 종일 의자에 앉아서 허공을 멍하게 바라보고 있는 모습이 떠올랐다. 경애 엄마는 그런 아버지의 모습을 떠올리는 순간 우울해지고 불안해지는 것을 재경험하게 되었다. 허둥대고 당황하게 되었다. 아빠에 관해서 엄마에게 물어 보려고 하면 말도 못 꺼내게 하였다. "그런 이야기는 꺼내지도 마라. 쓸데없이 혼란스럽기만 해진다"라고 했다.

경애 엄마는 자신의 과거의 묵은 감정을 알아내게 되었다. 어렸을 때 아버지의 모습을 보면서 우울하고 불안했던 감정의 경험이 옛날 아버지가 의자에 앉아서 허공을 바라보고 있는 모습과 비슷한 TV를 보고 있는 남편의 모습이 자신의 묵은 우울감과 불안감을 자극하여 현실로 나타나게 한 것임을 깨닫게 된 것이다. 그 후로는 그러한 상황에서 우울과 불안이 사라졌다.

경애 엄마가 경험한 우울감과 불안이 만성 문제감정인 라켓(racket)이다.

이 사례에서 우리는 '옛날에 불안과 우울감을 경험하게 했던 사태(아버지와 관련된 사태)와는 아무런 관련이 없는 사태(오늘 남편이 TV를 보고 있는 상황)도 단지 비슷하다는 이유로 옛날의 사태에서 경험했던, 이미 지금은 잊어버리고 있던 불안과 우울한 감정들을 촉발시킬 수 있고, 그 사태의 핵심인 감정들을 지금 재 경험하게 하는 동인으로 작용한다는 사실을 발견할 수 있다. 이처럼 어린 시절에 경험했던 옛날의 감정들(예컨대, 불안과 우울감 등)이 지금도 반복적으로 자신도 모르게 비현실적으로 민감하게 같은 감정적 반응들을 일으키게 한다면, 그 내면적 감정들은 만성 문제감정(라켓)이라 할 수 있다. 즉, 라켓(racket)은 묵은 만성적인 부정적 감정들(bad feelings)이다. 이러한 만성 문제감정이 지금도 개인 내에서 무의식 가운데 작용해서 감정의 경품권을 모으게 하고, 경애 엄마의 경우처럼 이미 지나간 사태와 관련된 묵은 감정이 무의식의 내면에서 마치 '그때'의 사태(아버지가 정신질환으로 허공을 바라보고 있는 모습)와 유사한 현재의 사태(남편이 TV를 보고 있는 모습)와 관련된 감정인 것처럼 착각하게 하는 동기로 작용함으로써 실제와는 다른, 남편과의 문제인 것처럼 괴로움을 당하게 한다. 그래서 경우에 따라서는 엉뚱하게 남편과 관계에서 새로운 문제를 만들게 되는 것이다. 의식적인 자신의 사고(思考)보다 무의식적인 만성 문제감정인 라켓에 의해 좌우된다는데 문제가 있다. 이러한 라켓감정은 게임을 연출하게 하고, 그 결과로 똑같은 감정들을 반복적으로 경험하게 됨으로써 그 개인은 점점 더 쌓이는 만성 문제감정들로부터 헤어나는 것이 더 어렵게 될 수 있다.

부정적인 감정인 갈색의 경품권을 계속 쌓게 하는 것이 라켓이다. 그런데 정작 갈색 경품권을 줬던 사람들은 자신이 그렇게 했는지조차 깨닫지 못할지 모른다. 어떤 사람이 당신에게 "나는 그때 네가 내게 그렇게 말한 것에 대해 너를 결코 용서할 수 없어"라고 말하는 것을 듣고 깜짝 놀란 적이 있는가? 놀랐다면, 그것은 아마 당신은 무슨 말을 했었는지조차 잊어버리고 있었기 때문일 수도 있고, 그 사람이 경품권을 모아 왔다는 사실도 당신은 전혀 모르고 있었기 때문일 수도 있다. 갈색 경품권 수집가는 어떤 사람이 한 말을 자기 나름대로 해석하여 받아들인다. 그들은 단순한 말 속에서 모욕을 느끼기도 한다. 갈색 경품권 수집가나 황금색 경품권 수집가 양자 모두는 그들의 행동이나 감정에 대해 언제나 변명하려고 한다.

마음속으로 벼르던 감정을 한 번 폭발시킬 명분을 세우는데 이용하기 위해 모아온 부정적인 감정들로는 공포, 혼란, 분노, 좌절, 불안, 우울, 바보감 등을 들 수 있다. 이 부정적 감정들은 당신의 어린이자아에서 발생한다.

〈표 12-1〉 만성 문제감정 라켓이 될 수 있는 감정들

• 슬픔	• 비애	• 죄책감	• 무력감
• 무가치함	• 초조감	• 절망감	• 수치감
• 혼란	• 두려움	• 걱정, 불안	• 부적절함(어색함)
• 고독감	• 우울	• 후회	• 라이벌 의식
• 분노	• 억울함	• 속상함	• 혐오감
• 열등감	• 의무감	• 허무감	• 부끄러움 등

흡연을 예로 들어 보자. 만약 당신이 흡연에 대해 죄의식을 느끼면, 그 죄의식 때문에 당신의 어른자아는 당신으로 하여금 금연하게 할 것이다. 이때의 당신이 갖는 죄의식은 라켓이 아니다.

그러나 만약 계속 흡연하게 되고 그에 대해 죄의식을 계속 느끼면, 그 죄의식은 아마 만성적인 문제감정으로서 라켓(racket)이 될 수 있다. 그래서 나중에 갈색 경품권으로 작용하여 행동으로 나타날 수 있다. 그것은 당신의 어린이자아가 인정자극을 얻기 위해 주의를 끌기 위해 하는 행동일 수도 있다. 그런데 당신의 어린이자아는 당신의 그러한 행위를 깨닫지 못하고 있을 수도 있다. 그런데 당신의 어린이자아는 어른자아가 미처 자각하지 못하고 어떤 것을 영리하게 해낼 수도 있다.

TA집단의 목적 중의 하나는 당신의 어린이자아가 지금 무엇을 하려고 하는가를

정확하게 깨닫게 하는 것이다.

만성 문제감정은 부모나 혹은 당신을 양육한 사람들로부터 학습된 것이다. 특히 어린아이들의 행동이나 감정의 표현에 대한 부모의 금지명령(injunctions)에 대하여 어린아이들이 경험한 부정적인 감정적 조건반응들로서, 금지명령이 내려진 사태와 유사한 경우에 민감하게 반응하는 감정체제로 지속적으로 잔존하고 있는 것이다. 즉, 이 라켓은 특정의 감정을 사용해서 상대편을 심리적으로 위협하거나 교묘하게 속이거나 무리하게 자신의 갚음 행동을 관철시키는 기능을 한다. 만성 문제감정인 라켓의 이러한 기능으로 나타나는 것이 게임이다. 그러므로 당신의 부정적인 감정의 대부분은 실제하고는 다를 수 있다. 만약 당신의 어린이자아의 기본 자세가 자기긍정−타인긍정이 아니라면, 어떤 만성적인 문제감정들을 경험하고 있을 것이다.

당신의 양친들은 당신이 감정들을 변명거리로 사용하도록 허용해 왔을 것이다. 그러므로 당신의 만성적인 감정들이 어떤 것인지를 검토해 보는 좋은 방법의 하나는 일들이 꼬여서 불안하게 되었을 때 당신의 가정에서는 어떻게 대처해 나갔는가를 상기해 보는 것이다. 그럴 때에 당신의 부모는 분노, 혼란, 우울, 죄의식, 공포, 안절부절못함, 불안해했는가? 아니면 어른자아로 행동했는가? 만약 그들이 보통 어른자아로 반응하지 않았다면 당신은 아마 그들로부터 만성 문제감정들을 배웠을 것이다.

연습

연습 1. 만성 문제감정 대처하기

1. 자신의 만성 문제감정 찾아보기(1)

다음과 같은 질문에 답해 본다.

1) 지금까지 살아오는 과정에서 가장 많이 경험한 '싫은 기분'은 어떤 것인가?

2) 그런 싫은 감정을 가장 잘 느끼게 되는 것이 어떤 상황 혹은 어떤 때인가?

3) 기분을 상하게 하거나 불쾌한 일을 당했을 때 당신은 어떤 감정에 사로잡히게 되는가?

2. 자신의 만성 문제감정 찾아보기(2)

1) 눈을 감으세요. 당신이 기억해 낼 수 있는 최근에 살던 집으로 찾아가 보세요. 그 집에 관한 상(picture)들을 머릿속으로 떠올려 보세요. 어떤 의무감이나 그렇게 되어야 한다는 생각을 버리고 그냥 거기에 있는 그대로 생각이 가는 대로 따라가 보세요.

   (1) 무엇이 보입니까? 사람들, 가구 혹은 어떤 것들이 보입니까?

   (2) 방안을 자세히 살펴보세요. 색깔, 모양, 장식들, 문, 그리고 창문 등…

(3) 다음에 이러한 당신의 집과 관련된 그 당시에 당신이 가졌던 느낌 혹은 감정들을 다시 떠올려 보세요.

(4) 당신에게 무슨 소리가 들리는 것 같습니까? 무슨 냄새가? 어떤 맛을 느낄 수 있습니까? 어떤 터치를 다시 경험하고 있습니까?

(5) 당신이 과거를 재 경험할 때, 갖게 되는 느낌은 어떠합니까?

(6) 이제, 당신이 어린 시절에 살았던 집에 있는 사람들을 만나보도록 합시다. 어머니, 아버지, 그리고 식구 한 사람 한 사람씩 만나보세요. 그들의 얼굴표정, 몸짓, 자세, 의복들을 살펴보세요.

(7) 그들은 서로 서로 어떻게 상호작용을 하고 있습니까?
그들은 당신을 어떻게 대하고 있습니까?

2) 2.－1)의 연속

(1) 연습 2의 활동과정에서 어린 시절에 경험했던 감정들 중에서 현재 당신의 일상생활에서 보다 민감하게 느껴진다고 생각되는 감정들은 어떤 것인가?
예컨대, 분노, 우울, 억울함, 부적절감, 불안, 두려움 혹은 공포, 죄책감, 슬픔, 좌절감, 열등감, 혼란 등 이들 가운데서 찾아보세요(표 12-1 참고).

(2) 어린 시절에 경험한 감정들이 어떤 상황에서 경험한 것입니까? 그 상황들을 이야기해 보고 해결되지 않은 관계상황이나 감정들을 역할놀이나 심리극 등의 방법으로 해결을 접근해 본다.

인 간 관 계 론

Human Relations

제 13 장

숨은 동기를 지닌 대화: 심리적 게임

Ⅰ. 게임의 이해

당신은 다른 사람들로부터 자주 괴롭힘을 당하는 사람을 본 적이 있는가? 또 다른 사람을 괴롭히거나 헐뜯는데 많은 시간을 보내는 사람을 본 적이 있는가? 다른 사람이 문제를 가지고 있을 때 개입해서 그들을 구하려고 애쓰는 사람을 본 적이 있는가? 당신이 이러한 사람들을 본 적이 있다면, 당신은 심리적 게임에서 기본적인 역할들을 연기(演技)하고 있는 사람들을 본 것이다. 즉, 희생자(victim), 박해자(persecuter), 그리고 구원자(rescuer)이다. 이 세 가지 역할들은 게임 상응작용적 대화과정에서의 역할들이다.

게임이란 어떤 방식으로의 갚음하기(payoff)로 이끄는 숨겨진 동기를 지닌 일련의 상보적 상응작용으로 정의될 수 있다(Berne, 1964). 이 숨겨진 동기가 암시적 상응작용으로 나타난다. 게임은 보통 부정적 감정(not OK)을 갖게 하고서 끝난다. 이 부정적 감정이 게임을 연기한 것에 대한 대가이다. 게임 연기자들은 자신들이 게임행동을 하고 있다는 사실을 거의 모른다. 비록 그들이 같은 사람과 더불어 같은 행동을 수차에 걸쳐 반복하면서도 그러하다.

심리적 게임들은 사교적인 모임에서 흔히 하는 게임들과 유사하게 보이는 면도 있으나 근본적으로 차이가 있다. 심리적 게임은 재미를 위해서 연기되는 것이 아니다.

〈희생자〉 역할을 하는 사람은 어린이자아의 자기부정적 감정을 재경험한다. 〈구원자〉 혹은 〈박해자〉 역할을 연기하는 사람은 타인부정적 감정을 강화받게 된다. 이러한 게임 역할들은 위조된 역할들(phoney roles)이다. 그들은 현재의 상황들에 대한 것이라기보다는 오히려 초기 아동기의 경험들에 대한 반응으로 상연되는 연기이다. 거짓 역할들은 항상 게임에 관련되어 있다. 심리적인 게임에서의 각 역할자들의 특징은 다음과 같다.

- 박해자(persecuter): 사실은 자신들이 약자이기 때문에 다른 사람을 괴롭히는 사람이다. 그래서 행동에 있어서 불필요하게 엄격한 제한들을 두거나 학대적이고 잔인하게 규칙들을 집행한다.
- 희생자(victim): 대립되는 인간관계에서 그 힘의 균형을 유지하기 위해서 희생되는 사람이다. 스스로 과잉적응하고 있으며, 강요당하거나 병에 걸린 것과 같은 역할연기를 한다.
- 구원자(rescuer): 도움을 주는 것으로 가장하여 타인들을 그에게 의존적인 상태로 잡아 두면서 실제로는 돕지 않고, 사실상 돕는 일을 못마땅하게 생각하기도 한다.

II. 게임행동의 유형과 발달

1. 「바보」 게임

아 들: 아버지, 저는 바보입니다. (→ 희생자 역할)
아버지: 너는 바보가 아니야. (→ 구원자 역할)
아 들: 아닙니다. 저는 바봅니다. (→ 희생자)
아버지: 너는 바보가 아니야. 너 기억하지. 저번 야영 갔을 때 정말 잘 했어! 그때, 선생님은 네가 정말 머리가 좋은 학생이라 칭찬했단다. (→ 구원자)

아 들: 아버지는 선생님이 무슨 생각으로 그렇게 말했는지 아세요? (→ 희생자)
아버지: 선생님이 내게 그렇게 말했어?! (→ 구원자)
아 들: 그래요? 선생님은 항상 나보고 바보라고 했는데, 무슨 말씀이세요? (→ 희생자)
아버지: 선생님은 농담하신거지. (→ 구원자)
아 들: 저는 바봅니다. 저는 알아요. 저의 학교 성적 보세요. (→ 희생자)
아버지: 너, 공부는 더 열심히 해야 해. (→ 구원자)
아 들: 열심히 하고 있어요. 그런데 도움이 되지 않아요. 저는 머리가 나빠요. (→ 희생자)
아버지: 너는 영리해. 내가 알아. (→ 구원자)
아 들: 내가 알아요. 나는 바보예요. (→ 희생자)
아버지: (큰 소리로) 너는 바보가 아니야! (→ 구원자)
아 들: 아닙니다. 나는 바봅니다! (→ 희생자)
아버지: 너는 바보가 아니야, 이 바보 녀석! (→ 박해자)

(James & Jongeward, 1971, p.191)

여기서 아버지와 아들의 대화는 끝난다. 아들은 부정적 감정의 경품권(역시 나는 바보야. 금방 아버지가 나를 바보 녀석이라 그랬잖아!)인 바보감 혹은 무능감을 하나 더 모으게 되었으므로 처음 대화를 시작할 때의 게임의 목적을 성취한 것이 된다. 그러니까 바보감(무능감)의 라켓(만성 문제감정)을 수집하기 위해서 연기하는 것이 바보 게임이다. 이 바보 게임에서 이들은 바보 역할을 계속하다가 처음부터 계속 구원자 역할을 하던 아버지가 박해자로 변하면서 아들은 "역시 아버지는 나를 바보라고 생각하고 있잖아!"라고 확인한다.

자신이 바보스럽다고 느끼고 있는 사람들은 자신이 바보라고 부르는 사람을 만나지 못해도 그 사람은 마음속으로 누군가가 자신에 대하여 냉소하고 있다고 상상한다. 그러므로 그들은 자기들 마음대로 상상해서 만드는 가짜 바보경품권을 수집하게 된다.

앞서 사례에서처럼 어릴 때부터 계속해서 부모나 양육자들로부터 '바보'라고 불려져 온 소년은 저절로 자신을 바보로 생각하기를 배운다. 그가 비록 훌륭한 두뇌를 가졌다 할지라도 그 후의 생애에서 바보로 행세할 수 있다. 바보 게임을 연기하는 것이다. 이러한 바보 게임의 연기자는 보통 '희생자'의 역할로 끝나고, '박해자'의 역할이나 혹은 '구원자'의 역할로 반응할 사람을 찾는다.

이 게임은 완전(Perfection)을 요구하는 부모들에 대한 반응으로 어린 시절에 발달된다. 이 게임을 연기하는 사람은 시도하고 시도해 보고 또 시도해 봐도 다른 사람들로부터 충분한 인정을 한 번도 받아 보지 못하는 〈희생자〉로서의 역할로 끝난다. 그래서 이들은 자신들이 어렸을 때 가졌던, 항상 시도해 봐도 결코 제대로 하지 못하고 있다는 감정과 부정적 인정자극들을 경험한다. 어느 경우에서든지 이들은 최초의 자기부정적 자세를 한 번 더 확고히 하게 된다.

2. 「예－그러나」 게임

여러분은 일찍이 어떤 사람이 문제를 가지고 당신에게 도움을 청했으면서도 막상 대화하는 과정에서 이 사람이 진실로 도움을 원하고 있지 않다는 사실을 발견한 적이 있는가? 아마 여러분은 그들에게 온갖 충고와 시도해 볼 수 있다는 아이디어를 주었을 것이다. 그럼에도 불구하고 여러분이 그 사람에게 아이디어를 제시할 때마다 여러분의 아이디어가 거절당했을 것이다. 만약 그러했다면, 여러분은 「예－그러나」 게임에 말려들었던 것이다.

이것은 매우 흔한 게임에 속한다. 아동기에 이 게임을 배운 사람은 권위인물에 대한 원망을 결단한 것이다. 그 후에 생에서 이 게임이 연기될 때, 그 밑바탕에 깔린 감정 역시 권위에 대한 원망인 것이다. 그 권위가 비평적이든 혹은 양육적이든 간에 그러하다. 즉, 이 게임은 권위를 피하기 위하여 연기(演技)되는 것이다. 또한 「예－그러나」 게임은 결단하고, 행동을 취하고, 문제해결하기를 미루기 위하여 연기되는 것이다. 다시 말해서 다른 사람들에게 자신의 문제를 말해 놓고서는 그들의 충고는 거절한다. 매번 충고가 주어질 때마다 그것을 거절할 이유와 약점을 찾아낸다. 그래서 문제의 해결을 미룬다. 「예－그러나」 게임에 관련된 자아상태들을 도식화할 수 있다. 예시(그림 13-1)에서 볼 수 있듯이 A 대 A의 실선들은 그럴싸하게 표면적으로 상보적 상응작용을 보여주고 있다. 점 선들은 C 대 P의 숨겨진 암시적 상응작용을 나타내고 있다.

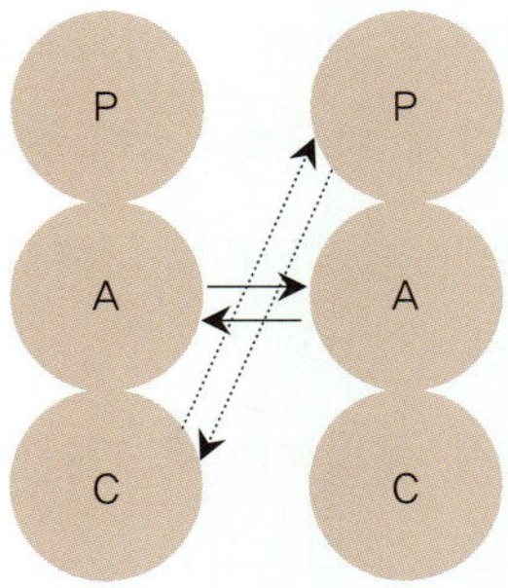

[그림 13-1] 「예-그러나」 게임

표면적 대화와 암시적 대화는 다음과 같이 진행될 수 있다.

◆ 표면적 상응작용: A-A / 암시적 상응작용: C-P 그리고 P-C

친구 1: 얘! 내게 이런 문제가 있는데, 내가 어머님으로 하여금 나의 이야기에 귀를 기울이게 알 수 있을 것 같지가 않아.
(암시적 메시지: 내가 불쌍해 보이지. 꼭 좀 도와줘.)

친구 2: 글쎄, 네 어머님이 네 이야기에 귀를 기울여 주었으면 좋겠다고 어머님께 말씀드려 보자. 그러니?
(암시적 메시지: 그래. 도와줄게. 내가 너를 잘 도와줄 수 있어.)

친구 1: 글쎄, 내가 그렇게 해 볼 수는 있어. 그러나 어머님은 내가 말해도 내가 원하는 만큼 충분히 오랜 관심을 쏟을 수 없을 거야.
(암시적 메시지: 충분하지 못해. 더 힘써 봐.)

친구 2: 네, 오늘밤에 집에 가서 늦게까지 어머님과 이야기하고 싶다고 말씀드려 보지 않고서는, 왜 있잖아, 미리 약속을 하면 될 거야.
(암시적 메시지: 좋아, 내가 지금 노력하고 있어.)

친구 1: 글쎄, 그래. 그러나 어머님은 너무 바쁘셔서 어머님과 약속하기란 하늘에서 별 따기야… 등등. (암시적 메시지: 내가 필요로 하는 만큼 충분한 정보를 너는 갖고 있지 못해. 어쨌든, 나는 너의 도움을 원하지 않아.)

친구 2: (패배감을 갖고 떠나 피한다.)

이와 같은 게임은 게임 출발자에 대한 응답자로 시작한 상대 연기자는 충고에 바닥이 나서 게임 출발자가 이길 때, 막다른 골목에서 끝난다. 〈희생자〉처럼 행동하는 것으로 시작한 출발자는 〈박해자〉로 바뀌고, 결과적으로 상대방으로 하여금 문제해결책 제시에 대한 부적절감을 갖게 만든다. 상대 연기자는 〈구원자〉로 출발했으나 나쁜 감정을 경험하는 〈희생자〉가 된 것이다. 그래서 그는 "제기랄, 나는 단지 너를 돕고자 했을 뿐인데"라고 푸념하게 된다.

사람들이 게임을 연기하는 이유 중의 하나가 그들의 감정들을 재확인 혹은 수집하기 위함이기 때문에 각자는 자신들의 갚음하기(payoff) 감정들, 즉 자신들에게 길들여진 감정들을 받아들인다.

3. 「라포」 게임

당신은 다른 사람을 유혹하고서는 상대방이 그것에 응해 오면, 도리어 그 사람을 무시해 버리는 사람을 본 적이 있는가? 그 사람은 「라포」 게임을 하고 있는 것이다.

예컨대, 한 학생이 다른 학생을 유혹해서 긍정적인 반응을 얻었음에도 불구하고 계속적 관계의 발전을 거부한다면, 그 게임은 〈라포〉일 가능성이 많다.

「라포」 게임에서는 표면적인 상응작용은 정직한 것 같다. 그러나 거기에는 어린이자아 대 어린이자아의 암시적 상응작용이 있다. 전통적인 「라포」 게임은 주도한 사람이 상대방에 의하여 발전된 성적 관심행동에 대하여 분노하는 것이 정당화되고 자신은 결백하다는 느낌을 갖게 될 때 끝난다.

「라포」 게임은 반대의 성(異性)이나 혹은 동성(同性)의 사람들 간에도 연기될 수 있다. 이 게임이 항상 성적인 기초를 갖는 것은 아니다(James & Jongeward, 1975). 무시를 수반하는 유혹의 역할들이 존재할 때 거기에서 언제나 작용하고 있는 것이다. 이것은 어떤 사람이 우정으로 유혹한 후 우정으로 응대해 오는 사람은 거절하게 될 때도 일어난다. 응대해 오는 상대방 연기자의 상보적 게임은 「바보」 게임이나 「차 주세요」 게임이라 불리는 게임일 수도 있다.

4. 「차 주세요」 게임

이 게임은 '차임'을 바라고 있는 〈희생자〉와 기꺼이 찰 수 있는 〈박해자〉가 있어야 한다. 게임이 완화된 형태에서 '찬다'는 것은 경멸적인 표정일 수도 있고, 보다 심한 경우에는 정말 구타하는 것일 수 있다.

믿기 힘들지 모르나 어떤 사람들은 손상을 입을 정도로 차임을 허용하기도 하다. 「차 주세요」 게임에서 연기자는 자극하여 멸시하도록 만든다.

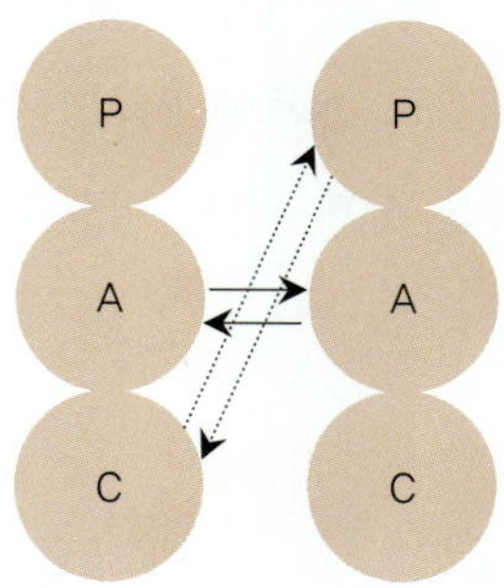

[그림 13-2] 「차 주세요」 게임

- **표면적 상응작용: (A - A)**

  학생: 지난밤에 자지 않고 늦게까지 했는데도 숙제를 못했습니다.
  교사: 오늘이 숙제 제출 마감날이다. 미완성된 숙제는 자연히 점수가 낮을 것이다.

- **암시적 상응작용: (C - P)**

  학생: 나는 늘 이렇게 모자란 놈입니다. 나를 경멸하십시오.
  교사: 그래. 너 못난 놈 맞아!

5. 「과욕부리기」 게임

이 게임은 막판 좌절(eventual collapse)이나 혹은 우울을 정당화하기 위하여 흔하게 연기되는 게임이다. 과욕부리기 게임을 연기하는 어떤 경영간부는 모든 일에 "예"라고 하면서 일찍 와서 늦게까지 일하기를 지원하며, 주말에 일거리를 맡아서 집에까지 갖고 온다. 아마 통근 버스에서도 일거리를 들여다보고 있을지도 모른다. 한동안 초인처럼 행동할 수 있다. 그러나 마침내 그의 용모가 자신의 괴로운 상태를 나타내기 시작한다. 헝클어진 옷차림이나 머리 모양, 면도를 하지 않은 채 혹은 핏발선 눈을 하고선 일한다. 그는 자신의 일을 끝내지도 못한다. 그의 신체적 · 정서적 건강이 나빠진다. 그는 마침내 쓰러질 만큼 낙담에 빠진다. 이 게임의 연기는 주부, 교사, 그리고 학생 등에서도 볼 수 있다. 즉, 이 게임은 남을 기쁘게 해줄 의도에서 지나치게 일거리를 떠맡아 하면서 결과적으로 피로에 지쳐 감당할 수 없게 됨으로써 오히려 상대방을 곤란하게 만들고 빈축을 사게 된다. 비판적 부모자아(CP)의 강한 완전주의 성격 때문에 연출되는 경우가 많다.

6. 「너 때문이야」 게임

자신의 과오를 인정하지 않고, 상대편에게 책임을 전가하는 게임이다. 즉, 자신을 변명하고 상대편에게 죄책감을 갖게 하려는 의도로 연기된다. 예컨대, 이 게임은 사무실에서 관리자가 뒤에서 지켜보고 있는 동안에 타자가 잘못되면, 타자수가 관리자를 돌아보고서 당신 때문에 이렇게 되었다면서 화내는 경우와 같은 게임이다. 오타의 책임을 스스로 지기보다는 오히려 다른 사람을 비난함으로써 노여움의 경품권을 수집하고 있는 것이다. 만약 이런 일이 자주 있게 되면 그 관리자는 두려움이나 죄책감의 경품교환권을 수집하게 될 수도 있어서 그 타자수를 혼자 두게 될 것이다. 이러한 방법으로 게임의 목적인 격리(isolation)가 성취된다. 「너 때문이야」 게임의 어떤 연기자는 노여움 대신 결백감(purity)을 수집할 수도 있다. 즉, "전혀 그것은 내 잘못이 아니야. 내가 오류를 범하게 된 것은 너의 잘못 때문이야. 나는 결백해" 하는 것이다.

7. 「도시락」 게임

이 게임은 자신의 결백함과 정당감이라고 하는 경품권(stamps)의 수집가인 경영간부가 좋아하는 게임이다. 이 게임의 연기를 통해서 경영간부는 다른 사람들을 조정하고 통제하는데 자신의 자기정당성의 자세(self-righteous position)를 이용한다. 예컨대, 그는 지난 밤 먹다 남은 음식을 종이봉지에 싸 와서는 다른 직원들이 점심 식사하러 간 동안에 자신의 책상에서 그것을 먹으면서 다른 직원들의 식사습관을 문제화한다. 이러한 경영간부의 과시적 태도는 부하 직원들이 그에게 함부로 어떤 요구를 할 수 없게 하는 위협수단이 될 수 있다. 즉, 직원들의 '사소한' 요구들을 피할 수 있는 수단을 얻게 되는 것이다. 그의 암시적 메시지는 "만약 나와 같은 거물이 이처럼 검소할 수 있다면, 너희들도 할 수 있어" 하는 것이다. 그는 지나치게 자기정당성과 비하감을 수집함으로써 다른 사람들로 하여금 자신들의 요구들을 가지고 그에게 접근할 수 없을 정도로 죄책감과 두려움을 갖게 할 수 있는 것이다. 따라서 자신의 게임의 목적이 달성되는 것이다.

8. 기타 게임

이 밖에도 흔히 연기되는 게임들로는 다음과 같은 것들이 있다(Jongeward & James, 1973).

1) 「궁지에 몰아넣기」 게임

상대편에 암시적 상응작용으로 다가올 경우, 상대편이 그 숨겨진 메시지를 감지하고서도 표면적 메시지를 그대로 받아들여 친밀한 대화를 거절하는 것을 말한다. 예컨대, "공부하지 않으면 안 된다. 해도 그런 방법으로는 안 된다"라고 하는 것처럼 아이는 어떤 경우에도 문책당하는 경우다.

2) 「흠잡기!」 게임

"머리카락의 길이, 옷의 스타일 등 아주 사소한 결점만 없으면 너는 나무랄 데가 없을 텐데, 그것이 너의 모든 것을 망쳐 놓았어." 이 게임은 어렸을 때부터 말 많은 간섭적인 부모 밑에서 자란 사람이 흔히 연기하는 것이다. 사실상 이것은 자기 자신의 결점을 감추고 우울감을 방지하기 위한 수단이다.

3) 「너를 도우려는 것뿐인데」 게임

"나의 충고는 매우 훌륭한데, 너는 왜 생각해 보고서는 너를 돕고자 하는 나의 생각들을 거절하는가?" 「예-그러나」 게임과 함께 행한다. 지극히 간섭적인 치료자와 아무리 조언을 해주어도 그것을 받아들이려고 하지 않는 환자와의 사이에 연기되는 게임이다. 그러나 치료자와 환자 간의 경우뿐만 아니라 일반 인간관계에서도 찾아볼 수 있다.

4) 「나무 의족」 게임

자신의 심신의 약점을 이용하여 회피하거나 실패의 변명을 하는데 사용되는 게임이다. "성별도 약점이고, 체격도 형편없고, 인종도 그렇고, 배경도 없는 등 약점 투성이인 나에게 확실히 기대할 건덕지가 없습니다"와 같은 항변이나 탄원의 형태를 취한다.

5) 「보시오 이토록 열심히 했는데」 게임

"일들이 잘못되어도 나를 탓하지 마시오. 여하튼 나는 열심히 했으니까" 이 게임의 목적은 상대편이 책임감이나 죄책감을 느끼도록 하려는데 있다. 내심으로 어떤 일에 반대하고 있으면서도 표면으로는 잠시 동안 협력하는 체하다가 최후에 사태를 꼬이게 함으로써 소기의 목적을 달성하는 경우가 한 예일 수 있다.

6) 「대소동」 게임

이 게임의 전형적인 형태는 성적으로 억압된 어머니가 있는 가정에서 지배적인 아버지와 10대의 딸 사이에서 연기되는 게임이다. 아버지가 직장에서 귀가하는 딸의 결점을 찾고, 딸이 그것에 대꾸한다. 혹은 딸이 불순종하는 최초의 동작이 있은 후에 아버지가 그 딸의 흠을 찾는다. 이 게임의 특징은 친밀한 관계가 되는 것을 두려워하여 서로 접근을 피하려 하는 데 있다.

7) 「이제 잡았다. 이놈」 게임

"네가 잘못한 것을 잡았다. 내가 너를 혼내 주겠다." 이 게임은 상대편의 실수나 실패를 틈타서 지금까지 억눌려 왔던 화를 폭발시키는 것을 말한다.

Ⅲ. 게임으로부터 자유롭기

사람들은 그들이 아동기에 학습한 자기부정 또는 타인부정의 생활자세를 강화하기 위하여, 그들에게 길들여져 있는 인정자극을 얻기 위하여, 그들의 부정적인 경품교환권을 수집하고, 그들을 현찰로 바꾸는 일에 몰두하고 있음을 정당화하기 위하여, 그들의 시간을 채우기 위하여, 그리고 문제해결과 변화를 연기하기 위하여 게임 상응작용을 한다.

사람들이 이와 같은 게임들을 연기할 때, 그들은 자기도 모르게 한 역할로 출발해서는 자주 다른 역할로 바꾸게 된다. 예컨대, 어떤 사람은 「너를 도우려는 것뿐인데」 게임을 연기하면서 〈구원자〉로 시작하고서는 그 도움이 거절 또는 비평을 받게 될 때 〈희생자〉로 바뀐다. 또한 어떤 부모는 자녀를 야단치는 〈박해자〉로서 〈대소동〉 게임을 연기하는 것으로 시작했으나 그 다음에 가서 〈희생자〉처럼 죄책감을 가질 수도 있다. 또 어떤 학생은 〈희생자〉로 출발을 했으나 다른 사람의 도움을 거절하면서

〈박해자〉로 바뀔 수도 있다. 〈희생자〉, 〈박해자〉, 그리고 〈구원자〉의 게임 역할들의 이와 같은 전환을 Karpman은 [그림 13-3]과 같은 삼각 모형으로 표현했다. 화살표는 역할들이 전환되는 방향을 가리키고 있다.

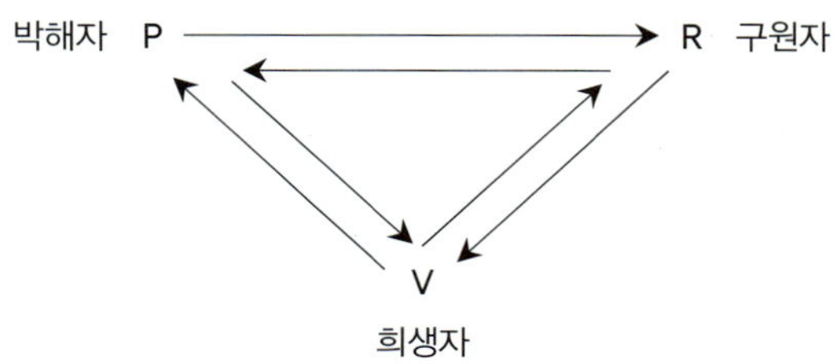

[그림 13-3] 게임연기의 삼각 모형

Karpman의 게임 연기의 삼각 모형(drama triangle)은 자신이나 타인이 그때그때 〈희생자〉, 〈박해자〉, 그리고 〈구원자〉 중 어느 역할을 연기하고 있는지를 각성하는데 도움을 준다.

이와 같은 성질을 지닌 게임들을 포기하도록 하려면, 먼저 자신이 연기하고 있는 게임을 각성할 수 있어야 하며, 그것을 인정하고, 그 게임 속에서 자신의 역할들을 확인하고, 그 역할들을 중단하고 피하는 과정을 통해서 마침내 포기할 수 있게 된다. 게임들을 멈추는 방법은 많다. 대체로 다음과 같은 방법들을 활용할 수 있을 것이다(James & Jongeward, 1975).

1. 어른자아를 사용한다

만약 당신이 게임연기를 멈추고자 하면, 첫째 단계는 무엇이 게임인가에 관한 이론과 움직임들, 갚음하기들에 관하여 분명하게 이해하는 것이다. 두 번째 단계는 당신 자신에게 길들여져 있는 게임 역할을 인정하는 것이다. 다음으로 당신은 다른 사람의 게임들이 당신의 게임을 어떻게 보완하는지, 당신이 게임을 진행해 가는 과정을 통해서 각 타인에게 무엇을 하는지, 그리고 왜 게임은 보통 나쁜 감정들로 끝나는지를 발견할 수 있다.

사람들이 게임들을 걱정하게 될 때, 그들은 그 게임들을 멈추기 위하여 지성적인 단계들(intelligent steps)을 취할 수 있다. 그들은 게임을 주도하는 것을 멈출 수 있고, 또 게임 연기에 '말려드는 것'을 피할 수 있다. 사람들이 연기하는 게임들에 관한 정보는 다른 사람들을 통제하는데 사용되어서는 안 된다. 그렇게 되면 그것 자체가 게임 속으로 말려드는 것이 된다.

어른자아 상태는 게임들을 깨뜨리는데 필요하다. 어른자아는 게임을 계속하는 대신에 행할 수 있는 적절한 것이 무엇인가를 스스로 생각해 낼 수 있다. 다시 말하면, 어른자아는 다른 선택지들이 유용할 수 있다는 것을 결정하는데 필요하다. 충분한 연습으로 새로운 행동패턴들이 묵은 게임행동들을 대신할 수 있을 때까지 시도·개발될 수 있고, 또한 거듭 거듭 반복될 수 있다. 모든 것이 그러하듯이 당신이 많이 행할수록 더 쉽게 얻을 수 있다. 게임들은 보통 쌍방 상응작용(a two person transaction)이다. 결과적으로 하나의 상응작용에 있어서 어느 한 사람이라도 게임을 깨뜨릴 수 있다.

2. 상보적 참여 연기를 멈추라

게임들은 쌍방 상응작용(a two way transaction)이기 때문에 어느 한 사람의 게임연기를 멈추게 하는 한 가지 방법은 상보적 참여연기를 피하는 것이다. 예컨대, 만약 한 사람이 〈예-그러나〉 게임을 연기하는 친구를 가졌다면, 상보적 참여는 충고와 암시들을 주는 것이다. 만약 그와 같은 충고가 주어지지 않으면, 게임은 저지된다. 그러면 대신에 문제가 게임을 시도한 사람에게로 더 반영된다. 혹은 "나는 네가 그것에 관해서 할 수 있는 최선의 것이 무엇인지 잘 모르겠어"와 같이 보다 간단하게 응대하라. 이것은 흔히 게임을 멈추게 하는 쉬운 방법이다. 그러면 교차적 상응작용이 이루어진다. 이러한 방법은 교차적 상응작용을 긍정적으로 활용한 것이라 할 수 있다.

3. 〈희생자〉, 〈박해자〉 혹은 〈구원자〉의 역할연기를 멈추라

게임은 항상 〈희생자〉, 〈박해자〉, 그리고 〈구원자〉의 조정적 역할들을 포함하고 있다. 사람들이 그들 자신의 게임들을 멈추기 위한 한 방법은 이러한 역할들 가운데 어느 하나라도 연기하는 것을 멈추는 것이다. 당신은 진정 자립할 수 있음에도 불구하고 스스로를 무력하고 의존적으로 행동하면서 〈희생자〉로 생각하기를 멈추라. 비평을 필요로 하지 않는 사람들을 비평하면서 자신을 〈박해자〉로 보기를 멈추라. 마침내 돕는 일에 노여워하면서까지 도움을 필요로 하지 않는 사람을 돕는다고 하면서 자신의 상을 〈구원자〉로 강화하기를 멈추라.

사람들이 조정적 역할들의 연기를 멈추게 되면, 신체적 언어에까지 변화를 보인다. 예컨대, 〈희생자〉의 역할을 맡고 있는 사람은 흔히 모든 경우에 있어서 무기력하고 상처받은 것 같은 혹은 의존적인 사람으로 보이는 자세를 보인다. 그는 불안하고, 의기소침하고, 축 처진 어깨 모습을 보인다. 〈희생자〉 게임을 멈추게 되면, 자세나 목소리에 자신감을 보이게 된다.

4. 과장하기를 멈추라

게임을 연기하는 사람들은 과장하는 경향이 있다. 그들은 자신들의 약점들과 장점들을 과장하고, 또한 자주 다른 사람들의 약점과 장점들을 과장하기도 한다. 게임 연기를 멈추도록 돕는 한 가지 방법은 이러한 유의 과장들을 멈추게 하는 것이다. 예컨대, "일을 이렇게 하다니, 걷어 차여도 좋습니다" 혹은 "이렇게 어리석습니다!"와 같은 말을 하면서 스스로 사과하는 사람들은 이것이 자기를 멸시하는 사실을 각성할 수 있고, 또 그들 자신의 결함들을 과장하기를 멈추도록 학습할 수 있다.

5. 시간의 잘못 사용을 멈추라

어떤 사람들은 항상 게임들을 연기하고 있는가 하면, 다른 사람은 훨씬 드물게 게임연기를 하기도 한다. 그러나 게임의 강도나 빈도가 어떠하든 간에 게임들은 많은 시간들을 소비한다. 만약 사람들이 그들의 게임을 포기하도록 선택한다면 그들은 그들의 시간을 보다 생산적인 일들을 하는 데 사용할 수 있다.

예컨대, 그들은 새로운 기술들을 학습하는데, 그들의 재능들을 훈련하는데, 새로운 친구를 사귀는데, 새로운 취미를 개발하는데 혹은 자신을 즐기는데 보다 많은 시간을 사용할 수 있을 것이다. 시간은 부정적인 동기의 감정들을 강화하는 데보다는 오히려 여기-지금에 긍정적으로 관련되는 방법으로 조직될 수 있다.

6. 부정적 인정자극들의 수집을 멈추라

사람들이 게임을 멈추게 되면, 처음에는 허전함을 느낄 수도 있다. 그들의 삶에 있어서 본질적인 것 같은 어떤 것이 사라져 버린 감을 갖는다. 그 '어떤 것'이란 부정적인 인정자극일 수 있다. 사람들은 인정자극들을 필요로 한다. 그들이 게임을 포기하게 되면, 게임의 대가들인 부정적인 인정자극들을 주고받는 것도 포기한다. 대신에 그들은 긍정적인 인정자극들을 주고받는다. 비록, 부정적인 인정자극들이라도 없는 것보다는 낫지만 긍정적 인정자극들은 최선의 것이다. 그러므로 전에 게임연기자였던 사람들은 더 많은 긍정적인 인정자극들을 얻는 방법을 학습한다. 처음에 이것은 계획되고 심사숙고 되어야만 한다. 건설적으로 자극을 주는 법을 학습하고, 자주 행하는 사람들은 다른 사람들로부터 같은 유의 인정자극들을 끌어들인다. 인정자극들의 긍정적 상호 교환들은 보다 지속적인 우정을 창조하도록 한다. 친구들을 갖기 위해서 사람은 친구 되는 법을 배워야만 하는 것이다.

인 간 관 계 론

Human Relations

제 14 장

당신 행동의 기초로서 생활각본

Ⅰ. 생활각본의 의미

사람들은 어떻게 해서 제각기 특징적인 성격적인 경향을 나타내는 것일까? 여러 가지 게임들 중에서 어느 특정 게임을 선정하여 연기하는 것일까? 이러한 질문에 답하기 위하여 Berne(1958)은 생활각본(life script)이라는 개념을 도입하였다. 그는 **생활각본**을 "아동 초기에 부모의 영향 아래 발달된 지속하는 프로그램이며, 그것은 개인이 생애에 있어서 가장 중요한 면에서 그의 행동을 지시하는 것이다"(Berne, 1972)라고 정의하였다. 생활각본은 개인이 살아갈 삶의 모습을 나타내는 청사진과 같은 것이고, 그 생활각본은 설령 잘못 쓰여진 것이라 할지라도 그렇게 행동하는 것이 정당하다고 말해 주는 것이다. 사람들은 무의식적으로, 충동적으로 자신의 생활각본을 따른다. 그러므로 모든 사람의 생활을 지시하는 기본적인 동기유발은 생활각본 속에 담겨 있는 것이다. 죽음, 질병, 재난과 같은 새로운 상황들이나 생활각본을 변경시키고자 하는 결단은 한 개인의 역사의 과정(course)을 크게 변화시킬 수 있다.

어떤 사람들은 자신들의 가장 큰 잠재력을 실현할 수 있도록 동기화하는 생활각본을 가지고 있다. 그들은 자신과 자신의 능력들에 관하여 자신감을 주는 메시지들을 받는다. 그 결과로 그들은 승자의 생활각본(winning script)에 따라서 그들의 삶을 살아간다.

다른 사람들은 그들로 하여금 불만스럽거나 매우 불행한 삶을 살아가게 하는 메시지를 받는다. 그들은 꾸준히 일하면서도 괴롭고 불행하다. 그리고 같은 실수들을 거듭 반복한다. 그들의 생활각본은 진전이 없다. 그와 같은 생활각본을 가진 사람은 변화에 강하고 저항한다. 그들은 새로운 것들이나 아이디어들을 두려워하고, 또한 그들은 변화는 그들을 더 나쁘게 만들 것으로 생각하여 겁낸다. 이러한 사람은 하나의 틀에 고정되어, 비승자 혹은 진전이 없는 생활각본들을 따른다. 또한 어떤 사람들은 기껏해야 실패로 끝나든가 잘못되면 자멸하게 하는 부정적인 메시지를 받는다. 그와 같은 사람들은 패자의 생활각본(loser scripts)을 따라 삶을 살아가게 되는 것이다.

II. 생활각본의 형성

인생 초기부터 생활각본의 형성이 시작된다. 예컨대, 놀림감이 되고 있는 어린아이는 "나는 매우 얼빠진 놈이야. 나의 부모도 그 밖의 어느 누구도 나를 좋아할 리 없어. 나도 나 자신을 좋아하지 않는다"라고 결단할 것이다. 반면에, 좋은 평가를 받고 있는 어린아이는 "나는 중요한 존재다. 나의 가족이나 다른 사람들이 나에게 관심을 가지고 있어. 나도 나 자신을 좋아한다"라고 결단할 수 있다. 사람들은 그들이 아동기에 결단한 것을 증명하는 극을 상연하는데 그들의 생활시간을 사용한다. 경험들에 기초해서 각 사람은 다음과 같은 내용들을 생각하게 된다. 나는 누구인가? 여기서 내가 무엇을 할 것인가? 그리고 나는 그들을 위해서 무엇을 할 것인가? 어린아이들은 자신들과 그들의 가족에 관하여 지금까지의 경험들을 토대로 내리게 된 결단들에 의해서 그들은 자신이 긍정적인 존재(OK)인지, 아니면 부정적인 존재(not-OK)인지 또는 다른 사람들이 긍정적인 존재인지 아니면 부정적인 존재인지에 관한 보다 일반적인 자세를 갖게 된다. 생활자세는 자신을 OK로 보느냐 혹은 Not OK로 보느냐의 자기관(自己觀)과 다른 사람(또는 환경)을 OK로 보느냐 혹은 Not OK로 보느냐고 하는 타인관(他人觀)을 말한다. 이러한 긍정적 혹은 부정적 자기관과 타인관을 포함하는 생활자세를 형성하게 된다. 개인은 어떤 상황에서 어떤 행동을 어떻게 할 것인가로 결정하게 한다. 따라서 이 생활자세를 기초로 해서 상황에 따라 나타낼 행동의 각본을 형성하게 되는데 그것이 생활각본이다. 생활각본을 형성하고 있는 요소들에는 이러한 생활자세를 비롯한 인정자극, 금지명령, 만성 문제감정, 결단, 행동몰이자(driver) 등이 포함된다. 생활각본 형성의 과정은 다음과 같다(James & Jongeward, 1975).

인생 초기 경험들	→ 결단들	→ 자세들	→ 생활각본 강화행동
예: 엎지르거나 떨어뜨리거나 기타 실수로 놀림을 받는다.	나는 얼간이야. 부모님들은 나를 좋아하지 않을 거야.	나는 그르고 (그들은 옳아)	얼간이 같은 행동하기 (놀림감 되기)

[그림 14-1] **생활각본 형성과정**

생활각본을 쓰게 하는 메시지들은 생의 아주 초기에 받게 된다. 심지어 갓난아기의 경험들까지도 생활각본의 부분이 된다. 그의 욕구들이 충족되고 만족스럽게 먹여지고, 따뜻하게 인정받는 어린아이는 처음부터 호감을 갖고 원하는 바의 생활각본이 기초가 되는 메시지들을 받아들이고 있는 것이다. 그와 같은 메시지들은 좋다는 느낌을 갖게 하는 감각을 통해서 전달된다. 즉, 빈 위장이 채워지고 젖고 찬 기저귀가 바뀔 때의 촉감, 그리고 따뜻한 피부 접촉 등의 감각들을 통해서이다.

이와는 대조적으로 무시되고 소홀히 이루어지고, 아마 오랜 시간 동안 배고픈 대로 내버려두어지고 불쾌감으로 소리쳐 울도록 거들떠보는 사람이 없고, 찬 기저귀대로 눕혀 두고, 정답게 껴안아 주지도 않고, 접촉도 거의 없이 혼자 방치되는 어린아이들을 앞의 경우의 어린아이들과 비교해 보라. 혹은 운다고 찰싹 때리거나 심지어는 상처까지 입는 갓난아이와 비교해 보라.

이러한 경험들은 비록 그것들이 주로 비언어적인 것들이라 할지라도 생활각본의 기초가 되는 감각들로 지각된다. 어린 아기들은 아직, 언어를 말하거나 이해할 수 있는 수단을 갖고 있지 못하다. 그러나 초기의 양육방법에 대한 반응에서 중요한 존재로 느낌을 갖거나 혹은 무가치한 존재감을 갖기 시작한다. 처음의 생활각본 메시지들은 신체적 감각으로 지각되고 그것이 초기의 생활각본 '테이프들(tapes)'이 되는 것이다.

그 후에 유아들은 사물들을 보기 시작한다. 그들은 안면 표현들을 본다. 그들은 경멸을 나타내는 삐죽거리는 입술, 화가 나서 치켜 올라가는 눈썹을 지켜보고, 따뜻하게 응대하거나 냉정하게 거절하는 얼굴표정을 지켜본다. 처음으로 영아들은 그들이 보는 세계에 관해서 학습한다. 그리하여 그들은 자신들에 관한 감정들을 강화하는 타인들에 관한 감정들을 첨가해서 모으기 시작한다.

부모가 자녀들에 이야기하거나 혹은 그들에 관해서 말할 때 자녀들을 묘사하기 위해 사용하는 말들은 생활각본을 형성하는 또 다른 하나의 강력한 매체가 된다. "너 참 멋있다", "우리는 너를 사랑한다", "너는 태어나지 않았으면 좋을 뻔했다", "너는 귀찮은 존재다" 이러한 모든 표현들은 그 어린아이의 자아개념을 형성한다. 부모에 의하여 부정적으로 묘사되는 자녀들은 자신들을 부정적으로 묘사하게 될 것이다.

다시 말해서, 모든 사람은 각자의 심리적 생활각본을 가지고 있고 또 생활각본을 가지고 있는 가정, 혹은 사회의 문화 속에 존재하고 있다. 심리적 생활각본은 개인의 인생극(life drama)을 위해 평생 동안 사용할 수 있는 프로그램을 가지고 있다. 그것은 건설적인 것일 수도 있고, 파괴적인 것일 수도 있으며, 혹은 비생산적인 것일 수도 있는 부모로부터 받은 메시지들과 그리고 자신 혹은 타자들에 대하여 갖는 심리적 생활자세들에 그 뿌리를 두고 있다. 생활자세들은 일반적인 사람들에 관련된 것일 수도 있고, 혹은 특정한 성(性)에 관한 것일 수도 있다.

모든 생활각본들이 마치 주술과 같은 영향력으로 작용한다고 하더라도 어떤 생활각본들은 사회에서 어떤 개인의 재능들의 활용에 있어서 상당히 현실적인 아이디어들을 제공하는 기능을 발휘하기도 한다. 그러나 모든 생활각본들은 아마 노여움 때문에 비현실적으로 선택된 별을 보고 따라가게 하는 문제들을 포함하고 있는 것들이다. 또한 어떤 생활각본들은 비극적인 종말로 가는 파괴적인 어린이자아를 프로그래밍하고 있는 것들도 있다.

여기서 생활각본의 형성과정(초기 경험들→결단→생활자세→생활각본)을 보여주는 한 가지 사례를 들어 보자(James & Jongeward, 1971).

> 아버지는 사나운 알코올 중독자였다. 술에 취하면 나를 때리고 고함을 지르곤 했다. 나는 언제나 아버지를 피해 숨으려고 했다. 어느 날 집 문이 부서지는 듯한 큰 소리가 나면서 아버지가 집 안으로 들어섰을 때 만취한 모습이었는데 보통 때보다 술을 더 많이 마신 것 같았다. 주방에서 큰 식칼을 찾아 들고서는 집안을 난폭하게 돌아다니기 시작했다. 나는 벽장 속에 숨어서 무서움에 떨었다. 나는 겨우 네 살이었다. 벽장 속은 어둡고, 으스스하고, 물건들이 얼굴에 계속 부딪혔다. 그 날 나는 남자들이란 나를 해치려고만 하는 짐승들이라고 결단했다. 나는 몸집이 큰 아이였던 것 같고, 그때 이런 생각한 것을 기억한다. "내가 만약 몸이 더 작았더라면 아빠가 나를 사랑했을 텐데", "내가 예뻤더라면 아빠가 나를 사랑했을 텐데." 나는 항상 아무 가치도 없는 인간이라고 생각했다(p.35).

자신과 타인에 대한 결단은 심리적 생활자세, 즉 인생에 대한 태도를 형성하게 한다. 이 사례에서 보면, 영미는 자신은 무가치한 존재로 'I'm not OK'로, 아빠 또는 남성에 대해서는 짐승으로 'You're not OK'로 결단해서 자신의 인생태도로서 생활자세는 "I'm not OK－You're not OK"로 형성되었다. 영미는 이러한 생활자세, 달리 표현하면 자기관과 타인관에 기초해서 쓰여진 자신의 '인생여정의 드라마'의 각본(생활각본)에 맞는 역할을 할 수 있는 배역들을 찾게 된다. 그래서 그녀는 역시 알코올 중독자와 결혼하게 되었고, 그는 유혹(Rapo) 게임을 자주 연기했다.

대부분의 사람들은 때때로 역할들을 연기(演技)하고 스스로 어떤 형태의 가면을 쓰고 있다. 만약 그들이 역할을 수행하고 있는 동안에 자신들을 각성하게 된다면, 그 각성은 꾸며진 역할들을 거부할 수 있는 자유를 그들에게 주게 될 것이다. 사람은 연기 행동을 본래성(authenticity)을 위하여 포기할 수 있다. 각성적인 사람은 그들 자신의 생활계획들의 과정을 결정할 수 있고, 또 그들 자신의 가능한 자아들과 접촉할 수 있고 하나의 특수한 틀에만 맞추어 인생을 살아가고자 하는 충동을 고쳐 지도할 수 있다. 많은 경우에 이것이 쉽지 않다. 사실 그것은 몹시 고통스럽고 매우 어려운 작업을 포함하고 있다. 때로는 진정한 구원자를 필요로 한다.

James Aggrey의 '독수리의 우화'가 이러한 사실을 암시해 주고 있다(Jongeward & James, 1971). 즉, 어떤 농부가 주어다 닭장 속에서 키운 독수리는 자연보호가에 의하여 본래 독수리의 세계로 보내주려고 시도했으나, 익숙해져 있는 닭의 세계로부터 탈출하기란 매우 힘들었다. 그러나 계속적인 시도 끝에 마침내는 독수리의 본래성을 찾게 된다는 우화이다. 이 우화에서의 독수리처럼 인간도 본래 자기와는 다른 인간으로 학습될 수 있다. 그러나 자신이 본래의 잠재능력을 충분히 발휘할 수 있도록 재조정될 수 있다는 것이다. 즉, 생활각본이 다시 쓰일 수 있다는 것이다. 즉, 생활각본이 다시 쓰일 수 있다는 것이 TA에서 Berne의 주장이고, 또한 TA의 목적이기도 하다.

연습

연습 1. 생활각본 요약도

1. 지금 당신 앞에 두 개의 의자가 놓여 있다고 가정합시다. 한 의자에는 당신이 앉아 있고, 다른 의자에는 어머니가 앉아 있는 것으로 상상해 봅시다. 이제, 어린 시절로 여행을 떠나겠습니다. 고등학교, 중학교를 거슬러 올라 당신의 초등학교 시절로 되돌아갑니다. 가능하면 초등학교 이전의 더 어린 시절로 되돌아가 봅니다. 당신이 살던 집을 찾아가 봅시다. 무엇이 보입니까? 사람들, 가구 혹은 어떤 것들이 보입니까? 함께 살던 사람들을 만나 보도록 합시다. 그들의 얼굴, 몸짓, 자세 그리고 의복들을 살펴보세요. 그 중에서 엄마는 어떠합니까? 엄마는 당신을 어떻게 대하고 있습니까? 당신과 엄마와의 관계에 있었던 일들을 한번 머릿속으로 쭉 떠올려 보십시오. 당신이 어떤 행동을 했을 때, 엄마가 가장 흐뭇해하고 좋아했습니까? 그 내용을 아래의 빈칸에 기록하십시오. 〈보기 1을 참조하세요.〉

〈보기 1〉

- 당신이 얌전하고 말 잘 들었을 때
- 어떤 것을 잘 해내었을 때
- 뭔가 열심히 노력하는 모습을 보였을 때
- 강인하고 독립적인 모습을 보였을 때
- 할 일을 제때에 빨리 해내었을 때

2. 이제, 당신 앞에 놓여 있는 의자에는 당신의 아버지가 앉아 있다고 상상해 봅시다. 그리고 한 번 더 당신의 어린 시절로 돌아가 봅니다. 당신의 고등학교 시절, 중학교 시절을 쭉 지나서 초등학교 시절 그리고 가능한 한, 초등학교 이전의 더 어린 시절로 돌아가 봅시다.

당신의 살던 집으로 찾아가 봅시다. 무엇이 보입니까? 사람들, 가구, 혹은 어떤 것들이 보입니까? 함께 살던 사람들을 만나 보도록 합시다. 그들의 얼굴, 몸짓, 자세, 그리고 의복들을 살펴보세요, 그 중에서 아빠는 어떠합니까? 아빠는 당신을 어떻게 대하고 있습니까? 당신과 아빠와의 관계에서 있었던 일들을 한 번 머릿속으로 쭉 떠올려 보십시오. 당신이 어떤 행동을 했을 때, 아빠가 가장 흐뭇해하고 좋아했습니까? 그 장면을 머릿속으로 한 번 그려 보고 가장 인상 깊었던 것 하나를 선택해 보십시오. 그 내용을 다음번 칸에 기록하십시오. 〈보기 2를 참조하세요.〉

〈보기 2〉

- 당신이 얌전하고 말 잘 들었을 때
- 어떤 것을 잘 해내었을 때
- 뭔가 열심히 노력하는 모습을 보였을 때
- 강인하고 독립적인 모습을 보였을 때
- 할 일을 제때에 빨리 해내었을 때

3. 당신이 어렸을 때, 당신의 어머니가 당신에 대하여 화를 내거나 못마땅해 하거나 혹은 짜증스러워 할 때, 그것이 당신의 어떤 면과 관련된 것이었다고 생각됩니까? 〈보기 3을 참조하세요.〉

〈보기 3〉

- 무책임한 행동
- 아들 아닌 딸로 태어난 것
- 너무 집 안에만 있는 것
- 몸을 가깝게 접촉하는 것
- 무엇을 잘하는 것
- 제 마음대로 하는 행동
- 집 밖으로 잘 나가는 것
- (분노, 두려움, 슬픔, 기쁨 등의) 감정을 잘 나타내어 보이는 것
- 농담하는 것
- 당신이 태어난 것 자체
- 겁 없는 행동
- 당신의 의견을 주장하는 것
- 당신의 권리를 주장하는 것
- 강하고 건강한 것

4. 앞서와 같은 이유로 어머니가 당신에게 화를 내거나 혹은 짜증스러워할 때, 당신의 느낌은 어떠했습니까? 〈보기 4를 참조하세요〉

〈보기 4〉

• 슬픔	• 비애	• 죄책감	• 무력감
• 무가치함	• 초조감	• 절망감	• 수치감
• 혼란	• 두려움	• 걱정	• 부적절함(어색함)
• 고독감	• 우울	• 후회	• 라이벌 의식
• 분노	• 억울함	• 속상함	• 혐오감
• 열등감	• 의무감	• 허무감	• 부끄러움 등

5. 당신이 4번에서 답한 것과 같은 감정을 느꼈을 때, 당신은 마음속으로 자신과 어머니를 어떤 사람으로 생각했습니까?

자신:

어머니:

6. 당신이 어렸을 때 당신의 아버지가 당신에 대하여 못마땅해 하거나 화를 내거나 혹은 짜증스러워할 때, 당신의 어떤 면 때문에 그랬던 것 같습니까〉 〈보기 5를 참조하세요.〉

〈보기 5〉

- 무책임한 행동
- 아들 아닌 딸로 태어난 것
- 너무 집 안에만 있는 것
- 몸을 가깝게 접촉하는 것
- 무엇을 잘하는 것
- 제 마음대로 하는 행동
- 집 밖으로 잘 나가는 것
- (분노, 두려움, 슬픔, 기쁨 등의) 감정을 잘 나타내어 보이는 것
- 농담하는 것
- 당신이 태어난 것 자체
- 겁 없는 행동
- 당신의 의견을 주장하는 것
- 당신의 권리를 주장하는 것
- 강하고 건강한 것

7. 앞서와 같은 이유로 당신의 아버지가 당신에게 못마땅해 하거나 화를 내거나 혹은 짜증스러워 할 때, 당신의 느낌은 어떠했습니까? 〈보기 6을 참조하세요.〉

〈보기 4〉

- 슬픔
- 무가치함
- 혼란
- 고독감
- 분노
- 열등감
- 비애
- 초조감
- 두려움
- 우울
- 억울함
- 의무감
- 죄책감
- 절망감
- 걱정
- 후회
- 속상함
- 허무감
- 무력감
- 수치감
- 부적절함(어색함)
- 라이벌 의식
- 혐오감
- 부끄러움 등

8. 당신이 7번에서 답한 것과 같은 감정을 느꼈을 때, 당신은 마음속으로 자신과 아버지를 어떤 사람으로 생각했습니까?

자신:

아버지:

9. 당신 앞에 놓여 있는 어머니의 의자에서 당신의 어머니를 다시 한 번 그려 보고, 어머니의 삶의 자세를 나타낼 수 있는 문장이나 글귀를 생각해 보십시오. 그것을 아래에 기록하십시오. 〈보기 7을 참조하세요.〉

〈보기 7〉

- 가족에게 자신의 전체 삶을 바쳤다.
- 자신의 신념 추구를 위해 투쟁해온 삶이었다.
- 슬프고 외로운 삶이었다.
- 어떠한 좋지 못한 일이 있어도 밝고 친절했다.
- 모든 사람의 친구였고, 조력자였다.
- 자신 외에 다른 사람은 결코 모르는 사람이었다.

10. 이제는 당신 앞에 놓여 있는 아버지의 의자에서 당신의 아버지를 다시 한 번 그려 보고, 아버지의 삶의 자세를 나타낼 수 있는 문장이나 글귀를 생각해 보십시오. 그것을 아래에 기록하십시오. 〈보기 8을 참조하세요.〉

〈보기 8〉

- 가족에게 자신의 전체 삶을 바쳤다.
- 자신의 신념 추구를 위해 투쟁해온 삶이었다.
- 슬프고 외로운 삶이었다.
- 어떠한 좋지 못한 일이 있어도 밝고 친절했다.
- 모든 사람의 친구였고, 조력자였다.
- 자신 외에 다른 사람은 결코 모르는 사람이었다.

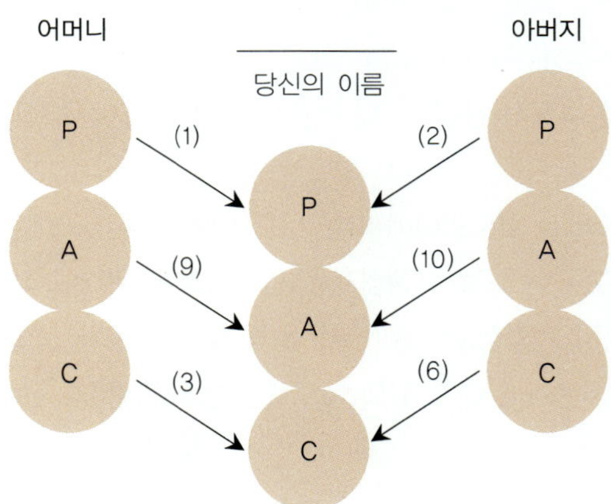

라켓: (4) ____________ 라켓: (7) ____________

결단: (5) 나____________ 결단: (8) 나________

어머니 _______ 결단: 아버지________

생활각본 요약도

*** 생활각본 요약도 작성 시 참고사항**

이 「생활각본 요약도」의 (1)~(10)번까지는 생활각본의 구성요소들로서 앞서 10개의 설문들에 대한 학생들의 응답을 정리해서 기록 작성한다.

(1)과 (2) – **행동몰이자**(driver): 어머니와 아버지로부터 어린 자녀들에게 주어지는 명령이다. 안전을 위해서나 인생의 성공을 위해서 따르지 않으면 안 되는 지상명령으로 자녀들의 뇌리에 각인되어 있을 수 있다. ① 열심히 해라. 더욱 노력해라. ② 서둘러라. 빨리 해라. ⑤ 강해라. ④ 완전해라. ⑤ 나(부모)를 기쁘게 해라. 남을 기쁘게 해라. 등이다.

(3)과 (6) – **금지명령**(injunction): 제11장 3절의 생활자세의 형성요인이 생활각본의 요인으로 연계된 것이다. 설문상에 제시된 〈보기〉를 근거로 해서 11장 3절의 열두 가지 금지명령 유형을 확인하여 기록한다.

(4)와 (7) – **만성 문제감정**(racket): 어머니 혹은 아버지의 금지명령에 대한 반응으로서 경험하게 되는 부정적 감정들이다. 설문상의 〈보기〉에서 해당하는 감정들을 선택해서 기록한다.

(5)와 (8) – **결단**(decision): 금지명령에 따른 나와 너(부 혹은 모)에 대한 결단이다. I+ 혹은 I-, Y+ 혹은 Y- 이것은 생활자세를 의미하게 된다(11장 참고).

(9)와 (10) – **삶의 가치 지향성**(values): 부모들의 삶의 태도가 모델로 자녀들에게 보여진, 어떻게 사는가에 대한 삶의 태도를 말한다. 설문의 〈보기 7〉, 〈보기 8〉에 예시되어 있다.

부록 I

TA의 발달과 학파

1. TA 발달

TA의 창시자 Eric Berne은 1910년 5월 10일 캐나다의 몬트리올에서 유태인 의사인 아버지와 작가인 어머니의 슬하에 남매 중 둘째로 태어났다. 평소에 그는 아버지를 자랑스럽게 여겼으며, 어린 시절부터 아버지의 직업을 계승할 것을 결심하였다고 한다. 그는 1935년에 몬트리올의 맥길 대학교에서 M. D.학위를 받았고, 이듬해인 1936년에 예일대학교의 의과대학 정신과에서 레지던트로 연구하기 위하여 미국으로 갔다. 거기서 2년간 연구생활을 하였다. 1938년경에는 미국 시민권을 얻었고, 그의 본명 Eric Bernstein을 보다 간결하게 Eric Berne으로 개명하였다.

1914년부터 그는 뉴욕 시에 있는 시내산 병원(Mt. Sinai Hospital)에서 정신과 임상조수로 일하는 한편, 또한 그는 뉴욕 정신분석 연구소(New York Psychoanalytic Institute)에서 훈련을 받기도 하였다. 여기서 그는 TA이론 형성에 크게 영향을 준 Paul Fedem의 지도를 받았다. 그로부터 2년 후인 1943년에 그는 정신과 의사로서 군에 입대하였고, 1945년서부터 제대하기까지 2년 동안 그는 이 군복무기간 동안에 처음으로 집단치료에 관한 경험을 갖게 되었다. 그 치료집단 가운데는 알코올 중독자인 군인집단과 한 민간인 집단이 포함되어 있었다(Holland, 1973). 군에서 제대한 후 그는 곧 캘리포니아의 카멜이라는 곳에 정착하였고, 샌프란시스코 정신분석 연구소(San Francisco Psychoanalytic Institute)에서 정신분석훈련을 다시 받기 시작하였다. 이곳에서 그는 Erik Erikson의 지도를 받았다. Erikson은 성격발달 단계이론으로 우리들에게 잘 알려져 있는 유태계 미국인 정신분석학자이다.

Berne은 환자들의 치료에 전념하면서 보다 효과적인 정신분석적 치료방법을 찾아내고자 하였다. 그런데 그는 환자들의 치료방법으로서 전통적 정신분석적 방법인 자유연상법이나 꿈의 해석 등과 같은 방법으로는 만족할 수 없었던 것 같다. 그리하여 그는 군복무 시기에 경험한 바 있는 집단치료 방법에 관하여 계속 탐구해 가면서 치료자가 보다 능동적으로 환자들에게 접근해 가는 치료방법을 시도하였고, 또한 이러한 접근방법의 필요성을 주장하였다. 이와 같은 그의 신념과 태도로 인하여 정통 정신분석학자들은 그를 정신분석으로부터의 일탈자로 보게 된 것 같다(Steiner, 1974). 그런 연유에서였는지, 1956년 그는 정신분석학회(The Psychoanalytic Institute)의 회원가입을 거절당했고, 그로 인해서 그의 소원이었던 '정신분석 전문가(psychoanalyst)'라는 칭호의 획득은 좌절되고 말았다.

마침내 Berne은 그의 생의 중반에서 정신분석학과 결별하고, 항상 그의 관심거리가 되어 왔던 인간의 성격, 사회적 상호작용 및 심리치료에 관한 자신의 아이디어들의 개발에 박차를 가하게 되었다. 그 결과로서 그는 1957년에 TA의 성격이론의 핵심이 되고 있는 세 가지 자아상태, 즉 부모자아(Parent), 어른자아(Adult), 그리고 어린이자아(Child) 상태들에 관한 논문('Ego states in psychotherapy')을 미국 심리치료학회지(American Journal of Psycho-therapy)에 발표하게 되었다. 동년 11월에는 로스앤젤러스에 있는 미국 집단심리치료협회 서부지회에서 '상응작용 분석법: 새롭고 효과적인 집단치료법(Transactional analysis: a new and effective method of group treatment)'이라는 주제로 강연한 바 있다. Cheney(1976)에 의하면, 이때 이미 TA이론의 90%가 완성되었다고 한다. 이를 토대로 하여 1961년에는 그의 최초의 TA에 관한 저서로서 『심리치료에 있어서 상응작용 분석법(Transactional analysis in psychotherapy)』이 출판되었다. 이와 같이 TA의 발달은 갑자기 이루어진 것은 아니다. Berne이 그의 군복무 동안에 가졌던 집단치료의 경험들과 약 10여 년 간의 그의 임상경험을 통하여 그 아이디어들이 형성되었고, 1950년대 초에서부터 Berne과 그의 몇몇 동료들에 의하여 월례 인상세미나 형식으로 시작된 '카멜 세미나'와 이를 모체로 하여 발전한 '샌프란시스코 정신의학 세미나' 등에서 그 아이디어들이 비판적으로 토의 · 검토되어 하나의 집단치료 및 상담의 접근방법으로서의 TA의 결실을 보게 된 것이다(Holland, 1973; Chency, 1976).

이처럼 TA는 주로 Berne의 임상경험으로부터 생성된 것으로 볼 수 있지만, 그도 인정하고 있듯이 Freud의 영향을 받은 것은 분명하다. 그러나 그는 Federn의 자아심리학(ego psychology)과 그것에 관한 Weiss의 해석, 그리고 Penfield의 기억기제에 관한 연구에 보다 깊은 영향을 받았다고 한다(Berne, 1961). Federn은 심리적 실재(psychological reality)란 완전하고 비연속적인 자아상태들에 기초하고 있다는 사실을 최초로 주장하였고, Penfield는 그의 기억기제에 관한 신경 외과적 실험으로 이러한 Federn의 주장을 실증하는데 공헌하였다. Berne이 Fedem의 영향을 받았다는 한 증거를, 우리는 Berne이 TA의 성격구조, 즉 부모자아(P), 어른자아(A), 어린이자아(C) 상태들과 Freud의 원초아(Id), 자아〈Ego), 초자아(Superego) 간의 차이를 설명하는데서 찾아볼 수 있다. Freud는 자아나 초자아가 원초아로부터 파생되는 것으로 보지만, Berne은 부모자아, 어른자아, 그리고 어린이자아를 각각 독립적으로 생성되는 것으로 보았다. Berne의 이와 같은 아이디어는 바로 "심리적 실재는 완전하고 비연속적인 자아상태들에 기초하고 있다"라고 가정한 Federn의 자아심리학에서 얻은 것으로 보인다. 또한 자아상태 가운데 부모자아와 적응적 어린이자아의 자료들은 묵은 과거의 경험자료들로서 그와 유사한 상황이나 기타 자극이 주어지면 자동으로 묵은 자료들이 재생작용을 한다는 자아상태의 기능설명에서 Penfield의 기억기제 연구의 결과와 유사하다는 점에서 Berne이 Penfleld의 기억기제의 연구결과를 과학적 근거로 활용하고 있음을 발견할 수 있다.

이 밖에도 Berne의 직접적인 언급은 찾아볼 수 없지만, Adler의 생활양식(life style)의 개념, Jung의 원형(archetype)의 개념, 그리고 Horney, Fromm, Sullivan 등의 인간행동의 사회적 상호작용적 측면의 강조 등에 영향을 받은 것으로 보는 학자들이 있다(Holland, 1973; Elson, 1979). 그러나 다른 이론들의 영향을 받았다고는 하더라도 Berne의 인간행동과 동기에 관한 기술(記述)이나 개념화(概念化)에 있어서 그의 독창성과 상상력은 인정되고 있다.

2. TA 학파

오늘날 TA는 Berne의 고전적 TA와는 그 성격을 조금씩 달리하는 TA학파들이 있다. 그 중 대표적인 학파로는 Gouldgings의 재결단 학파와 Schiff의 재양육 학파를 들 수 있다.

재양육 학파(Reparenting school)의 TA접근방법은 TA를 정신분열증 환자의 치료에 적용해 보는 과정에서 개발된 것이다. 이 접근에서는 정신분열증을 어린 시절의 지나치게 엄격하고 모순된 양육방법 때문에 발생한 것으로 보고, 환자를 유아기로 퇴행시켜 허용적인 분위기에서 재양육하는 과정에서 치료될 수 있다고 본다. 이 방법이 정상인에게도 함께 적용될 수 있다고 본다. 재결단 학파(Redecision school)는 재양육 학파와 마찬가지로 TA의 목적과 주요 개념들은 그대로 활용하면서 개인의 여러 가지 부적응 행동들은 근본적으로 인생초기의 잘못된 결단들과 그것들에 관련되고 있는 만성적인 문제감정들, 즉 라켓(rackets)에 의한 것으로 본다. 이것의 해결은 만성적인 문제감정들을 여기-지금에서 재경험(reexperience)하게 하는 과정을 거치면서 재결단을 도와줌으로써 가능하다는 것이다. 이 접근은 인지적 통찰과 정의적 통찰을 함께 강조한다.

부 록 II

'transaction'의 번역어에 관하여

이 책에서 'transaction'의 용어는 의사소통의 세 가지 관점에 관한 기술과 TA의 기술 부분에서 사용되고 있다. 학술적 용어로서 'transaction' 개념은 Dewey와 Bentley(1949)의 지식 및 과학의 발달과정의 인식론적 탐구관점에 관한 서술에서, 발달심리학에서 개체(유전)와 환경의 관계작용에 관한 관점의 기술에서, 그리고 의사소통 과정에서 송신자와 수신자의 관계작용에 관한 관점의 기술 등에서 발견할 수 있다. Toch(l970)에 의하면, 이러한 탐구관점으로서 'transactional view'는 종전까지 상식으로 되어 있던 상호작용적 관점(interactional view)과는 다른 새로운 관점을 기술하기 위하여 Dewey와 Bentley에 의해 처음으로 사용된 것으로 보인다.

'새로운 관점'이란 관계작용의 과정에서 관련되어 있는 요인들, 예컨대 개체와 환경, 송신자와 수신자 간의 관계작용을 종전에는 관련요인들이 서로 독립적으로 작용(action)과 반작용(reaction)의 단순한 과정으로 본 것과는 달리 관계작용의 과정에서 관련되고 있는 요인들이 동시에 서로 영향을 주고받으면서 새로운 의미를 창출해 가는 과정으로 본다는 것이다. 따라서 이 관점에서는 관계작용에 관여하고 있는 구성요소들이 각각 분리, 독립되어 있는 존재로서 탐구대상으로 보지 않고 분리, 독립된 개체로 명세화(specification)할 수 없는 공동체계(common system) 속에 포함되어 있는 하나의 체계(system)로 본다. 이런 의미에서, 'transaction'을 「상응작용(相應作用)」으로 번역하여 '동시에 서로 응하는 작용'을 강조하는 의미를 부여하면서 이미 상호작용 혹은 교호작용으로 번역되고 있는 'interaction'과 구별하고자 하였다. Transactional Analysis(TA)에서 'transaction'도 이와 같은 의미로 사용되었는지에 관한 확실한 근거는 찾지 못했지만, 의미상으로는 의사소통을 일컫는 개념으로 사용되고 있으므로 '상응작용'의 번역어를 그대로 적용하기로 했다. 따라서 우리나라에서 '의사거래분석', '상호교류분석' 혹은 '의사교류분석' 등으로, 일본에서는 '교류분석' 혹은 '교류'로 번역되고 있는 TA 혹은 'transaction'을 이 책에서는 '상응작용 분석(법)' 또는 '상응작용'으로 번안 · 사용하기로 하였다.

참고문헌

김시업 역, 생활적응을 위한 심리학, 서울: 문음사, 1994.

김정희, 강혜자, 이상빈, 박세영, 권혁철 역, 생활심리학, 서울: 시그마프레스, 2004.

김현수 역, 교류분석, 서울: 민지사, 1988.

서봉연, 이순형, 발달심리학, 서울: 중앙적성출판부, 1983.

이민규, 적응과 정신건강, 서울: 교육과학사, 2001.

이성태, 의사거래 분석적 인간관계 훈련 프로그램, 지도 · 상담, 제12집, 계명대학교 학생활연구소, 57-96, 1987.

______, Berne의 TA상담에 있어서 자율성 증대 과정에 관한 고찰, 계명문화대학 계명연구논총, 제6집, 1988.

______, 심리치료 및 의사소통 이론에 있어서 'transaction'의 개념, 한국 심리치료학회, 상담과 심리치료, vol. 3(1), 73-86, 1990.

이형득, 인간관계 훈련의 실제, 서울: 중앙적성출판부, 1982.

______ 외 공역, 부모교육, 대구: 형설출판사, 1987.

이형득, 이성태 공역, 인간관계의 개선과 치료(Thomas Harris, I'm OK-You're OK), 서울: 중앙적성출판사, 1974.

이훈구, 현대 심리학 개론, 서울: 정민사, 1983.

전병재, 사회심리학, 서울: 경문사, 1981.

전현택, 조선영, 박순권 공역, 생리심리학의 기초, 서울: 시스마프레스, 2003.

주삼환, 명제창 역, 인간관계론, 서울: 법문사, 1998.

Abell, D., & Abell, C. W., *Own your own life*, New York, N.Y.: Berkley Publishing Corporation, 1976.

Aronson, E., *The social animal*, 4th ed., New York: W. H. Freeman and Company, 1988.

Asch, D. E., Forming impressions of personality, *Journal of Abnormal and Social Psychology*, *41*, 258-290, 1946.

Atwater, E., *Psychology of adjustment*, 4th ed., Englewood Cliff, New Jersey: Prentice-Hall, 1990.

_________, *Psychology of adjustment*, Englewood Cliff, New Jersey: Prentice-Hall, 1979.

Barnlund, D. C., A transactional model of communication, In K. K. Sereno & C. D. Mortensen(Eds.), *Foundations of communication theory*, New York: Harper & Row, 1970.

Bennett, D., *TA and the manager*, New York: A Division of American Management Association, 1976.

Berne, E., *Transactional analysis in psychotherapy*, New York: Grove Press, 1961.

________, *Principle of group treatment*, New York: Grove Press, 1964

________, *Games people play*, New York: Grove Press, 1966.

________, *Sex in human loving*, New York: Viking Penguin Inc., 1970.

________, *What do you say after you say hello?* New York: Grove Press, 1972.

________, Transactional analysis: A new and effective method of group treatment, *American J. of Psychotherapy, vol. 12*, 735-743, 1958 In C. Steiner, & K. Carmen, Beyond games and scripts by Eric Berne, New York: Ballantine Books, 43-53, 1976.

Bolton, R. C., *People skills*, New York: Touchstone, 1979.

Borden, G. A., & Stone, J. P., *Human communication*, Menlo Park, California: Cummings Publishing Company, 1976.

Buchsbaum, Y., The relationship between styles of commitment and psychological autonomy in young adulthood, Ph. D. dissertation. Illonois Institute of Technology, 1983.

Coopersmith, S., A method for determining types of self-esteem, *Jounal of Educational Psychology, 59*, 87-94. 1959.

____________, *Antecedents of self-esteem*, San Francisco: W. H. Freeman and Conpany, 1967.

Crain, W. C., *Theories of development*, Englewood Cliffs, N.J.: Prentice-Hall, 1980.

Dawson, D. S., Truthtelling, paternalism and autonomy in psychotherapy, Ph. D. dissertation, The California School of Professional Psychology, 1981.

Dion, K. K., Berscheid, E., & Walster, E., What is beautiful is good, *Journal of Personality and Social Psychology, 24*, 285-290. 1972.

DeVito, J. A., *The interpersonal communication book*, New York: Harper Collins, 1992.

Dewey, J., & Bentley, A. F., *Knowing and the known*, Boston: The Beacon Press, 1949.

Dusay, J., *Egogram*, New York: Harper and Row, 1977.

Ekman, P., & Friesen, W. V., *Unmasking the face*, Englewood Cliffs, N.J.: Prentice-Hall, 1975.

Erikson, E. H., *Childhood and society*, 2nd ed., New York: W. W. Norton, 1963.

____________, *Identity and the life cycle*, New York: W. W. Norton, 1982.

Fine, M. J., Covell, G., & Tracy, D. B., The effects of TA training on teacher attitudes and behavior, *TA Journal, 8*: 3, 1978.

Fromm, E., *The art of loving*, New York: Bantam Book, 1963.

Gordon, T., *Parent effectiveness training*, New York: New American Library, 1975.

Goulding, M. M., & Goulding, R., *Changing lives through redecision therapy*, New York: Bmnner/Mazel, 1979.

Hall, E. T., *The silent language*, Garden City, N.Y.: Doubledday, 1959.

Harris, T. A., *I'm ok-you're ok*, New York: Harper and Row, 1969.

Hilgard, E. R., *Introduction to psychology*, 3rd ed., New York: Harcourt, Brace & World, Inc., 1962.

Howard, S. M., & Kubis, J. F., Ego identity and some aspects of personal adjustment, *Journal of Psychology, 58*, 459-466, 1964.

James, M., *The people book*, Menlo Park, California: Addison-Wesley, 1975.

James, M., & Jongeward, D., *Born to win*, Reading, Mass.: Addison-Wesley, 1971.

Johnson, D. W., *Reaching out*, 5th ed., Boston: Allyn and Bacon, 1993.

Jongeward, E., & James, M., *Winning with people*, Reading, Mass.: Addison Wesley, 1973.

Kleinke, C. L., Gaze and eye contact, *Psychology Bulletin, 100*, 78-100, 1994.

Knapp, M. L., & Vangelisti, *A interpersonal communication and human relationships*, 5th ed., Boston: Allyn & Bacon, 2005.

LG전자, 대인관계에서 바람직한 자세, 미출판 사원훈련 교재.

Luft, J., Group process, Palo Alto, Cal.: National Press, 1970.

Marcia, J., Ego identity development, In J. Adelson(Ed.), *Handbook of adolescent psychology*, New York: Wiley, 1980.

McKay, M., Davis, M., & Fanning, P., *Message: The communication skill book*, Oakland, CA: New Harbinger Publications, 1983.

Mellers, B. A., Identity and intervention, *Journal of Adolescence, 12*, 401-410, 1989.

__________, Identity and self-development, In R. M. Lemer, A. C. Petersen, & J. Brooks-Gunn(Eds.), *Encyclophedia of adolescence, 1*, New York: Garland, 1991.

Mellers, B. A., Richards, V., & Birnbaum, M. H., Distributional theories of impression formation, *Organizational Behavior and Human Decision Process, 51*, 313-343, 1992.

Myers, G. E., & Myers, M. R., *The dynamics cf human communication*, New York: McGraw-Hill, 1980.

Patterson, M. L., Functions of nonverbal behavior in close relationships. In S. Duck(Ed.), *Handbook of personal relationships: theories, research, and interventions*, New York: Wiley, 1988.

Powell, J., Why am I afraid to tell you who I am? Chicago: Argus Communications, 1969.

Rogers, C. R., *Client-centered therapy*, Boston: Houghton Mifflin, 1951.

__________, *On becoming a person*, Boston: Houghton Mifflin, 1961.

Rosenberg, M., *Society and the adolescent self image*, Princeton, N.J.: Princeton University Press, 1965.

Sereno, K. K., & Bodaken, E. M., *Trans-Per understanding human communication*, Boston: Houghton Mifflin, 1975.

Simons, J. A., Kalichman, S., & Santrock, J. W., *Human adjustment*, Dubuque, Iowa: Brown & Benchmark, 1994.

Stewart, I, & Joines, V., *TA today*, Nothingham and Chapel Hill: Life Space Publishing, 1987.

Stewart, J.(Ed.), *Bridges not walls: A book about interpersonal communication*, Reading, Mass.: Addison-Wesley, 1973.

Thomas, R. W., A group comparison of teaching transactional analysis relative to internalization, knowledge and communication skills, Ed. dissertation, Idasho State University, 1978.

Thomson, G. S., The identification of ego states, TAJ, vol.2, no.4, October 1972, 196-211.

Toch, H, & Mclean, M. S., Jr, Perception and communication: A transactional view. In K. K. Sereno, & C. D. Mortensen(Eds.), *Foundations of communication theory*, New York: Harper & Row, 125-136, 1970.

Verderber, R. F., & Verderber, K. S., *Inter-Act*, 5th ed., Belmont California: Wadsworth Publishing Company, 1989.

________________, *Inter-Act*, 10th ed., New York: Oxford University Press, 2004.

Webster, D. M, Richter, L., & Kruglanstki, A. W., On leaping to conclusions when feeling tired, *Journal of Experimental Social Psychology, 32*, 181-195, 1996.

Weiten, W., & Lloyd, M. A., *Psychological applied to modern life*, 6th ed., Belmont, CA: Wadsworth, 2000.

Woollams, S. S., Brown, M., & Huige, K., *Transactional analysis in brief*, Michigan: Huron Valley Institute, 1974.

Zimbardo, P., *Shyness*, Reading, Mass.: Addison-Wesley, 1977.

찾아보기

저 자 소 개

■ 이 성 태

계명대학교 교육학과 문학사

경북대학교 교육대학원 상담심리 전공(교육학 석사)

계명대학교 대학원 상담심리 전공(교육학 박사)

계명문화대학교 유아교육과 교수 역임

계명문화대학교 학생생활 상담소장 역임

영유아 교육학회 회장 역임

한국 전문대학 유아교육과 교수협의회 회장 역임

현재, 계명문화대학교 유아교육과 명예교수

한국 발달상담 센터 이사

한국 상담학회 집단상담 수련감독 회원

〈주요 저 & 역서〉

유아교육, 1982

상담의 이론적 접근(공저), 1984

인간관계론, 2006

아동발달이론, 2008

인간관계 개선과 치료-(이형득, 이성태 공역: Thomas A. Harris, I'm Ok-You're Ok), 1974;

자율적 인간육성의 원리-TET(공역), 1986

부모교육-PET(공역), 1987

〔제3판〕

인간관계론

3판 1쇄 인쇄 – 2017년 1월 20일
3판 1쇄 발행 – 2017년 1월 25일

저　　자 - 이 성 태
발 행 인 - 강 철 원
발 행 처 - 양 성 원
주　　소 - 경기도 파주시 월롱산로(야동동) 71
전　　화 - 031-946-3861(代)
팩　　스 - 031-946-3864
이 메 일 - tnwpub@naver.com
출판등록 - 2015년 8월 31일 제 2015-000211 호

ISBN 979-11-87118--90-9

정가 18,000원